탁월한 적중률! 합격의 동반자!

채한태
명품
공직선거법

단원별 객관식 문제집

PREFACE
머리말

객관식 시험문제 출제방식에 완벽히 적응할 수 있도록 문제를 다양한 유형으로 구성하여 만든 문제집

수험생 여러분이 공직선거법에 쉽게 접근하고 단기간에 공직선거법을 정복할 수 있는 방법을 불철주야 연구하여, 미력하나마 수험생 여러분의 합격에 기여하고 싶은 마음이 간절하다.

2013년 공무원 시험 과목개편과 선거행정직 시험과목 변경으로 인하여 공직선거법이 새롭게 추가되었다. 2023년까지 출제된 문제들을 보면, 공직선거법 법조문과 더불어 판례가 출제되고 있음을 볼 수 있다.

『명품공직선거법 단원별 객관식 문제집』은 공직선거법 출제경향상 난도가 높은 문제와 함정문제를 효과적으로 단기간에 정복할 수 있도록 심혈을 다하여 독창적으로 만든 문제집이다. 객관식 시험문제 출제방식에 적응할 수 있도록 기본서의 목차에 따라 단원별로 문제를 다양한 유형으로 구성하여 만들었다.

또한 본서는 공직선거법의 개정되고 신설된 조문들과 학계에서 논쟁이 되고 있는 조문들을 철저히 심도있게 분석하여 시험출제가 예상되는 문제들로 엄선하여 수록하였으며, 국가직 7급·9급 및 내부승진시험에 충분히 적응할 수 있도록 입체적으로 분석하여 독창적으로 문제화하여 수록하였다.

본서의 특징은 아래와 같이 요약할 수 있다.

1 새로운 문제유형에 적응하기 위해서 박스문항 문제를 많이 수록하였다.

2 내용을 정확하게 숙지해야 풀 수 있는 문제들이 수록되어 실력향상에 도움이 될 것이다.

3 최근 개정조문과 출제 예상되는 중요 조문들을 반영하여 문제화하였다.

본서의 출간을 성원해주신 Daum 카페 채한태헌법교실의 4만 여명의 회원, 채한태 공법연구소의 연구원 김&장 및 메가스터디교육(주) 출판사 임직원 여러분께 감사드린다.

盡人事待天命

수험생 여러분의 합격을 기원하는 바입니다.

다산공무원시험 합격연구소
채한태 법학박사 배상

RECOMMENDATION
합격자 추천 후기

명품공직선거법 시리즈 강의를 통해서 고득점으로 합격하였습니다.
감사합니다.

2023년 9급 선관위직 합격 이○○

헌법은 채한태 박사님 기본강의 들었습니다.
이해하면 외워지는 스타일이라 기출 풀 때 초반 문제 다지기에 집중했습니다.
저는 법 과목은 일단 기본서를 정독하고 판례에 저만의 코멘트를 달며 저의 언어로 법을 이해하며 학습했습니다. 법 과목은 해설도 난해한 용어로 적혀 있고, 두 번 꼬아서 말을 하기에 회독 시 이해 시간을 줄이기 위해 제가 이해한 내용대로 옆에 열심히 필기해 놓으며 저의 것으로 만들려고 노력했습니다.
처음엔 시간이 많이 걸리는 과목이지만 개인적으로 헌법이 제일 재밌는 것 같습니다. (박사님의 훌륭하신 강의 덕분에 95점 받았습니다)

공부는 입력도 중요하지만 출력은 더더욱 중요합니다. 꼭 하프, 모고 등 출력의 과정을 거치시고 자신의 학습수준을 점검하셔서 더욱 효율적으로 공부하시기 바랍니다. 자신이 공부할 때 어떤 스타일인지 메타인지를 키우셔서 적용하시면 빠르게 합격하실 거라 생각합니다.

헌법 시작부터 합격까지 면접도 채한태 박사님의 도움으로 합격을 할 수 있었습니다.
자소서는 채한태 박사님께 첨삭 지도받았습니다. 부족한 부분을 잘 캐치해 주셔서 더 완성도 높은 자소서와, 면접 마인드를 배울 수 있었습니다. 대단히 감사드립니다!
오직 국회만 바라보고 준비해서 많은 부담감이 있었으나 면접일 2일 전부터 이러한 마음을 내려놓고 마인드컨트롤에 집중하였습니다.
긴장을 많이 하는 편이라 인데놀 복용하였습니다. 면접 당일 준비한 답변들 마음속으로 중얼거리며 연습하였습니다. 저는 긴장을 조금이라도 낮추기 위해 면접장 문 열고 들어갔을 때 제가 면접 씬을 찍는 배우라 생각하고 현실의 압박을 내려놓으려 했습니다.
면접관님들께서 미소를 띠며 질문해 주셔서 저도 똑같이 미소를 띠고 답변했습니다.
(면접 때 안 웃으셔도 되지만, 전 인상이 안 웃으면 화나 보인다고 해서 미소를 신경썼습니다)

준비해 간 답변들이 채한태 박사님께서 지도해 주신 것과 같이 '국회사랑, 공직자 마인드, 나라사랑'에 중점을 둔 답변이라서 정말 제가 국회를 사랑하고, 합격한다면 정말 나라와 국민을 위해 헌신하여 일하겠다는 의지와 모습을 최대한 보여드렸습니다.
국회 면접은 제로베이스라고 알고 있었고, 면접장에서 만난 다른 면접자분들 인상이 훌륭하셔서 여기서 돋보이지 않으면 끝이겠구나 판단하였고 최선을 다해서 쉬운 질문이더라도 저라는 사람을 보여드릴 수 있는, 특히 평정표에서 점수를 얻을 수 있는 답변을 하였습니다.
또한 면접관님께서 질문하실 때 눈을 쳐다보고 살짝 고개를 끄덕이는 등 집중하는 시그널, 긍정적인 모습을 보여드리려 노력했습니다.

끝까지 포기하지 않고 왔더니 합격하게 되었습니다.
사실 아직도 실감은 안 나지만 괴로웠던 모든 과정이 끝났다는 게 너무 기쁘고 벅찹니다!
꿈을 이루기까지 많이 힘드시겠지만 조금만 더 힘내시고 꼭 합격하시길 바라겠습니다.
채한태 박사님께 다시 한번 존경과 감사의 말씀 올립니다.
박사님의 자소서 첨삭 지도가 면접 준비 방향을 잡는 데 정말 많은 도움이 되었습니다.
감사드립니다.
2023년 국회(속기직) 문○○

명품헌법으로 공부하여 단기간에 고득점으로 합격하였습니다.
다양한 사례와 방대한 판례를 공식으로 만들어 주셔서 감사드립니다.
2023년 7급 국가직 김○○

명품헌법 시리즈를 구해서 반복적으로 공부하여 합격하게 되었습니다.
명품헌법은 정리가 잘 되어 있어 시간을 줄일 수 있습니다.
2023년 7급 대구시 지방직 이○○

채한태 박사님께서 헌법재판소 판례비교 정리를 잘해주셔서 단기간에 총정리하여 좋은 결과가 왔습니다. 감사드려요.
2023년 상반기 비상계획관 김○○ 대령

명품헌법 종합기출문제집 특강과 헌법 기출지문 OX 4700제로 헌법고득점을 하였습니다.
채한태교수님의 도표정리가 많은 도움이 되었습니다.
2023년 국회8급 이○○

명품헌법으로 공부하고 고득점하여 꿈을 이루었습니다.
최신판례와 시사적인 내용을 신속하게 정리하여 주어 많은 도움이 되었습니다.
2023년 상반기 순경직 순경 공채필기 합격 최○○

명품헌법 채한태 박사님의 강의는 전체적인 개요와 도표를 통한 설명은 자신감을 높일 수 있었습니다. 단기간에 고득점을 할 수 있습니다. 감사드립니다.
2023 사무관 승진합격 김○○

방대한 헌법재판소의 판례를 체계적으로 정리해 주시고 판례공식을 알려주어 부담을 줄일 수 있었습니다. 채한태 박사님 강의를 통해서 목표를 이루었습니다.
2023 경정승진 합격 이○○

순경준비하던 수험생으로서 시작이 가장 힘든 과목이었습니다. 채한태 교수님 명품 헌법을 들으면시 시작하였습니다. 적지 않은 시험 범위에 걱정이 많이 되었지만, 채한태교수님이 차근차근 명쾌하게 설명해 주시면서 출제예상 판례와 이론 위주의 수업은 시간을 절약해야 하는 저에게 큰 도움이 되었습니다.
첫 2회전을 돌렸어도 여전히 기출을 바로 풀기에는 무리였으나, 올해 1월쯤 시작한 〈명품헌법 기출지문 4700제 OX〉를 풀고 나서 완전히 달라졌습니다. 문제가 이해가 되고 보이기 시작하였습니다. 그래서 짧은 기간 내 6회전을 바로 돌렸고, 그제서야 헌법 종합 기출문제가 쉽게 풀리기

RECOMMENDATION
합격자 추천 후기

시작하였습니다. 마지막 달에 해주신 예상 판례 특강을 통해서 마지막 복습 정리를 하여서 출제예상 문제에 좀 더 집중할 수 있었습니다. 많은 수험생 여러분도 채한태 교수님 헌법 커리큘럼을 믿고 따라오시면 합격 점수는 보장해 주실 겁니다.   **2022년 상반기 서울지방경찰청 순경 공채 합격 서○○**

채한태 박사님 명품헌법 기본심화 강의와 헌법재판소판례 특강을 통해서 방대한 헌법을 정복하였습니다.   **2022년 상반기 비상계획관 합격 김○○ 대령**

명품헌법 시리즈특강을 통해서 고득점을 할 수 있었습니다. 국회직 면접까지 박사님이 지도해 주셔서 최종합격할 수 있었습니다.   **2022년 국회 8급 합격 이○○**

법과목 중에서 헌법분량이 많지만 채한태 선생님이 요약정리해 주셔서 고득점하였습니다.   **2022년 법원서기보 합격 박○○**

명품 공직선거법 교재와 채한태샘 강의 듣고 합격을 했습니다. 도표정리가 많은 도움이 되었어요.   **2022년 9급 선관위직 필기 합격 이○○**

방대한 공직선거법 조문을 잘 정리해 주셔서 단기간에 고득점했습니다.   **2022년 9급 선관위직 필기 합격 김○○**

국가공무원 7급 시험을 준비하고 있는 수험생입니다. 박사님의 명품헌법 기본강의, 기출강의, 최신판례 강의, 모의고사 강의 등을 통해서 헌법 만점을 얻었습니다. 이번 2차 시험에서 헌법 만점을 받을 수 있었습니다. 좋은 가르침에 진심으로 감사드립니다.   **2021년 7급 국가직 합격 김○○**

채한태 박사님 명품헌법 기본서 · 종합기출문제집 · 헌법재판소판례특강을 메가공무원 홈페이지에서 인터넷 강의를 통해 반복적으로 수강하였습니다. 독학으로 알아내기 어려웠던 명쾌한 부분들을 짚어주신 덕분에 고득점으로 합격을 했습니다.   **2021년 비상계획관 합격 김○○**

박사님의 헌법재판소 판례강의와 기본이론 명품헌법강의는 주제별로 총정리가 잘 되어 있기에 단기간에 원하는 목표를 얻을 수 있었습니다.   **2021 경찰승진 합격 최○○**

비전공자에게 법적인 마인드 함양과 법해석의 방법을 선생님께서 쉽고 자세하게 설명해 주셔서 법원직 헌법 과목에서 좋은 점수를 득점할 수 있었습니다.   **2021 법원직 합격 이○○**

헌법이론과 시사적인 내용을 하나로 연결하여 이해하기 쉽게 설명을 해주신 덕분에 단기간에 헌법을 쉽게 이해할 수 있었습니다.   **2021 국회직 합격 정○○**

사실 저는 현직에 근무하면서 학습시간의 부족으로 퇴근 후 학습시간은 주로 헌법과 법령 위주로 공부하여 면접에 많은 시간을 투자할 시간을 가지지는 못했습니다. 면접과 관련한 기본적 지식은 제가 다녔던 비상계획관 학원 강의를 통해 배운 내용을 주요 키워드 위주로 정리 암기하였으며 면접 PT 작성요령, 답변 방법, 자세, 기타 면접 노하우 등은 채한태 박사님께서 운영하는 면접 특강을 2회 수강하면서 가르쳐주신 방법을 전적으로 믿고 면접 당일 그대로 적용하려 노력하였으며 그 결과 첫 시험치고는 괜찮은 면접 성적을 얻었다고 생각합니다. 채한태 박사님께 문자로 질문하였고 박사님의 친절하신 답변이 많은 도움이 되었습니다. 박사님과의 면접 실습을 통한 저의 약점 보완은 제게 커다란 도움이 되었습니다. 박사님의 노하우 담긴 조언과 개별적인 눈높이 교육은 정말 큰 도움이 되리라 믿습니다. 박사님의 도움이 커다란 힘이 되었음에 깊은 감사를 드립니다.

2020년 상반기 비상계획관 합격 조○○

경찰 간부후보생 시험 합격 후 경찰 승진 준비를 하면서 채한태 박사님 책을 보게 되었습니다. 기초가 부족하고 헌법을 처음 접해 보는 사람에게 무조건 추천해 드리고 싶습니다. 시간이 되신다면 박사님 강의를 병행하면서 짧은 시간에 큰 효과를 거둘 수 있습니다. 박사님 책을 보면서 더욱 수험생 혹은 승진 대상자들을 배려하는 세심한 설명과 자세한 자료를 보면서 매년 더욱 만족하고 있습니다.

2020년 국가직 7급 합격 이○○

저는 법학 전공이 아니지만 공직선거법을 채한태 박사님 강의를 듣고 고득점했어요. 중요 내용을 도표로 정리해 주는 최적화된 강의 감사해요.

2019년 선거직 9급 합격 박○○

명품 공직선거법의 기본서와 단원별 객관식 문제집으로 공부하여 합격의 영광을 얻게 되었어요. 면접까지도 채한태 박사님이 지도해 주셔서 최종 합격했어요. 감사드려요.

2019년 선거직 7급 합격 김○○

채한태 박사님의 명품헌법 강의를 듣고 헌법에 대한 이해와 자신감을 가지게 되었습니다. 헌법에 대해서 어려움을 가지고 계신 분들은 채한태 박사님의 강의를 통해서 해결할 수 있습니다.

2019년 국가직 7급 합격 김○○

어려운 헌법 과목을 가장 이해하기 쉽게 가르쳐 주십니다. 핵심정리와 암기 공식을 제시하여 헌법이 고득점 과목이 되었습니다.

2019년 국회직 8급 합격 이○○

명품헌법 기본서와 채한태 박사님 강의로 방대한 헌법을 단기간에 해결하여 비상계획관 시험에서 합격의 영광을 얻게 되었어요. 질문할 때마다 친절하게 도와주셨던 채한태 박사님 고맙습니다.

2018년 비상계획관 합격 김○○

RECOMMENDATION
합격자 추천 후기

공대생이라 법 과목이 너무나 힘들었으나 쉽고 명쾌하게 강의하시는 채한태 교수님 명품헌법 덕분에 합격할 수 있었습니다.
2018년 소방간부후보생 합격 이○○

채한태닷컴에서 동영상으로 명품헌법 기본강의를 반복적으로 공부하여 합격했습니다. 명품헌법 교재는 중요 내용의 밑줄 처리와 색감 처리가 잘 되어 있어 가독성이 탁월합니다. 동영상으로 강의 듣기에도 편리합니다.
2018년 법원직 합격 김○○

합격한 선배님의 추천으로 명품헌법 기본서로 강의를 듣고 합격하였습니다. 중요 내용의 도표정리와 기출문제의 반복적인 설명 등을 채한태 교수님이 잘해주셔서 헌법에서 고득점을 하였습니다.
2018년 국회직 8급 합격 이○○

명품헌법과 헌법 종합 기출문제집을 반복적으로 공부하여 단기간에 고득점을 하였습니다. 복잡한 헌법재판소 판례가 주제별로 잘 정리되어 보기에 편했습니다. 실전에서도 문제 푸는 데 많은 도움이 되었습니다.
2018년 서울시 7급 합격 박○○

추상적이고 방대한 양의 헌법에 처음엔 힘이 들었지만 채교수님의 체계적인 강의 덕분에 어려운 헌법 용어 및 개념들을 쉽게 이해할 수 있게 되었으며 또한 핵심적인 부분만을 가르쳐주시는 수험적합적 강의 덕분에 짧은 시간에 무리 없이 고득점을 확보할 수 있었다고 생각합니다.
2017년 국가직 7급 출입국관리직 합격 김○○

채한태 교수님 강의가 최고라고 생각합니다. 강의는 기본강의 들어보시면 판례도 비슷한 판례를 비교해서 정리도 잘해주시고, 체계도 잘 잡아주십니다. 저는 특히 강의에서 테마별·주제별로 정리해 주시는 부분이 가장 마음에 들었습니다. 그거 그대로 단권화할 때 써먹으시면 됩니다.
2017년 국가직 7급 외무영사직 합격 이○○

채한태 박사님의 명품헌법 강의를 통해 어디에서도 배울 수 없었던 남다른 팁과 정리표, 1 : 1 관리 등으로 실전 감각을 유지할 수 있었고 가벼운 마음으로 자신감 있게 합격할 수 있었습니다.
2017년 서울시 7급 합격 김○○

간결하고 명쾌하며 풍부한 시사 상식을 접목시키는 박사님의 명품 강의는 시간 가는 줄 모르고 헌법 공부에 몰입할 수 있게 해 주었습니다. 저는 헌법 용어와 개념이 취약했기 때문에 채한태 명품헌법 기본서를 충실하게 공부하며 기출문제집, 모의고사 문제집에 시간을 많이 투자했습니다. 저자가 다른 여러 헌법 서적을 보라는 조언들이 있었지만 저는 부화뇌동하지 않았습니다. 채한태 명품헌법의 강의가 가장 알차고, 기본서는 가장 충실하며, 언제든지 궁금한 점이 있으면 답변을 받을 수 있었기에, 저는 꾸준히 강의를 듣고 기본서를 중심으로 공부하면서 문제집을 공략하였습니다. 든든한 언덕이 되어 주신 채한태 박사님으로부터 헌법을 배울 수 있었던 것은 행운이었습니다.
2015년 상반기 비상계획관 합격 오○

채한태 교수님 강의 덕분에 기본 개념부터 충분히 인지할 수 있었고 특히 채한태 교수님 카페에 가입하며 메일로 최신 판례를 받아볼 수 있었던 점이 도움이 됐습니다. 헌법은 최신판례가 많이 반영되기 때문에 수험생들이 최신판례 공부를 철저히 한 뒤 시험에 임하는 것이 좋을 것 같습니다. 또한 헌법은 비슷한 개념이 많이 나오는 편인만큼, 유사 개념들을 표로 정리해 특징을 정리하고 헷갈리는 부분들을 점검할 수 있어서 마무리까지 많은 도움이 됐습니다.

2014년 서울시 7급 일반행정직 최연소 (당시 21세) 합격 김○○

성실한 강의, 헌법의 핵심과 출제경향을 꿰뚫는 강의, 채한태 박사님의 강의를 직접 확인하신다면 헌법에 대한 시야는 확 달라질 것입니다.

2014년 교정직 7급 최연장(당시 51세) 합격 조○○

법에 대해서 아무것도 몰랐던 저도 채한태 선생님의 명품헌법을 보고 헌법을 정복할 수 있었습니다. 채한태 선생님의 체계적인 강의와 더불어 이 책을 함께 보신다면 여러분 또한 합격의 길로 들어서실 수 있습니다.

2014년 국가직 7급 세무직 차석 합격 박○○

말이 필요하겠습니까. 결과가 보여줍니다. 국가직 헌법 고득점의 1등 공신 역할은 명품헌법이었습니다.

2014년 국가직 우정사업본부 합격 조○○

헌법의 기본이론을 강의를 들으면서 총정리하고 반복하여 공부하여 정복했습니다. 최신판례특강과 모의고사 문제풀이를 통해서 마무리 정리하여 효과를 보았습니다.

2014년 국회사무처 8급 합격 박○○

채한태 박사님의 헌법 강의를 듣지 않았으면, 앞으로 6개월은 더 학습을 해야 할 상황이었습니다. 무조건 특강이든, 수업이든 참석했습니다. 강의는 기본이지만 간간이 들려주시는 시사성 있는 멘트들은 웃음을 자아냈고, 봉사활동 등 말씀을 들으며 많이 배웠습니다. 공부야 시험 보고 나면 합격으로 끝나지만 인생은 오래가니까. 헌법 공부하시는 분들~ 명품을 믿고 그리고 추가 공부!

2014년 비상계획관 합격 오○○

이번에 시험 보면서 교수님이 적중률이 정말 높다는 것을 새삼 실감했어요. 헌법이 어려웠다고 한 학생들은 처음 보는 게 많아서 그랬다고 하는데 저는 교수님 덕분에 처음 보는 문제는 하나도 없었던 거 같아요. 봤던 문제, 중요하다고 하셨던 문제가 다 나와서 시간 절약이 많이 된 과목이었어요. 정말 감사드립니다!

2013년 외무영사직 수강생

2013년 외무영사직 수강생법 과목을 처음 접해본 저에게 채한태 박사님의 명품헌법은 그야말로 명쾌한 해답으로 다가왔습니다. 정확하고 깔끔한 강의! 합격생으로서 감히 여러분께 추천드립니다.

2013년 국가직 7급 일반행정직 합격 홍○○

합격자 추천 후기

헌법은 당연히 100점을 맞고 합격했습니다. 합격하고 나서 생각해보니 헌법이란 과목을 채한태 박사님께 배운 것은 큰 행운이었습니다. 헌법은 화학과를 나온 저에게도 합격할 때까지 항상 효자 과목이었습니다. 박사님 감사합니다!
2013년 국가직 7급 일반행정직 합격 소○○

제가 수험 2년차에 명품헌법을 처음 접하고 나서 "헌법이 쉽다"라고 감히 생각할 수 있었습니다. 풍부한 사례를 통해 추상적인 헌법을 생활 속에 숨 쉬게 해줍니다. 믿고 따라가신다면 합격의 전략과목 중 하나가 헌법이 될 것입니다. 꼭 합격하시길 바랍니다.
2013년 국가직 회계직 합격 김○○

법 공부를 처음 접했던 저에게 헌법은 굉장히 낯선 과목이었습니다. 채한태 쌤 수업을 들으면서 시사를 예로 들면서 명료하게 진행하시는 것을 느꼈고 헌법 공부를 재밌게 할 수 있었습니다. 더하여 언제나 합격할 수 있다는 자신감을 심어주신 쌤께 진심으로 감사드립니다.
명품헌법 + 채한태 쌤 강의를 통해 훌륭한 공무원이 되기 위한 첫걸음을 시작하시길 바라며, 합격을 기원합니다.
2013년 외무영사직 합격 신○○

수험공부를 하면서 가장 좋았던 책을 꼽으라면 고민 없이 명품헌법을 꼽을 수가 있습니다. 정리와 요약이 잘 되어 있고, 기출문제 표기도 들어 있어서 다른 책을 볼 필요가 없었습니다. 명품헌법 한 권에 단권화를 하여 시험 당일까지 들고 다니시면 무적의 파트너를 만난 기분이실 것입니다. 헌법 공부는 시작부터 마무리까지 명품헌법 한 권으로 잡아낼 수 있으니 걱정 마시고 명품헌법을 나만의 책으로 만들어 보세요.
2013년 외무영사직 합격 임○○

명품헌법은 헌법을 처음 접하는 수험생도 체계적이고 효율적으로 공부할 수 있도록 합니다. 강의만 믿고 따라가시면 헌법 고득점은 보장되어 있습니다. 믿고 따라가십시오! 합격의 문이 열립니다!
2013년 국가직 7급 일반행정직 합격 심○○

헌법은 단연 만점으로 합격했습니다. 비(非)법대생인 저도 이해하기 쉽고 체계적으로 공부할 수 있게 해준 명서입니다. 특히 기출 표시는 2회독부터 그 진가를 발휘하더군요. 정말 유용했습니다. 명품헌법에 있던 문장들을 그대로 시험장에서 봤을 때의 그 희열을 잊지 못할 것입니다. 명품헌법! 경험한 만큼 자신 있게 추천드립니다.
2012년 7급년 국가직 일반행정직 합격 이○○

명품헌법 덕분에 저의 전략 과목이었던 헌법은 당연하게 100점 맞고 최종 합격하였습니다. 이해를 시켜주는 교재였기 때문에 처음 공부하는 헌법이 막막하지 않았고, 뜬구름 잡는 듯한 느낌이 없었습니다. 법 과목은 기본기가 중요하다는 것이 공부를 할수록 무슨 말인지 알겠더군요. 앞으로도 계속 예비 공무원들의 합격 길라잡이로서 명성을 이어나갈 것을 확신합니다.
2012년 국가직 7급 세무직 합격 권○○

탁월한 적중률! 합격의 동반자! 채한태 법학박사의 명품공직선거법

9급 합격 후 이제 그만 현실에 안주하고 싶던 즈음에 친구의 권유로 박사님께 상담받고 조금 더 도전하자 스스로를 다독이며, 주저 없이 명품헌법을 선택하여 최종 합격까지 무난히 올 수 있었습니다. 돌이켜 생각해 보아도 정말 다행입니다. 처음 공부할 때와는 달리 목표의식이 다소 희박해졌을 때인데 명품헌법을 선택하고 시행착오 없이, 더불어 헌법 공부도 짧지만 강렬하게 할 수 있었습니다. 남들보다 빨리 헌법 고득점을 원하신다면 명품헌법 추천해 드립니다.

2012년 서울시 7급 일반행정직 합격 박○○

명품헌법은 헌법의 사용설명서다!! 헌법을 어디서부터 어떻게 시작해야 할지 모를 때 나의 지침서가 되어 주었기 때문에~ 기본서 위주로 공부한 나한테 꼭 맞는 맞춤서였습니다~ 쉽지만 속이 꽉 찬~ 단권화를 위한 필수 기본서!! 강추합니다~~^^

2010년 국가직 7급 세무직 합격 이○○

저는 처음부터 헌법은 시행착오 없이 바로 명품헌법으로 공부하였습니다. 기본서를 선택하기 위해 여러 가지 책을 살펴보고 강의도 청취해 보았습니다. 그중에서 명품헌법의 틀이 체계적으로 잡혀있었고, 헷갈리기 쉬운 것들이나 같이 묶어서 외우면 편리할 것들이 잘 정리되어 좋았습니다. 이 점에서는 명품헌법을 공부하신 분들은 누구나 인정하더군요. 그리고 다른 책들과는 달리 불필요하다고 생각되는 내용이 없더군요. 명품헌법 보시고 고득점하세요.

2010년 국가직 7급 세무직 합격 김○○

시간이 부족한 7급 수험생에게 헌법은 특히 효율적으로 공부할 필요성이 있는 과목입니다. 명품헌법은 난해한 법 이론과 법조문 및 판례가 보기 쉽게 집필되어 있으며, 사이사이에 핵심요약 정리가 되어 있어 공부하기 편리합니다. 명품헌법 교재와 함께 교수님의 명품 강의는 합격을 위한 필수죠! 간명하게 이해시켜 주신 뒤에 핵심정리 및 암기 공식을 제공. 그리고 매시간마다 치러지는 쪽지시험, 매주 있는 모의시험을 통해 헌법이 효자 과목이 되었던 것 같습니다.

2010년 국가직 7급 세무직 합격 권○○

명품헌법 교재는 법 공부를 처음 공부하는 초학자도 단기간에 쉽게 이해할 수 있도록 정리가 잘 되어 있습니다. 시험 합격하는 데 큰 힘이 되어 준 명품 교재입니다. 2010년 비상계획관 합격 정○○

채한태 박사님 헌법 강의의 가장 큰 특징은 헌법을 처음 접한 사람도 박사님의 강의를 한 번만 들으면 자신감을 가지고 공부를 할 수 있도록 과목의 구성이 체계적이며, 단계적으로 헌법을 공부할 수 있도록 지도해 주시며, 무엇보다 어렵고 낯선 헌법 과목을 가장 이해하기 쉽게 가르치시며, 혼신의 불타는 열정을 가지고 한 가지라도 더 알려주고자 하는 대한민국 최고의 명품 강사이십니다. 박사님의 명품헌법 책자 발간을 다시 한번 축하드립니다.

2010년 비상계획관 합격 강○○

최신 개정 주요 내용 총정리
신구조문대조표

공직선거법 [법률 제18465호, 2021. 9. 24, 타법개정]	공직선거법 [법률 제18790호, 2022. 1. 18, 일부개정]
제16조【피선거권】① (생 략)	제16조【피선거권】① (현행과 같음)
② 25세 이상의 국민은 국회의원의 피선거권이 있다.	② 18세 이상의 국민은 국회의원의 피선거권이 있다.
③ 선거일 현재 계속하여 60일 이상(公務로 外國에 派遣되어 選擧日전 60日후에 귀국한 者는 選擧人名簿作成基準日부터 계속하여 選擧日까지) 해당 지방자치단체의 관할 구역에 주민등록이 되어 있는 주민으로서 25세 이상의 국민은 그 지방의회의원 및 지방자치단체의 장의 피선거권이 있다. 이 경우 60일의 기간은 그 지방자치단체의 설치·폐지·분할·합병 또는 구역변경(제28조 각 호의 어느 하나에 따른 구역변경을 포함한다)에 의하여 중단되지 아니한다.	③ 선거일 현재 계속하여 60일 이상(公務로 外國에 派遣되어 選擧日전 60日후에 귀국한 者는 選擧人名簿作成基準日부터 계속하여 選擧日까지) 해당 지방자치단체의 관할 구역에 주민등록이 되어 있는 주민으로서 18세 이상의 국민은 그 지방의회의원 및 지방자치단체의 장의 피선거권이 있다. 이 경우 60일의 기간은 그 지방자치단체의 설치·폐지·분할·합병 또는 구역변경(제28조 각 호의 어느 하나에 따른 구역변경을 포함한다)에 의하여 중단되지 아니한다.
제79조【공개장소에서의 연설·대담】① ~ ⑦ (생 략)	제79조【공개장소에서의 연설·대담】① ~ ⑦ (현행과 같음)
〈신 설〉	⑧ 제3항에 따른 확성장치는 다음 각 호의 구분에 따른 소음기준을 초과할 수 없다. 1. 자동차에 부착된 확성장치 정격출력 3킬로와트 및 음압수준 127데시벨. 다만, 제3항제1호에 따른 대통령선거 후보자용 또는 같은 항 제2호에 따른 시·도지사선거 후보자용의 경우에는 정격출력 40킬로와트 및 음압수준 150데시벨 2. 휴대용 확성장치 정격출력 30와트. 다만, 제3항제1호에 따른 대통령선거 후보자용 또는 같은 항 제2호에 따른 시·도지사선거 후보자용의 경우에는 정격출력 3킬로와트
제102조【야간연설 등의 제한】① 이 법의 규정에 의한 연설·대담과 대담·토론회(放送施設을 이용하는 경우를 제외한다)는 오후 11시부터 다음날 오전 6시까지는 개최할 수 없으며, 공개장소에서의 연설·대담은 오후 10시부터 다음날 오전 7시까지는 이를 할 수 없다. 다만, 공개장소에서의 연설·대담에 있어서 휴대용 확성장치만을 사용하는 경우에는 오전 6시부터 오후 11시까지 할 수 있다.	제102조【야간연설 등의 제한】① 이 법의 규정에 의한 연설·대담과 대담·토론회(放送施設을 이용하는 경우를 제외한다)는 오후 11시부터 다음날 오전 6시까지는 개최할 수 없으며, 공개장소에서의 연설·대담은 오후 11시부터 다음날 오전 7시까지는 이를 할 수 없다. 다만, 공개장소에서의 연설·대담을 하는 경우 자동차에 부착된 확성장치 또는 휴대용 확성장치는 오전 7시부터 오후 9시까지 사용할 수 있다.

공직선거법 [법률 제18465호, 2021. 9. 24., 타법개정]	공직선거법 [법률 제18790호, 2022. 1. 18., 일부개정]
② 제79조에 따른 공개장소에서의 연설·대담을 하는 경우 오후 9시부터 다음 날 오전 7시까지 같은 조 제10항에 따른 녹음기와 녹화기(비디오 및 오디오 기기를 포함한다)를 사용할 수 없다. 〈단서 신설〉	② 제79조에 따른 공개장소에서의 연설·대담을 하는 경우 오후 9시부터 다음 날 오전 7시까지 같은 조 제10항에 따른 녹음기와 녹화기(비디오 및 오디오 기기를 포함한다. 이하 이 항에서 같다)를 사용할 수 없다. 다만, 녹화기는 소리의 출력 없이 화면만을 표출하는 경우에 한정하여 오후 11시까지 사용할 수 있다.
제216조【4개 이상 선거의 동시실시에 관한 특례】 ① 4개 이상 동시선거에 있어 지역구자치구·시·군 의원선거의 후보자는 제79조(公開場所에서의 演說·對談)의 연설·대담을 위하여 자동차 1대와 휴대용 확성장치 1조를 사용할 수 있다. 〈후단 신설〉	제216조【4개 이상 선거의 동시실시에 관한 특례】 ① 4개 이상 동시선거에 있어 지역구자치구·시·군의원선거의 후보자는 제79조(公開場所에서의 演說·對談)의 연설·대담을 위하여 자동차 1대와 휴대용 확성장치 1조를 사용할 수 있다. 이 경우 휴대용 확성장치는 제79조제8항제2호 본문에 따른 소음기준을 초과할 수 없다.
제255조【부정선거운동죄】① (생 략)	제255조【부정선거운동죄】① (현행과 같음)
② 다음 각 호의 어느 하나에 해당하는 자는 2년 이하의 징역 또는 400만원 이하의 벌금에 처한다.	② 다음 각 호의 어느 하나에 해당하는 자는 2년 이하의 징역 또는 400만원 이하의 벌금에 처한다.
4. 제91조(擴聲裝置와 自動車 등의 사용제한)제1항·제3항 또는 제216조(4개 이상 選擧의 同時實施에 관한 特例)제1항의 규정에 위반하여 확성장치나 자동차를 사용하여 선거운동을 하거나 하게 한 자	4. 제91조(擴聲裝置와 自動車 등의 사용제한)제1항·제3항 또는 제216조(4개 이상 選擧의 同時實施에 관한 特例)제1항 전단의 규정에 위반하여 확성장치나 자동차를 사용하여 선거운동을 하거나 하게 한 자
제256조【각종제한규정위반죄】① ~ ④ (생 략)	제256조【각종제한규정위반죄】① ~ ④ (현행과 같음)
⑤ 다음 각 호의 어느 하나에 해당하는 자는 1년 이하의 징역 또는 200만원 이하의 벌금에 처한다.	⑤ 다음 각 호의 어느 하나에 해당하는 자는 1년 이하의 징역 또는 200만원 이하의 벌금에 처한다.
10. 제102조제2항을 위반하여 녹음기 또는 녹화기를 사용한 자 〈단서 신설〉	10. 제102조제2항을 위반하여 녹음기 또는 녹화기를 사용한 자. 다만, 오후 9시부터 오후 11시까지의 사이에 소리를 출력하여 녹화기를 사용한 자는 제외한다.
제261조【과태료의 부과·징수 등】① · ② (생 략)	제261조【과태료의 부과·징수 등】① · ② (현행과 같음)
③ 다음 각 호의 어느 하나에 해당하는 행위를 한 자에게는 1천만원 이하의 과태료를 부과한다.	③ 다음 각 호의 어느 하나에 해당하는 행위를 한 자에게는 1천만원 이하의 과태료를 부과한다.
3의2. 제82조의2제4항 각 호 외의 부분 후단을 위반하여 정당한 사유 없이 대담·토론회에 참석하지 아니한 사람	3의2. 제79조제8항 또는 제216조제1항 후단을 위반하여 소음기준을 초과한 확성장치를 사용하거나 사용하게 한 자

신구조문대조표

최신 개정 주요 내용 총정리

공직선거법 [법률 제18465호, 2021. 9. 24. 타법개정]	공직선거법 [법률 제18790호, 2022. 1. 18. 일부개정]
〈신 설〉	3의3. 제82조의2제4항 각 호 외의 부분 후단을 위반하여 정당한 사유 없이 대담·토론회에 참석하지 아니한 사람
〈신 설〉	4의2. 제102조제2항 단서를 위반하여 오후 9시부터 오후 11시까지의 사이에 소리를 출력하여 녹화기를 사용한 자

공직선거법 [법률 제18790호, 2022. 1. 18. 일부개정]	공직선거법 [법률 제18791호, 2022. 1. 21. 일부개정]
제8조의7【선거방송토론위원회】 ① (생 략)	**제8조의7【선거방송토론위원회】** ① (현행과 같음)
② 각급선거방송토론위원회는 다음 각 호에 따라 구성 하며, 위원의 임기는 제2호 후단의 경우를 제외하고는 3년으로 한다. 이 경우 위원정수에 관하여는 제8조의2제2항 후단을 준용한다.	② 각급선거방송토론위원회는 다음 각 호에 따라 구성 하며, 위원의 임기는 제2호 후단의 경우를 제외하고는 3년으로 한다. 이 경우 위원정수에 관하여는 제8조의2제2항 후단을 준용한다.
1. 중앙선거관리위원회에 설치하는 중앙선거방송 토론위원회(이하 "중앙선거방송토론위원회"라 한다) 및 특별시·광역시·특별자치시·도·특별자치도(이하 "시·도"라 한다)선거관리위원회에 설치하는 시·도선거방송토론위원회(이하 "시·도선거방송토론위원회"라 한다) 국회에 교섭단체를 구성한 정당과 공영방송사(한국방송공사와 「방송문화진흥회법」에 따른 방송문화진흥회가 최다출자자인 방송사업자를 말한다. 이하 같다)가 추천하는 각 1명, 방송통신심의위원회·학계·법조계·시민단체가 추천하는 사람 사람 등 학식과 덕망이 있는 사람 중에서 중앙선거관리위원회 또는 시·도선거관리위원회가 각각 위촉하는 사람을 포함하여 중앙선거방송토론위원회는 11명 이내, 시·도선거방송토론위원회는 9명 이내의 위원 〈신 설〉	1. 중앙선거관리위원회에 설치하는 중앙선거방송 토론위원회(이하 "중앙선거방송토론위원회"라 한다) 국회에 교섭단체를 구성한 정당, 공영방송사(한국방송공사와 「방송문화진흥회법」에 따른 방송문화진흥회가 최다출자자인 방송사업자를 말한다. 이하 같다), 지상파방송사(공영방송사가 아닌 지상파방송사업자로서 중앙선거관리위원회규칙으로 정하는 방송사업자를 말한다. 이하 같다)가 포함된 단체로서 중앙선거관리위원회규칙으로 정하는 단체가 추천하는 각 1명, 방송통신심의위원회·학계·법조계·시민단체가 추천하는 사람 등 학식과 덕망이 있는 사람 중에서 중앙선거관리위원회가 위촉하는 사람을 포함하여 11명 이내의 위원 1의2. 특별시·광역시·특별자치시·도·특별자치도(이하 "시·도"라 한다)선거관리위원회에 설치하는 시·도선거방송토론위원회(이하 "시·도선거방송토론위원회"라 한다) 국회에 교섭단체를 구성한 정당, 공영방송사, 지상파방송사가 추천하는 각 1명, 방송통신심의위원 회·학계·법조계·시민단체가 추천하는 사람 등 학식과 덕망이 있는 사람 중에서 시·도선거관리위원회가 위촉하는 사람을 포함하여 9명 이내의 위원

신구조문대조표

최신 개정 주요 내용 총정리

공직선거법 [법률 제18790호, 2022. 1. 18. 일부개정]	공직선거법 [법률 제18791호, 2022. 1. 21. 일부개정]
제37조【명부작성】 ① ~ ⑥ (생 략)	**제37조【명부작성】** ① ~ ⑥ (현행과 같음)
⑦ 선거인명부의 서식 기타 필요한 사항은 중앙선거관리위원회규칙으로 정한다.	⑦ 행정안전부장관은 제1항에 따른 선거인명부의 작성을 지원하기 위하여 「주민등록법」 제7조의2제1항에 따른 주민등록번호, 「출입국관리법」 제31조제5항에 따른 외국인등록번호 및 「재외동포의 출입국과 법적 지위에 관한 법률」 제7조제1항에 따른 국내거소신고번호를 처리할 수 있고, 처리한 사항을 구·시·군의 장 등에게 제공할 수 있다. 이 경우 행정안전부장관은 관계 행정기관의 장 또는 그 밖의 공공기관의 장에게 필요한 자료를 요청할 수 있고, 요청을 받은 자는 특별한 사유가 없으면 이에 따라야 한다.
〈신 설〉	⑧ 선거인명부의 서식 기타 필요한 사항은 중앙선거관리위원회규칙으로 정한다.
제62조【선거사무관계자의 선임】 ① (생 략)	**제62조【선거사무관계자의 선임】** ① (현행과 같음)
② 선거사무장 또는 선거연락소장은 선거에 관한 사무를 처리하기 위하여 선거운동을 할 수 있는 자중에서 다음 각호에 의하여 선거사무원(제135조제1항 본문에 따른 수당과 실비를 지급받는 선거사무원을 말한다. 이하 같다)을 둘 수 있다.	② 선거사무장 또는 선거연락소장은 선거에 관한 사무를 처리하기 위하여 선거운동을 할 수 있는 자중에서 다음 각호에 의하여 선거사무원(제135조제1항 본문에 따른 수당과 실비를 지급받는 선거사무원을 말한다. 이하 같다)을 둘 수 있다.
1. 대통령선거 선거사무소에 시·도수의 6배수 이내와 시·도선거연락소에 당해 시·도안의 구·시·군(하나의 區·市·郡이 2 이상의 國會議員地域區로 된 경우에는 國會議員地域區를 말한다. 이하 이 項에서 같다)수(그 區·市·郡數가 10 미만인 때에는 10人)이내 및 구·시·군선거연락소에 당해 구·시·군안의 읍·면·동수 이내	1. 대통령선거 선거사무소에 시·도수의 6배수 이내와 시·도선거연락소에 당해 시·도안의 구·시·군(하나의 區·市·郡이 2 이상의 國會議員地域區로 된 경우에는 國會議員地域區를 말한다. 이하 이 項에서 같다)수(그 區·市·郡數가 10 미만인 때에는 10人)이내 및 구·시·군선거연락소에 당해 구·시·군안의 읍·면·동(제148조제1항제2호에 해당 하는 경우에는 설치·폐지·분할·합병 직전의 읍·면·동을 말한다. 이하 이 조, 제67조제1항, 제118조 제5호 및 제121조제1항에서 같다)수 이내

공직선거법 [법률 제18790호, 2022. 1. 18. 일부개정]	공직선거법 [법률 제18791호, 2022. 1. 21. 일부개정]
제70조【방송광고】 ① 선거운동을 위한 방송광고는 후보자(대통령선거에 있어서 정당추천후보자와 비례대표국회의원선거의 경우에는 후보자를 추천한 천한 정당을 말한다. 이하 이 조에서 같다)가 다음 각 호에 따라 선거운동기간중 소속정당의 정강·정책이나 후보자의 정견 그 밖의 홍보에 필요한 사항을 텔레비전 및 라디오 방송시설「방송법」에 의한 방송사업자가 관리·운영하는 무선국 및 종합유선방송국(報道 專門編成의 放送채널사용事業者의 채널을 포함한다)을 말한다. 이하 이 조에서 같다]를 이용하여 실시할 수 있되, 광고시간은 1회 1분을 초과할 수 없다. 이 경우 광고회수의 계산에 있어서는 재방송을 포함하되, 하나의 텔레비전 또는 라디오 방송시설을 선정하여 당해 방송망을 동시에 이용하는 것은 1회로 본다.	**제70조【방송광고】** ① 선거운동을 위한 방송광고는 후보자(대통령선거에 있어서 정당추천후보자와 비례대표국회의원선거의 경우에는 후보자를 추천한 정당을 말한다. 이하 이 조에서 같다)가 다음 각 호에 따라 선거운동기간중 소속정당의 정강·정책이나 후보자의 정견 그 밖의 홍보에 필요한 사항을 텔레비전 및 라디오 방송시설「방송법」에 의한 방송사업자가 관리·운영하는 무선국 및 종합유선방송국(종합편성 또는 보도전문편성의 放送채널사용事業者의 채널을 포함한다)을 말한다. 이하 이 조에서 같다]를 이용하여 실시할 수 있되, 광고시간은 1회 1분을 초과할 수 없다. 이 경우 광고회수의 계산에 있어서는 재방송을 포함하되, 하나의 텔레비전 또는 라디오 방송시설을 선정하여 당해 방송망을 동시에 이용하는 것은 1회로 본다.
제71조【후보자 등의 방송연설】 ① ~ ⑪ (생 략)	**제71조【후보자 등의 방송연설】** ① ~ ⑪ (현행과 같음)
⑫ 「방송법」에 따른 종합유선방송사업자(보도전문편성의 방송채널사용사업자를 포함한다)·중계유선방송사업자 및 인터넷언론사는 후보자 등의 방송연설을 중계방송할 수 있다. 이 경우 방송연설을 행한 모든 후보자에게 공평하게 하여야 한다.	⑫ 「방송법」에 따른 종합유선방송사업자(종합편성 또는 보도전문편성의 방송채널사용사업자를 포함한다)·중계유선방송사업자 및 인터넷언론사는 후보자 등의 방송연설을 중계방송할 수 있다. 이 경우 방송연설을 행한 모든 후보자에게 공평하게 하여야 한다.
제82조의2【선거방송토론위원회 주관 대담·토론회】 ① ~ ⑨ (생 략)	**제82조의2【선거방송토론위원회 주관 대담·토론회】** ① ~ ⑨ (현행과 같음)
⑩ 공영방송사는 그의 부담으로 대담·토론회를 텔레비전방송을 통하여 중계방송하여야 하되, 대통령선거에 있어서 중앙선거방송토론위원회가 주관하는 대담·토론회는 오후 8시부터 당일 오후 11시까지의 사이에 중계방송하여야 한다. 다만, 지역구국회의원선거 및 자치구·시·군의 장선거에 있어서 전국을 방송권역으로 하는 등 정당한 사유가 있는 경우에는 그러하지 아니하다.	⑩ 공영방송사와 지상파방송사는 그의 부담으로 대담·토론회를 텔레비전방송을 통하여 중계방송하여야 하되, 대통령선거에 있어서 중앙선거방송토론위원회가 주관하는 대담·토론회는 오후 8시부터 당일 오후 11시까지의 사이에 중계방송하여야 한다. 다만, 지역구국회의원선거 및 자치구·시·군의 장선거에 있어서 전국을 방송권역으로 하는 등 정당한 사유가 있는 경우에는 그러하지 아니하다.

신구조문대조표

최신 개정 주요 내용 총정리

공직선거법 [법률 제18790호, 2022. 1. 18. 일부개정]	공직선거법 [법률 제18791호, 2022. 1. 21. 일부개정]
⑪ 구·시·군선거방송토론위원회는 지역구국회의원선거 및 자치구·시·군의 장선거에 있어서 제10항 단서의 규정에 의하여 공영방송사가 중계방송을 할 수 없는 때에는 다른 지상파방송사업자나 종합유선방송사업자의 방송시설을 이용하여 대담·토론회를 텔레비전방송을 통하여 중계방송하게 할 수 있다. 이 경우 그 방송시설 이용료는 국가 또는 당해 지방자치단체가 부담한다.	⑪ 구·시·군선거방송토론위원회는 지역구국회의원선거 및 자치구·시·군의 장선거에 있어서 제10항 단서의 규정에 의하여 공영방송사 또는 지상파방송사가 중계방송을 할 수 없는 때에는 다른 종합유선방송사업자의 방송시설을 이용하여 대담·토론회를 텔레비전방송을 통하여 중계방송하게 할 수 있다. 이 경우 그 방송시설이용료는 국가 또는 당해 지방자치단체가 부담한다.
제148조【사전투표소의 설치】① 구·시·군선거관리위원회는 선거일전 5일부터 2일 동안(이하 "사전투표기간"이라 한다) 관할구역(선거구가 해당 구·시·군의 관할구역보다 작은 경우에는 해당 선거구를 말한다)의 읍·면·동마다 1개소씩 사전투표소를 설치·운영하여야 한다. 다만, 읍·면·동 관할구역에 군부대 밀집지역 등이 있는 경우에는 해당 지역에 사전투표소를 추가로 설치·운영할 수 있다. 〈신 설〉 〈신 설〉	제148조【사전투표소의 설치】① 구·시·군선거관리위원회는 선거일 전 5일부터 2일 동안(이하 "사전투표기간"이라 한다) 관할구역(선거구가 해당 구·시·군의 관할구역보다 작은 경우에는 해당 선거구를 말한다)의 읍·면·동마다 1개소씩 사전투표소를 설치·운영하여야 한다. 다만, 다음 각 호의 어느 하나에 해당하는 경우에는 해당 지역에 사전투표소를 추가로 설치·운영할 수 있다. 1. 읍·면·동 관할구역에 군부대 밀집지역 등이 있는 경우 2. 읍·면·동이 설치·폐지·분할·합병되어 관할구역의 총 읍·면·동의 수가 줄어든 경우
제218조의8【재외선거인명부의 작성】① (생 략)	제218조의8【재외선거인명부의 작성】① (현행과 같음)
② 중앙선거관리위원회는 해당 선거의 선거일 전 60일까지 해당 선거 직전에 실시한 대통령선거 또는 임기만료에 따른 비례대표국회의원선거에서 확정된 재외선거인명부에 올라 있는 선거인의 선거권 유무 등을 확인하여 그 재외선거인명부를 정비하여야 한다. 이 경우 재외선거인명부에 올라 있는 선거인 중 2회 이상 계속하여 재외선거에 투표하지 아니한 선거인은 그 재외선거인명부에서 삭제하여야 한다.	② 중앙선거관리위원회는 해당 선거의 선거일 전 60일까지 해당 선거 직전에 실시한 대통령선거 또는 임기만료에 따른 비례대표국회의원선거에서 확정된 재외선거인명부에 올라 있는 선거인의 선거권 유무 등을 확인하여 그 재외선거인명부를 정비하여야 한다. 〈후단 삭제〉
제218조의17【재외투표소의 설치·운영】① (생 략)	제218조의17【재외투표소의 설치·운영】① (현행과 같음)

공직선거법 [법률 제18791호, 2022. 1. 21. 일부개정]	공직선거법 [법률 제18837호, 2022. 2. 16. 일부개정]
〈신 설〉	제6조의3【감염병환자 등의 선거권 보장】① 「감염병의 예방 및 관리에 관한 법률」 제41조제1항 또는 제2항에 따라 입원치료, 자가(自家)치료 또는 시설치료 중이거나 같은 법 제42조제2항제1호에 따라 자가 또는 시설에 격리 중인 사람(이하 "격리자등"이라 한다)은 선거권 행사를 위하여 활동할 수 있다. ② 국가와 지방자치단체는 격리자등의 선거권 행사가 원활하게 이루어질 수 있도록 교통편의 제공 및 그 밖에 필요한 방안을 마련하여야 한다.
제38조【거소·선상투표신고】① 선거인명부에 오를 자격이 있는 국내에 거주하는 사람으로서 제4항제1호부터 제5호까지에 해당하는 사람(제15조제2항제3호에 따른 외국인은 제외한다)은 선거인명부작성기간 중 구·시·군의 장에게 서면으로 신고(이하 "거소투표신고"라 한다)를 할 수 있다. 이 경우 우편에 의한 거소투표신고는 등기우편으로 처리하되, 그 우편요금은 국가 또는 해당 지방자치단체가 부담한다.	제38조【거소·선상투표신고】① 선거인명부에 오를 자격이 있는 국내에 거주하는 사람으로서 제4항제1호부터 제5호까지 또는 제5호의2에 해당하는 사람(제15조제2항제3호에 따른 외국인은 제외한다)은 선거인명부작성기간 중 구·시·군의 장에게 서면이나 해당 구·시·군이 개설·운영하는 인터넷 홈페이지를 통하여 신고(이하 "거소투표신고"라 한다)를 할 수 있다. 이 경우 우편에 의한 거소투표신고는 등기우편으로 처리하되, 그 우편요금은 국가 또는 해당 지방자치단체가 부담한다.
② 대통령선거와 임기만료에 따른 국회의원선거에서 선거인명부에 오를 자격이 있는 사람으로서 다음 각 호의 어느 하나에 해당하는 선박에 승선할 예정이거나 승선하고 있는 선원이 사전투표소 및 투표소에서 투표할 수 없는 경우 선거인명부작성기간 중 구·시·군의 장에게 서면[승선하고 있는 선원이 해당 선박에 설치된 팩시밀리(전자적 방식을 포함한다. 이하 같다)로 신고하는 경우를 포함한다]으로 신고(이하 "선상투표신고"라 한다)를 할 수 있다. 이 경우 우편에 의한 방법으로 선상투표신고를 하는 경우에는 제1항 후단을 준용한다.	② 대통령선거와 임기만료에 따른 국회의원선거에서 선거인명부에 오를 자격이 있는 사람으로서 다음 각 호의 어느 하나에 해당하는 선박에 승선할 예정이거나 승선하고 있는 선원이 사전투표소 및 투표소에서 투표할 수 없는 경우 선거인명부작성기간 중 구·시·군의 장에게 서면[승선하고 있는 선원이 해당 선박에 설치된 팩시밀리(전자적 방식을 포함한다. 이하 같다)로 신고하는 경우를 포함한다]이나 제1항에 따른 인터넷 홈페이지를 통하여 신고(이하 "선상투표신고"라 한다)를 할 수 있다. 이 경우 우편에 의한 방법으로 선상투표신고를 하는 경우에는 제1항 후단을 준용한다.

신구조문대조표

최신 개정 주요 내용 총정리

공직선거법 [법률 제18791호, 2022. 1. 21. 일부개정]	공직선거법 [법률 제18837호, 2022. 2. 16. 일부개정]
③ 거소투표신고 또는 선상투표신고를 하려는 사람은 해당 신고서에 다음 각 호의 사항을 적어야 하고, 제4항제1호 및 제2호에 해당하는 사람은 소속기관이나 시설의 장의, 제4항제3호에 해당하는 사람(「장애인복지법」 제32조에 따라 등록된 장애인은 제외한다)은 통·리 또는 반의 장의, 제4항제6호에 해당하는 선원은 해당 선박 소유자(제2항제2호에 따른 선박의 경우에는 선박관리업을 경영하는 자를 말한다) 또는 해당 선박 선장의 확인을 받아야 한다. 이 경우 구·시·군의 장은 선거인명부작성기준일 전 10일까지 제4항제3호에 해당하는 사람 중에서 「장애인복지법」 제32조에 따라 등록된 장애인에게 거소투표신고에 관한 안내문과 거소투표신고서를 발송하여야 한다.	③ 거소투표신고 또는 선상투표신고를 하려는 사람은 해당 신고서에 다음 각 호의 사항을 적어야 하고, 제4항제1호 및 제2호에 해당하는 사람은 소속기관이나 시설의 장의, 제4항제3호에 해당하는 사람(「장애인복지법」 제32조에 따라 등록된 장애인은 제외한다)은 통·리 또는 반의 장의, 제4항제5호의2에 해당하는 사람으로서 입원치료, 시설치료 또는 시설격리 중인 사람은 해당 시설의 장의, 제4항제6호에 해당하는 선원은 해당 선박 소유자(제2항제2호에 따른 선박의 경우에는 선박관리업을 경영하는 자를 말한다) 또는 해당 선박 선장의 확인을 받아야 한다. 이 경우 구·시·군의 장은 선거인명부작성기준일 전 10일까지 제4항제3호에 해당하는 사람 중에서 「장애인복지법」 제32조에 따라 등록된 장애인에게 거소투표신고에 관한 안내문과 거소투표신고서를 발송하여야 한다.
④ 다음 각 호의 어느 하나에 해당하는 사람은 거소(제6호에 해당하는 선원의 경우 선상을 말한다)에서 투표할 수 있다.	④ 다음 각 호의 어느 하나에 해당하는 사람은 거소(제6호에 해당하는 선원의 경우 선상을 말한다)에서 투표할 수 있다.
〈신 설〉	5의2. 격리자등
제147조【투표소의 설치】① ~ ⑩ (생 략)	제147조【투표소의 설치】① ~ ⑩ (현행과 같음)
⑪ 투표소의 설비, 고령자·장애인·임산부 등 교통약자의 투표소 접근 편의를 보장하기 위한 제반 시설의 설치, 적절한 투표소 위치 확보 등의 조치, 그 밖에 필요한 사항은 중앙선거관리위원회규칙으로 정한다.	⑪ 투표소의 설비, 고령자·장애인·임산부 등 교통약자와 격리자등의 투표소 접근 편의를 보장하기 위한 제반 시설의 설치, 적절한 투표소 위치 확보 등의 조치, 그 밖에 필요한 사항은 중앙선거관리위원회규칙으로 정한다.
제148조【사전투표소의 설치】① 구·시·군선거관리위원회는 선거일 전 5일부터 2일 동안(이하 "사전투표기간"이라 한다) 관할구역(선거구가 해당 구·시·군의 관할구역보다 작은 경우에는 해당 선거구를 말한다)의 읍·면·동마다 1개소씩 사전투표소를 설치·운영하여야 한다. 다만, 다음 각 호의 어느 하나에 해당하는 경우에는 해당 지역에 사전투표소를 추가로 설치·운영할 수 있다.	제148조【사전투표소의 설치】① 구·시·군선거관리위원회는 선거일 전 5일부터 2일 동안(이하 "사전투표기간"이라 한다) 관할구역(선거구가 해당 구·시·군의 관할구역보다 작은 경우에는 해당 선거구를 말한다)의 읍·면·동마다 1개소씩 사전투표소를 설치·운영하여야 한다. 다만, 다음 각 호의 어느 하나에 해당하는 경우에는 해당 지역에 사전투표소를 추가로 설치·운영할 수 있다.

공직선거법 [법률 제18790호, 2022. 1. 18. 일부개정]	공직선거법 [법률 제18791호, 2022. 1. 21. 일부개정]
② 재외선거관리위원회는 제1항에도 불구하고 다음 각 호의 어느 하나에 해당하는 사유가 있는 경우에는 재외투표기간 중 기간을 정하여 제1항에 따른 공관 또는 공관의 대체시설 외의 시설·병영 등에 추가로 재외투표소를 설치·운영할 수 있다. 다만, 제1호에 따른 사유로 추가하여 설치하는 재외투표소의 경우에는 재외국민수가 4만명을 넘으면 이후 매 4만명까지마다 1개소씩 추가로 설치·운영하되, 추가되는 재외투표 소의 총 수는 2개소를 초과할 수 없다.	② 재외선거관리위원회는 제1항에도 불구하고 다음 각 호의 어느 하나에 해당하는 사유가 있는 경우에는 재외투표기간 중 기간을 정하여 제1항에 따른 공관 또는 공관의 대체시설 외의 시설·병영 등에 추가로 재외투표소를 설치·운영할 수 있다. 다만, 제1호에 따른 사유로 추가하여 설치하는 재외투표소의 경우에는 재외국민수가 3만명을 넘으면 이후 매 3만명까지마다 1개소씩 추가로 설치·운영하되, 추가되는 재외투표 소의 총 수는 3개소를 초과할 수 없다.
1. 관할구역의 재외국민수가 4만명 이상인 것으로 추정되는 경우	1. 관할구역의 재외국민수가 3만명 이상인 것으로 추정되는 경우
⑦ 재외투표소는 재외투표기간 중 공휴일에도 불구하고 매일 오전 8시에 열고 오후 5시에 닫는다. 다만, 제2항에 따른 재외투표소의 경우에는 해당 재외선거관리위원회가 예상 투표자 수 등을 고려하여 투표시간을 조정할 수 있다.	⑦ 재외투표소는 재외투표기간 중 공휴일에도 불구하고 매일 오전 8시에 열고 오후 5시에 닫는다. 다만, 다음 각 호의 어느 하나에 해당하는 경우 재외선거관리위원회는 예상 투표자 수 등을 고려하여 투표시간을 조정할 수 있되, 중앙선거관리위원회와 협의하여야 한다.
〈신 설〉	1. 천재지변 또는 전쟁·폭동, 그 밖에 부득이한 사유가 있는 경우
〈신 설〉	2. 제2항제2호에 따라 추가로 설치·운영하는 재외투표소의 경우

신구조문대조표

최신 개정 주요 내용 총정리

공직선거법 [법률 제18791호, 2022. 1. 21. 일부개정]	공직선거법 [법률 제18837호, 2022. 2. 16. 일부개정]
〈신 설〉	3. 읍·면·동 관할구역에 「감염병의 예방 및 관리에 관한 법률」 제36조제3항에 따른 감염병관리시설 또는 같은 법 제39조의3제1항에 따른 감염병의심자 격리시설이 있는 경우
〈신 설〉	4. 천재지변 또는 전쟁·폭동, 그 밖에 부득이한 사유로 인하여 사전투표소를 추가로 설치·운영할 필요가 있다고 관할 구·시·군선거관리위원회가 인정하는 경우
제149조【기관·시설 안의 기표소】① 다음 각 호의 어느 하나에 해당하는 기관·시설(이하 이 조에서 "기관·시설"이라 한다)로서 제38조제1항의 거소 투표신고인을 수용하고 있는 기관·시설의 장은 그 명칭과 소재지 및 거소투표신고인수 등을 선거인명부작성기간만료일 후 3일까지 관할 구·시·군선거관리위원회에 신고하여야 한다.	제149조【기관·시설 안의 기표소】① 다음 각 호의 어느 하나에 해당하는 기관·시설(이하 이 조에서 "기관·시설"이라 한다)로서 제38조제1항의 거소 투표신고인을 수용하고 있는 기관·시설의 장은 그 명칭과 소재지 및 거소투표신고인수 등을 선거인명부작성기간만료일 후 3일까지 관할 구·시·군선거관리위원회에 신고하여야 한다.
〈신 설〉	3. 「감염병의 예방 및 관리에 관한 법률」 제36조제3항에 따른 감염병관리시설 또는 같은 법 제39조의3제1항에 따른 감염병의심자 격리시설
제154조【거소투표자에 대한 투표용지의 발송】① (생 략)	제154조【거소투표자에 대한 투표용지의 발송】① (현행과 같음)
② 제1항의 규정에 불구하고 허위로 신고한 자 및 자신의 의사에 의하여 신고된 것으로 인정되지 아니한 거소투표자에게는 당해 구·시·군선거관리위원회의 의결로 거소투표용지를 발송하지 아니할 수 있다. 이 경우 거소투표발송록에 그 사실을 기재하여야 한다.	② 제1항의 규정에 불구하고 거소투표자가 다음 각 호의 어느 하나에 해당하는 경우 해당 거소투표자에게는 당해 구·시·군선거관리위원회의 의결로 거소투표용지를 발송하지 아니할 수 있다. 이 경우 거소투표발송록에 그 사실을 기재하여야 한다.
〈신 설〉	1. 허위로 신고한 경우
〈신 설〉	2. 자신의 의사에 의하여 신고된 것으로 인정되지 아니한 경우
〈신 설〉	3. 격리자등이 제38조제1항 전단에 따라 신고한 후 거소투표용지 발송 전에 치료가 완료되거나 격리가 해제된 경우

공직선거법 [법률 제18791호, 2022. 1. 21. 일부개정]	공직선거법 [법률 제18837호, 2022. 2. 16. 일부개정]
제155조【투표시간】① ~ ⑤ (생 략)	제155조【투표시간】① ~ ⑤ (현행과 같음)
〈신 설〉	⑥ 제1항 본문에도 불구하고 격리자등이 선거권을 행사할 수 있도록 격리자등에 한정하여서는 투표소를 오후 6시에 열고 오후 7시 30분에 닫는다. 다만, 농산어촌 지역에 거주하는 고령자·장애인·임산부 등 교통약자인 격리자등은 관할 보건소로부터 일시적 외출의 필요성을 인정받은 경우 오후 6시 전에도 투표소에서 투표할 수 있다.
〈신 설〉	⑦ 제6항 본문에 따라 투표하는 경우 제5항, 제176조제4항, 제218조의16제2항 및 제218조의24제2항부터 제4항까지의 규정 중 "선거일 오후 6시"를 각각 "선거일 오후 7시 30분"으로 본다.

최신 개정 주요 내용 총정리
신구조문대조표

공직선거법 [법률 제18837호, 2022. 2. 16. 일부개정]	공직선거법 [법률 제18841호, 2022. 4. 20. 일부개정]
제22조【시·도의회의 의원정수】 ① 시·도별 지역구시·도의원의 총 정수는 그 관할구역 안의 자치구·시·군(하나의 자치구·시·군이 2 이상의 국회의원지역구로 된 경우에는 국회의원지역구를 말하며, 행정구역의 변경으로 국회의원지역구와 행정구역이 합치되지 아니하게 된 때에는 행정구역을 말한다)수의 2배수로 하되, 인구·행정구역·지세·교통, 그 밖의 조건을 고려하여 100분의 14의 범위에서 조정할 수 있다. 다만, 자치구·시·군의 지역구시·도의원정수는 최소 1명으로 한다.	**제22조【시·도의회의 의원정수】** ① 시·도별 지역구시·도의원의 총 정수는 그 관할구역 안의 자치구·시·군(하나의 자치구·시·군이 2 이상의 국회의원지역구로 된 경우에는 국회의원지역구를 말하며, 행정구역의 변경으로 국회의원지역구와 행정구역이 합치되지 아니하게 된 때에는 행정구역을 말한다)수의 2배 수로 하되, 인구·행정구역·지세·교통, 그 밖의 조건을 고려하여 100분의 20의 범위에서 조정할 수 있다. 다만, 인구가 5만명 미만인 자치구·시·군의 지역구시·도의원정수는 최소 1명으로 하고, 인구가 5만명 이상인 자치구·시·군의 지역구시·도의원정수는 최소 2명으로 한다.
제26조【지방의회의원선거구의 획정】 ① ~ ③ (생 략) ④ 자치구·시·군의원지역구는 하나의 시·도의원지역구 내에서 획정하여야 하며, 하나의 시·도의원지역구에서 시역구자치구·시·군의원을 4인 이상 선출하는 때에는 2개 이상의 지역선거구로 분할할 수 있다.	**제26조【지방의회의원선거구의 획정】** ① ~ ③ (현행과 같음) ④ 자치구·시·군의원지역구는 하나의 시·도의원지역구 내에서 획정하여야 한다.
제56조【기탁금】 ① 후보자등록을 신청하는 자는 등록신청 시에 후보자 1명마다 다음 각 호의 기탁금을 중앙선거관리위원회규칙으로 정하는 바에 따라 관할선거구선거관리위원회에 납부하여야 한다. 이 경우 예비후보자가 해당 선거의 같은 선거구에 후보자등록을 신청하는 때에는 제60조의2제2항에 따라 납부한 기탁금을 제외한 나머지 금액을 납부하여야 한다. 〈신 설〉	**제56조【기탁금】** ① 후보자등록을 신청하는 자는 등록신청 시에 후보자 1명마다 다음 각 호의 기탁금(후보자등록을 신청하는 사람이 「장애인복지법」 제32조에 따라 등록한 장애인이거나 선거일 현재 29세 이하인 경우에는 다음 각 호에 따른 기탁금의 100분의 50에 해당하는 금액을 말하고, 30세 이상 39세 이하인 경우에는 다음 각 호에 따른 기탁금의 100분의 70에 해당하는 금액을 말한다)을 중앙선거관리위원회규칙으로 정하는 바에 따라 관할선거구선거관리위원회에 납부하여야 한다. 이 경우 예비후보자가 해당 선거의 같은 선거구에 후보자등록을 신청하는 때에는 제60조의2제2항에 따라 납부한 기탁금을 제외한 나머지 금액을 납부하여야 한다. ④ 제1항에 따라 장애인 또는 39세 이하의 사람이 납부하는 기탁금의 감액비율은 중복하여 적용하지 아니한다.

공직선거법 [법률 제18837호, 2022. 2. 16. 일부개정]	공직선거법 [법률 제18841호, 2022. 4. 20. 일부개정]
제57조【기탁금의 반환 등】 ① 관할선거구선거관리위원회는 다음 각 호의 구분에 따른 금액을 선거일 후 30일 이내에 기탁자에게 반환한다. 이 경우 반환하지 아니 하는 기탁금은 국가 또는 지방자치단체에 귀속한다. 1. 대통령선거, 지역구국회의원선거, 지역구지방의회의원선거 및 지방자치단체의 장선거 가. 후보자가 당선되거나 사망한 경우와 유효투표총수의 100분의 15 이상을 득표한 경우에는 기탁금 전액 나. 후보자가 유효투표총수의 100분의 10 이상 100분의 15 미만을 득표한 경우에는 기탁금의 100분의 50에 해당하는 금액	**제57조【기탁금의 반환 등】** ① 관할선거구선거관리위원회는 다음 각 호의 구분에 따른 금액을 선거일 후 30일 이내에 기탁자에게 반환한다. 이 경우 반환하지 아니 하는 기탁금은 국가 또는 지방자치단체에 귀속한다. 1. 대통령선거, 지역구국회의원선거, 지역구지방의회의원선거 및 지방자치단체의 장선거 가. 후보자가 당선되거나 사망한 경우와 유효투표총수의 100분의 15 이상(후보자가 「장애인복지법」 제32조에 따라 등록한 장애인이거나 선거일 현재 39세 이하인 경우에는 유효투표총수의 100분의 10 이상을 말한다)을 득표한 경우에는 기탁금 전액 나. 후보자가 유효투표총수의 100분의 10 이상 100분의 15 미만(후보자가 「장애인복지법」 제32조에 따라 등록한 장애인이거나 선거일 현재 39세 이하인 경우에는 유효투표총수의 100분의 5 이상 100분의 10 미만을 말한다)을 득표한 경우에는 기탁금의 100분의 50에 해당하는 금액
제60조의2【예비후보자등록】 ① (생 략) ② 제1항에 따라 예비후보자등록을 신청하는 사람은 다음 각 호의 서류를 제출하여야 하며, 제56조제1항 각 호에 따른 해당 선거 기탁금의 100분의 20에 해당하는 금액을 중앙선거관리위원회규칙으로 정하는 바에 따라 관할선거구선거관리위원회에 기탁금으로 납부하여야 한다.	**제60조의2【예비후보자등록】** ① (현행과 같음) ② 제1항에 따라 예비후보자등록을 신청하는 사람은 다음 각 호의 서류를 제출하여야 하며, 제56조제1항에 따른 해당 선거 기탁금의 100분의 20에 해당하는 금액을 중앙선거관리위원회규칙으로 정하는 바에 따라 관할선거구선거관리위원회에 기탁금으로 납부하여야 한다.
제62조【선거사무관계자의 선임】 ① ~ ④ (생 략) ⑤ 제135조제1항 단서의 규정에 의하여 수당을 지급받을 수 없는 정당의 유급사무직원, 국회의원과 그 보좌관·비서관·비서 또는 지방의회의원은 선거사무원이 된 경우에도 제2항의 선거사무원수에는 산입하지 아니한다.	**제62조【선거사무관계자의 선임】** ① ~ ④ (현행과 같음) ⑤ 제135조제1항 단서의 규정에 의하여 수당을 지급받을 수 없는 정당의 유급사무직원, 국회의원과 그 보좌관·선임비서관·비서 또는 지방의회의원은 선거사무원이 된 경우에도 제2항의 선거사무원수에는 산입하지 아니한다.

최신 개정 주요 내용 총정리
신구조문대조표

공직선거법 [법률 제18837호, 2022. 2. 16. 일부개정]	공직선거법 [법률 제18841호, 2022. 4. 20. 일부개정]
제86조 【공무원 등의 선거에 영향을 미치는 행위금지】 ① 공무원(國會議員과 그 補佐官·秘書官·秘書 및 地方議會議員을 제외한다), 선상투표신고를 한 선원이 승선하고 있는 선박의 선장, 제53조 제1항제4호에 규정된 기관 등의 상근 임원과 같은 항 제6호에 규정된 기관 등의 상근 임직원, 통·리·반의 장, 주민자치위원회위원과 예비군 중대장급 이상의 간부, 특별법에 의하여 설립된 국민운동단체로서 국가나 지방자치단체의 출연 또는 보조를 받는 단체(바르게 살기 運動協議會·새마을 運動協議會·韓國自由總聯盟을 말한다)의 상근 임·직원 및 이들 단체 등(市·道組織 및 區·市·郡組織을 포함한다)의 대표자는 다음 각 호의 어느 하나에 해당하는 행위를 하여서는 아니된다.	제86조 【공무원 등의 선거에 영향을 미치는 행위금지】 ① 공무원(國會議員과 그 보좌관·선임비서관·비서관 및 地方議會議員을 제외한다), 선상투표신고를 한 선원이 승선하고 있는 선박의 선장, 제53조 제1항제4호에 규정된 기관 등의 상근 임원과 같은 항 제6호에 규정된 기관 등의 상근 임직원, 통·리·반의 장, 주민자치위원회위원과 예비군 중대장급 이상의 간부, 특별법에 의하여 설립된 국민운동단체로서 국가나 지방자치단체의 출연 또는 보조를 받는 단체(바르게 살기 運動協議會·새마을運動協議會·韓國自由總聯盟을 말한다)의 상근 임·직원 및 이들 단체 등(市·道組織 및 區·市·郡組織을 포함한다)의 대표자는 다음 각 호의 어느 하나에 해당하는 행위를 하여서는 아니된다.
제121조 【선거비용제한액의 산정】 ①·② (생 략)	제121조 【선거비용제한액의 산정】 ①·② (현행과 같음)
③ 선거비용제한액 산정을 위한 인구수의 기준일, 제한액산정비율의 결정 기타 필요한 사항은 중앙선거관리위원회규칙으로 정한다.	③ 제135조제2항에 따른 선거사무장등(활동보조인은 제외한다. 이하 이 항에서 같다)에게 지급할 수 있는 수당의 금액이 인상된 경우 총 수당 인상액과 선거사무장등의「산업재해보상보험법」에 따른 산재보험 가입에 소요되는 총 산재보험료를 다음 각 호에 따라 산정하여 제1항 및 제2항에 따라 산정한 선거비용제한액에 각각 가산하여야 한다. 1. 총 수당 인상액 선거사무장등에게 지급할 수 있는 수당의 인상차액 ×선거사무장등의 수(선거사무원의 경우에는 제62조제2항에 따라 선거별로 선거사무장 또는 선거연락소장이 둘 수 있는 선거사무원의 최대수를 말한다. 이하 이 항에서 같다) ×해당 선거의 선거운동기간 2. 총 산재보험료 선거사무장등의 수 ×제135조제2항에 따라 선거사무장등에게 지급할 수 있는 수당의 금액 ×해당 선거의 선거운동기간 ×산재보험료율
〈신 설〉	④ 선거비용제한액 산정을 위한 인구수의 기준일, 제한액산정비율의 결정 기타 필요한 사항은 중앙선거관리위원회규칙으로 정한다.

공직선거법 [법률 제18837호, 2022. 2. 16. 일부개정]	공직선거법 [법률 제18841호, 2022. 4. 20. 일부개정]
제122조의2【선거비용의 보전 등】 ①·② (생 략)	**제122조의2【선거비용의 보전 등】** ①·② (현행과 같음)
③ 다음 각 호의 어느 하나에 해당하는 비용은 국가 또는 지방자치단체가 후보자를 위하여 부담한다. 이 경우 제3호의2 및 제5호의 비용은 국가가 부담한다.	③ 다음 각 호의 어느 하나에 해당하는 비용은 국가 또는 지방자치단체가 후보자를 위하여 부담한다. 이 경우 제3호의2 및 제5호의 비용은 국가가 부담한다.
3의2. 활동보조인(예비후보자로서 선임하였던 활동보조인을 포함한다)의 수당과 실비	3의2. 활동보조인(예비후보자로서 선임하였던 활동보조인을 포함한다)의 수당, 실비 및 산재보험료
④ 제1항 내지 제3항의 규정에 따른 비용의 산정 및 보전청구 그 밖에 필요한 사항은 중앙선거관리위원회규칙으로 정한다.	④ 제3항제6호에 따른 투표참관인 및 사전투표참관인 수당은 10만원으로 하고, 같은 항 제7호에 따른 개표참관인 수당은 10만원으로 한다. 이 경우 투표참관인 및 사전투표참관인의 수당과 개표참관 도중 개표참관인을 교체하는 경우의 수당은 6시간 이상 출석한 사람에게만 지급한다.
〈신 설〉	⑤ 제1항 내지 제3항의 규정에 따른 비용의 산정 및 보전청구 그 밖에 필요한 사항은 중앙선거관리위원회규칙으로 정한다.
제135조(선거사무관계자에 대한 수당과 실비보상) ① 선거사무장·선거연락소장·선거사무원·활동보조인 및 회계책임자(이하 이 조에서 "선거사무장등"이라 한다)에 대하여는 수당과 실비를 지급할 수 있다. 다만, 정당의 유급사무직원, 국회의원과 그 보좌관·비서관·비서 또는 지방의회의원이 선거사무장등을 겸한 때에는 실비만을 보상할 수 있으며, 후보자등록신청개시일부터 선거기간개시일 전일까지는 후보자로서 신고한 선거사무장등에게 수당과 실비를 지급할 수 없다.	제135조(선거사무관계자에 대한 수당과 실비보상) ① 선거사무장·선거연락소장·선거사무원·활동보조인 및 회계책임자(이하 이 조에서 "선거사무장등"이라 한다)에 대하여는 수당과 실비를 지급할 수 있다. 다만, 정당의 유급사무직원, 국회의원과 그 보좌관·선임비서관·비서관 또는 지방의회의원이 선거사무장등을 겸한 때에는 실비만을 보상할 수 있으며, 후보자등록신청개시일부터 선거기간개시일 전일까지는 후보자로서 신고한 선거사무장등에게 수당과 실비를 지급할 수 없다.

신구조문대조표

최신 개정 주요 내용 총정리

공직선거법 [법률 제18837호, 2022. 2. 16. 일부개정]	공직선거법 [법률 제18841호, 2022. 4. 20. 일부개정]
② 제1항의 수당과 실비의 종류와 금액은 중앙선거관리위원회가 정한다.	② 제1항에 따라 선거사무장등에게 지급할 수 있는 수당의 금액은 다음 각 호와 같다. 다만, 같은 사람이 회계책임자·선거사무장·선거연락소장 또는 선거사무원·활동보조인을 함께 맡은 때에는 다음 각 호의 금액 중 많은 금액으로 한다. 1. 대통령선거 및 비례대표국회의원선거의 선거사무장: 14만원 이내 2. 비례대표시·도의원선거와 시·도지사선거의 선거사무장, 대통령선거의 시·도선거연락소장: 14만원 이내 3. 지역구국회의원선거 및 자치구·시·군의 장선거의 선거사무장, 대통령선거 및 시·도지사선거의 구·시·군선거연락소장: 10만원 이내 4. 지역구시·도의원선거 및 자치구·시·군의원선거의 선거사무장, 지역구국회의원선거 및 자치구·시·군의 장선거의 선거연락소장: 10만원 이내 5. 선거사무원·활동보조인: 6만원 이내 6. 회계책임자: 해당 회계책임자가 소속된 선거사무소 또는 선거연락소의 선거사무장 또는 선거연락소장의 수당과 같은 금액
③ (생 략)	③ (현행과 같음)
〈신 설〉	④ 제1항에 따른 수당의 지급에 있어서 같은 정당의 추천을 받은 둘 이상의 후보자가 선거사무장등(회계책임자는 제외한다. 이하 이 항에서 같다)을 공동으로 선임한 경우 후보자별로 선거사무장등에게 지급하여야 하는 수당의 금액은 해당 후보자 사이의 약정에 따라 한 후보자의 선거사무장등에 대한 수당만을 지급하여야 한다.
〈신 설〉	⑤ 제1항에 따라 선거사무장등에게 지급할 수 있는 실비의 종류와 금액은 중앙선거관리위원회규칙으로 정한다.

공직선거법 [법률 제18837호, 2022. 2. 16. 일부개정]	공직선거법 [법률 제18841호, 2022. 4. 20. 일부개정]
제155조【투표시간】 ① (생 략)	**제155조【투표시간】** ① (현행과 같음)
② 사전투표소는 사전투표기간 중 매일 오전 6시에 열고 오후 6시에 닫는다. 이 경우 제1항 단서의 규정은 사전투표소에 이를 준용한다.	② 사전투표소는 사전투표기간 중 매일 오전 6시에 열고 오후 6시에 닫되, 제148조제1항제3호에 따라 설치하는 사전투표소는 관할 구·시·군선거관리위원회가 예상 투표자수 등을 고려하여 투표시간을 조정할 수 있다. 이 경우 제1항 단서의 규정은 사전투표소에 이를 준용한다.
③ ~ ⑤ (생 략)	③ ~ ⑤ (현행과 같음)
⑥ 제1항 본문에도 불구하고 격리자등이 선거권을 행사할 수 있도록 격리자등에 한정하여서는 투표소를 오후 6시에 열고 오후 7시 30분에 닫는다. 다만, 농산어촌 지역에 거주하는 고령자·장애인·임산부 등 교통약자인 격리자등은 관할 보건소로부터 일시적 외출의 필요성을 인정받은 경우 오후 6시 전에도 투표소에서 투표할 수 있다.	⑥ 제1항 본문 및 제2항 전단에도 불구하고 격리자등이 선거권을 행사할 수 있도록 격리자등에 한정하여서는 투표소를 오후 6시 30분에 열고 오후 7시 30분에 닫으며, 사전투표소(제148조제1항제3호에 따라 설치하는 사전투표소를 제외하고 사전투표기간 중 둘째 날의 사전투표소에 한정한다. 이하 이 항에서 같다)는 오후 6시 30분에 열고 오후 8시에 닫는다. 다만, 농산어촌 지역에 거주하는 고령자·장애인·임산부 등 교통약자인 격리자등은 관할 보건소로부터 일시적 외출의 필요성을 인정받은 경우 오후 6시 전에도 투표소 또는 사전투표소에서 투표할 수 있다.

신구조문대조표

최신 개정 주요 내용 총정리

공직선거법 [법률 제19228호, 2023. 3. 4. 타법개정]	공직선거법 [법률 제19234호, 2023. 3. 14. 타법개정]
제218조의14【국외선거운동 방법에 관한 특례】① ~ ③ (생 략)	제218조의14【국외선거운동 방법에 관한 특례】① ~ ③ (현행과 같음)
④ 중앙선거관리위원회는 대통령선거 및 임기만료에 따른 비례대표국회의원선거에서 정당·후보자에 대한 정보를 재외선거인등에게 알리기 위하여 중앙선거관리위원회규칙으로 정하는 바에 따라 정당·후보자 정보자료를 작성하여 다음 각 호에 따른 방법으로 재외선거인등에게 제공하여야 한다.	④ 중앙선거관리위원회는 대통령선거 및 임기만료에 따른 비례대표국회의원선거에서 정당·후보자에 대한 정보를 재외선거인등에게 알리기 위하여 중앙선거관리위원회규칙으로 정하는 바에 따라 정당·후보자 정보자료를 작성하여 다음 각 호에 따른 방법으로 재외선거인등에게 제공하여야 한다.
1. (생 략)	1. (현행과 같음)
2. 중앙선거관리위원회, 외교부 및 공관의 인터넷 홈페이지 게시	2. 중앙선거관리위원회, 외교부, 재외동포청 및 공관의 인터넷 홈페이지 게시
3. (생 략)	3. (현행과 같음)
⑤ (생 략)	⑤ (현행과 같음)
⑥ 다음 각 호의 어느 하나에 해당하는 단체의 상근 임직원 및 이들 단체의 대표자는 재외선거권자를 대상으로 선거운동을 할 수 없다.	⑥ 다음 각 호의 어느 하나에 해당하는 단체의 상근 임직원 및 이들 단체의 대표자는 재외선거권자를 대상으로 선거운동을 할 수 없다.
1. · 2. (생 략)	1. · 2. (현행과 같음)
3. 「재외동포재단법」에 따라 설립된 재외동포재단	〈삭 제〉
⑦ (생 략)	⑦ (현행과 같음)

공직선거법 [법률 제19228호, 2023. 3. 4. 타법개정]	공직선거법 [법률 제19234호, 2023. 3. 14. 타법개정]
제176조【사전투표·거소투표 및 선상투표의 접수·개표】	**제176조【사전투표·거소투표 및 선상투표의 접수·개표】**
①·② (생 략)	①·② (현행과 같음)
③ 구·시·군선거관리위원회는 제1항에 따른 우편투표함과 제2항에 따른 사전투표함을 「개인정보 보호법」 제2조제7호에 따른 영상정보처리기기가 설치된 장소에 보관하여야 하고, 해당 영상정보는 해당 선거의 선거일 후 6개월까지 보관하여야 한다.	③ 구·시·군선거관리위원회는 제1항에 따른 우편투표함과 제2항에 따른 사전투표함을 「개인정보 보호법」 제2조제7호에 따른 고정형 영상정보처리기기가 설치된 장소에 보관하여야 하고, 해당 영상정보는 해당 선거의 선거일 후 6개월까지 보관하여야 한다.
④·⑤ (생 략)	④·⑤ (현행과 같음)

신구조문대조표

최신 개정 주요 내용 총정리

공직선거법 [법률 제19234호, 2023. 3. 14. 타법개정]	공직선거법 [법률 제19325호, 2023. 3. 29. 일부개정]
제155조【투표시간】① ~ ⑤ (생 략)	제155조【투표시간】① ~ ⑤ (생 략)
⑥ 제1항 본문 및 제2항 전단에도 불구하고 격리자등이 선거권을 행사할 수 있도록 격리자등에 한정하여서는 투표소를 오후 6시 30분에 열고 오후 7시 30분에 닫으며, 사전투표소(제148조제1항제3호에 따라 설치하는 사전투표소를 제외하고 사전투표기간 중 둘째 날의 사전투표소에 한정한다. 이하 이 항에서 같다)는 오후 6시 30분에 열고 오후 8시에 닫는다. 다만, 농산어촌 지역에 거주하는 고령자·장애인·임산부 등 교통약자인 격리자등은 관할 보건소로부터 일시적 외출의 필요성을 인정받은 경우 오후 6시 전에도 투표소 또는 사전투표소에서 투표할 수 있다.	⑥ 제1항 본문 및 제2항 전단에도 불구하고 격리자등이 선거권을 행사할 수 있도록 격리자등에 한정하여서는 투표소를 오후 6시 30분(보궐선거등에 있어서는 오후 8시 30분)에 열고 오후 7시 30분(보궐선거등에 있어서는 오후 9시 30분)에 닫으며, 사전투표소(제148조제1항제3호에 따라 설치하는 사전투표소를 제외하고 사전투표기간 중 둘째 날의 사전투표소에 한정한다. 이하 이 항에서 같다)는 오후 6시 30분에 열고 오후 8시에 닫는다. 다만, 농산어촌 지역에 거주하는 고령자·장애인·임산부 등 교통약자인 격리자등은 관할 보건소로부터 일시적 외출의 필요성을 인정받은 경우 투표소 또는 사전투표소에서 오후 6시(보궐선거등에 있어서는 투표소에서 오후 8시) 전에도 투표할 수 있다.
⑦ 제6항 본문에 따라 투표하는 경우 제5항, 제176조제4항, 제218조의16제2항 및 제218조의24제2항부터 제4항까지의 규정 중 "선거일 오후 6시"를 각각 "선거일 오후 7시 30분"으로 본다.	⑦ 제6항 본문에 따라 투표하는 경우 제5항, 제176조제4항, 제218조의16제2항 및 제218조의24제2항부터 제4항까지의 규정 중 "선거일 오후 6시"는 각각 "선거일 오후 7시 30분"으로, "오후 8시"는 각각 "오후 9시 30분"으로 본다.
제218조의16【재외선거의 투표방법】①·② (생 략)	제218조의16【재외선거의 투표방법】①·② (현행과 같음)
③ 제218조의17제1항에 따른 재외투표기간 개시일 전에 귀국한 재외선거인등은 재외투표기간 개시일 전에 귀국한 사실을 증명할 수 있는 서류를 첨부하여 주소지 또는 최종 주소지(최종 주소지가 없는 사람은 등록기준지를 말한다)를 관할하는 구·시·군선거관리위원회에 신고한 후 선거일에 해당 선거관리위원회가 지정하는 투표소에서 투표할 수 있다.	③ 제218조의13제1항에 따라 재외선거인명부등에 등재된 사람이 재외투표소에서 투표를 하지 아니하고 귀국한 때에는 선거일 전 8일부터 선거일까지 주소지 또는 최종 주소지(최종 주소지가 없는 사람은 등록기준지를 말한다)를 관할하는 구·시·군선거관리위원회에 신고한 후 선거일에 해당 선거관리위원회가 지정하는 투표소에서 투표할 수 있다.
④ (생 략)	④ (현행과 같음)

공직선거법 [법률 제19325호, 2023. 3. 29. 일부개정]	공직선거법 [법률 제19696호, 2023. 8. 30. 일부개정]
제57조의6 【공무원 등의 당내경선운동 금지】 ① 제60조제1항에 따라 선거운동을 할 수 없는 사람은 당내경선에서 경선운동을 할 수 없다. 다만, 소속 당원만을 대상으로 하는 당내경선에서 당원이 될 수 있는 사람이 경선운동을 하는 경우에는 그러하지 아니하다.	**제57조의6 【공무원 등의 당내경선운동 금지】** ① 제60조제1항에 따라 선거운동을 할 수 없는 사람(제60조제1항제5호의 경우에는 「지방공기업법」 제2조에 규정된 지방공사와 지방공단의 상근직원은 제외한다)은 당내경선에서 경선운동을 할 수 없다. 다만, 소속 당원만을 대상으로 하는 당내경선에서 당원이 될 수 있는 사람이 경선운동을 하는 경우에는 그러하지 아니하다.
② (생 략)	② (현행과 같음)
제68조 【어깨띠 등 소품】 ① 후보자와 그 배우자(배우자 대신 후보자가 그의 직계존비속 중에서 신고한 1인을 포함한다), 선거사무장, 선거연락소장, 선거사무원, 후보자와 함께 다니는 활동보조인 및 회계책임자는 선거운동기간 중 후보자의 사진·성명·기호 및 소속 정당명, 그 밖의 홍보에 필요한 사항을 게재한 어깨띠나 중앙선거관리위원회규칙으로 정하는 규격 또는 금액 범위의 윗옷(上衣)·표찰(標札)·수기(手旗)·마스코트, 그 밖의 소품을 붙이거나 입거나 지니고 선거운동을 할 수 있다.	**제49조 【후보자 등록 등】** ① 후보자와 그 배우자(배우자 대신 후보자가 그의 직계존비속 중에서 신고한 1인을 포함한다), 선거사무장, 선거연락소장, 선거사무원, 후보자와 함께 다니는 활동보조인 및 회계책임자는 선거운동기간 중 후보자의 사진·성명·기호 및 소속 정당명, 그 밖의 홍보에 필요한 사항을 게재한 어깨띠나 중앙선거관리위원회규칙으로 정하는 규격 또는 금액 범위의 윗옷(上衣)·표찰(標札)·수기(手旗)·마스코트, 그 밖의 소품(이하 "소품등"이라 한다)을 붙이거나 입거나 지니고 선거운동을 할 수 있다.
② 누구든지 제1항의 경우를 제외하고는 선거운동기간 중 어깨띠, 모양과 색상이 동일한 모자나 옷, 표찰·수기·마스코트·소품, 그 밖의 표시물을 사용하여 선거운동을 할 수 없다.	② 선거운동을 할 수 있는 사람은 선거운동기간 중 중앙선거관리위원회규칙으로 정하는 규격 범위의 소형의 소품등을 본인의 부담으로 제작 또는 구입하여 몸에 붙이거나 지니고 선거운동을 할 수 있다.
③ 제1항에 따른 어깨띠의 규격 또는 그 밖에 필요한 사항은 중앙선거관리위원회규칙으로 정한다.	③ 제1항 및 제2항에 따른 소품등의 규격과 그 밖에 필요한 사항은 중앙선거관리위원회규칙으로 정한다.

신구조문대조표
최신 개정 주요 내용 총정리

공직선거법 [법률 제19325호, 2023. 3. 29. 일부개정]	공직선거법 [법률 제19696호, 2023. 8. 30. 일부개정]
제82조의6 【인터넷언론사 게시판·대화방 등의 실명확인】 ① 인터넷언론사는 선거운동기간 중 당해 인터넷홈페이지의 게시판·대화방 등에 정당·후보자에 대한 지지·반대의 문자·음성·화상 또는 동영상 등의 정보(이하 이 조에서 "정보등"이라 한다)를 게시할 수 있도록 하는 경우에는 행정안전부장관 또는 「신용정보의 이용 및 보호에 관한 법률」 제2조제5호가목에 따른 개인신용평가회사(이하 이 조에서 "개인신용평가회사"라 한다)가 제공하는 실명인증방법으로 실명을 확인받도록 하는 기술적 조치를 하여야 한다. 다만, 인터넷언론사가 「정보통신망 이용촉진 및 정보보호 등에 관한 법률」 제44조의5에 따른 본인확인조치를 한 경우에는 그 실명을 확인받도록 하는 기술적 조치를 한 것으로 본다. ② 정당이나 후보자는 자신의 명의로 개설·운영하는 인터넷홈페이지의 게시판·대화방 등에 정당·후보자에 대한 지지·반대의 정보등을 게시할 수 있도록 하는 경우에는 제1항의 규정에 따른 기술적 조치를 할 수 있다. ③ 행정안전부장관 및 개인신용평가회사는 제1항 및 제2항의 규정에 따라 제공한 실명인증자료를 실명인증을 받은 자 및 인터넷홈페이지별로 관리하여야 하며, 중앙선거관리위원회가 그 실명인증자료의 제출을 요구하는 경우에는 지체 없이 이에 따라야 한다. ④ 인터넷언론사는 제1항의 규정에 따라 실명인증을 받은 자가 정보등을 게시한 경우 당해 인터넷홈페이지의 게시판·대화방 등에 "실명인증" 표시가 나타나도록 하는 기술적 조치를 하여야 한다. ⑤ 인터넷언론사는 당해 인터넷홈페이지의 게시판·대화방 등에서 정보등을 게시하고자 하는 자에게 주민등록번호를 기재할 것을 요구하여서는 아니된다. ⑥ 인터넷언론사는 당해 인터넷홈페이지의 게시판·대화방 등에 "실명인증"의 표시가 없는 정당이나 후보자에 대한 지지·반대의 정보등이 게시된 경우에는 지체 없이 이를 삭제하여야 한다.	〈삭 제〉

공직선거법 [법률 제19325호, 2023. 3. 29. 일부개정]	공직선거법 [법률 제19696호, 2023. 8. 30. 일부개정]
⑦ 인터넷언론사는 정당·후보자 및 각급선거관리위원회가 제6항의 규정에 따른 정보등을 삭제하도록 요구한 경우에는 지체 없이 이에 따라야 한다.	
제90조 【시설물설치 등의 금지】 ① 누구든지 선거일 전 180일(보궐선거등에서는 그 선거의 실시사유가 확정된 때)부터 선거일까지 선거에 영향을 미치게 하기 위하여 이 법의 규정에 의한 것을 제외하고는 다음 각 호의 어느 하나에 해당하는 행위를 할 수 없다. 이 경우 정당(창당준비위원회를 포함한다)의 명칭이나 후보자(후보자가 되려는 사람을 포함한다. 이하 이 조에서 같다)의 성명·사진 또는 그 명칭·성명을 유추할 수 있는 내용을 명시한 것은 선거에 영향을 미치게 하기 위한 것으로 본다. 1. ~ 3. (생 략) ② (생 략)	**제90조 【시설물설치 등의 금지】** ① 누구든지 선거일 전 120일(보궐선거등에서는 그 선거의 실시사유가 확정된 때)부터 선거일까지 선거에 영향을 미치게 하기 위하여 이 법의 규정에 의한 것을 제외하고는 다음 각 호의 어느 하나에 해당하는 행위를 할 수 없다. 이 경우 정당(창당준비위원회를 포함한다)의 명칭이나 후보자(후보자가 되려는 사람을 포함한다. 이하 이 조에서 같다)의 성명·사진 또는 그 명칭·성명을 유추할 수 있는 내용을 명시한 것은 선거에 영향을 미치게 하기 위한 것으로 본다. 1. ~ 3. (현행과 같음) ② (현행과 같음)
제93조 【탈법방법에 의한 문서·도화의 배부·게시 등 금지】 ① 누구든지 선거일전 180일(補闕選擧 등에 있어서는 그 選擧의 실시사유가 확정된 때)부터 선거일까지 선거에 영향을 미치게 하기 위하여 이 법의 규정에 의하지 아니하고는 정당(創黨準備委員會와 政黨의 政綱·정책을 포함한다. 이하 이 條에서 같다) 또는 후보자(候補者가 되고자 하는 者를 포함한다. 이하 이 條에서 같다)를 지지·추천하거나 반대하는 내용이 포함되어 있거나 정당의 명칭 또는 후보자의 성명을 나타내는 광고, 인사장, 벽보, 사진, 문서·도화, 인쇄물이나 녹음·녹화테이프 그 밖에 이와 유사한 것을 배부·첩부·살포·상영 또는 게시할 수 없다. 다만, 다음 각 호의 어느 하나에 해당하는 행위는 그러하지 아니하다. 1.·2. (생 략) ②·③ (생 략)	**제93조 【탈법방법에 의한 문서·도화의 배부·게시 등 금지】** ① 누구든지 선거일 전 120일(補闕選擧 등에 있어서는 그 選擧의 실시사유가 확정된 때)부터 선거일까지 선거에 영향을 미치게 하기 위하여 이 법의 규정에 의하지 아니하고는 정당(創黨準備委員會와 政黨의 政綱·정책을 포함한다. 이하 이 條에서 같다) 또는 후보자(候補者가 되고자 하는 者를 포함한다. 이하 이 條에서 같다)를 지지·추천하거나 반대하는 내용이 포함되어 있거나 정당의 명칭 또는 후보자의 성명을 나타내는 광고, 인사장, 벽보, 사진, 문서·도화, 인쇄물이나 녹음·녹화테이프 그 밖에 이와 유사한 것을 배부·첩부·살포·상영 또는 게시할 수 없다. 다만, 다음 각 호의 어느 하나에 해당하는 행위는 그러하지 아니하다. 1.·2. (현행과 같음) ②·③ (현행과 같음)

신구조문대조표

최신 개정 주요 내용 총정리

공직선거법 [법률 제19325호, 2023. 3. 29. 일부개정]	공직선거법 [법률 제19696호, 2023. 8. 30. 일부개정]
제103조【각종집회 등의 제한】〈신 설〉	제103조【각종집회 등의 제한】① 누구든지 선거기간 중 선거운동을 위하여 이 법에 규정된 것을 제외하고는 명칭 여하를 불문하고 집회나 모임을 개최할 수 없다.
② (생 략)	② (현행과 같음)
③ 누구든지 선거기간 중 선거에 영향을 미치게 하기 위하여 향우회·종친회·동창회·단합대회 또는 야유회, 그 밖의 집회나 모임을 개최할 수 없다.	③ 누구든지 선거기간 중 선거에 영향을 미치게 하기 위하여 향우회·종친회·동창회·단합대회·야유회 또는 참가 인원이 25명을 초과하는 그 밖의 집회나 모임을 개최할 수 없다.
④·⑤ (생 략)	④·⑤ (현행과 같음)
제255조【부정선거운동죄】① 다음 각 호의 어느 하나에 해당하는 자는 3년 이하의 징역 또는 600만원 이하의 벌금에 처한다.	제255조【부정선거운동죄】① 다음 각 호의 어느 하나에 해당하는 자는 3년 이하의 징역 또는 600만원 이하의 벌금에 처한다.
1. ~ 4. (생 략)	1. ~ 4. (현행과 같음)
5. 제68조제2항 또는 제3항(어깨띠의 규격을 말한다)을 위반하여 어깨띠, 모자나 옷, 표찰·수기·마스코트·소품, 그 밖의 표시물을 사용하여 선거운동을 한 사람	5. 제68조제2항 또는 제3항(소품등의 규격을 말한다)을 위반하여 소품등을 사용한 선거운동을 한 사람
6. ~ 20. (생 략)	6. ~ 20. (현행과 같음)
② ~ ⑤ (생 략)	② ~ ⑤ (현행과 같음)
제256조【각종제한규정위반죄】①·② (생 략)	제256조【각종제한규정위반죄】①·② (현행과 같음)
③ 다음 각 호의 어느 하나에 해당하는 자는 2년 이하의 징역 또는 400만원 이하의 벌금에 처한다.	③ 다음 각 호의 어느 하나에 해당하는 자는 2년 이하의 징역 또는 400만원 이하의 벌금에 처한다.
1. 선거운동과 관련하여 다음 각 목의 어느 하나에 해당하는 자	1. 선거운동과 관련하여 다음 각 목의 어느 하나에 해당하는 자
가. ~ 차. (생 략)	가. ~ 차. (현행과 같음)

공직선거법 [법률 제19325호, 2023. 3. 29. 일부개정]	공직선거법 [법률 제19696호, 2023. 8. 30. 일부개정]
카. 제103조(各種集會등의 制限)제3항 내지 제5항의 규정에 위반하여 각종집회등을 개최하거나 하게 한 자	카. 제103조(各種集會등의 制限)제1항 및 제3항 내지 제5항의 규정에 위반하여 각종집회등을 개최하거나 하게 한 자
타. ~ 너. (생 략)	타. ~ 너. (현행과 같음)
2. ~ 4. (생 략)	2. ~ 4. (현행과 같음)
④ · ⑤ (생 략)	④ · ⑤ (현행과 같음)
제261조【과태료의 부과 · 징수 등】 ① · ② (생 략)	**제261조【과태료의 부과 · 징수 등】** ① · ② (현행과 같음)
③ 다음 각 호의 어느 하나에 해당하는 행위를 한 자에게는 1천만원 이하의 과태료를 부과한다.	③ 다음 각 호의 어느 하나에 해당하는 행위를 한 자에게는 1천만원 이하의 과태료를 부과한다.
1. ~ 3의3. (생 략)	1. ~ 3의3. (현행과 같음)
4. 제82조의6제1항을 위반하여 기술적 조치를 하지 아니한 자	〈삭 제〉
4의2. · 5. (생 략)	4의2. · 5. (현행과 같음)
④ · ⑤ (생 략)	④ · ⑤ (현행과 같음)
⑥ 다음 각 호의 어느 하나에 해당하는 행위를 한 자는 300만원 이하의 과태료를 부과한다.	⑥ 다음 각 호의 어느 하나에 해당하는 행위를 한 자는 300만원 이하의 과태료를 부과한다.
1. · 2. (생 략)	1. · 2. (현행과 같음)
3. 제82조의6제6항을 위반하여 실명인증의 표시가 없는 문자 · 음성 · 화상 또는 동영상 등의 정보를 삭제하지 아니한 자	〈삭 제〉
4. (생 략)	4. (현행과 같음)
⑦ ~ ⑫ (생 략)	⑦ ~ ⑫ (현행과 같음)

CONTENTS 차 례

제01장 선거제도와 총칙 … 40

제02장 선거권과 피선거권 … 64

제03장 선거구역과 의원정수 … 72

제04장 선거기간과 선거일 … 85

제05장 선거인명부 … 89

제06장 후보자 … 96

제07장 정당의 후보자 추천을 위한 당내경선 … 119

제08장 선거운동 … 127

제09장 선거비용 … 180

제10장	선거와 관련 있는 정당활동의 규제	187
제11장	투표	192
제12장	개표	216
제13장	당선인의 결정 및 공고	224
제14장	재선거와 보궐선거 및 동시선거에 관한 특례	234
제15장	재외선거에 대한 특례	241
제16장	선거에 관한 쟁송	249
제17장	보칙	257

제 01 장 선거제도와 총칙

01 다음 선거에 관한 헌법재판소의 판례 중에서 위헌 결정한 것은 모두 몇 항목인가?

> ㉠ 선거일에 선거운동한 자를 처벌 하는 것
> ㉡ 선거운동의 선전벽보에 비정규학력의 게재를 금지하는 것
> ㉢ 예비후보자의 배우자가 함께 다니는 사람 중에서 지정한 자도 선거운동을 위하여 명함교부 및 지지호소를 할 수 있도록 한 것
> ㉣ 선거운동기간 중 공개장소에서 비례대표국회의원후보자의 연설·대담을 금지하는 것

① 1항목 ② 2항목
③ 3항목 ④ 없음

해설

① 위헌결정한 것은 ㉢이다.
㉠ 합헌(헌재 2021.12.23, 헌바152)
㉡ 합헌(헌재 1999.9.16, 99헌바5)
㉢ 위헌(헌재 2013.11.28, 2011헌마267)
㉣ 합헌(헌재 2013.10.24, 2012헌마311)

정답 ①

02 여성에게 선거권을 미부여하거나 후보자에게 과도한 기탁금 예치를 요구하는 것은 선거의 원칙 중 무엇을 위배하는 것인가?

① 보통선거 ② 평등선거
③ 비밀선거 ④ 직접선거

해설

① 보통선거 원칙이란 사회적 신분·재산·교양 등에 의한 자격요건을 요구하지 않고 원칙적으로 일정한 연령에 도달한 사람에게 선거권을 인정하는 것을 말한다. 후보자에게 기탁금을 과도하게 요구하거나, 여성에게 선거권을 부여하지 않는 것은 보통선거원칙에 위배된다.

정답 ①

03 선거의 원칙에 대한 설명으로 옳지 않은 것은?

① 국회의원 지역선거구에 있어, 전국 선거구의 최대인구수와 최소인구수의 비율이 3 : 1 이하로 유지되면 평등선거의 원칙에 위배되지 않는다.
② 입후보에 과도한 기탁금을 요구하거나 지나치게 높은 기탁금국고귀속비율을 정하는 것은 보통선거의 원칙에 위배된다.
③ 정당명부에 대한 별도의 투표가 없는 1인 1표제하에서의 비례대표제는 선거권자의 투표행위가 아니라 정당의 명부작성행위가 최종적·결정적인 의미를 갖게 되므로 직접선거의 원칙에 위배된다.
④ 우리 헌법에 명시적으로 규정되어 있지 않지만 자유선거의 원칙은 민주국가의 선거제도에 내재하는 당연한 원리이다.

해설

① 인구편차 상하 50%를 기준으로 국회의원지역선거구를 정하고 있는 공직선거법상 국회의원지역선거구구역표는 그 전체가 헌법에 합치되지 않으므로, 국회의원지역선거구의 인구편차의 기준은 인구편차 상하33⅓%, 인구비례 2:1을 넘어서지 않아야 한다(헌재 2014.10.30, 2012헌마192).
② 선거제도를 지배하는 보통·평등·직접·비밀선거의 4가지 원칙(헌법 제41조 제1항, 제67조 제1항)이 실질적으로 얼마나 잘 보장되느냐가 선거제도의 성패를 가름하는 갈림길이 되는 것이며, 고액기탁금의 기탁제도는 바로 이와 같은 보통선거원칙 및 평등선거원칙과 관련이 있는 것이다(헌재 1991.3.11, 91헌마21).
③ 비례대표제를 채택하는 경우 직접선거의 원칙은 의원의 선출 뿐만 아니라 정당의 비례적인 의석확보도 선거권자의 투표에 의하여 직접 결정될 것을 요구하는바, 비례대표의원의 선거는 지역구의원의 선거와는 별도의 선거이므로 이에 관한 유권자의 별도의 의사표시, 즉 정당명부에 대한 별도의 투표가 있어야 함에도 현행제도는 정당명부에 대한 투표가 따로 없으므로 결국 비례대표의원의 선출에 있어서는 정당의 명부작성행위가 최종적·결정적인 의의를 지니게 되고, 선거권자들의 투표행위로써 비례대표의원의 선출을 직접·결정적으로 좌우할 수 없으므로 직접선거의 원칙에 위배된다(헌재 2001.7.19, 2000헌마91).
④ 자유선거의 원칙은 비록 우리 헌법에 명문으로 규정되지는 아니하였지만 민주국가의 선거제도에 내재하는 법 원리로서, 국민주권의 원리, 의회민주주의의 원리 및 참정권에 관한 규정에서 그 근거를 찾을 수 있다(헌재 2001.8.30, 99헌바92).

정답 ①

04 선거의 기본원칙에 대한 설명으로 옳지 않은 것은? (다툼이 있는 경우 판례에 의함)

① 평등선거의 원칙은 투표의 수적인 평등뿐만 아니라 투표의 성과가치의 평등도 의미한다.
② 보통선거란 제한선거에 대응하는 것으로 사회적 신분, 인종, 성별, 종교, 교육 등을 요건으로 하지 않고 일정한 연령에 달한 모든 국민에게 선거권을 인정하는 제도를 말한다.
③ 국회의원선거의 경우에 지역선거구에서 얻은 득표율에 비례대표의석을 할당하는 것은 평등선거원칙에 위배되지만 직접선거원칙에 위배되는 것은 아니다.
④ 선거인은 자신이 기표한 투표지를 공개할 수 없으며, 공개된 투표지는 무효로 한다.

✏️ 해설

③ 평등선거원칙에도 위배되고, 직접선거원칙에도 위배된다. 비례대표제를 채택하는 경우 직접선거의 원칙은 의원의 선출뿐만 아니라 정당의 비례적인 의석확보도 선거권자의 투표에 의하여 직접 결정될 것을 요구하는바, 비례대표의원의 선거는 지역구의원의 선거와는 별도의 선거이므로 이에 관한 유권자의 별도의 의사표시, 즉 정당명부에 대한 별도의 투표가 있어야 함에도 현행제도는 정당명부에 대한 투표가 따로 없으므로 결국 비례대표의원의 선출에 있어서는 정당의 명부작성행위가 최종적·결정적인 의의를 지니게 되고, 선거권자들의 투표행위로써 비례대표의원의 선출을 직접·결정적으로 좌우할 수 없으므로 직접선거의 원칙에 위배된다. 현행 1인1표제하에서의 비례대표의석배분방식에서, 지역구후보자에 대한 투표는 지역구의원의 선출에 기여함과 아울러 그가 속한 정당의 비례대표의원의 선출에도 기여하는 2중의 가치를 지니게 되는데 반하여, 무소속후보자에 대한 투표는 그 무소속후보자의 선출에만 기여할 뿐 비례대표의원의 선출에는 전혀 기여하지 못하므로 투표가치의 불평등이 발생하는바, 자신이 지지하는 정당이 자신의 지역구에 후보자를 추천하지 않아 어쩔 수 없이 무소속후보자에게 투표하는 유권자들로서는 자신의 의사에 반하여 투표가치의 불평등을 강요당하게 되는바, 이는 합리적 이유 없이 무소속 후보자에게 투표하는 유권자를 차별하는 것이라 할 것이므로 평등선거의 원칙에 위배된다(헌재 2001.7.19, 2000헌마91).

① 평등선거의 원칙은 헌법 제11조 제1항 평등의 원칙이 선거제도에 적용된 것으로서 투표의 수적 평등, 즉 1인 1표 원칙(one man, one vote)과 투표의 성과가치의 평등, 즉 1표의 투표가치가 대표자선정이라는 선거의 결과에 대하여 기여한 정도에 있어서도 평등하여야 한다는 원칙(one vote, one value)을 그 내용으로 할 뿐만 아니라, 일정한 집단의 의사가 정치과정에서 반영될 수 없도록 차별적으로 선거구를 획정하는 이른바 '게리맨더링'에 대한 부정을 의미하기도 한다(헌재 1998.11.26, 96헌마54).

② 보통선거의 원칙이란 개인의 납세액이나 소유하는 재산을 선거권의 요건으로 하는 제한선거에 대응하는 것으로 이러한 요건뿐만 아니라 사회적 신분·인종·성별·종교·교육 등을 요건으로 하지 않고 일정한 연령에 달한 모든 국민에게 선거권을 인정하는 제도를 말한다. 다만 보통선거제도하에서도 연령에 의한 선거권의 제한은 가능한데 이는 국정 참여수단으로서의 선거권행사에는 일정한 수준의 정치적인 판단능력이 전제되어야 하기 때문이다(헌재 1997.6.26., 96헌마89).

④ 선거인은 자신이 기표한 투표지를 공개할 수 없으며, 공개된 투표지는 무효로 한다(공직선거법 제167조 제3항).

🎓 정답 ③

05 공직선거법 제1조에 규정된 목적 내용이 아닌 것은 모두 몇 항목인가?

> ㉠ 국민의 자유로운 의사와 민주적인 절차에 의한 공정한 선거
> ㉡ 선거와 관련된 부정을 방지
> ㉢ 민주정치의 발전에 기여
> ㉣ 독재를 예방
> ㉤ 민주적 정권교체

① 1항목 ② 2항목
③ 3항목 ④ 4항목

✏️ 해설

옳지 않은 것은 ㉣, ㉤이다.
이 법은 「대한민국헌법」과 「지방자치법」에 의한 선거가 국민의 자유로운 의사와 민주적인 절차에 의하여 공정히 행하여지도록 하고, 선거와 관련한 부정을 방지함으로써 민주정치의 발전에 기여함을 목적으로 한다(공직선거법 제1조).

🎓 정답 ②

06 공직선거법의 적용범위와 관련된 선거가 아닌 것은 모두 몇 항목인가?

㉠ 대통령선거	㉡ 국회의원선거
㉢ 지방의회의원선거	㉣ 지방자치단체의 장선거
㉤ 교육감선거	㉥ 농업협동조합장선거

① 1항목
② 2항목
③ 3항목
④ 4항목

해설
② 공직선거법이 적용되는 선거는 대통령·국회의원·지방의회의원·지방자치단체장선거이다(공직선거법 제2조). 교육감과 교육의원선거에는 지방교육자치에 관한 법률이 적용된다. 농업협동조합장선거는 공공단체 등 위탁에 관한 법률이 적용된다.

🎓 정답 ②

07 다음 중에서 공직선거법상 선거인의 의미는?

① 선거권이 있는 사람으로서 선거인 명부에 올라있는 사람
② 선거권이 있는 사람으로서 재외선거인 명부에 올라있는 사람
③ 선거권이 있는 사람으로서 선거인명부 또는 재외선거인명부에 올라있는 사람
④ 피선거권이 있는 사람으로서 선거인명부 또는 재외선거인명부에 올라있는 사람

해설
③ 공직선거법에서 "선거인"이란 선거권이 있는 사람으로서 선거인명부 또는 재외선거인명부에 올라 있는 사람을 말한다(공직선거법 제3조).

🎓 정답 ③

08 읍·면·동선거관리위원회를 제외한 각급선거관리위원회와 함께 유권자의 날 의식과 그에 부수되는 행사를 개최할 수 있는 기관은?

㉠ 공명선거 추진활동을 하는 기관	㉡ 공명선거 추진활동을 하는 단체
㉢ 한국자유총연맹	㉣ 바르게살기운동협의회
㉤ 새마을운동협의회	

① ㉠, ㉡
② ㉡, ㉢
③ ㉢, ㉣
④ ㉣, ㉤

해설
① 선거의 중요성과 의미를 되새기고 주권의식을 높이기 위하여 매년 5월 10일을 유권자의 날로, 유권자의 날부터 1주간을 유권자 주간으로 하고, 각급선거관리위원회(읍·면·동선거관리위원회는 제외한다)는 공명선거 추진활동을 하는 기관 또는 단체 등과 함께 유권자의 날 의식과 그에 부수되는 행사를 개최할 수 있다(공직선거법 제6조 제5항).

🎓 정답 ①

09 공직선거법은 선거의 중요성과 의미를 되새기고 주권의식을 높이기 위해서 유권자의 날을 지정하였다. 다음 중 유권자의 날은 언제인가?

① 1월 10일 ② 3월 15일
③ 5월 10일 ④ 6월 10일

> 🖉 해설
> ③ 선거의 중요성과 의미를 되새기고 주권의식을 높이기 위하여 매년 5월 10일을 유권자의 날로, 유권자의 날부터 1주간을 유권자 주간으로 하고, 각급선거관리위원회(읍·면·동선거관리위원회는 제외한다)는 공명선거 추진활동을 하는 기관 또는 단체 등과 함께 유권자의 날 의식과 그에 부수되는 행사를 개최할 수 있다(공직선거법 제6조 제5항).

🎓 정답 ③

10 유권자의 날 의식과 그에 부수되는 행사를 개최할 수 없는 선거관리위원회는?

① 특별시 선거관리위원회 ② 광역시 선거관리위원회
③ 시·군·자치구 선거관리위원회 ④ 읍·면·동 선거관리위원회

> 🖉 해설
> ④ 읍·면·동 선거관리위원회를 제외한 각급선거관리위원회는 공명선거 추진활동을 하는 기관 또는 단체 등과 함께 유권자의 날 의식과 그에 부수되는 행사를 개최할 수 있다(공직선거법 제6조 제5항).

🎓 정답 ④

11 선거권 행사 보장에 관한 기술 중에서 옳지 않은 것은?

① 국가는 선거권자가 선거권을 행사할 수 있도록 필요한 조치를 취하여야 한다.
② 읍·면·동선거관리위원회를 제외한 각급선거관리위원회는 선거인의 투표참여를 촉진하기 위하여, 교통이 불편한 지역에 거주하는 선거인 또는 노약자·장애인 등 거동이 불편한 선거인에 대한 교통편의 제공에 필요한 대책을 수립 시행하여야 한다.
③ 선거권자는 성실하게 선거에 참여하여 선거권을 행사하여야 한다.
④ 공무원·학생 또는 다른 사람에게 고용된 자가 선거인명부를 열람하거나 투표하기 위하여 필요한 시간은 보장되어야 하며, 이는 휴무 또는 휴업으로 본다.

> 🖉 해설
> ④ 공무원·학생 또는 다른 사람에게 고용된 자가 선거인명부를 열람하거나 투표하기 위하여 필요한 시간은 보장되어야 하며, 이를 휴무 또는 휴업으로 보지 아니한다(공직선거법 제6조 제3항).
> ① 공직선거법 제6조 제1항
> ② 공직선거법 제6조 제2항
> ③ 공직선거법 제6조 제4항

🎓 정답 ④

12 선거권 보장 등에 관한 기술 중에서 옳지 않은 것은 모두 몇 항목인가?

> ㉠ 다른 자에게 고용된 사람이 사전투표기간 및 선거일에 모두 근무를 하는 경우에는 투표하기 위하여 필요한 시간을 고용주에게 청구할 수 있다.
> ㉡ 고용주는 고용된 사람이 투표하기 위하여 필요한 시간을 청구할 수 있다는 사실을 선거일 전 7일부터 선거일 전 3일까지 인터넷 홈페이지, 사보, 사내게시판 등을 통하여 알려야 한다.
> ㉢ 중앙선거관리위원회는 공직선거법에 특별한 규정이 있는 경우를 제외하고는 선거사무를 통할·관리하며, 투표관리관 및 사전투표관리관을 제외한 하급선거관리위원회 및 재외선거관리위원회와 재외투표관리관의 위법·부당한 처분에 대하여 이를 취소하거나 변경할 수 있다.
> ㉣ 시·도선거관리위원회는 지방의회의원 및 지방자치단체의 장의 선거에 관한 하급선거관리위원회의 위법·부당한 처분에 대하여 이를 취소하거나 변경할 수 없다.
> ㉤ 구·시·군선거관리위원회는 당해 선거에 관한 하급선거관리위원회의 위법·부당한 처분에 대하여 이를 취소하거나 변경할 수 있다.
> ㉥ 1년 이상 징역의 형의 선고를 받고 그 집행이 종료되지 아니한 사람에 대하여 선거권을 제한하는 것은 선거권을 침해하는 것이 아니다.

① 1항목
② 2항목
③ 3항목
④ 4항목

해설

옳지 않은 것은 ㉢, ㉣이다.
㉢ (×) 중앙선거관리위원회는 이 법에 특별한 규정이 있는 경우를 제외하고는 선거사무를 통할·관리하며, 하급선거관리위원회(투표관리관 및 사전투표관리관을 포함한다. 이하 이 조에서 같다) 및 제218조에 따른 재외선거관리위원회와 제218조의2에 따른 재외투표관리관의 위법·부당한 처분에 대하여 이를 취소하거나 변경할 수 있다(공직선거법 제12조 제1항).
㉣ (×) 시·도선거관리위원회는 지방의회의원 및 지방자치단체의 장의 선거에 관한 하급선거관리위원회의 위법·부당한 처분에 대하여 이를 취소하거나 변경할 수 있다(공직선거법 제12조 제2항).
㉠ (○) 공직선거법 제6조의2 제1항
㉡ (○) 공직선거법 제6조의2 제3항
㉤ (○) 공직선거법 제12조 제3항
㉥ (○) 헌재 2017.5.25, 2016헌마292

정답 ②

13 다음 중 헌법재판소 판례상 공직선거법 제9조의 공무원의 정치적 중립 의무를 지는 공무원에 해당하는 공무원은?

㉠ 대통령	㉡ 지방자치단체장
㉢ 국회의원	㉣ 지방의회의원

① ㉠
② ㉠, ㉡
③ ㉡, ㉢
④ ㉠, ㉡, ㉣

✎ 해설

② 공직선거법 제9조의 '공무원'이란, 위 헌법적 요청을 실현하기 위하여 선거에서의 중립의무가 부과되어야 하는 모든 공무원 즉, 구체적으로 '자유선거원칙'과 '선거에서의 정당의 기회균등'을 위협할 수 있는 모든 공무원을 의미한다. 그런데 사실상 모든 공무원이 그 직무의 행사를 통하여 선거에 부당한 영향력을 행사할 수 있는 지위에 있으므로, 여기서의 공무원이란 원칙적으로 국가와 지방자치단체의 모든 공무원 즉, 좁은 의미의 직업공무원은 물론이고, 적극적인 정치활동을 통하여 국가에 봉사하는 정치적 공무원을 포함한다. 다만, 국회의원과 지방의회의원은 정당의 대표자이자 선거운동의 주체로서의 지위로 말미암아 선거에서의 정치적 중립성이 요구될 수 없으므로, 공선법 제9조의 '공무원'에 해당하지 않는다. 따라서 선거에 있어서의 정치적 중립성은 행정부와 사법부의 모든 공직자에게 해당하는 공무원의 기본적 의무이다(헌재 2004.5.14, 2004헌나1).

🎓 정답 ②

14 다음 중 선거부정을 감시하는 등 공명선거추진활동을 할 수 없는 기관은 모두 몇 항목인가?

㉠ 바르게살기운동협의회
㉡ 새마을운동협의회
㉢ 한국자유총연맹
㉣ 선거운동을 하거나 할 것을 표방한 노동조합 또는 단체
㉤ 후보자의 배우자
㉥ 특정 정당 또는 후보자를 지원하기 위하여 설립된 단체

① 2항목
② 3항목
③ 5항목
④ 6항목

✎ 해설

PLUS⁺ 공명선거추진활동 금지(공직선거법 제10조 제1항)
㉠ 특별법에 의하여 설립된 국민운동단체로서 국가 또는 지방자치단체의 출연 또는 보조를 받는 단체(바르게살기운동협의회·새마을운동협의회·한국자유총연맹을 말한다)
㉡ 법령에 의하여 정치활동이나 공직선거에의 관여가 금지된 단체
㉢ 후보자(후보자가 되고자 하는 자 포함), 후보자(후보자가 되고자 하는 자 포함)의 배우자와 후보자(후보자가 되고자 하는 자 포함) 또는 그 배우자의 직계존·비속과 형제자매나 후보자의 직계비속 및 형제자매의 배우자가 설립하거나 운영하고 있는 단체
㉣ 특정 정당(창당준비위원회 포함) 또는 후보자를 지원하기 위하여 설립된 단체
㉤ 선거운동을 하거나 할 것을 표방한 노동조합 또는 단체

🎓 정답 ④

15 선거제도에 대한 설명으로 옳은 것은?

① 국회의원 및 지방의회의원 선거에서 피선거권의 연령을 25세 이상으로 정한 공직선거법 규정은 25세 미만인 자의 공무담임권 및 평등권을 침해한다.
② 선거운동을 하거나 할 것을 표방한 노동조합은 그 명의로는 공명선거추진활동을 할 수 없으나, 그 대표의 명의로는 가능하다.
③ 한국자유총연맹은 단체의 명의로 선거부정을 감시하는 등 공명선거추진활동을 할 수 없으나, 바르게살기운동협의회는 단체의 명의로 공명선거추진활동을 할 수 있다.
④ 관공서 기타 공공기관은 선거사무에 관하여 선거관리위원회의 협조요구를 받은 때에는 우선적으로 이에 따라야 한다.

해설

④ 공직선거법 제5조
① 헌법 제25조 및 제118조 제2항에 따라 입법자는 국회의원 및 지방의회의원 선거 피선거권 행사연령을 정함에 있어 선거의 의미와 기능, 국회의원 및 지방의회의원의 지위와 직무 등을 고려하여 재량에 따라 결정할 수 있다. 그러한 재량에는 피선거권 연령 설정을 통하여 달성하려는 공익과 그로 인한 공무담임권 등에 대한 제한 사이에 균형과 조화를 이루어야 하는 헌법적 한계가 존재하지만, 입법자가 정한 구체적인 연령기준이 입법형성권의 범위와 한계 내의 것으로 그 기준이 현저히 높거나 불합리하지 않다면 헌법에 위반되지 않는다. 입법자가 국회의원 및 지방의회의원에게 요구되는 능력 및 이러한 능력을 갖추기 위하여 요구되는 교육과정 등에 소요되는 최소한의 기간, 선출직공무원에게 납세 및 병역의무의 이행을 요구하는 국민의 기대와 요청을 고려하여 국회의원 및 지방의회의원의 피선거권 행사연령을 25세 이상으로 정한 것은 합리적이고 입법형성권의 한계 내에 있으므로 25세 미만인 사람의 공무담임권 및 평등권을 침해한다고 볼 수 없다(헌재 2013.8.29, 2012헌마288). 국회의원·지방의원·지방자치단체장 피선거 연령이 만25세 이상에서 만18세 이상으로 개정되었다(2021.12.31.).
② 선거운동을 하거나 할 것을 표방한 노동조합 또는 단체는 그 명의 또는 그 대표의 명의로 공명선거추진활동을 할 수 없다(공직선거법 제10조 제1항 제6호).
③ 바르게살기운동협의회·새마을운동협의회·한국자유총연맹은 그 명의 또는 그 대표의 명의로 공명선거추진활동을 할 수 없다(공직선거법 제10조 제1항 제1호).

정답 ④

16 선거제도에 대한 설명으로 옳은 것은?

① '선거인'이란 선거권이 있는 사람으로서 선거인명부 또는 재외선거인명부에 오를 자격이 있는 사람을 말한다.
② 다른 사람에게 고용된 자가 선거인명부를 열람하거나 투표하기 위하여 필요한 시간은 보장되어야 하며, 사전투표기간 및 선거일에 모두 근무하는 경우 고용주는 고용된 사람의 요청에 관계 없이 고용된 사람에게 투표에 필요한 시간을 보장해 주어야 한다.
③ 후보자가 되고자 하는 자의 배우자의 형제자매의 배우자는「공직선거법」상의 "후보자의 가족"에 해당하지 아니한다.
④ 읍·면·동선거관리위원회는 선거인의 투표참여를 촉진하기 위하여 교통이 불편한 지역에 거주하는 선거인 또는 노약자·장애인 등 거동이 불편한 선거인에게 교통편의를 제공할 수 있다.

해설

③ 공직선거법 제10조 제1항 제3호에 따라, 후보자의 배우자와 후보자 또는 그 배우자의 직계존·비속과 형제자매나 후보자의 직계비속 및 형제자매의 배우자를 후보자의 가족이라 한다.
① 공직선거법에서 "선거인"이란 선거권이 있는 사람으로서 선거인명부 또는 재외선거인명부에 올라 있는 사람을 말한다(공직선거법 제3조).
② 다른 자에게 고용된 사람이 사전투표기간 및 선거일에 모두 근무를 하는 경우에는 투표하기 위하여 필요한 시간을 고용주에게 청구할 수 있으며, 고용주는 청구가 있으면 고용된 사람이 투표하기 위하여 필요한 시간을 보장하여 주어야 한다(공직선거법 제6조의2 제1·2항).
④ 각급선거관리위원회(읍·면·동선거관리위원회는 제외한다)는 선거인의 투표참여를 촉진하기 위하여 교통이 불편한 지역에 거주하는 선거인 또는 노약자·장애인 등 거동이 불편한 선거인에게 교통편의를 제공에 필요한 대책을 수립·시행하여야 하고 투표를 마친 선거인에게 국공립 유료시설의 이용요금을 면제·할인하는 등의 필요한 대책을 수립·시행할 수 있다. 이 경우 공정한 실시방법 등을 정당·후보자와 미리 협의하여야 한다(공직선거법 제6조 제2항).

정답 ③

17 선거제도에 대한 설명으로 옳은 것은?

① 헌법재판소는 지방선거의 선거비용을 지방자치단체가 부담하도록 공직선거법을 개정하였더라도 지방자치단체의 자치권한을 침해한 것이라고 볼 수 없다고 하였다.
② 선거방송심의위원회 또는 선거기사심의위원회가 설치된 때부터 선거일까지 방송 또는 정기간행물 등에 공표된 인신공격, 정책의 왜곡선전 등으로 피해를 받은 정당 또는 후보자는 그 방송 또는 기사게재가 있음을 안 날부터 10일 이내에 서면으로 당해 방송사 또는 언론사에 반론보도를 청구할 수 있는데, 지방선거의 경우 중앙당뿐만 아니라 시·도당도 반론보도를 청구할 수 있다.
③ 사이버공정선거지원단은 선거운동을 할 수 있는 자로서 정당의 당원이 아닌 중립적인 사람으로 구성한다.
④ 읍·면·동선거관리위원회는 사회단체 등이 불공정한 활동을 하는 때에는 경고·중지 또는 시정명령을 하여야 하며, 그 행위가 선거운동에 이른 경우에는 고발 등 필요한 조치를 하여야 한다.

해설

① 헌재 2008.6.26, 2005헌라7
② 정당이 선거보도에 대한 반론보도청구를 할 경우 중앙당에 한한다(공직선거법 제8조의4 제1항).
③ 사이버공정선거지원단은 정당의 당원이 아닌 중립적이고 공정한 자로 구성한다(공직선거법 제10조의3 제3항). (2018.4.6.개정)
④ 각급선거관리위원회(읍·면·동선거관리위원회를 제외한다)는 사회단체 등이 불공정한 활동을 하는 때에는 경고·중지 또는 시정명령을 하여야 하며, 그 행위가 선거운동에 이르거나 선거관리위원회의 중지 또는 시정명령을 이행하지 아니하는 때에는 고발 등 필요한 조치를 하여야 한다(공직선거법 제10조 제3항).

정답 ①

18 선거방송심의위원회를 기술한 것 중에서 옳지 않은 것은?

① 방송통신위원회는 선거방송의 공정성을 유지하기 위하여 선거방송심의위원회를 설치·운영할 수 있다.
② 선거방송심의위원회의 위원은 정당에 가입할 수 없다.
③ 선거방송심의위원회의 구성과 운영 그 밖에 필요한 사항은 방송통신심의위원회규칙으로 정한다.
④ 선거방송심의위원회는 선거방송의 정치적 중립성·형평성·객관성 및 제작기술상의 균형유지와 권리구제 기타 선거방송의 공정을 보장하기 위하여 필요한 사항을 정하여 이를 공표하여야 한다.

해설

① 선거방송심의위원회는 필수 기관으로 설치·운영하여야 한다. 방송통신심의위원회는 선거방송의 공정성을 유지하기 위하여 임기만료에 의한 선거에 있어서는 제60조의2 제1항에 따른 예비후보자등록신청개시일 전일부터 선거일 후 30일까지, 보궐선거 등에 있어서는 선거일 전 60일(선거일 전 60일 후에 실시사유가 확정된 보궐선거 등의 경우에는 그 선거의 실시사유가 확정된 후 10일)부터 선거일 후 30일까지 선거방송심의위원회를 설치·운영하여야 한다(공직선거법 제8조의2 제1항).
② 공직선거법 제8조의2 제3항
③ 공직선거법 제8조의2 제7항
④ 공직선거법 제8조의2 제4항

정답 ①

19 선거방송심의위원회는 몇 명의 위원으로 구성되는가?

① 5인
② 5인 이내
③ 9인
④ 9인 이내

해설

선거방송심의위원회는 9인 이내의 위원으로 구성한다(공직선거법 제8조의2 제2항).

정답 ④

20 다음 중 선거방송심의위원회에 위원을 추천할 수 있는 단체는 모두 몇 항목인가?

㉠ 국회에 교섭단체를 구성한 정당
㉡ 각급선거관리위원회
㉢ 방송학계
㉣ 대한변호사회
㉤ 언론인단체
㉥ 시민단체

① 1항목
② 3항목
③ 5항목
④ 6항목

해설

각급선거관리위원회는 추천할 수 없다. 선거방송심의위원회는 국회에 교섭단체를 구성한 정당과 중앙선거관리위원회가 추천하는 각 1명, 방송사·방송학계·대한변호사협회·언론인단체 및 시민단체 등이 추천하는 사람을 포함하여 9명 이내의 위원으로 구성한다. 이 경우 선거방송심의위원회를 구성한 후에 국회에 교섭단체를 구성한 정당의 수가 증가하여 위원정수를 초과하게 되는 경우에는 현원을 위원정수로 본다(공직선거법 제8조의2 제2항).

정답 ③

21 다음 중 선거기사심의위원회에 관한 설명으로 옳지 않은 것은?

① 언론중재위원회는 선거기사의 공정성을 유지하기 위하여 제8조의2 제1항 각 호의 구분에 따른 기간 동안 선거기사심의위원회를 설치·운영하여야 한다.
② 선거기사심의위원회는 국회에 교섭단체를 구성한 정당과 중앙선거관리위원회가 추천하는 각 1명, 언론학계·대한변호사협회·언론인단체 및 시민단체 등이 추천하는 사람을 포함하여 9명 이내의 위원으로 구성한다.
③ 선거기사심의위원회는 정기간행물 등에 게재된 선거기사의 공정 여부를 조사하여야 하고, 조사결과 선거기사의 내용이 공정하지 아니하다고 인정되는 경우에는 해당 기사의 내용에 관한 사과문 또는 정정보도문의 게재를 결정하여 이를 언론중재위원회에 통보하여야 하며, 언론중재위원회는 불공정한 선거기사를 게재한 언론사에 대하여 그 사과문 또는 정정보도문의 게재를 명할 수 있다.
④ 정기간행물을 발행하는 자가 선거기사심의위원회의 운영기간 중에 일반일간신문 또는 일반주간신문을 발행하는 때에는 그 정기간행물 1부를, 그 외의 정기간행물을 발행하는 때에는 선거기사심의위원회의 요청이 있는 경우 1부를 지체 없이 선거기사심의위원회에 제출하여야 한다.

해설

③ 선거기사심의위원회는 「신문 등의 진흥에 관한 법률」 제2조에 따른 신문, 「잡지 등 정기간행물의 진흥에 관한 법률」 제2조 제1호에 따른 잡지·정보간행물·전자간행물·기타간행물 및 「뉴스통신진흥에 관한 법률」 제2조 제1호에 따른 뉴스통신(이하 이 조 및 제8조의4에서 "정기간행물등"이라 한다)에 게재된 선거기사의 공정 여부를 조사하여야 하고, 조사결과 선거기사의 내용이 공정하지 아니하다고 인정되는 경우에는 해당 기사의 내용에 대하여 정정보도문 또는 반론보도문 게재·경고결정문 게재·주의사실 게재·경고, 주의 또는 권고의 어느 하나에 해당하는 제재조치를 결정하여 이를 언론중재위원회에 통보하여야 하며, 언론중재위원회는 불공정한 선거기사를 게재한 정기간행물등을 발행한 자에 대하여 통보받은 제재조치를 지체 없이 명하여야 한다(공직선거법 제8조의3 제3항).
① 「언론중재 및 피해구제 등에 관한 법률」 제7조에 따른 언론중재위원회(이하 "언론중재위원회"라 한다)는 선거기사(사설·논평·광고 그 밖에 선거에 관한 내용을 포함한다. 이하 이 조에서 같다)의 공정성을 유지하기 위하여 제8조의2 제1항 각 호의 구분에 따른 기간 동안 선거기사심의위원회를 설치·운영하여야 한다(공직선거법 제8조의3 제1항).
② 선거기사심의위원회는 국회에 교섭단체를 구성한 정당과 중앙선거관리위원회가 추천하는 각 1명, 언론학계·대한변호사협회·언론인단체 및 시민단체 등이 추천하는 사람을 포함하여 9명 이내의 위원으로 구성한다. 이 경우 위원정수에 관하여는 제8조의2 제2항 후단을 준용한다(공직선거법 제8조의3 제2항).
④ 정기간행물을 발행하는 자가 제1항에 규정된 선거기사심의위원회의 운영기간 중에 「신문 등의 진흥에 관한 법률」 제2조 제1호가목 또는 다목의 규정에 따른 일반일간신문 또는 일반주간신문을 발행하는 때에는 그 정기간행물 1부를, 그 외의 정기간행물을 발행하는 때에는 선거기사심의위원회의 요청이 있는 경우 1부를 지체 없이 선거기사심의위원회에 제출하여야 한다(공직선거법 제8조의3 제4항).

정답 ③

22 「공직선거법」상 선거기사심의위원회에 대한 설명으로 옳지 않은 것은?

① 언론중재위원회는 사설·논평·광고 그 밖에 선거에 관한 내용을 포함하는 선거기사의 공정성을 유지하기 위하여 선거기사심의위원회를 설치·운영하여야 한다.
② 임기만료에 의한 대통령선거의 경우, 선거기사심의위원회는 선거일 전 240일의 전일부터 선거일 후 30일까지 설치·운영되어야 한다.
③ 선거기사심의위원회는 9명 이내의 위원으로 구성하되, 선거기사심의위원회를 구성한 후에 국회에 교섭단체를 구성하는 정당의 수가 증가하여 위원정수를 초과하게 되는 경우에는 현원을 위원정수로 본다.
④ 선거기사심의위원회는 조사결과 선거기사의 내용이 공정하지 아니하다고 인정되는 경우에는 해당 기사의 내용에 관한 사과문 또는 정정보도문의 게재를 결정하여 이를 언론중재위원회에 통보하여야 한다.

해설

④ 선거기사심의위원회는 「신문 등의 진흥에 관한 법률」 제2조에 따른 신문, 「잡지 등 정기간행물의 진흥에 관한 법률」 제2조제1호에 따른 잡지·정보간행물·전자간행물·기타간행물 및 「뉴스통신진흥에 관한 법률」 제2조 제1호에 따른 뉴스통신(이하 이 조 및 제8조의4에서 "정기간행물등"이라 한다)에 게재된 선거기사의 공정 여부를 조사하여야 하고, 조사결과 선거기사의 내용이 공정하지 아니하다고 인정되는 경우에는 해당 기사의 내용에 대하여 정정보도문 또는 반론보도문 게재·경고결정문 게재·주의사실 게재·경고, 주의 또는 권고의 어느 하나에 해당하는 제재조치를 결정하여 이를 언론중재위원회에 통보하여야 하며, 언론중재위원회는 불공정한 선거기사를 게재한 정기간행물등을 발행한 자에 대하여 통보받은 제재조치를 지체 없이 명하여야 한다(공직선거법 제8조의3 제3항).
① 선거기사심의위원회는 중앙선거관리위원회가 아닌 언론중재위원회가 그 설치 주체이다. 언론중재 및 피해구제 등에 관한 법률 제7조에 따른 언론중재위원회(이하 "언론중재위원회"라 한다)는 선거기사(사설·논평·광고 그 밖에 선거에 관한 내용을 포함한다. 이하 이 조에서 같다)의 공정성을 유지하기 위하여 제8조의2제1항 각 호의 구분에 따른 기간 동안 선거기사심의위원회를 설치·운영하여야 한다(공직선거법 제8조의3 제1항).
② 임기만료에 의한 선거 : 제60조의2 제1항에 따른 예비후보자등록신청개시일 전일(대통령선거 : 선거일 전 240일)부터 선거일 후 30일까지(공직선거법 제8조의3 제1항, 제8조의2 제1항, 제60조의2 제1항)
③ 선거기사심의위원회는 국회에 교섭단체를 구성한 정당과 중앙선거관리위원회가 추천하는 각 1명, 언론학계·대한변호사협회·언론인단체 및 시민단체 등이 추천하는 사람을 포함하여 9명 이내의 위원으로 구성한다. 이 경우 위원정수에 관하여는, 제8조의2 제2항 후단을 준용한다. 국회에 교섭단체를 구성한 정당의 수가 증가하여 위원정수를 초과하게 되는 경우에는 현원을 위원정수로 본다(공직선거법 제8조의3 제2항, 제8조의2 제2항).

정답 ④

23 선거관련 보도에 대한 설명으로 옳은 것은?

① 법인의 인격을 자유롭게 발현할 권리가 무엇을 뜻하는지 그 헌법적 근거가 무엇인지 분명하지 않으므로, 선거기사심의위원회가 불공정한 선거기사를 게재하였다고 판단한 언론사에 대하여 사과문 게재 명령을 하도록 한 「공직선거법」상의 사과문 게재 조항은 언론사인 법인의 인격권을 침해하는 것이 아니라 소극적 표현의 자유나 일반적 행동의 자유를 제한할 뿐이다.

② 방송사는 반론보도의 청구를 받은 때에는 지체 없이 당해 정당, 후보자 또는 그 대리인과 반론보도의 내용·크기·횟수 등에 관하여 협의한 후, 이를 청구 받은 때부터 48시간 이내에 반론보도의 방송을 하여야 하나, 그 비용은 반론보도 청구자가 부담하여야 한다.

③ 선거방송심의위원회가 설치된 때부터 선거일까지 방송에 공표된 인신공격, 정책의 왜곡선전 등으로 피해를 받은 경우 그 방송이 있음을 안 날부터 10일 이내에 서면으로 당해 방송을 한 방송사에 반론보도의 방송을 청구할 수 있으나, 방송이 있은 날부터 30일이 경과한 때에는 그러하지 아니하다.

④ 반론보도에 관한 협의가 이루어지지 아니한 때에는 후보자에 한하여 선거방송심의위원회 또는 선거기사심의위원회에 반론보도청구를 회부할 수 있다.

해설

③ 선거방송심의위원회 또는 선거기사심의위원회가 설치된 때부터 선거일까지 방송 또는 정기간행물 등에 공표된 인신공격, 정책의 왜곡선전 등으로 피해를 받은 정당(중앙당에 한한다) 또는 후보자(후보자가 되고자 하는 자를 포함한다)는 그 방송 또는 기사게재가 있음을 안 날부터 10일 이내에 서면으로 당해 방송을 한 방송사에 반론보도의 방송을, 당해 기사를 게재한 언론사에 반론보도문의 게재를 각각 청구할 수 있다. 다만, 그 방송 또는 기사게재가 있은 날부터 30일이 경과한 때에는 그러하지 아니하다(공직선거법 제8조의4 제1항).

① 사과의 여부 및 사과문의 구체적인 내용은 선거기사심의위원회라는 행정기관에 의해 결정되는 것이지만, 이 사건 법률조항들은 그 사과문이 마치 언론사 스스로의 결정에 의해 작성된 것처럼 해당 언론사의 이름으로 대외적으로 표명되도록 하며, 그 결과 독자들로 하여금 해당 언론사가 선거와 관련하여 객관성과 공정성을 저버린 보도를 했다는 점을 스스로 인정한 것으로 생각하게 만듦으로써, 언론에 대한 신뢰가 무엇보다 중요한 언론사의 사회적 신용이나 명예를 저하시키고 인격의 자유로운 발현을 저해한다. 따라서 이 사건 법률조항들은 언론사의 의사에 반한 사과행위를 강요함으로써 언론사의 인격권을 제한한다(헌재 2015.7.30, 2013헌가8).

② 방송사 또는 언론사는 반론보도의 청구를 받은 때에는 지체 없이 당해 정당, 후보자 또는 그 대리인과 반론보도의 내용·크기·횟수 등에 관하여 협의한 후, 방송에 있어서는 이를 청구받은 때부터 48시간 이내에 무료로 반론보도의 방송을 하여야 하며, 정기간행물 등에 있어서는 편집이 완료되지 아니한 같은 정기간행물 등의 다음 발행호에 무료로 반론보도문의 게재를 하여야 한다. 이 경우 정기간행물 등에 있어서 다음 발행호가 선거일후에 발행·배부되는 경우에는 반론보도의 청구를 받은 때부터 48시간 이내에 당해 정기간행물 등이 배부된 지역에 배부되는 「신문 등의 진흥에 관한 법률」제2조(정의) 제1호 가목에 따른 일반일간신문에 이를 게재하여야 하며, 그 비용은 당해 언론사의 부담으로 한다(공직선거법 제8조의4 제2항).

④ 반론보도에 관한 협의가 이루어지지 아니한 때에는 당해 정당(중앙당에 한함), 후보자(후보자가 되고자 하는 자 포함), 방송사 또는 언론사는 선거방송심의위원회 또는 선거기사심의위원회에 지체 없이 이를 회부하고, 선거방송심의위원회 또는 선거기사심의위원회는 회부받은 때부터 48시간 이내에 심의하여 각하·기각 또는 인용결정을 한 후 지체없이 이를 당해 정당 또는 후보자와 방송사 또는 언론사에 통지하여야 한다. 이 경우 반론보도의 인용결정을 하는 때에는 반론방송 또는 반론보도문의 내용·크기·횟수 기타 반론보도에 필요한 사항을 함께 결정하여야 한다(공직선거법 제8조의4 제3항).

정답 ③

24 선거보도에 대한 반론보도청구에 관한 기술 중에서 옳지 않은 것은?

① 선거방송심의위원회 또는 선거기사심의위원회가 설치된 때부터 선거일까지 방송 또는 정기간행물 등에 공표된 인신공격, 정책의 왜곡선전 등으로 피해를 받은 정당의 중앙당 또는 후보자가 되고자 하는 자를 포함한 후보자는 그 방송 또는 기사게재가 있음을 안 날부터 10일 이내에 서면으로 당해 방송을 한 방송사에 반론보도의 방송을, 당해 기사를 게재한 언론사에 반론보도문의 게재를 각각 청구할 수 있다.

② 그 방송 또는 기사게재가 있은 날부터 30일이 경과한 때에는 반론보도청구를 할 수 없다.

③ 방송사 또는 언론사는 반론보도청구를 받은 때에는 지체 없이 당해 정당의 중앙당, 후보자가 되고자 하는 자를 포함한 후보자 또는 그 대리인과 반론보도의 내용·크기·횟수 등에 관하여 협의한 후, 방송에 있어서는 이를 청구받은 때부터 48시간 이내에 무료로 반론보도의 방송을 하여야 하며, 정기간행물 등에 있어서는 편집이 완료되지 아니한 같은 정기간행물 등의 다음 발행호에 무료로 반론보도문의 게재를 하여야 한다. 이 경우 정기간행물 등에 있어서 다음 발행호가 선거일 후에 발행·배부되는 경우에는 반론보도의 청구를 받은 때부터 48시간 이내에 당해 정기간행물 등이 배부된 지역에 배부되는 일반일간신문에 이를 게재하여야 하며, 그 비용은 당해 청구자의 부담으로 한다.

④ 반론보도의 내용·크기·횟수 등에 관한 협의가 이루어지지 아니한 때에는 당해 정당의 중앙당, 후보자가 되고자 하는 자를 포함한 후보자, 방송사 또는 언론사는 선거방송심의위원회 또는 선거기사심의위원회에 지체 없이 이를 회부하고, 선거방송심의위원회 또는 선거기사심의위원회는 회부받은 때부터 48시간 이내에 심의하여 각하·기각 또는 인용결정을 한 후 지체없이 이를 당해 정당의 중앙당 또는 후보자가 되고자 하는 자를 포함한 후보자와 방송사 또는 언론사에 통지하여야 한다. 이 경우 반론보도의 인용결정을 하는 때에는 반론방송 또는 반론보도문의 내용·크기·횟수 기타 반론보도에 필요한 사항을 함께 결정하여야 한다.

해설

③ 방송사 또는 언론사는 반론보도청구를 받은 때에는 지체없이 당해 정당의 중앙당, 후보자가 되고자 하는 자를 포함한 후보자 또는 그 대리인과 반론보도의 내용·크기·횟수 등에 관하여 협의한 후, 방송에 있어서는 이를 청구받은 때부터 48시간 이내에 무료로 반론보도의 방송을 하여야 하며, 정기간행물 등에 있어서는 편집이 완료되지 아니한 같은 정기간행물 등의 다음 발행호에 무료로 반론보도문의 게재를 하여야 한다. 이 경우 정기간행물 등에 있어서 다음 발행호가 선거일 후에 발행·배부되는 경우에는 반론보도의 청구를 받은 때부터 48시간 이내에 당해 정기간행물 등이 배부된 지역에 배부되는 일반일간신문에 이를 게재하여야 하며, 그 비용은 당해 언론사의 부담으로 한다(공직선거법 제8조의4 제2항).
① 공직선거법 제8조의4 제1항
② 공직선거법 제8조의4 제1항 단서
④ 공직선거법 제8조의4 제3항

정답 ③

25 인터넷선거보도심의위원회에 관한 기술 중에서 옳지 않은 것은?

① 인터넷선거보도심의위원회는 중앙선거관리위원회가 위촉하는 11인 이내의 위원으로 구성한다.
② 정당의 당원은 인터넷선거보도심의위원회의 위원이 될 수 없다.
③ 위원의 임기는 3년으로 한다.
④ 인터넷선거보도심의위원회에 위원장 1인을 두되, 위원장은 중앙선거관리위원회 위원장이 지명한다.

해설
④ 인터넷선거보도심의위원회에 위원장 1인을 두되, 위원장은 위원 중에서 호선한다(공직선거법 제8조의5 제3항).
① 공직선거법 제8조의5 제2항
② 공직선거법 제8조의5 제5항
③ 공직선거법 제8조의5 제2항

공직선거법 제8조의5(인터넷선거보도심의위원회) ① 중앙선거관리위원회는 인터넷언론사[「신문 등의 진흥에 관한 법률」 제2조(정의) 제4호에 따른 인터넷신문사업자 그 밖에 정치·경제·사회·문화·시사 등에 관한 보도·논평·여론 및 정보 등을 전파할 목적으로 취재·편집·집필한 기사를 인터넷을 통하여 보도·제공하거나 매개하는 인터넷홈페이지를 경영·관리하는 자와 이와 유사한 언론의 기능을 행하는 인터넷홈페이지를 경영·관리하는 자를 말한다. 이하 같다]의 인터넷홈페이지에 게재된 선거보도[사설·논평·사진·방송·동영상 기타 선거에 관한 내용을 포함한다. 이하 이 조 및 제8조의6(인터넷언론사의 정정보도 등)에서 같다]의 공정성을 유지하기 위하여 인터넷선거보도심의위원회를 설치·운영하여야 한다.
② 인터넷선거보도심의위원회는 국회에 교섭단체를 구성한 정당이 추천하는 각 1인과 방송통신심의위원회, 언론중재위원회, 학계, 법조계, 인터넷 언론단체 및 시민단체 등이 추천하는 자를 포함하여 중앙선거관리위원회가 위촉하는 11인 이내의 위원으로 구성하며, 위원의 임기는 3년으로 한다. 이 경우 위원정수에 관하여는 제8조의2 제2항 후단을 준용한다.
③ 인터넷선거보도심의위원회에 위원장 1인을 두되, 위원장은 위원중에서 호선한다.
④ 인터넷선거보도심의위원회에 상임위원 1인을 두되, 중앙선거관리위원회가 인터넷선거보도심의위원회의 위원중에서 지명한다.
⑤ 정당의 당원은 인터넷선거보도심의위원회의 위원이 될 수 없다.

정답 ④

26 인터넷선거보도심의위원회의 사무를 처리하기 위한 사무국은 누구로 구성하는가?

① 시민단체가 지명하는 사람
② 선거관리위원회 소속 공무원
③ 변호사 단체가 지명하는 공무원
④ 공명선거를 추친하는 단체가 지명하는 공무원

해설
인터넷선거보도심의위원회의 사무를 처리하기 위하여 선거관리위원회 소속 공무원으로 구성하는 사무국을 둔다(공직선거법 제8조의5 제8항).

정답 ②

27 선거방송토론위원회에 관한 기술 중에서 옳지 않은 것은?

① 읍·면·동선거관리위원회에서도 선거방송토론위원회를 설치·운영하여야 한다.
② 각급선거방송토론위원회에 위원장 1인을 두되, 위원장은 위원 중에서 호선한다. 다만, 구·시·군선거방송토론위원회 위원장은 해당 구·시·군선거관리위원회 위원장이 겸한다.
③ 중앙선거방송토론위원회에 상임위원 1인을 두되, 중앙선거관리위원회가 중앙선거방송토론위원회의 위원 중에서 지명한다.
④ 각급선거방송토론위원회는 대담·토론회 등의 업무수행을 위하여 필요한 때에는 공영방송사 또는 관련 기관·단체 등에 대하여 협조요구를 할 수 있으며, 그 협조요구를 받은 공영방송사는 우선적으로 이에 응하여야 한다.

✏️ 해설

① 읍·면·동선거관리위원회를 제외한 각급선거관리위원회는 각각 선거방송토론위원회를 설치·운영하여야 한다(공직선거법 제8조의7 제1항).
② 공직선거법 제8조의7 제3항
③ 공직선거법 제8조의7 제4항
④ 공직선거법 제8조의7 제7항

🎓 정답 ①

28 선거여론조사심의위원회에 대한 설명으로 옳은 것은?

① 중앙선거관리위원회에 설치하는 선거여론조사심의위원회는 총 9명 이내의 위원으로 구성하며 위원 중에는 국회에 교섭단체를 구성한 정당히 추천하는 각 1명이 포함되어야 하므로, 정당의 당원도 위원이 될 수 있다.
② 선거여론조사심의위원회는 전국 일간지에 게재된 선거기사의 공정여부를 조사하고 보도된 선거에 관한 여론조사가 선거여론조사기준을 위반하였는지 심의한다.
③ 시·도선거관리위원회가 설치하는 선거여론조사심의위원회는 선거에 관한 여론조사가 「공직선거법」을 위반한 혐의가 있다고 인정되는 경우에는 중앙선거관리위원회에 통보하여야 한다.
④ 선거여론조사심의위원회에 그 사무를 처리하기 위하여 선거관리위원회 소속 공무원으로 구성하는 사무국을 둘 수 있다.

✏️ 해설

④ 선거여론조사심의위원회에 그 사무를 처리하기 위하여 선거관리위원회 소속 공무원으로 구성하는 사무국을 둘 수 있다(공직선거법 제8조의8 제13항).
① 정당의 당원은 선거여론조사공정심의위원회의 위원이 될 수 없다(공직선거법 제8조의8 제5항).
② 전국 일간지에 게재된 선거기사의 공정여부를 조사하는 것은 선거기사심의위원회의 직무이다(공직선거법 제8조의3 제3항).
③ 선거여론조사심의위원회는 선거에 관한 여론조사가 이 법 또는 선거여론조사기준을 위반하였다고 인정되는 때에는 그 위반행위를 한 자에게 시정명령·경고·정정보도문의 게재명령 등 필요한 조치를 하되, 그 위반행위가 선거의 공정성을 현저하게 해치는 것으로 인정되거나 시정명령·정정보도문의 게재명령을 불이행한 때에는 고발 등 필요한 조치를 하여야 하고 이를 관할 선거구선거관리위원회에 통보하여야 한다(공직선거법 제8조의8 제10항).

🎓 정답 ④

29 선거여론조사심의위원회에 관한 기술 중에서 옳은 것은 모두 몇 항목인가?

㉠ 중앙선거관리위원회와 시·도선거관리위원회는 선거에 관한 여론조사의 객관성·신뢰성을 확보하기 위하여 선거여론조사심의위원회를 각각 설치·운영하여야 한다.
㉡ 중앙선거여론조사심의위원회 및 시·도선거여론조사심의위원회는 국회에 교섭단체를 구성한 정당이 추천하는 각 1명과 학계, 법조계, 여론조사 관련 기관·단체의 전문가 등을 포함하여 중립적이고 공정한 사람 중에서 중앙선거관리위원회 또는 시·도선거관리위원회가 위촉하는 사람으로 총 9명 이내의 위원으로 각각 구성하며, 위원의 임기는 3년으로 한다. 이 경우 위원정수에 관하여는 제8조의2 제2항 후단을 준용한다.
㉢ 선거여론조사심의위원회에 위원장 1명을 두되, 위원장은 위원 중에서 호선한다.
㉣ 중앙선거여론조사심의위원회에 상임위원 1명을 두되, 중앙선거관리위원회가 중앙선거여론조사심의위원회의 위원 중에서 지명한다.
㉤ 정당의 당원은 선거여론조사심의위원회의 위원이 될 수 없다.
㉥ 중앙선거여론조사심의위원회는 선거여론조사기준을 정하여 선거일 전 200일까지 공표하여야 한다.

① 2항목
② 3항목
③ 4항목
④ 5항목

해설

옳은 것은 ㉠, ㉡, ㉢, ㉣, ㉤이다.
㉠ 중앙선거관리위원회와 시·도선거관리위원회는 선거에 관한 여론조사의 객관성·신뢰성을 확보하기 위하여 선거여론조사심의위원회를 각각 설치·운영하여야 한다(공직선거법 제8조의8 제1항).
㉡ 중앙선거관리위원회에 설치하는 선거여론조사심의위원회(이하 "중앙선거여론조사심의위원회"라 한다) 및 시·도선거관리위원회에 설치하는 선거여론조사심의위원회(이하 "시·도선거여론조사심의위원회"라 한다)는 국회에 교섭단체를 구성한 정당이 추천하는 각 1명과 학계, 법조계, 여론조사 관련 기관·단체의 전문가 등을 포함하여 중립적이고 공정한 사람 중에서 중앙선거관리위원회 또는 시·도선거관리위원회가 위촉하는 사람으로 총 9명 이내의 위원으로 각각 구성하며, 위원의 임기는 3년으로 한다. 이 경우 위원정수에 관하여는 제8조의2 제2항 후단을 준용한다(공직선거법 제8조의8 제2항).
㉢ 선거여론조사심의위원회에 위원장 1명을 두되, 위원장은 위원 중에서 호선한다(공직선거법 제8조의8 제3항).
㉣ 중앙선거여론조사심의위원회에 상임위원 1명을 두되, 중앙선거관리위원회가 중앙선거여론조사심의위원회의 위원 중에서 지명한다(공직선거법 제8조의8 제4항).
㉤ 정당의 당원은 선거여론조사심의위원회의 위원이 될 수 없다(공직선거법 제8조의8 제5항).
㉥ 중앙선거여론조사심의위원회는 공표 또는 보도를 목적으로 하는 선거에 관한 여론조사의 객관성·신뢰성을 확보하기 위하여 필요한 사항(이하 "선거여론조사기준"이라 한다)을 정하여 공표하여야 한다(공직선거법 제8조의8 제6항).

정답 ④

30 정당 또는 후보자는 인터넷언론사의 선거보도가 불공정하다고 인정되는 때에는 그 보도가 있음을 안 날로부터 며칠 이내에 인터넷선거보도심의위원회에 서면으로 이의신청을 할 수 있는가?

① 7일
② 10일
③ 20일
④ 30일

✎ 해설

정당 또는 후보자(후보자가 되고자 하는 자 포함)는 인터넷언론사의 선거보도가 불공정하다고 인정되는 때에는 그 보도가 있음을 안 날부터 10일 이내에 인터넷선거보도심의위원회에 서면으로 이의신청을 할 수 있다(공직선거법 제8조의6 제2항).

🎓 정답 ②

31 다음 중 공명선거추진활동을 할 수 없는 단체만 모두 고르면?

- ㉠ 바르게살기운동협의회
- ㉡ 새마을운동협의회
- ㉢ 한국자유총연맹
- ㉣ 선거운동을 하거나 할 것을 표방한 노동조합 또는 단체
- ㉤ 법령에 의하여 정치활동이나 공직선거에의 관여가 금지된 단체

① ㉠, ㉡, ㉢
② ㉡, ㉢, ㉣
③ ㉠, ㉡, ㉢, ㉣
④ ㉠, ㉡, ㉢, ㉣, ㉤

✎ 해설

모두 공명선거추진활동을 할 수 없다.

> 공직선거법 제10조(사회단체 등의 공명선거추진활동) ① 사회단체 등은 선거부정을 감시하는 등 공명선거추진활동을 할 수 있다. 다만, 다음 각 호의 어느 하나에 해당하는 단체는 그 명의 또는 그 대표의 명의로 공명선거추진활동을 할 수 없다.
> 1. 특별법에 의하여 설립된 국민운동단체로서 국가 또는 지방자치단체의 출연 또는 보조를 받는 단체(바르게살기운동협의회·새마을운동협의회·한국자유총연맹을 말한다)
> 2. 법령에 의하여 정치활동이나 공직선거에의 관여가 금지된 단체
> 3. 후보자(후보자가 되고자 하는 자를 포함한다. 이하 이 조에서 같다), 후보자의 배우자와 후보자 또는 그 배우자의 직계존·비속과 형제자매나 후보자의 직계비속 및 형제자매의 배우자(이하 "후보자의 가족"이라 한다)가 설립하거나 운영하고 있는 단체
> 4. 특정 정당(창당준비위원회를 포함한다. 이하 이 조에서 같다) 또는 후보자를 지원하기 위하여 설립된 단체
> 5. 삭제<2005.8.4.>
> 6. 선거운동을 하거나 할 것을 표방한 노동조합 또는 단체

🎓 정답 ④

32 공정선거지원단에 관한 기술 중에서 옳지 않은 것은?

① 읍·면·동선거관리위원회를 제외한 각급선거관리위원회는 선거부정을 감시하기 위하여 공정선거지원단을 둔다.
② 공정선거지원단은 선거운동을 할 수 있는 자로서 정당의 당원이 아닌 중립적이고 공정한 자 중에서 중앙선거관리위원회규칙으로 정하는 바에 따라 10명 이내로 구성한다.
③ 공정선거지원단은 관할 선거관리위원회의 지휘를 받아 이 법에 위반되는 행위에 대하여 증거자료를 수집하거나 수사 및 조사활동을 할 수 있다.
④ 공정선거지원단의 소속원에 대하여는 예산의 범위 안에서 수당 또는 실비를 지급할 수 있다.

해설

③ 공정선거지원단은 관할 선거관리위원회의 지휘를 받아 이 법에 위반되는 행위에 대하여 증거자료를 수집하거나 조사활동을 할 수 있으나, 수사는 할 수 없다(공직선거법 제10조의2 제6항). (2018.4.6.개정)
① 공직선거법 제10조의2 제1항
② 공정선거지원단은 선거운동을 할 수 있는 자로서 정당의 당원이 아닌 중립적이고 공정한 자 중에서 중앙선거관리위원회규칙으로 정하는 바에 따라 10명 이내로 구성한다. 다만, 선거일 전 60일(선거일 전 60일 후에 실시사유가 확정된 보궐선거 등의 경우 그 선거의 실시사유가 확정된 때)부터 선거일 후 10일까지는 중앙선거관리위원회 및 시·도선거관리위원회는 10인 이내의, 구·시·군선거관리위원회는 20인 이내의 인원을 추가하여 구성할 수 있다(공직선거법 제10조의2 제2항). (2018.4.6.개정)
④ 공직선거법 제10조의2 제7항

정답 ③

---

33 다음 중 사이버공정선거지원단에 관한 설명으로 옳지 않은 것은?

① 중앙선거관리위원회는 인터넷을 이용한 선거부정을 감시하기 위하여 중앙선거관리위원회규칙으로 정하는 바에 따라 5인 이상 10인 이하로 구성된 사이버공정선거지원단을 설치·운영하여야 한다.
② 선거일 전 60일(선거일 전 60일 후에 실시사유가 확정된 보궐선거 등의 경우 그 선거의 실시사유가 확정된 때)부터 선거일 후 10일까지는 10인 이내의 인원을 추가하여 구성할 수 있다.
③ 시·도선거관리위원회는 인터넷을 이용한 선거부정을 감시하기 위하여 선거일 전 120일(선거일 전 120일 후에 실시사유가 확정된 보궐선거 등에 있어서는 그 선거의 실시사유가 확정된 후 5일)부터 선거일까지 30인 이내로 구성된 사이버공정선거지원단을 설치·운영할 수 있다.
④ 사이버공정선거지원단은 정당의 당원이 아닌 중립적이고 공정한 자로 구성한다.

해설

③ 시·도선거관리위원회는 인터넷을 이용한 선거부정을 감시하기 위하여 선거일 전 120일(선거일 전 120일 후에 실시사유가 확정된 보궐선거 등에 있어서는 그 선거의 실시사유가 확정된 후 5일)부터 선거일까지 30인 이내로 구성된 사이버공정선거지원단을 설치·운영하여야 한다(공직선거법 제10조의3 제2항).
①, ② 중앙선거관리위원회는 인터넷을 이용한 선거부정을 감시하기 위하여 중앙선거관리위원회규칙으로 정하는 바에 따라 5인 이상 10인 이하로 구성된 사이버공정선거지원단을 설치·운영하여야 한다. 다만, 선거일 전 60일(선거일 전 60일 후에 실시사유가 확정된 보궐선거 등의 경우 그 선거의 실시사유가 확정된 때)부터 선거일 후 10일까지는 10인 이내의 인원을 추가하여 구성할 수 있다(공직선거법 제10조의3 제1항).
④ 사이버공정선거지원단은 정당의 당원이 아닌 중립적이고 공정한 자로 구성한다(공직선거법 제10조의3 제3항).

정답 ③

34 선거관리위원회 구성 중에서 위원수가 잘못 연결된 것은?

① 중앙선거관리위원회 위원 : 9인
② 특별시·광역시·도·특별자치도·특별자치시 선거관리위원회 위원 : 9인
③ 시·군·자치구 선거관리위원회 위원 : 9인
④ 읍·면·동 선거관리위원회 위원 : 9인

✏️ **해설**

읍·면·동선거관리위원회는 7인의 위원으로 구성된다.

🎓 정답 ④

35 대통령선거의 선거일은 언제인가?

① 그 임기만료일 전 50일 이후 첫 번째 수요일
② 그 임기만료일 전 60일 이후 첫 번째 수요일
③ 그 임기만료일 전 70일 이후 첫 번째 수요일
④ 그 임기만료일 전 90일 이후 첫 번째 수요일

✏️ **해설**

대통령선거의 선거일은 그 임기만료일 전 70일 이후 첫번째 수요일이다.

공직선거법 제34조(선거일) ① 임기만료에 의한 선거의 선거일은 다음 각 호와 같다.
  1. 대통령선거는 그 임기만료일 전 70일 이후 첫번째 수요일
  2. 국회의원선거는 그 임기만료일 전 50일 이후 첫번째 수요일
  3. 지방의회의원 및 지방자치단체의 장의 선거는 그 임기만료일 전 30일 이후 첫번째 수요일
② 제1항의 규정에 의한 선거일이 국민생활과 밀접한 관련이 있는 민속절 또는 공휴일인 때와 선거일 전일이나 그 다음 날이 공휴일인 때에는 그 다음 주의 수요일로 한다.

🎓 정답 ③

36 대통령 선거기간은 며칠로 하는가?

① 14일　　　　　　　　　② 20일
③ 23일　　　　　　　　　④ 30일

해설

대통령선거의 선거기간은 23일이다.

공직선거법 제33조(선거기간) ① 선거별 선거기간은 다음 각 호와 같다.
　1. 대통령선거는 23일
　2. 국회의원선거와 지방자치단체의 의회의원 및 장의 선거는 14일
② 삭제<2004.3.12.>
③ "선거기간"이란 다음 각 호의 기간을 말한다.
　1. 대통령선거: 후보자등록마감일의 다음 날부터 선거일까지
　2. 국회의원선거와 지방자치단체의 의회의원 및 장의 선거: 후보자등록마감일 후 6일부터 선거일까지

정답 ③

37 다음 중 재선거사유가 아닌 것은 모두 몇 항목인가?

㉠ 임기 중 사망시	㉡ 임기 중 사퇴시
㉢ 임기개시 전 사망시	㉣ 당선자가 없는 경우
㉤ 후보자가 없는 경우	㉥ 당선무효판결 확정시

① 1항목　　　　　　　　　② 2항목
③ 3항목　　　　　　　　　④ 4항목

해설

재선거사유가 아닌 것은 ㉠, ㉡이다. 임기 중 사망이나 임기 중 사퇴는 보궐선거의 사유에 해당한다.

정답 ②

38 대통령의 궐위로 인한 선거 또는 재선거는 그 선거의 실시사유가 확정된 때부터 며칠 이내에 실시해야 하는가?

① 30일 이내
② 60일 이내
③ 90일 이내
④ 120일 이내

해설

대통령의 궐위로 인한 선거 또는 재선거(제3항의 규정에 의한 재선거를 제외한다. 이하 제2항에서 같다)는 그 선거의 실시사유가 확정된 때부터 60일 이내에 실시하되, 선거일은 늦어도 선거일 전 50일까지 대통령 또는 대통령권한대행자가 공고하여야 한다(공직선거법 제35조 제1항).

정답 ②

39 임기개시에 대한 설명으로 옳은 것은?

① 전임지방자치단체장의 임기가 만료되기 전에 선거가 실시된 경우에 지방자치단체의 장의 임기는 전임지방자치단체장의 임기만료일부터 개시된다.
② 총선거에 의한 국회의원의 임기는 당선이 결정된 날의 다음 날부터 개시된다.
③ 지방의회의원의 증원선거에 의한 의원의 임기는 당선이 결정된 때부터 개시되며 전임자 또는 같은 종류의 의원의 잔임기간으로 한다.
④ 대통령의 임기는 전임대통령의 임기만료일의 다음날부터 개시된다.

🖉 해설

③ 국회의원과 지방의회의원의 임기가 개시된 후에 실시하는 선거와 지방의회의원의 증원선거에 의한 의원의 임기는 당선이 결정된 때부터 개시되며 전임자 또는 같은 종류의 의원의 잔임기간으로 한다(공직선거법 제14조 제2항).
① 전임지방자치단체장의 임기가 만료되기 전에 선거가 실시된 경우에 지방자치단체의 장의 임기는 전임지방자치단체장의 임기만료일의 다음날부터 개시된다(공직선거법 제14조 제3항).
② 국회의원과 지방의회의원의 임기는 총선거에 의한 전임의원의 임기만료일의 다음 날부터 개시된다(공직선거법 제14조 제2항).
④ 대통령의 임기는 전임대통령의 임기만료일의 다음날 0시부터 개시된다(공직선거법 제14조 제1항).

🎓 정답 ③

40 임기개시에 관한 기술 중에서 옳지 않은 것은?

① 대통령의 임기는 전임대통령의 임기만료일의 다음날 0시부터 개시된다. 다만, 전임자의 임기가 만료된 후에 실시하는 선거와 궐위로 인한 선거에 의한 대통령의 임기는 당선이 결정된 때부터 개시된다.
② 국회의원과 지방의회의원의 임기는 총선거에 의한 전임의원의 임기만료일의 다음 날부터 개시된다. 다만, 의원의 임기가 개시된 후에 실시하는 선거와 지방의회의원의 증원선거에 의한 의원의 임기는 당선이 결정된 때부터 개시되며 전임자 또는 같은 종류의 의원의 잔임기간으로 한다.
③ 지방자치단체의 장의 임기는 전임지방자치단체의 장의 임기만료일의 다음 날부터 개시된다.
④ 전임지방자치단체의 장의 임기가 만료된 후에 실시하는 선거와 제30조(지방자치단체의 폐치·분합시의 선거 등) 제1항 제1호 내지 제3호에 의하여 새로 선거를 실시하는 지방자치단체의 장의 임기는 당선이 결정된 때부터 개시되며 새로이 시작된다.

🖉 해설

④ 지방자치단체의 장의 임기는 전임지방자치단체의 장의 임기만료일의 다음 날부터 개시된다. 다만, 전임지방자치단체의 장의 임기가 만료된 후에 실시하는 선거와 제30조(지방자치단체의 폐치·분합시의 선거 등) 제1항 제1호 내지 제3호에 의하여 새로 선거를 실시하는 지방자치단체의 장의 임기는 당선이 결정된 때부터 개시되며 전임자 또는 같은 종류의 지방자치단체의 장의 잔임기간으로 한다(공직선거법 제14조 제3항).
① 대통령의 임기는 전임대통령의 임기만료일의 다음날 0시부터 개시된다. 다만, 전임자의 임기가 만료된 후에 실시하는 선거와 궐위로 인한 선거에 의한 대통령의 임기는 당선이 결정된 때부터 개시된다(공직선거법 제14조 제1항).
② 국회의원과 지방의회의원(이하 이 항에서 "의원"이라 한다)의 임기는 총선거에 의한 전임의원의 임기만료일의 다음 날부터 개시된다. 다만, 의원의 임기가 개시된 후에 실시하는 선거와 지방의회의원의 증원선거에 의한 의원의 임기는 당선이 결정된 때부터 개시되며 전임자 또는 같은 종류의 의원의 잔임기간으로 한다(공직선거법 제14조 제2항).

🎓 정답 ④

MEMO

제02장 선거권과 피선거권

01 다음 중에서 지방의회의원과 지방자치단체장 선거권을 가지는 자는 모두 몇 항목인가? (단, 18세 이상의 자로서 선거인명부작성기준일 현재 기준임)

> ㉠ 18세 이상의 주민등록법 거주자로서 해당 지방자치단체의 관할구역에 주민등록이 되어 있는 사람
> ㉡ 주민등록신고한 18세 이상의 재외국민으로서 주민등록표에 3개월 이상 계속하여 올라 있고 해당 지방자치단체의 관할구역에 주민등록이 되어 있는 사람
> ㉢ 18세 이상으로서 「출입국관리법」 제10조에 따른 영주의 체류자격 취득일 후 3년이 경과한 외국인으로서 같은 법 제34조에 따라 해당 지방자치단체의 외국인등록대장에 올라 있는 사람
> ㉣ 「출입국관리법」 제10조에 따른 영주의 체류자격 취득일 후 4년이 경과한 외국인으로서 같은 법 제34조에 따라 해당 지방자치단체의 외국인등록대장에 올라 있는 사람

① 1항목 ② 2항목
③ 3항목 ④ 4항목

해설

지방의회의원과 지방자치단체장 선거권이 있는 자는 ㉠, ㉡, ㉢이다.

PLUS⁺ 선거권 핵심요약(공직선거법 제15조)

대통령선거	지역구 국회의원선거	지방의회의원선거, 지방자치단체장선거
18세 이상의 국민	18세 이상의 국민으로서 다음 어느 하나에 해당 1. 「주민등록법」 제6조 제1항 제1호 또는 제2호에 해당하는 사람으로서 해당 국회의원지역선거구 안에 주민등록이 되어 있는 사람 2. 「주민등록법」 제6조 제1항 제3호에 해당하는 사람으로서 주민등록표에 3개월 이상 계속하여 올라 있고 해당 국회의원지역선거구 안에 주민등록이 되어 있는 사람	18세 이상으로서 다음 어느 하나에 해당 1. 「주민등록법」 제6조 제1항 제1호 또는 제2호에 해당하는 사람으로서 해당 지방자치단체의 관할구역에 주민등록이 되어 있는 사람 2. 「주민등록법」 제6조 제1항 제3호에 해당하는 사람으로서 주민등록표에 3개월 이상 계속하여 올라 있고 해당 지방자치단체의 관할구역에 주민등록이 되어 있는 사람 3. 출입국관리법에 따른 영주의 체류자격 취득일 후 3년이 경과한 외국인으로서 해당 지방자치단체의 외국인등록대장에 올라 있는 사람

정답 ③

02 「공직선거법」상 선거권에 대한 설명으로 옳지 않은 것을 모두 고른 것은?

> ㄱ. 제20대 국회의원선거(2016. 4. 13. 실시)에서 1997년 1월 14일 출생자인 甲이 선거인명부에서 자신이 누락되어 있음을 확인하여 이에 대해 이의신청하였고 그 결과 이유 있다는 결정통지를 받았다면 선거권을 행사할 수 있다.
> ㄴ. 乙은 절도죄로 2015년 4월 13일 대구지방법원에서 징역 1년, 집행유예 2년을 선고받았다. 乙은 형의 선고를 받고 그 집행이 종료되지 아니하였기 때문에 제20대 국회의원선거(2016. 4. 13. 실시)에서 선거권을 갖지 못한다.
> ㄷ. 익산시장 丙은 2010년 재임 중 직무와 관련하여 「형법」제129조의 수뢰죄를 범하여 1년의 징역형을 선고받고 그 집행을 받지 아니하기로 확정되었다. 丙은 제20대 국회의원선거(2016. 4. 13. 실시)에서 선거권을 갖는다.
> ㄹ. 丁이 2013년 4월 14일에 「정치자금법」제45조 위반으로 100만원의 벌금형을 선고받고 그 형이 확정되었다면 제20대 국회의원선거(2016. 4. 13. 실시)에서 선거권을 갖지 못한다.

① ㄱ, ㄴ
② ㄱ, ㄹ
③ ㄴ, ㄷ
④ ㄷ, ㄹ

해설

ㄱ. (○) 옳은 지문이다. 18세 이상의 국민은 대통령 및 국회의원의 선거권이 있다(공직선거법 제15조 제1항). 선거권자는 누구든지 선거인명부에 누락 또는 오기가 있거나 자격이 없는 선거인이 올라 있다고 인정되는 때에는 열람기간 내에 구술 또는 서면으로 당해 구·시·군의 장에게 이의를 신청할 수 있다(공직선거법 제41조 제1항). 제1항의 신청이 있는 때에는 구·시·군의 장은 그 신청이 있는 날의 다음 날까지 심사·결정하되, 그 신청이 이유있다고 결정한 때에는 즉시 선거인명부를 정정하고 신청인·관계인과 관할구·시·군선거관리위원회에 통지하여야 한다(공직선거법 제41조 제2항).

ㄴ. (×) 옳지 않은 지문이다. 일반범과 선거범의 경우가 다르다. 1년 이상의 징역 또는 금고의 형의 선고를 받고 그 집행이 종료되지 아니하거나 그 집행을 받지 아니하기로 확정되지 아니한 사람은 선거권이 없다. 다만, 그 형의 집행유예를 선고받고 유예기간 중에 있는 사람은 제외한다(공직선거법 제18조 제1항 제2호 참조). 형의 선고를 받고 그 집행이 종료되지 아니하였다는 말은 집행유예를 선고받고 유예기간 중에 있다는 것이다. 乙은 일반범이므로 집행유예기간 중 선거권이 있다.

ㄷ. (×) 옳지 않은 지문이다. 대통령·국회의원·지방의회의원·지방자치단체의 장으로서 그 재임중의 직무와 관련하여 「형법」(「특정범죄가중처벌 등에 관한 법률」제2조에 의하여 가중처벌되는 경우를 포함한다) 제129조(수뢰, 사전수뢰)에 규정된 죄를 범한 자로서, 징역형의 선고를 받고 그 집행을 받지 아니하기로 확정된 후 10년을 경과하지 아니한 자(형이 실효된 자도 포함한다)는 선거권이 없다(공직선거법 제18조 제1항 제3호 참조).

ㄹ. (○) 옳은 지문이다. 선거일 현재 「정치자금법」제45조(정치자금부정수수죄) 및 제49조(선거비용관련 위반행위에 관한 벌칙)에 규정된 죄를 범한 자로서 100만 원 이상의 벌금형의 선고를 받고 그 형이 확정된 후 5년을 경과하지 아니한 자는 선거권이 없다(공직선거법 제18조 제1항 제3호 참조). 2013년에 그 형이 확정되었으므로 5년이 경과하지 아니한 2016년에는 선거권을 갖지 못하는 것이다.

정답 ③

03 선거권에 대한 설명으로 옳은 것은?

① 「출입국관리법」에 따른 영주의 체류자격 취득일 후 3년이 경과한 18세 이상의 외국인에게는 지방자치단체 의회의원 및 장의 선거권이 부여되어 헌법상의 정치적 기본권이 인정된다.
② 강도죄를 범하여 징역 3년 형의 선고를 받고 그 형기를 모두 마치고 출소한 자는 선거권이 없다.
③ 일부 개표소에서 동시계표 투표함 수에 비하여 상대적으로 적은 수의 개표참관인이 선정될 수 있다는 사정만으로 실질적인 개표감시가 이루어지지 않는다거나 개표절차 및 계표방법에 관한 입법자의 선택이 현저히 불합리하거나 불공정하여 선거권이 침해되었다고 볼 수는 없다.
④ 출입국관리법 제10조에 따른 영주의 체류자격 취득일 후 3년이 경과한 외국인은 대통령선거의 선거권이 인정된다.

> 해설

③ 개표부정에 대하여 가장 큰 이해관계를 가진 정당 및 후보자들은 공직선거법이 허용하는 범위 내에서 스스로 개표참관인을 선정·신고함으로써 개표절차를 감시할 수 있고, 그 외에도 개표사무원을 중립적인 자들로 위촉하고, 개표관람을 실시하는 등 개표의 공정성을 확보하기 위해 다양한 조치들이 시행되고 있는 점에 비추어, 동시계표 투표함 수에 대한 제한을 두지 아니한 것은 입법자의 합리적 재량의 범위 안에 있는 것으로 인정되고, 일부 개표소에서 동시계표 투표함 수에 비하여 상대적으로 적은 수의 개표참관인이 선정될 수 있다는 사정만으로 입법자의 선택이 현저히 불합리하거나 불공정하여 청구인들의 선거권이 침해되었다고 볼 수 없다(헌재 2013.8.29, 2012헌마326).
① 구 공직선거법은 제15조 제2항 제2호에서 '영주의 체류자격 취득일로부터 3년이 경과한 18세 이상의 외국인'에 대해서도 일정한 요건하에 지방선거 선거권을 부여하고 있다. 그런데 외국인의 지방선거 선거권은 헌법상의 권리라 할 수는 없고 단지 공직선거법이 인정하고 있는 '법률상의 권리'에 불과하다(헌재 2007.6.28, 2004헌마644).
② 강도죄를 범하여 징역 3년 형의 선고를 받고 그 형기를 모두 마치고 출소한 자는 선거권이 있다.
④ 「출입국관리법」 제10조에 따른 영주의 체류자격 취득일 후 3년이 경과한 18세 이상의 외국인으로서 같은 법 제34조에 따라 해당 지방자치단체의 외국인등록대장에 올라 있는 사람은 그 구역에서 선거하는 지방자치단체의 의회의원 및 장의 선거권이 있다(공직선거법 제15조 제2항 제3호).

정답 ③

04 공직선거법상 선거권자와 피선거권자의 연령산정기준은?

① 선거일 전일
② 선거일 현재
③ 선거일 공고 전일
④ 선거일 공고 당일

> 해설

선거권자와 피선거권자의 연령은 선거일 현재로 산정한다(공직선거법 제17조).

정답 ②

05 피선거권에 대한 설명으로 옳은 것은?

① 국회법 제166조(국회 회의 방해죄)의 죄를 범한 자로서 금고형의 선고를 받고 그 집행을 받지 아니하기로 확정된 후 또는 그 형의 집행이 종료되거나 면제된 후 10년이 경과되지 아니한 자는 피선거권이 없다.
② 선거일 현재 계속하여 일정기간 이상 당해 지방자치단체의 관할 구역에 주민등록이 되어 있을 것을 입후보 요건으로 하는 공직취임의 자격에 관한 제한규정은 해당 공직에 취임하려고 하는 자에게 특정시점까지 특정지역으로의 이주를 강제하는 것으로 거주·이전의 자유를 침해한다.
③ 선거일 현재 계속하여 90일 이상 당해 지방자치단체의 관할구역 안에 주민등록이 되어 있는 주민으로서 25세 이상의 국민은 그 지방의회의원 및 지방자치단체의 장의 피선거권이 있다.
④ 선거일 현재 5년 이상 국내에 거주하고 있는 40세 이상의 국민은 대통령의 피선거권이 있으며, 이 경우 공무로 외국에 파견된 기간과 국내에 주소를 두고 일정기간 외국에 체류한 기간은 국내거주기간으로 본다.

해설

④ 선거일 현재 5년 이상 국내에 거주하고 있는 40세 이상의 국민은 대통령의 피선거권이 있다. 이 경우 공무로 외국에 파견된 기간과 국내에 주소를 두고 일정기간 외국에 체류한 기간은 국내거주기간으로 본다(공직선거법 제16조 제1항).
① 선거일 현재 제230조 제6항의 죄를 범한 자로서 벌금형의 선고를 받고 그 형이 확정된 후 10년을 경과하지 아니한 자(형이 실효된 자도 포함한다)는 피선거권이 없다(공직선거법 제19조 참조).
② 직업에 관한 규정이나 공직취임의 자격에 관한 제한규정이 그 직업 또는 공직을 선택하거나 행사하려는 자의 거주·이전의 자유를 간접적으로 어렵게 하거나 불가능하게 하거나 원하지 않는 지역으로 이주할 것을 강요하게 될 수 있다 하더라도, 그와 같은 조치가 특정한 직업 내지 공직의 선택 또는 행사에 있어서의 필요와 관련되어 있는 것인 한, 그러한 조치에 의하여 직업의 자유 내지 공무담임권이 제한될 수는 있어도 거주·이전의 자유가 제한되었다고 볼 수는 없다. 그러므로 선거일 현재 계속하여 90일 이상 당해 지방자치단체의 관할구역 안에 주민등록이 되어 있을 것을 입후보의 요건으로 하는 법률조항으로 인하여 청구인이 그 체류지와 거주지의 자유로운 결정과 선택에 사실상 제약을 받는다고 하더라도 청구인의 공무담임권에 대한 위와 같은 제한이 있는 것은 별론으로 하고 거주·이전의 자유가 침해되었다고 할 수는 없다(헌재 1996.6.26, 96헌마200).
③ 선거일 현재 계속하여 60일 이상(공무로 외국에 파견되어 선거일 전 60일 후에 귀국한 자는 선거인명부작성기준일부터 계속하여 선거일까지) 해당 지방자치단체의 관할구역에 주민등록이 되어 있는 주민으로서 만18세 이상의 국민은 그 지방의회의원 및 지방자치단체의 장의 피선거권이 있다(공직선거법 제16조 제3항).

정답 ④

06 다음 중에서 선거권이 없는 자는?

㉠ 금치산선고를 받은 자
㉡ 법원의 판결 또는 다른 법률에 의하여 선거권이 정지 또는 상실된 자
㉢ 6개월 징역형의 선고를 받고 그 집행이 종료되지 아니한 자
㉣ 한정치산자

① ㉠, ㉡
② ㉡, ㉢
③ ㉢, ㉣
④ ㉡, ㉢, ㉣

해설

선거권이 없는 자는 ㉠, ㉡이다.

공직선거법 제18조(선거권이 없는 자) ① 선거일 현재 다음 각 호의 어느 하나에 해당하는 사람은 선거권이 없다.
1. 금치산선고를 받은 자
2. 1년 이상의 징역 또는 금고의 형의 선고를 받고 그 집행이 종료되지 아니하거나 그 집행을 받지 아니하기로 확정되지 아니한 사람. 다만, 그 형의 집행유예를 선고받고 유예기간 중에 있는 사람은 제외한다.
3. 선거범, 「정치자금법」 제45조(정치자금부정수수죄) 및 제49조(선거비용관련 위반행위에 관한 벌칙)에 규정된 죄를 범한 자 또는 대통령·국회의원·지방의회의원·지방자치단체의 장으로서 그 재임중의 직무와 관련하여 「형법」(「특정범죄가중처벌 등에 관한 법률」 제2조에 의하여 가중처벌되는 경우를 포함한다) 제129조(수뢰, 사전수뢰) 내지 제132조(알선수뢰)·「특정범죄가중처벌 등에 관한 법률」 제3조(알선수재)에 규정된 죄를 범한 자로서, 100만원 이상의 벌금형의 선고를 받고 그 형이 확정된 후 5년 또는 형의 집행유예의 선고를 받고 그 형이 확정된 후 10년을 경과하지 아니하거나 징역형의 선고를 받고 그 집행을 받지 아니하기로 확정된 후 또는 그 형의 집행이 종료되거나 면제된 후 10년을 경과하지 아니한 자(형이 실효된 자도 포함한다)
4. 법원의 판결 또는 다른 법률에 의하여 선거권이 정지 또는 상실된 자

정답 ①

07 다음 중 현행 공직선거법상 선거권이 있는 자는?

① 1년 이상의 징역 또는 금고의 형의 선고를 받고 그 집행이 종료되지 아니하거나 그 집행을 받지 아니하기로 확정되지 아니한 자
② 법원의 판결 또는 다른 법률에 의하여 선거권이 정지 또는 상실된 자
③ 1년 이상의 징역 또는 금고의 형의 집행유예를 선고받고 유예기간 중에 있는 자
④ 공직선거법상 선거비용 관련 위반행위를 범한 자로서 100만원 이상의 벌금형의 선고를 받고 그 형이 확정된 후 5년이 경과되지 아니한 자

해설

③ 공직선거법 제18조 제1항 제2호
① 공직선거법 제18조 제1항 제2호
② 공직선거법 제18조 제1항 제4호
④ 공직선거법 제18조 제1항 제3호

정답 ③

08 대통령선거의 피선거권 요건으로서 선거일 현재 몇 년 이상 국내에 거주해야 하는가?

① 3년 이상
② 4년 이상
③ 5년 이상
④ 7년 이상

해설

선거일 현재 5년 이상 국내에 거주하고 있는 40세 이상의 국민은 대통령의 피선거권이 있다. 이 경우 공무로 외국에 파견된 기간과 국내에 주소를 두고 일정기간 외국에 체류한 기간은 국내거주기간으로 본다(공직선거법 제16조 제1항).

정답 ③

09 다음 중 대통령 피선거권과 관련하여 국내거주기간으로 보는 것은 모두 몇 항목인가?

㉠ 공무상의 이유로 외국에 파견된 기간
㉡ UN사무처에 근무하는 기간
㉢ 국내에 주소를 두고 일정기간 외국에 체류한 기간
㉣ 국제노동기구(ILO)에 근무하는 기간

① 1항목
② 2항목
③ 3항목
④ 4항목

해설

국내거주기간으로 보는 것은 ㉠, ㉢이다.

PLUS 피선거권

대통령의 피선거권	선거일 현재 5년 이상 국내에 거주하고 있는 40세 이상인 국민. 이 경우 공무로 외국에 파견된 기간과 국내에 주소를 두고 일정기간 외국에 체류한 기간은 국내거주기간으로 봄.
국회의원의 피선거권	만18세 이상인 국민
지방의회의원 및 지방자치단체장의 피선거권	만18세 이상인 국민인 동시에 선거일 현재 계속하여 60일 이상(공무로 외국에 파견되어 선거일 전 60일 후에 귀국한 자는 선거인명부작성기준일부터 계속하여 선거일까지) 해당 지방자치단체의 관할구역에 주민등록이 되어 있는 주민. 이 경우 60일의 기간은 그 지방자치단체의 설치·폐지·분할·합병 또는 구역변경에 의하여 중단되지 않음.

정답 ②

10 공직선거법상 피선거권에 관한 기술 중에서 옳지 않은 것은?

① 선거일 현재 5년 이상 국내에 거주하고 있는 40세 이상의 국민은 대통령의 피선거권이 있다. 이 경우 공무로 외국에 파견된 기간과 국내에 거소를 두고 일정기간 외국에 체류한 기간은 국내거주기간으로 본다.
② 만18세 이상의 국민은 국회의원의 피선거권이 있다.
③ 선거일 현재 계속하여 60일 이상(공무로 외국에 파견되어 선거일 전 60일 후에 귀국한 자는 선거인명부작성기준일부터 계속하여 선거일까지) 당해 지방자치단체의 관할구역 안에 주민등록이 되어 있는 주민으로서 만18세 이상의 국민은 그 지방의회의원 및 지방자치단체의 장의 피선거권이 있다. 이 경우 60일의 기간은 그 지방자치단체의 설치·폐지·분할·합병 또는 구역변경에 의하여 중단되지 아니한다.
④ 지방자치단체의 사무소 소재지가 다른 지방자치단체의 관할구역에 있어 해당 지방자치단체의 장의 주민등록이 다른 지방자치단체의 관할구역에 있게 된 때에는 해당 지방자치단체의 관할구역에 주민등록이 되어 있는 것으로 본다.

해설

① 선거일 현재 5년 이상 국내에 거주하고 있는 40세 이상의 국민은 대통령의 피선거권이 있다. 이 경우 공무로 외국에 파견된 기간과 국내에 주소를 두고 일정기간 외국에 체류한 기간은 국내거주기간으로 본다(공직선거법 제16조 제1항).
② 만18세 이상의 국민은 국회의원의 피선거권이 있다(공직선거법 제16조 제2항).
③ 선거일 현재 계속하여 60일 이상(공무로 외국에 파견되어 선거일 전 60일 후에 귀국한 자는 선거인명부작성기준일부터 계속하여 선거일까지) 해당 지방자치단체의 관할구역에 주민등록이 되어 있는 주민으로서 만18세 이상의 국민은 그 지방의회의원 및 지방자치단체의 장의 피선거권이 있다. 이 경우 60일의 기간은 그 지방자치단체의 설치·폐지·분할·합병 또는 구역변경(제28조 각 호의 어느 하나에 따른 구역변경을 포함한다)에 의하여 중단되지 아니한다(공직선거법 제16조 제3항).
④ 제3항 전단의 경우에 지방자치단체의 사무소 소재지가 다른 지방자치단체의 관할 구역에 있어 해당 지방자치단체의 장의 주민등록이 다른 지방자치단체의 관할 구역에 있게 된 때에는 해당 지방자치단체의 관할 구역에 주민등록이 되어 있는 것으로 본다(공직선거법 제16조 제4항).

정답 ①

11 다음 중 현행 공직선거법상 국회법 제166조의 국회 회의 방해죄를 범한 자로서 피선거권이 없는 자는?

> ㉠ 500만원 이상의 벌금형의 선고를 받고 그 형이 확정된 후 5년이 경과되지 아니한 자
> ㉡ 형의 집행유예의 선고를 받고 그 형이 확정된 후 10년이 경과되지 아니한 자
> ㉢ 징역형의 선고를 받고 그 집행을 받지 아니하기로 확정된 후 또는 그 형의 집행이 종료되거나 면제된 후 10년이 경과되지 아니한 자
> ㉣ 200만원 이상의 벌금형을 선고받고 그 형이 확정된 후 2년이 경과되지 아니한 자

① ㉠, ㉡
② ㉠, ㉡, ㉢
③ ㉡, ㉢, ㉣
④ ㉠, ㉡, ㉢, ㉣

해설

피선거권이 없는 자는 ㉠, ㉡, ㉢이다.

공직선거법 제19조(피선거권이 없는 자) 선거일 현재 다음 각 호의 어느 하나에 해당하는 자는 피선거권이 없다.
1. 제18조(선거권이 없는 자) 제1항 제1호·제3호 또는 제4호에 해당하는 자
2. 금고 이상의 형의 선고를 받고 그 형이 실효되지 아니한 자
3. 법원의 판결 또는 다른 법률에 의하여 피선거권이 정지되거나 상실된 자
4. 「국회법」 제166조(국회 회의 방해죄)의 죄를 범한 자로서 다음 각 목의 어느 하나에 해당하는 자(형이 실효된 자를 포함한다)
   가. 500만원 이상의 벌금형의 선고를 받고 그 형이 확정된 후 5년이 경과되지 아니한 자
   나. 형의 집행유예의 선고를 받고 그 형이 확정된 후 10년이 경과되지 아니한 자
   다. 징역형의 선고를 받고 그 집행을 받지 아니하기로 확정된 후 또는 그 형의 집행이 종료되거나 면제된 후 10년이 경과되지 아니한 자
5. 제230조 제6항의 죄를 범한 자로서 벌금형의 선고를 받고 그 형이 확정된 후 10년을 경과하지 아니한 자(형이 실효된 자도 포함한다)

정답 ②

제03장 선거구역과 의원정수

01 다음 중 소선거구제의 장점에 해당하는 것은 모두 몇 항목인가?

| ㉠ 정국안정에 기여 | ㉡ 사표발생이 많음 |
| ㉢ 부정선거 우려 | ㉣ 유권자와 후보자 간의 유대가 긴밀 |

① 1항목　　② 2항목
③ 3항목　　④ 4항목

✎ 해설

소선거구제의 장점에 해당하는 것은 ㉠, ㉣이다.
소선거구제는 1선거구에서 1명을 선출하는 것으로 양당제를 형성하여 정국안정에 기여한다.

🎓 정답 ②

02 현행 공직선거법에 의할 때 국회의원 정수는 모두 몇 명인가?

① 200명　　② 246명
③ 299명　　④ 300명

✎ 해설

현행 공직선거법에 따르면 국회의원은 총 300명이다.

헌법 제41조 ② 국회의원의 수는 법률로 정하되, 200인 이상으로 한다.
공직선거법 제21조(국회의 의원정수) ① 국회의 의원정수는 지역구국회의원 253명과 비례대표국회의원 47명을 합하여 300명으로 한다. <개정 2020. 1. 14.>
② 하나의 국회의원지역선거구(이하 "국회의원지역구"라 한다)에서 선출할 국회의원의 정수는 1인으로 한다.

🎓 정답 ④

03 국회의원선거구획정위원회는 모두 몇 명으로 구성되는가?

① 9인
② 11인
③ 13인
④ 15인

> **해설**
>
> 국회의원선거구획정위원회는 중앙선거관리위원회위원장이 위촉하는 9명의 위원으로 구성하되, 위원장은 위원 중에서 호선한다(공직선거법 제24조 제3항).

🎓 정답 ①

04 「공직선거법」상 의원정수에 대한 설명으로 옳은 것은?

① 시·도별 지역구시·도의원의 총 정수는 그 관할구역 안의 자치구·시·군(하나의 자치구·시·군이 2 이상의 국회의원지역구로 된 경우에는 국회의원지역구를 말하며, 행정구역의 변경으로 국회의원지역구와 행정구역이 합치되지 아니하게 된 때에는 행정구역을 말한다)수의 2배수로 하되, 100분의 14의 범위에서만 조정할 수 있다.

② 비례대표시·도의원정수는 지역구시·도의원정수의 100분의 10으로 하기 때문에 비례대표시·도의원정수가 3인 미만일 수 있다.

③ 하나의 지방자치단체가 분할되어 2 이상의 지방자치단체가 설치된 때에는 종전의 지방의회의원은 후보자등록 당시의 선거구를 관할하게 되는 지방자치단체의 지방의회의원으로 되어 잔임기간 그 재직의원수를 각각 의원정수로 한다.

④ 읍 또는 면이 시로 된 때에는 시의회를 새로 구성하되, 최초로 선거하는 의원의 수는 당해 시·도의 자치구·시·군의원선거구획정위원회가 새로 정한 의원정수로부터 당해 지역에서 이미 선출된 군의회의원정수를 뺀 수로 하되, 증원선거는 실시하지 않는다.

> **해설**
>
> ③ 하나의 지방자치단체가 분할되어 2이상의 지방자치단체가 설치된 때에는 종전의 지방의회의원은 후보자등록당시의 선거구를 관할하게 되는 지방자치단체의 지방의회의원으로 되어 잔임기간 재임하며, 그 잔임기간에는 제22조 또는 제23조의 규정에 불구하고 그 재직의원수를 각각 의원정수로 한다(공직선거법 제28조 제3호).
>
> ① 시·도별 지역구시·도의원의 총 정수는 그 관할구역 안의 자치구·시·군(하나의 자치구·시·군이 2 이상의 국회의원지역구로 된 경우에는 국회의원지역구를 말하며, 행정구역의 변경으로 국회의원지역구와 행정구역이 합치되지 아니하게 된 때에는 행정구역을 말한다)수의 2배수로 하되, 인구·행정구역·지세·교통, 그 밖의 조건을 고려하여 100분의 20의 범위에서 조정할 수 있다. 다만, 인구가 5만명 미만인 자치구·시·군의 지역구시·도의원정수는 최소 1명으로 하고, 인구가 5만명 이상인 자치구·시·군의 지역구시·도의원정수는 최소 2명으로 한다.(공직선거법 제22조 제1항).
>
> ② 비례대표시·도의원정수는 제1항 내지 제3항의 규정에 의하여 산정된 지역구시·도의원정수의 100분의 10으로 한다. 이 경우 단수는 1로 본다. 다만, 산정된 비례대표시·도의원정수가 3인 미만인 때에는 3인으로 한다(공직선거법 제22조 제4항).
>
> ④ 읍 또는 면이 시로 된 때에는 시의회를 새로 구성하되, 최초로 선거하는 의원의 수는 당해 시·도의 자치구·시·군의원선거구획정위원회가 새로 정한 의원정수로부터 당해 지역에서 이미 선출된 군의회의원정수를 뺀 수로 하고, 종전의 당해 지역에서 선출된 군의회의원은 시의회의원이 된다. 이 경우 새로 선출된 의원정수를 합한 수를 제23조의 규정에 따른 시·도별 자치구·시·군의회의원의 총정수로 한다(공직선거법 제28조 제5호). 제28조(임기중 지방의회의 의원정수의 조정 등)제5호의 규정에 의한 증원선거는 제22조(시·도의회의 의원정수)·제23조(자치구·시·군의회의 의원정수) 또는 제26조(지방의회의원선거구의 획정)의 규정에 의하여 새로 획정한 선거구에 의하되, 종전 지방의회의원이 없거나 종전 지방의회의원의 수가 그 선거구의 의원정수에 미달되는 선거구에 대하여 실시한다(공직선거법 제29조 제1항 참조).

🎓 정답 ③

05 현행 공직선거법상 국회의원정수 등에 관한 설명으로 옳지 않은 것은?

① 국회의 의원정수는 지역구국회의원과 비례대표국회의원을 합하여 300명으로 한다.
② 하나의 국회의원지역선거구에서 선출할 국회의원의 정수는 1인으로 한다.
③ 국회는 국회의원지역구를 선거일 전 6개월까지 확정하여야 한다.
④ 국회의원지역구의 획정에 있어서는 인구범위를 벗어나지 아니하는 범위에서 농산어촌의 지역대표성이 반영될 수 있도록 노력하여야 한다.

> **해설**
>
> ③ 국회는 국회의원지역구를 선거일 전 1년까지 확정하여야 한다(공직선거법 제24조의2 제1항).
> ① 공직선거법 제21조 제1항
> ② 공직선거법 제21조 제2항
> ④ 공직선거법 제25조 제2항
>
> 정답 ③

06 선거구에 관한 기술 중에서 옳지 않은 것은?

① 대통령 및 비례대표국회의원은 전국을 단위로 하여 선거한다.
② 비례대표시·도의원은 당해 시·도를 단위로 선거하며, 비례대표자치구·시·군의원은 당해 자치구·시·군을 단위로 선거한다.
③ 지역구국회의원, 지역구지방의회의원은 당해 의원의 선거구를 단위로 하여 선거한다.
④ 지방자치단체의 장은 전국단위와 당해 지방자치단체의 관할구역을 단위로 하여 선거한다.

> **해설**
>
> ④ 지방자치단체의 장은 당해 지방자치단체의 관할구역을 단위로 하여 선거한다(공직선거법 제20조 제4항).
> ① 대통령 및 비례대표국회의원은 전국을 단위로 하여 선거한다(공직선거법 제20조 제1항).
> ② 비례대표시·도의원은 당해 시·도를 단위로 선거하며, 비례대표자치구·시·군의원은 당해 자치구·시·군을 단위로 선거한다(공직선거법 제20조 제2항).
> ③ 지역구국회의원, 지역구지방의회의원(지역구시·도의원 및 지역구자치구·시·군의원을 말한다. 이하 같다)은 당해 의원의 선거구를 단위로 하여 선거한다(공직선거법 제20조 제3항).
>
> 정답 ④

07 선거구역과 의원정수에 대한 설명으로 옳은 것은?

① 지방자치단체의 명칭만 변경된 경우라도 새로 선거를 실시하므로 종전의 지방자치단체의 장은 당시의 잔임기간 동안 변경된 지방자치단체의 장이 될 수 없다.
② 지방자치단체의 설치·폐지·분할 또는 합병에 의한 지방자치단체의 장 선거는 당해 지방자치단체의 설치·폐지·분할 또는 합병에 관한 법률이 공포된 날을 선거의 실시사유가 확정된 때로 본다.
③ 비례대표시·도의원은 당해 시·도를 단위로 선거하며, 비례대표자치구·시·군의원은 당해 자치구·시·군을 단위로 선거한다.
④ 2개의 같은 종류의 지방자치단체가 합하여 새로운 지방자치단체가 설치된 경우 종전의 지방자치단체의 장은 그 직을 상실하지 않는다.

해설

③ 공직선거법 제20조 제2항
① 지방자치단체의 명칭만 변경된 경우에는 종전의 지방자치단체의 장은 변경된 지방자치단체의 장이 되며, 변경 당시의 잔임기간 재임한다(공직선거법 제30조 제2항).
② 지방자치단체가 다른 지방자치단체에 편입됨으로 인하여 폐지된 때에는 그 폐지된 지방자치단체의 장은 그 직을 상실한다(공직선거법 제30조 제1항 제4호).
④ 2 이상의 같은 종류의 지방자치단체가 합하여 새로운 지방자치단체가 설치된 때에는 종전의 지방자치단체의 장은 그 직을 상실하고, 새로운 지방자치단체의 장에 대해서는 새로 선거를 실시한다(공직선거법 제30조 제1항 제3호).

정답 ③

08 공직선거법상 하나의 국회의원 지역선거구에서 선출할 국회의원의 정수는 몇 명으로 하는가?

① 1인
② 2인
③ 3인
④ 제한 없음

해설

하나의 국회의원지역선거구에서 선출할 국회의원의 정수는 1인으로 한다(공직선거법 제21조 제2항).

정답 ①

09 시·도의회의원의 정수에 관한 기술 중에서 옳지 않은 것은?

① 시·도별 지역구시·도의원의 총 정수는 그 관할구역 안의 자치구·시·군(하나의 자치구·시·군이 2 이상의 국회의원지역선거구로 된 경우에는 국회의원지역선거구를 말하며, 행정구역의 변경으로 국회의원 지역선거구와 행정구역이 합치되지 아니하게 된 때에는 행정구역을 말한다)수의 2배수로 하되, 인구·행정구역·지세·교통, 그 밖의 조건을 고려하여 100분의 20의 범위에서 조정할 수 있다. 다만, 인구가 5만명 미만인 자치구·시·군의 지역구시·도의원정수는 최소 1명으로 한다.

② 시와 군을 통합하여 도농복합형태의 시로 한 경우에는 시·군통합 후 최초로 실시하는 임기만료에 의한 시·도의회의원선거에 한하여 해당 시를 관할하는 도의회의원의 정수 및 해당 시의 도의회의원의 정수는 통합 전의 수를 고려하여 이를 정한다.

③ 산정된 시·도의회의원정수가 19명 미만이 되는 광역시 및 도는 그 정수를 19명으로 한다.

④ 비례대표시·도의원정수는 산정된 지역구시·도의원정수의 100분의 10으로 한다. 이 경우 단수는 1로 본다. 다만, 산정된 비례대표시·도의원정수가 4인 미만인 때에는 4인으로 한다.

해설

④ 비례대표시·도의원정수는 제1항 내지 제3항의 규정에 의하여 산정된 지역구시·도의원정수의 100분의 10으로 한다. 이 경우 단수는 1로 본다. 다만, 산정된 비례대표시·도의원정수가 3인 미만인 때에는 3인으로 한다(공직선거법 제22조 제4항).

① 시·도별 지역구시·도의원의 총 정수는 그 관할구역 안의 자치구·시·군(하나의 자치구·시·군이 2 이상의 국회의원지역 구로 된 경우에는 국회의원지역구를 말하며, 행정구역의 변경으로 국회의원지역구와 행정구역이 합치되지 아니하게 된 때에는 행정구역을 말한다)수의 2배수로 하되, 인구·행정구역·지세·교통, 그 밖의 조건을 고려하여 100분의 20의 범위에서 조정할 수 있다. 다만, 5만명 미만인 자치구·시·군의 지역구시·도의원정수는 최소 1명으로 하고, 인구가 5만명 이상인 자치구·시·군의 지역구시·도의원정수는 최소 2명으로 한다(공직선거법 제22조 제1항).

② 제1항에도 불구하고 「지방자치법」 제7조 제2항에 따라 시와 군을 통합하여 도농복합형태의 시로 한 경우에는 시·군통합 후 최초로 실시하는 임기만료에 의한 시·도의회의원선거에 한하여 해당 시를 관할하는 도의회의원의 정수 및 해당 시의 도의 회의원의 정수는 통합 전의 수를 고려하여 이를 정한다(공직선거법 제22조 제2항).

③ 제1항 및 제2항의 기준에 의하여 산정된 의원정수가 19명 미만이 되는 광역시 및 도는 그 정수를 19명으로 한다(공직선거법 제22조 제3항).

정답 ④

10 국회의원선거구획정위원회에 관한 기술 중에서 옳지 않은 것은?

① 국회의원선거구획정위원회는 중앙선거관리위원회에 두되, 직무에 관하여 독립의 지위를 가진다.
② 국회의원선거구획정위원회는 중앙선거관리위원회위원장이 위촉하는 9명의 위원으로 구성하되, 위원장은 위원 중에서 호선한다.
③ 국회의 소관 상임위원회 또는 선거구획정에 관한 사항을 심사하는 특별위원회는 중앙선거관리위원회위원장이 지명하는 1명과 학계·법조계·언론계·시민단체·정당 등으로부터 추천받은 사람 중 8명을 의결로 선정하여 국회의원선거구획정위원회 설치일 전 10일까지 중앙선거관리위원회위원장에게 통보하여야 한다.
④ 국회의원 및 정당의 당원은 국회의원선거구획정위원회 위원이 될 수 있다.

해설

④ 국회의원 및 정당의 당원(제1항에 따른 국회의원선거구획정위원회의 설치일부터 과거 1년 동안 정당의 당원이었던 사람을 포함한다)은 위원이 될 수 없다(공직선거법 제24조 제7항).
① 공직선거법 제24조 제2항
② 공직선거법 제24조 제3항
③ 공직선거법 제24조 제4항

정답 ④

11 선거구획정위원회에 관한 기술 중에서 옳은 것만 모두 묶은 것은?

> ㉠ 국회의원선거구획정위원회의 위원은 명예직으로 하되, 위원에게 일비·여비 그 밖의 실비를 지급할 수 있다.
> ㉡ 국회의원선거구획정위원회로부터 선거구획정업무에 필요한 자료의 요청을 받은 국가기관 및 지방자치단체는 지체 없이 이에 따라야 한다.
> ㉢ 국회의원선거구획정위원회는 선거구획정안과 그 이유 및 그 밖에 필요한 사항을 기재한 보고서를 임기만료에 따른 국회의원선거의 선거일 전 13개월까지 국회의장에게 제출하여야 한다.
> ㉣ 국회의원선거구획정위원회는 국회의원지역구를 획정함에 있어서 국회에 의석을 가진 정당에게 선거구획정에 대한 의견진술의 기회를 부여하여야 한다.
> ㉤ 자치구·시·군의원선거구획정위원회는 선거구획정안을 마련함에 있어서 국회에 의석을 가진 정당과 해당 자치구·시·군의 의회 및 장에 대하여 의견진술의 기회를 부여하여야 한다.
> ㉥ 시·도의회가 자치구·시·군의원지역구에 관한 조례를 개정하는 때에는 자치구·시·군의원선거구획정위원회의 선거구획정안을 존중하여야 한다.
> ㉦ 자치구·시·군의원선거구획정위원회의 구성 및 운영, 그 밖에 필요한 사항은 대통령령으로 정한다.

① ㉠, ㉡, ㉢, ㉣
② ㉢, ㉤, ㉥, ㉦
③ ㉠, ㉡, ㉢, ㉣, ㉤, ㉥
④ ㉡, ㉢, ㉣, ㉤, ㉥, ㉦

해설

옳은 것은 ㉠, ㉡, ㉢, ㉣, ㉤, ㉥이다.
㉠ (○) 국회의원선거구획정위원회의 위원은 명예직으로 하되, 위원에게 일비·여비 그 밖의 실비를 지급할 수 있다(공직선거법 제24조 제8항).
㉡ (○) 국회의원선거구획정위원회로부터 선거구획정업무에 필요한 자료의 요청을 받은 국가기관 및 지방자치단체는 지체 없이 이에 따라야 한다(공직선거법 제24조 제9항).
㉢ (○) 국회의원선거구획정위원회는 제25조 제1항에 규정된 기준에 따라 작성되고 재적위원 3분의 2 이상의 찬성으로 의결한 선거구획정안과 그 이유 및 그 밖에 필요한 사항을 기재한 보고서를 임기만료에 따른 국회의원선거의 선거일 전 13개월까지 국회의장에게 제출하여야 한다(공직선거법 제24조 제11항).
㉣ (○) 국회의원선거구획정위원회는 국회의원지역구를 획정함에 있어서 국회에 의석을 가진 정당에게 선거구획정에 대한 의견진술의 기회를 부여하여야 한다(공직선거법 제24조 제10항).
㉤ (○) 자치구·시·군의원선거구획정위원회는 선거구획정안을 마련함에 있어서 국회에 의석을 가진 정당과 해당 자치구·시·군의 의회 및 장에 대하여 의견진술의 기회를 부여하여야 한다(공직선거법 제24조의3 제4항).
㉥ (○) 시·도의회가 자치구·시·군의원지역구에 관한 조례를 개정하는 때에는 자치구·시·군의원선거구획정위원회의 선거구획정안을 존중하여야 한다(공직선거법 제24조의3 제6항).
㉦ (×) 자치구·시·군의원선거구획정위원회의 구성 및 운영, 그 밖에 필요한 사항은 중앙선거관리위원회규칙으로 정한다(공직선거법 제24조의3 제8항).

정답 ③

12 국회의원지역선거구획정시 시·도의 관할구역 안에서 고려해야 하는 것으로 모두 묶은 것은?

㉠ 인구	㉡ 행정구역
㉢ 지리적 여건	㉣ 교통
㉤ 생활수준	

① ㉠, ㉡, ㉢
② ㉡, ㉢, ㉣
③ ㉠, ㉡, ㉢, ㉣
④ ㉡, ㉢, ㉣, ㉤

해설

국회의원지역구는 시·도의 관할구역 안에서 인구·행정구역·지리적 여건·교통·생활문화권 등을 고려한다.

공직선거법 제25조 ① 국회의원지역구는 시·도의 관할구역 안에서 인구·행정구역·지리적 여건·교통·생활문화권 등을 고려하여 다음 각 호의 기준에 따라 획정한다.
1. 국회의원지역구 획정의 기준이 되는 인구는 선거일 전 15개월이 속하는 달의 말일 현재 「주민등록법」 제7조제1항에 따른 주민등록표에 따라 조사한 인구로 한다.
2. 하나의 자치구·시·군의 일부를 분할하여 다른 국회의원지역구에 속하게 할 수 없다. 다만, 인구범위(인구비례 2:1의 범위를 말한다. 이하 이 조에서 같다)에 미달하는 자치구·시·군으로서 인접한 하나 이상의 자치구·시·군의 관할구역 전부를 합하는 방법으로는 그 인구범위를 충족하는 하나의 국회의원지역구를 구성할 수 없는 경우에는 그 인접한 자치구·시·군의 일부를 분할하여 구성할 수 있다.

정답 ③

13 자치구·시·군의원지역선거구의 획정에 대한 설명으로 옳지 않은 것은? (세종특별자치시와 제주특별자치도는 제외하며, 다툼이 있는 경우 헌법재판소 판례에 의함)

① 헌법재판소는 자치구·시·군의원지역선거구의 획정에 있어서 자치구·시·군의회의원 1인당 평균인구수 대비 상하 50%의 인구편차를 헌법상 허용되는 기준으로 삼고 있다.

② 자치구·시·군의원선거구획정위원회는 11명 이내의 위원으로 구성하되, 학계·법조계·언론계·시민단체와 시·도의회 및 시·도선거관리위원회가 추천하는 사람 중에서 시·도지사가 위촉하여야 한다.

③ 자치구·시·군의원선거구획정위원회는 선거구획정안을 마련함에 있어서 시·도의회에 의석을 가진 정당과 해당 자치구·시·군의 의회 및 장에 대하여 의견진술의 기회를 부여하여야 한다.

④ 자치구·시·군의원지역구는 인구·행정구역·지세·교통 그 밖의 조건을 고려하여 획정하되, 하나의 자치구·시·군의원지역구에서 선출할 지역구자치구·시·군의원정수는 2인 이상 4인 이하로 하며, 그 자치구·시·군의원지역구의 명칭·구역 및 의원정수는 시·도조례로 정한다.

해설

③ 자치구·시·군의원선거구획정위원회는 선거구획정안을 마련함에 있어서 국회에 의석을 가진 정당과 해당 자치구·시·군의 의회 및 장에 대하여 의견진술의 기회를 부여하여야 한다(공직선거법 제24의3 제4항).

① 자치구·시·군 의회의원 선거구 획정에서는 국회의원 선거구 획정에서 요구되는 기준보다 더 완화된 인구편차 허용기준을 적용하는 것이 타당하고, 인구비례·지역대표성 등 고려할 사정이 유사한 시·도의회의원 선거구 획정에서의 선례 또한 평균인구수로부터 상하 50%의 편차를 허용기준으로 삼았으므로, 이와 동일한 기준에 따르는 것이 상당하다(헌재 2018.6.28, 2014헌마166 판례변경. 출제예상).

② 자치구·시·군의원선거구획정위원회는 11명 이내의 위원으로 구성하되, 학계·법조계·언론계·시민단체와 시·도의회 및 시·도선거관리위원회가 추천하는 사람 중에서 시·도지사가 위촉하여야 한다(공직선거법 제24조의3 제2항).

④ 자치구·시·군의원지역구는 인구·행정구역·지세·교통 그 밖의 조건을 고려하여 획정하되, 하나의 자치구·시·군의원지역구에서 선출할 지역구자치구·시·군의원정수는 2인 이상 4인 이하로 하며, 그 자치구·시·군의원지역구의 명칭·구역 및 의원정수는 시·도조례로 정한다(공직선거법 제26조 제2항).

정답 ③

14 선거구 획정에 대한 설명으로 옳은 것은?

① 선거구 획정에 있어서 인구편차 상하 33$\frac{1}{3}$%, 인구비례 2:1의 기준을 넘어 인구편차를 완화하는 것은 지나친 투표가치의 불평등을 야기하는 것으로, 이는 대의민주주의의 관점에서 바람직하지 아니하고, 국회를 구성함에 있어 국회의원의 지역대표성이 고려되어야 한다고 할지라도 이것이 국민주권주의의 출발점인 투표가치의 평등보다 우선시 될 수는 없다.

② 국회의원선거구획정위원회는 국회의장이 교섭단체대표의원과 협의하여 11인 이내의 위원으로 구성하되, 학계·법조계·언론계·시민단체 및 선거관리위원회가 추천하는 자와 국회의원 중에서 위촉하여야 한다.

③ 국회의원지역선거구와 자치구·시·군의원지역선거구의 공정한 획정을 위하여 국회에 국회의원선거구획정위원회를, 자치구·시·군에 자치구·시·군의원선거구획정위원회를 각각 둔다.

④ 국회의원선거구획정위원회는 선거구획정안을 마련함에 있어서 등록된 정당에게 선거구획정에 대한 의견진술의 기회를 부여 하여야 한다.

🖉 해설

① 인구편차 상하 33⅓%를 넘어 인구편차를 완화하는 것은 지나친 투표가치의 불평등을 야기하는 것으로, 이는 대의민주주의의 관점에서 바람직하지 아니하고, 국회를 구성함에 있어 국회의원의 지역대표성이 고려되어야 한다고 할지라도 이것이 국민주권주의의 출발점인 투표가치의 평등보다 우선시 될 수는 없다(헌재 2014.10.30, 2012헌마192).
② 국회의원선거구획정위원회는 중앙선거관리위원회위원장이 위촉하는 9명의 위원으로 구성하되, 위원장은 위원 중에서 호선한다. 국회의 소관 상임위원회 또는 선거구획정에 관한 사항을 심사하는 특별위원회는 중앙선거관리위원회위원장이 지명하는 1명과 학계·법조계·언론계·시민단체·정당 등으로부터 추천받은 사람 중 8명을 의결로 선정하여 국회의원선거구획정위원회 설치일 전 10일까지 중앙선거관리위원회위원장에게 통보하여야 한다(공직선거법 제24조 제3·4항). 국회의원 중에서 위촉하지 않는다.
③ 국회의원선거구획정위원회는 중앙선거관리위원회에 두고(공직선거법 제24조 제2항), 자치구·시·군의원선거구획정위원회는 시·도에 둔다(공직선거법 제24조의3 제1항).
④ 국회의원선거구획정위원회는 국회의원지역선거구를 획정함에 있어서 국회에 의석을 가진 정당에게 선거구획정에 대한 의견진술의 기회를 부여하여야 한다(공직선거법 제24조 제10항).

🎓 정답 ①

15 선거구 획정에 대한 설명으로 옳은 것은?

① 국회의원선거구획정위원회는 국회의장이 국회에 의석을 가진 정당의 대표의원과 협의하여 11인 이내의 위원으로 구성한다.
② 국회의원지역선거구와 자치구·시·군의원지역선거구의 공정한 획정을 위하여 국회에 국회의원선거구획정위원회를, 시·도에 자치구·시·군의원선거구획정위원회를 각각 둔다.
③ 국회의원 선거구에 관한 법률을 제정하지 아니한 입법부작위의 위헌확인을 구하는 심판청구에 대하여 심판청구 이후 국회가 국회의원 선거구를 획정함으로써 청구인들의 주관적 목적이 달성되었다 할지라도 헌법적 해명의 필요성이 있어 권리보호이익이 존재한다.
④ 선거구획정위원회 위원 선임 및 선거구획정위원회의 선거구획정안 제출행위를 하지 않은 부작위는, 국가기관의 내부적 의사결정행위에 불과하여 그 자체로 국민에 대하여 직접적인 법률효과를 발생시키는 행위가 아니므로 헌법소원의 대상이 되는 공권력의 불행사에 해당되지 아니한다.

🖉 해설

④ 국회의 기관내부의 행위에 불과하여 국민의 권리 의무에 대하여 직접적인 법률효과를 발생시키는 행위가 아닌 선거구획정위원회 위원 선임 및 선거구획정위원회의 선거구획정안 제출행위를 하지 않은 부작위는, 국가기관의 내부적 의사결정행위에 불과하여 그 자체로 국민에 대하여 직접적인 법률효과를 발생시키는 행위가 아니므로 헌법소원의 대상이 되는 헌법재판소법 제68조 제1항 소정의 공권력의 불행사에 해당되지 아니한다(헌재 2004. 2.26, 2003헌마285).
① 국회의원선거구획정위원회는 중앙선거관리위원회위원장이 위촉하는 9명의 위원으로 구성하되, 위원장은 위원 중에서 호선한다(공직선거법 제24조 제3항).
② 국회의원선거구획정위원회는 중앙선거관리위원회에, 자치구·시·군의원선거구획정위원회는 시·도에 각각 둔다(공직선거법 제24조 제2항 및 제24조의3 제1항).
③ 헌법은 명시적으로 선거구를 입법할 의무를 국회에게 부여하였고, 국회는 이러한 입법의무를 상당한 기간을 넘어 정당한 사유 없이 이행하지 아니함으로써 헌법상 입법의무의 이행을 지체하였으나, 이후 국회가 선거구를 획정함으로써 획정된 선거구에서 국회의원후보자로 출마하거나 선거권자로서 투표하고자 하였던 청구인들의 주관적 목적이 달성되었으므로, 헌법불합치결정에서 정한 입법개선시한이 경과한 후에도 선거구를 획정하지 아니한 입법부작위의 위헌확인을 구하는 심판청구는 권리보호의 이익이 없어 부적법하다(헌재 2016.4.28, 2015헌마1177).

🎓 정답 ④

16 지방의회의원 선거구획정에 관한 기술 중에서 옳지 않은 것은?

① 시·도의원지역구는 인구·행정구역·지세·교통 그 밖의 조건을 고려하여 자치구·시·군(하나의 자치구·시·군이 2 이상의 국회의원지역구로 된 경우에는 국회의원지역구를 말하며, 행정구역의 변경으로 국회의원지역구와 행정구역이 합치되지 아니하게 된 때에는 행정구역을 말한다)을 구역으로 하거나 분할하여 이를 획정하되, 하나의 시·도의원지역구에서 선출할 지역구시·도의원정수는 1명으로 한다.
② 자치구·시·군의원지역구는 인구·행정구역·지세·교통 그 밖의 조건을 고려하여 획정하되, 하나의 자치구·시·군의원지역구에서 선출할 지역구자치구·시·군의원정수는 2인 이상 4인 이하로 하며, 그 자치구·시·군의원지역구의 명칭·구역 및 의원정수는 시·도조례로 정한다.
③ 시·도의원지역구 또는 자치구·시·군의원지역구를 획정하는 경우 하나의 읍·면·동의 일부를 분할하여 다른 시·도의원지역구 또는 자치구·시·군의원지역구에 속하게 하지 못한다.
④ 자치구·시·군의원지역구는 하나의 시·도의원지역구 외에서 획정하여야 하며, 하나의 시·도의원지역구에서 지역구자치구·시·군의원을 4인 이상 선출하더라도 지역선거구로 분할할 수는 없다.

해설

④ 자치구·시·군의원지역구는 하나의 시·도의원지역구 내에서 획정하여야 한다(공직선거법 제26조 제4항).
① 시·도의회의원지역선거구(이하 "시·도의원지역구"라 한다)는 인구·행정구역·지세·교통 그 밖의 조건을 고려하여 자치구·시·군(하나의 자치구·시·군이 2 이상의 국회의원지역구로 된 경우에는 국회의원지역구를 말하며, 행정구역의 변경으로 국회의원지역구와 행정구역이 합치되지 아니하게 된 때에는 행정구역을 말한다)을 구역으로 하거나 분할하여 이를 획정하되, 하나의 시·도의원지역구에서 선출할 지역구시·도의원정수는 1명으로 하며, 그 시·도의원지역구의 명칭과 관할구역은 별표 2와 같이 한다(공직선거법 제26조 제1항).
② 자치구·시·군의원지역구는 인구·행정구역·지세·교통 그 밖의 조건을 고려하여 획정하되, 하나의 자치구·시·군의원지역구에서 선출할 지역구자치구·시·군의원정수는 2인 이상 4인 이하로 하며, 그 자치구·시·군의원지역구의 명칭·구역 및 의원정수는 시·도조례로 정한다(공직선거법 제26조 제2항).
③ 제1항 또는 제2항의 규정에 따라 시·도의원지역구 또는 자치구·시·군의원지역구를 획정하는 경우 하나의 읍·면(「지방자치법」 제4조의2 제3항에 따라 행정면을 둔 경우에는 행정면을 말한다. 이하 같다)·동(「지방자치법」 제4조의2 제4항에 따라 행정동을 둔 경우에는 행정동을 말한다. 이하 같다)의 일부를 분할하여 다른 시·도의원지역구 또는 자치구·시·군의원지역구에 속하게 하지 못한다(공직선거법 제26조 제3항).

정답 ④

17 선거구에 관한 기술 중에서 옳지 않은 것은?

① 인구의 증감 또는 행정구역의 변경에 따라 별표 1의 개정에 의한 국회의원지역구의 변경이 있는 경우에는 임기만료에 의한 총선거를 실시하기 전이라도 그 증감된 국회의원지역구의 선거를 실시해야 한다.
② 인구의 증감 또는 행정구역의 변경에 따라 지방의회의 의원정수·선거구 또는 그 구역의 변경이 있더라도 원칙적으로는 임기만료에 의한 총선거를 실시할 때까지는 그 증감된 선거구의 선거는 이를 실시하지 아니한다.
③ 지방의회의원의 증원선거의 선거구획정에 있어서 종전 지방의회의원의 선거구는 그 의원의 후보자등록 당시의 주소지를 관할하는 선거구로 하며, 새로 획정한 하나의 선거구 안에 종전 지방의회의원의 수가 그 선거구의 새로 정한 의원정수를 넘는 때에는 임기만료에 의한 총선거를 실시할 때까지 그 넘는 의원수를 합한 수를 당해 선거구의 의원정수로 한다.
④ 지방의회의원의 증원선거에 관한 사무는 당해 구·시·군선거관리위원회가 설치되지 아니한 경우에는 시·도선거관리위원회가 지정하거나 그 구역을 관할하던 종전의 구·시·군선거관리위원회로 하여금 그 선거사무를 행하게 할 수 있다.

해설

① 인구의 증감 또는 행정구역의 변경에 따라 별표 1의 개정에 의한 국회의원지역구의 변경이 있더라도 임기만료에 의한 총선거를 실시할 때까지는 그 증감된 국회의원지역구의 선거는 이를 실시하지 아니한다(공직선거법 제27조).
② 인구의 증감 또는 행정구역의 변경에 따라 지방의회의 의원정수·선거구 또는 그 구역의 변경이 있더라도 원칙적으로는 임기만료에 의한 총선거를 실시할 때까지는 그 증감된 선거구의 선거는 이를 실시하지 아니한다(공직선거법 제28조).
③ 공직선거법 제29조 제2항

> **제29조(지방의회의원의 증원선거)** ① 제28조(임기 중 지방의회의 의원정수의 조정 등) 제3호 단서·제5호 또는 제6호의 규정에 의한 증원선거는 제22조(시·도의회의 의원정수)·제23조(자치구·시·군의회의 의원정수) 또는 제26조(지방의회의원선거구의 획정)의 규정에 의하여 새로 획정한 선거구에 의하되, 종전 지방의회의원이 없거나 종전 지방의회의원의 수가 그 선거구의 의원정수에 미달되는 선거구에 대하여 실시한다.
>
> ② 제1항의 선거구획정에 있어서 종전 지방의회의원의 선거구는 그 의원의 후보자등록 당시의 주소지를 관할하는 선거구로 하며, 새로 획정한 하나의 선거구 안에 종전 지방의회의원의 수가 그 선거구의 새로 정한 의원정수를 넘는 때에는 임기만료에 의한 총선거를 실시할 때까지 제22조 또는 제23조의 규정에 불구하고 그 넘는 의원수를 합한 수를 당해 선거구의 의원정수로 한다.

④ 지방의회의원의 증원선거에 관한 사무는 당해 구·시·군선거관리위원회가 설치되지 아니한 경우에는 시·도선거관리위원회가 지정하거나 그 구역을 관할하던 종전의 구·시·군선거관리위원회로 하여금 그 선거사무를 행하게 할 수 있다(공직선거법 제29조 제3항).

정답 ①

18 지방자치단체의 설치·폐지·분할 또는 합병시의 선거에 관한 기술 중에서 옳지 않은 것은?

① 시·자치구 또는 광역시가 새로 설치된 때에는 당해 지방자치단체의 장은 새로 선거를 실시한다.
② 하나의 지방자치단체가 분할되어 2 이상의 같은 종류의 지방자치단체로 된 때에는 종전의 지방자치단체의 장은 새로 설치된 지방자치단체 중 종전의 지방자치단체의 사무소가 위치한 지역을 관할하는 지방자치단체의 장으로 되며, 그 다른 지방자치단체의 장은 새로 선거를 실시한다. 이 경우 종전의 지방자치단체의 사무소가 다른 지방자치단체의 관할구역 안에 있는 때에는 지방자치단체의 분할에 관한 법률제정시 새로 선거를 실시할 지방자치단체를 정하여야 한다.
③ 2 이상의 같은 종류의 지방자치단체가 합하여 새로운 지방자치단체가 설치된 때에는 종전의 지방자치단체의 장은 그 직을 상실하고, 새로운 지방자치단체의 장에 대해서는 새로 선거를 실시한다.
④ 지방자치단체가 다른 지방자치단체에 편입됨으로 인하여 폐지된 때에 그 폐지된 지방자치단체의 장은 그 직을 상실하지 아니한다.

해설

④ 지방자치단체가 다른 지방자치단체에 편입됨으로 인하여 폐지된 때에는 그 폐지된 지방자치단체의 장은 그 직을 상실한다(공직선거법 제30조 제1항 제4호).
① 공직선거법 제30조 제1항 제1호
② 공직선거법 제30조 제1항 제2호
③ 공직선거법 제30조 제1항 제3호

정답 ④

19 투표구에 관한 기술 중에서 옳은 것을 모두 고르면?

> ㉠ 읍·면·동에 투표구를 둔다.
> ㉡ 구·시·군선거관리위원회는 하나의 읍·면·동에 2 이상의 투표구를 둘 수 있다. 이 경우 읍·면의 리의 일부를 분할하여 다른 투표구에 속하게 할 수 없다.
> ㉢ 투표구를 설치 또는 변경하거나 선거를 실시하는 때에는 구·시·군선거관리위원회는 중앙선거관리위원회규칙이 정하는 바에 따라 투표구의 명칭과 그 구역을 공고하여야 한다.
> ㉣ 선거인명부작성기준일부터 선거일까지의 사이에 선거구의 구역·행정구역 또는 투표구의 구역이 변경된 경우에도 당해 선거에 관한 한 그 구역은 변경되지 아니한 것으로 본다.
> ㉤ 지방자치단체나 그 행정구역의 관할구역의 변경 없이 그 명칭만 변경된 경우에는 국회의원지역구명·선거구명 및 그 구역의 행정구역명은 변경된 지방자치단체명이나 행정구역명으로 변경된 것으로 본다.

① ㉠, ㉡, ㉢
② ㉡, ㉢, ㉤
③ ㉠, ㉡, ㉢, ㉣
④ ㉠, ㉡, ㉢, ㉣, ㉤

해설

모두 옳은 설명이다.
㉠ (○) 읍·면·동에 투표구를 둔다(공직선거법 제31조 제1항).
㉡ (○) 구·시·군선거관리위원회는 하나의 읍·면·동에 2 이상의 투표구를 둘 수 있다. 이 경우 읍·면의 리(지방자치법 제7조 제4항에 따라 행정리를 둔 경우에는 행정리를 말한다. 이하 같다.)의 일부를 분할하여 다른 투표구에 속하게 할 수 없다(공직선거법 제31조 제2항).
㉢ (○) 투표구를 설치 또는 변경하거나 선거를 실시하는 때에는 구·시·군선거관리위원회는 중앙선거관리위원회규칙이 정하는 바에 따라 투표구의 명칭과 그 구역을 공고하여야 한다(공직선거법 제31조 제3항).
㉣ (○) 제37조(명부작성) 제1항의 선거인명부작성기준일부터 선거일까지의 사이에 선거구의 구역·행정구역 또는 투표구의 구역이 변경된 경우에도 당해 선거에 관한 한 그 구역은 변경되지 아니한 것으로 본다(공직선거법 제32조 제1항).
㉤ (○) 지방자치단체나 그 행정구역의 관할구역의 변경 없이 그 명칭만 변경된 경우에는 별표 1·별표 2·별표 3 및 제26조(지방의회의원선거구의 획정) 제2항의 규정에 의한 시·도조례 중 국회의원지역구명·선거구명 및 그 구역의 행정구역명은 변경된 지방자치단체명이나 행정구역명으로 변경된 것으로 본다(공직선거법 제32조 제2항).

정답 ④

제04장 선거기간과 선거일

01 선거기간에 관한 설명으로 옳은 것으로만 묶은 것은?

> ㉠ 대통령선거에서 선거기간은 후보자등록마감일의 다음 날부터 선거일까지를 말하며, 23일이다.
> ㉡ 국회의원선거와 지방자치단체의 의회의원 및 장의 선거에서 선거기간은 후보자등록마감일 후 6일부터 선거일까지를 말하며, 14일이다.
> ㉢ 대통령의 궐위로 인한 선거 또는 재선거는 그 선거의 실시사유가 확정된 때부터 60일 이내에 실시하되, 선거일은 늦어도 선거일 전 50일까지 대통령 또는 대통령권한대행자가 공고하여야 한다.
> ㉣ 대통령의 궐위로 인한 선거에서 "선거의 실시사유가 확정된 때"라 함은 그 사유가 발생한 날을 말한다.

① ㉠, ㉡
② ㉡, ㉢
③ ㉡, ㉢, ㉣
④ ㉠, ㉡, ㉢, ㉣

해설

모두 옳은 설명이다.
㉠, ㉡ 공직선거법 제33조

> **공직선거법 제33조(선거기간)** ① 선거별 선거기간은 다음 각 호와 같다.
> 1. 대통령선거는 23일
> 2. 국회의원선거와 지방자치단체의 의회의원 및 장의 선거는 14일
> ② 삭제<2004.3.12.>
> ③ "선거기간"이란 다음 각 호의 기간을 말한다.
> 1. 대통령선거: 후보자등록마감일의 다음 날부터 선거일까지
> 2. 국회의원선거와 지방자치단체의 의회의원 및 장의 선거: 후보자등록마감일 후 6일부터 선거일까지

㉢ 대통령의 궐위로 인한 선거 또는 재선거(제3항의 규정에 의한 재선거를 제외한다. 이하 제2항에서 같다)는 그 선거의 실시사유가 확정된 때부터 60일 이내에 실시하되, 선거일은 늦어도 선거일 전 50일까지 대통령 또는 대통령권한대행자가 공고하여야 한다(공직선거법 제35조 제1항).
㉣ 공직선거법 제35조 제5항 제1호

정답 ④

02 선거기간과 선거일에 대한 설명으로 옳지 않은 것은?

① 대통령선거의 선거기간은 23일이며, 국회의원선거의 선거기간은 14일이다.
② 선거의 일부무효로 인한 재선거는 확정판결 또는 결정의 통지를 받은 날부터 30일 이내에 실시하되, 관할선거구선거관리위원회가 그 재선거일을 정하여 공고하여야 한다.
③ 지방자치단체의 설치·폐지·분할 또는 합병에 의한 지방자치단체의 장 선거는 그 선거의 실시사유가 확정된 때부터 60일 이내에 실시하되, 선거일은 관할선거구선거관리위원회위원장이 해당 지방자치단체의 장과 협의하여 선거일 전 20일까지 공고하여야 한다.
④ 천재·지변 기타 부득이한 사유로 인하여 선거를 실시할 수 없거나 실시하지 못한 때에는 대통령선거와 국회의원선거에 있어서는 대통령이, 지방의회의원 및 지방자치단체의 장의 선거에 있어서는 관할선거구선거관리위원회위원장이 당해 지방자치단체의 장(직무대행자를 포함한다)과 협의하여 선거를 연기하여야 한다.

해설

③ 지방자치단체의 설치·폐지·분할 또는 합병에 따른 지방자치단체의 장 선거는 그 선거의 실시사유가 확정된 때부터 60일 이내의 기간 중 관할선거구선거관리위원회 위원장이 해당 지방자치단체의 장(직무대행자를 포함한다)과 협의하여 정하는 날. 이 경우 관할선거구선거관리위원회 위원장은 선거일 전 30일까지 그 선거일을 공고하여야 한다(공직선거법 제35조 제2항 제2호).
① 대통령선거의 선거기간은 23일, 국회의원선거와 지방자치단체의 의회의원 및 장의 선거의 선거기간은 14일이다(공직선거법 제33조 제1항).
② 제197조(선거의 일부무효로 인한 재선거)의 규정에 의한 재선거는 확정판결 또는 결정의 통지를 받은 날부터 30일 이내에 실시하되, 관할선거구선거관리위원회가 그 재선거일을 정하여 공고하여야 한다(공직선거법 제35조 제3항).
④ 천재·지변 기타 부득이한 사유로 인하여 선거를 실시할 수 없거나 실시하지 못한 때에는 대통령선거와 국회의원선거에 있어서는 대통령이, 지방의회의원 및 지방자치단체의 장의 선거에 있어서는 관할선거구선거관리위원회위원장이 당해 지방자치단체의 장(직무대행자를 포함한다)과 협의하여 선거를 연기하여야 한다(공직선거법 제196조 제1항).

정답 ③

03 국회의원 선거일은 언제인가?

① 그 임기만료일 전 50일 이후 첫 번째 수요일
② 그 임기만료일 전 60일 이후 첫 번째 수요일
③ 그 임기만료일 전 70일 이후 첫 번째 수요일
④ 그 임기만료일 전 90일 이후 첫 번째 수요일

해설

국회의원선거의 선거일은 그 임기만료일 전 50일 이후 첫번째 수요일이다.

공직선거법 제34조(선거일) ① 임기만료에 의한 선거의 선거일은 다음 각 호와 같다.
 1. 대통령선거는 그 임기만료일 전 70일 이후 첫번째 수요일
 2. 국회의원선거는 그 임기만료일 전 50일 이후 첫번째 수요일
 3. 지방의회의원 및 지방자치단체의 장의 선거는 그 임기만료일 전 30일 이후 첫번째 수요일
② 제1항의 규정에 의한 선거일이 국민생활과 밀접한 관련이 있는 민속절 또는 공휴일인 때와 선거일 전일이나 그 다음 날이 공휴일인 때에는 그 다음 주의 수요일로 한다.

정답 ①

04 대통령의 궐위로 인한 선거는 그 선거사유가 확정된 때부터 며칠 이내에 실시하여야 하는가?

① 30일 이내 ② 60일 이내
③ 90일 이내 ④ 120일 이내

해설

대통령의 궐위로 인한 선거는 선거의 실시사유가 확정된 때부터 60일 이내에 실시하여야 한다.

정답 ②

05 선거일이 국민생활과 밀접한 관련이 있는 어떠한 날인 경우에 선거일을 그 다음 주의 수요일로 하는가?

㉠ 민속절	㉡ 공휴일
㉢ 선거일 전일이 공휴일	㉣ 선거일 다음 날이 공휴일
㉤ 한식날	

① ㉠, ㉡, ㉢ ② ㉠, ㉡, ㉢, ㉣
③ ㉡, ㉢, ㉣, ㉤ ④ 모든 항목

해설

㉠, ㉡, ㉢, ㉣ 선거일이 국민생활과 밀접한 관련이 있는 민속절 또는 공휴일인 때와 선거일 전일이나 그 다음 날이 공휴일인 때에는 그 다음 주의 수요일로 한다(공직선거법 제34조 제2항).

정답 ②

06 공직선거법상 "선거의 실시 사유가 확정된 때"에 관한 기술 중에서 옳지 않은 것은 모두 몇 항목인가?

> ㉠ 대통령의 궐위로 인한 선거는 그 사유가 발생한 날
> ㉡ 지역구국회의원, 지방의회의원 및 지방자치단체의 장의 보궐선거는 관할선거구선거관리위원회가 그 사유의 통지를 받은 날
> ㉢ 재선거는 그 사유가 확정된 날(법원의 판결 또는 결정에 의하여 확정된 경우에는 관할선거구선거관리위원회가 그 판결이나 결정의 통지를 받은 날)
> ㉣ 지방자치단체의 설치·폐지·분할 또는 합병에 의한 지방자치단체의 장 선거는 당해 지방자치단체의 설치·폐지·분할 또는 합병에 관한 법률의 효력이 발생한 날
> ㉤ 연기된 선거는 그 선거의 연기를 공고한 날
> ㉥ 재투표는 그 재투표일을 공고한 날

① 1항목 ② 2항목
③ 3항목 ④ 5항목

✎ 해설

㉡ 지역구국회의원의 보궐선거는 중앙선거관리위원회가, 지방의회의원 및 지방자치단체의 장의 보궐선거는 관할선거구선거관리위원회가 그 사유의 통지를 받은 날을 말한다(공직선거법 제35조 제5항 제2호).

🎓 정답 ①

제05장 선거인명부

01 선거인명부에 대한 설명으로 옳은 것은?

① 선거권자는 누구든지 선거인명부에 자격이 없는 선거인이 올라 있다고 인정되는 때에는 열람기간 후에도 구술 또는 서면으로 당해 구·시·군의 장에게 이의를 신청할 수 있다.
② 구·시·군의 장은 선거인명부 확정 후 선거권이 없는 사람을 발견한 때에는 선거인명부에서 이를 삭제하여야 한다.
③ 우편에 의한 거소투표신고는 등기우편으로 처리하되, 그 우편요금은 신고자가 부담한다.
④ 선거인명부의 작성에 관하여는 관할 구·시·군선거관리위원회 및 읍·면·동선거관리위원회가 이를 감독한다.

해설

④ 공직선거법 제39조 제1항
① 선거권자는 누구든지 선거인명부에 누락 또는 오기가 있거나 자격이 없는 선거인이 올라 있다고 인정되는 때에는 열람기간 내에 구술 또는 서면으로 당해 구·시·군의 장에게 이의를 신청할 수 있다(공직선거법 제41조 제1항).
② 구·시·군의 장은 선거인명부 확정 후 오기 또는 선거권이 없는 자나 사망자가 있는 것을 발견한 때에는 그때마다 사전투표기간 종료 전에는 관할 구·시·군위원회에, 사전투표기간 종료 후에는 관할 구·시·군위원회와 읍·면·동위원회에 별지 제7호서식의 (나)에 따라 그 사실을 통보하고, 이를 통보받은 해당 구·시·군위원회는 통합선거인명부의 비고란에, 읍·면·동위원회는 제2항에 따라 출력한 선거인명부의 비고란에 그 사실을 기재하여야 한다. 이 경우 읍·면·동위원회가 선거인명부를 수정하는 때에는 정당추천위원의 참여 하에 봉함·봉인을 해제하고 통보 사실을 기재한 후 다시 봉함·봉인하여 보관하여야 하며, 정당추천위원이 참여하지 아니한 때에는 입회를 포기한 것으로 본다(공직선거관리규칙 제16조의2 제5항).
③ 우편에 의한 거소투표신고는 등기우편으로 처리하되, 그 우편요금은 국가 또는 해당 지방자치단체가 부담한다(공직선거법 제38조 제1항).

정답 ④

02 선거인 명부에 기재하여야 하는 내용이 아닌 것은?

① 성명
② 주소와 등록기준지
③ 성별
④ 생년월일

해설

선거인명부에는 선거권자의 성명·주소·성별 및 생년월일 기타 필요한 사항을 기재하여야 한다(공직선거법 제37조 제2항). 등록기준지는 기재하지 않는다.

정답 ②

03 선거인 명부에 관한 기술 중에서 옳지 않은 것은?

① 선거인명부는 구·구가 설치되지 아니한 시·군의 장이 작성한다.
② 대통령선거에 있어서 선거인명부작성기준일은 선거일 전 28일이다.
③ 국회의원선거와 지방자치단체의 의회의원 및 장의 선거에 있어서 선거인명부작성기준일은 선거일 전 22일이다.
④ 지방자치단체의 의회의원 및 장의 선거권이 있는 국내거주 외국인은 선거인명부작성기간 중 구·시·군의 장에게 서면으로 거소투표신고를 할 수 있다.

해설

④ 지방자치단체의 의회의원 및 장의 선거권이 있는 국내거주 외국인은 거소투표신고를 할 수 없다(공직선거법 제38조 제1항).
①, ②, ③ 선거를 실시하는 때마다 구(자치구가 아닌 구를 포함한다)·시(구가 설치되지 아니한 시를 말한다)·군(이하 "구·시·군"이라 한다)의 장은 대통령선거에서는 선거일 전 28일, 국회의원선거와 지방자치단체의 의회의원 및 장의 선거에서는 선거일 전 22일(이하 "선거인명부작성기준일"이라 한다) 현재 제15조에 따라 그 관할 구역에 주민등록이 되어 있는 선거권자(지방자치단체의 의회의원 및 장의 선거의 경우 제15조 제2항 제3호에 따른 외국인을 포함하고, 제218조의13에 따라 확정된 재외선거인명부 또는 다른 구·시·군의 국외부재자신고인명부에 올라 있는 사람은 제외한다)를 투표구별로 조사하여 선거인명부작성기준일부터 5일 이내(이하 "선거인명부작성기간"이라 한다)에 선거인명부를 작성하여야 한다. 이 경우 제218조의13에 따라 확정된 국외부재자신고인명부에 올라 있는 사람은 선거인명부의 비고란에 그 사실을 표시하여야 한다(공직선거법 제37조 제1항).

정답 ④

04 선거인 명부에 관한 기술 중에서 옳지 않은 것은?

① 누구든지 같은 선거에서 2 이상의 선거인 명부에 오를 수 없다.
② 구·시·군의 장은 선거인명부를 작성한 때에는 그 등본 1통을 관할구·시·군선거관리위원회에 송부하여야 한다.
③ 하나의 투표구의 선거권자의 수가 1천인을 넘는 때에는 그 선거인명부를 선거인수가 서로 엇비슷하게 분철할 수 있다.
④ 선거인명부의 서식 기타 필요한 사항은 중앙선거관리위원회규칙으로 정한다.

해설

② 구·시·군의 장은 선거인명부를 작성한 때에는 즉시 그 전산자료 복사본을 관할구·시·군선거관리위원회에 송부하여야 한다(공직선거법 제37조 제4항, 등본규정은 폐지). (2018.4.6.개정)
① 공직선거법 제37조 제3항
③ 공직선거법 제37조 제5항
④ 공직선거법 제37조 제8항

정답 ②

05 현행 공직선거법상 구·시·군의 장은 거소·선상투표신고인명부를 작성한 때에는 그 등본 각 1통을 관할구·시·군선거관리위원회에 언제까지 송부해야 하는가?

① 즉시
② 7일 이내
③ 10일 이내
④ 14일 이내

해설

구·시·군의 장은 거소·선상투표신고인명부를 작성한 때에는 즉시 그 등본(전산자료 복사본을 포함한다) 각 1통을 관할구·시·군선거관리위원회에 송부하여야 한다(공직선거법 제38조 제6항).

정답 ①

06 다음 중 거소에서 투표할 수 있는 자는 모두 몇 항목인가?

> ㉠ 법령에 따라 영내 또는 함정에 장기기거하는 군인이나 경찰공무원 중 사전투표소 및 투표소에 가서 투표할 수 없을 정도로 멀리 떨어진 영내(營內) 또는 함정에 근무하는 자
> ㉡ 병원·요양소·수용소·교도소 또는 구치소에 기거하는 사람
> ㉢ 신체에 중대한 장애가 있어 거동할 수 없는 자
> ㉣ 사전투표소 및 투표소에 가기 어려운 멀리 떨어진 외딴 섬 중 중앙선거관리위원회규칙으로 정하는 섬에 거주하는 자
> ㉤ 사전투표소 및 투표소를 설치할 수 없는 지역에 장기기거하는 자로서 중앙선거관리위원회규칙으로 정하는 자

① 1항목
② 2항목
③ 3항목
④ 5항목

해설

모두 거소투표할 수 있다.

PLUS 거소투표자(공직선거법 제38조 제4항)

㉠ 법령에 따라 영내 또는 함정에 장기기거하는 군인이나 경찰공무원 중 사전투표소 및 투표소에 가서 투표할 수 없을 정도로 멀리 떨어진 영내(營內) 또는 함정에 근무하는 자
㉡ 병원·요양소·수용소·교도소 또는 구치소에 기거하는 사람
㉢ 신체에 중대한 장애가 있어 거동할 수 없는 자
㉣ 사전투표소 및 투표소에 가기 어려운 멀리 떨어진 외딴 섬 중 중앙선거관리위원회규칙으로 정하는 섬에 거주하는 자
㉤ 사전투표소 및 투표소를 설치할 수 없는 지역에 장기기거하는 자로서 중앙선거관리위원회규칙으로 정하는 자
㉥ 선상투표신고한 선원(선상)
㉦ 격리자등

정답 ④

07 선거인 명부(거소·선상투표신고인명부를 포함)에 관한 기술 중에서 옳지 않은 것은?

① 선거인명부(거소·선상투표신고인명부를 포함)의 작성에 관하여는 관할구·시·군선거관리위원회 및 읍·면·동선거관리위원회가 감독한다.
② 선거인명부(거소·선상투표신고인명부를 포함) 작성에 종사하는 공무원의 감독을 위하여 법은 명부작성공무원의 임면통보, 해임협의 및 교체의 요구에 관하여 규정하고 있다.
③ 선거인명부(거소·선상투표신고인명부를 포함) 작성에 종사하는 공무원이 임면된 때에는 당해 구·시·군의 장은 지체 없이 관할구·시·군선거관리위원회에 그 사실을 통보하여야 한다.
④ 선거인명부(거소·선상투표신고인명부를 포함) 작성기간 중에 선거인명부작성에 종사하는 공무원을 해임하고자 하는 때에는 그 임면권자는 관할구·시·군선거관리위원회 또는 직근 상급선거관리위원회와 합의하여야 한다.

🖉 해설

④ 선거인명부작성기간 중에 선거인명부작성에 종사하는 공무원을 해임하고자 하는 때에는 그 임면권자는 관할구·시·군선거관리위원회 또는 직근 상급선거관리위원회와 협의하여야 한다(공직선거법 제39조 제3항). 합의가 아닌 협의사항이다.
① 공직선거법 제39조 제1항
③ 공직선거법 제39조 제2항

🎓 정답 ④

08 선거인명부에 관한 설명으로 옳은 것은 모두 몇 항목인가?

> ㉠ 선거인명부에 대한 이의신청 : 당해 구·시·군의 장
> ㉡ 선거인명부 작성권자 : 구·구가 설치되지 아니한 시·군의 장
> ㉢ 선거인명부 열람권자 : 선거권자

① 없음
② 1항목
③ 2항목
④ 3항목

🖉 해설

④ 3항목 모두 옳다.
㉠ 선거권자는 누구든지 선거인명부에 누락 또는 오기가 있거나 자격이 없는 선거인이 올라 있다고 인정되는 때에는 열람기간내에 구술 또는 서면으로 당해 구·시·군의 장에게 이의를 신청할 수 있다(공직선거법 제41조 제1항).
㉡ 선거를 실시하는 때마다 구(자치구가 아닌 구를 포함한다)·시(구가 설치되지 아니한 시를 말한다)·군(이하 "구·시·군"이라 한다)의 장은 대통령선거에서는 선거일 전 28일, 국회의원선거와 지방자치단체의 의회의원 및 장의 선거에서는 선거일 전 22일(이하 "선거인명부작성기준일"이라 한다) 현재 제15조에 따라 그 관할 구역에 주민등록이 되어 있는 선거권자(지방자치단체의 의회의원 및 장의 선거의 경우 제15조 제2항 제3호에 따른 외국인을 포함하고, 제218조의13에 따라 확정된 재외선거인명부 또는 다른 구·시·군의 국외부재자신고인명부에 올라 있는 사람은 제외한다)를 투표구별로 조사하여 선거인명부작성기준일부터 5일 이내(이하 "선거인명부작성기간"이라 한다)에 선거인명부를 작성하여야 한다. 이 경우 제218조의13에 따라 확정된 국외부재자신고인명부에 올라 있는 사람은 선거인명부의 비고란에 그 사실을 표시하여야 한다(공직선거법 제37조 제1항).
㉢ 선거권자는 누구든지 선거인명부를 자유로이 열람할 수 있다. 다만, 제1항의 규정에 따른 인터넷홈페이지에서의 열람은 선거권자 자신의 정보에 한한다(공직선거법 제40조 제2항).

🎓 정답 ④

09 공직선거법상 선박에 승선하는 선원들은 누구에게 선거인명부작성기간 중 선박에 설치된 팩시밀리로 선상투표신고를 해야 하는가?

① 구·시·군의 장
② 구·시·군선거관리위원회
③ 중앙선거관리위원회
④ 시·도지사

✎ 해설

선상투표신고는 선거인명부작성기간 중 구·시·군의 장에게 해당 선박에 설치된 팩시밀리로 할 수 있다(공직선거법 제38조 제2항).

☞ 정답 ①

10 선거인 명부에 관한 기술 중에서 옳지 않은 것은?

① 선거인 명부의 효력은 효율성을 확보하기 위해서 모든 선거에 효력을 가진다.
② 구·시·군의 장은 선거권자가 선거인명부확정일의 다음 날부터 선거일의 투표마감시각까지 해당 구·시·군이 개설·운영하는 인터넷 홈페이지에서 자신이 선거인명부에 올라 있는지 여부, 선거인명부 등재번호 및 투표소의 위치를 확인할 수 있도록 기술적 조치를 하여야 한다.
③ 구·시·군의 장은 선거인 명부의 확인에 필요한 인터넷 홈페이지 주소, 확인기간 및 확인방법을 함께 공고하여야 한다.
④ 선거권자는 누구든지 선거인 명부를 자유로이 열람할 수 있다.

✎ 해설

① 선거인명부는 선거일 전 12일에, 거소·선상투표신고인명부는 선거인명부작성기간만료일의 다음 날에 각각 확정되며 해당 선거에 한하여 효력을 가진다(공직선거법 제44조 제1항).
② 공직선거법 제44조 제2항
③ 공직선거법 제44조 제3항
④ 공직선거법 제40조 제2항

☞ 정답 ①

11. 선거인명부작성에 관한 기술 중에서 옳지 않은 것은?

① 선거인명부는 선거일 전 12일에, 거소·선상투표신고인명부는 선거인명부작성기간만료일의 다음 날에 각각 확정되며 장래의 모든 선거에 효력을 가진다.
② 구·시·군의 장은 선거권자가 선거인명부확정일의 다음 날부터 선거일의 투표마감시각까지 해당 구·시·군이 개설·운영하는 인터넷 홈페이지에서 자신이 선거인명부에 올라 있는지 여부, 선거인명부 등재번호 및 투표소의 위치를 확인할 수 있도록 기술적 조치를 하여야 한다.
③ 구·시·군의 장은 명부열람방법등 공고를 할 때 제44조 제2항에 따른 확정된 선거인명부와 투표소 위치 확인에 필요한 인터넷 홈페이지 주소, 확인기간 및 확인방법을 함께 공고하여야 한다.
④ 선거인명부 이의신청기간만료일의 다음 날부터 선거인명부확정일 전일까지 구·시·군의 장의 착오 등의 사유로 인하여 정당한 선거권자가 선거인명부에 누락된 것이 발견된 때에는 해당 선거권자 또는 구·시·군의 장은 주민등록표등본 등 소명자료를 첨부하여 관할구·시·군선거관리위원회에 서면으로 선거인명부 등재신청을 할 수 있다.

해설

① 선거인명부는 선거일 전 12일에, 거소·선상투표신고인명부는 선거인명부작성기간만료일의 다음 날에 각각 확정되며 해당 선거에 한하여 효력을 가진다(공직선거법 제44조 제1항).
② 구·시·군의 장은 선거권자가 선거인명부확정일의 다음 날부터 선거일의 투표마감시각까지 해당 구·시·군이 개설·운영하는 인터넷 홈페이지에서 자신이 선거인명부에 올라 있는지 여부, 선거인명부 등재번호 및 투표소의 위치를 확인할 수 있도록 기술적 조치를 하여야 한다(공직선거법 제44조 제2항).
③ 구·시·군의 장은 제40조 제3항에 따른 공고를 할 때 제2항에 따른 확인에 필요한 인터넷 홈페이지 주소, 확인기간 및 확인방법을 함께 공고하여야 한다(공직선거법 제44조 제3항).
④ 제41조 제1항의 이의신청기간만료일의 다음 날부터 제44조 제1항의 선거인명부확정일 전일까지 구·시·군의 장의 착오 등의 사유로 인하여 정당한 선거권자가 선거인명부에 누락된 것이 발견된 때에는 해당 선거권자 또는 구·시·군의 장은 주민등록표등본 등 소명자료를 첨부하여 관할구·시·군선거관리위원회에 서면으로 선거인명부 등재신청을 할 수 있다(공직선거법 제43조 제1항).

정답 ①

12 통합선거인명부작성에 관한 기술 중에서 옳지 않은 것은?

① 시·군·구선거관리위원회는 사전투표소에서 사용하기 위하여 확정된 선거인명부의 전산자료 복사본을 이용하여 하나의 선거인명부(이하 "통합선거인명부"라 한다)를 작성한다.
② 중앙선거관리위원회는 통합선거인명부를 작성하는 경우 같은 사람이 2회 이상 투표할 수 없도록 필요한 기술적 조치를 하여야 한다.
③ 통합선거인명부는 전산조직을 이용하여 작성한다.
④ 읍·면·동선거관리위원회는 선거일에 투표소에서 사용하기 위하여 사전투표기간 종료 후 중앙선거관리위원회가 기술적 조치를 한 선거인명부를 출력한 다음 해당 읍·면·동선거관리위원회위원장이 이를 봉함·봉인하여 보관하여야 하며, 그 보관과정에 정당추천위원이 참여하여 지켜볼 수 있도록 하여야 한다. 이 경우 정당추천위원이 그 시각까지 참여하지 아니한 때에는 참여를 포기한 것으로 본다.

해설

① 중앙선거관리위원회는 사전투표소에서 사용하기 위하여 확정된 선거인명부의 전산자료 복사본을 이용하여 하나의 선거인명부(이하 "통합선거인명부"라 한다)를 작성한다(공직선거법 제44조의2 제1항).
② 중앙선거관리위원회는 통합선거인명부를 작성하는 경우 같은 사람이 2회 이상 투표할 수 없도록 필요한 기술적 조치를 하여야 한다(공직선거법 제44조의2 제2항).
③ 통합선거인명부는 전산조직을 이용하여 작성한다(공직선거법 제44조의2 제3항).
④ 읍·면·동선거관리위원회는 선거일에 투표소에서 사용하기 위하여 제148조 제1항에 따른 사전투표기간 종료 후 중앙선거관리위원회가 제2항에 따라 기술적 조치를 한 선거인명부를 출력한 다음 해당 읍·면·동선거관리위원회위원장이 이를 봉함·봉인하여 보관하여야 하며, 그 보관과정에 정당추천위원이 참여하여 지켜볼 수 있도록 하여야 한다. 이 경우 정당추천위원이 그 시각까지 참여하지 아니한 때에는 참여를 포기한 것으로 본다(공직선거법 제44조의2 제4항).

정답 ①

제06장 후보자

01 후보자 추천

01 정당의 후보자 추천에 관한 기술 중에서 옳지 않은 것은?

① 정당의 후보자 추천방식과 관련하여서는, 정당법의 규정에 따라 민주적인 절차에 의하도록 하는 원칙적 규정만 두고 있을 뿐이므로 그 추천의 구체적인 절차나 방법에 대하여는 정당에 포괄적으로 위임되어 있다.
② 정당이 비례대표국회의원선거 및 비례대표지방의회의원선거에 후보자를 추천하는 때에는 그 후보자 중 100분의 50 이상을 여성으로 추천하되, 그 후보자명부의 순위의 매 홀수에는 여성을 추천하여야 한다.
③ 정당이 임기만료에 따른 지역구국회의원선거 및 지역구지방의회의원선거에 후보자를 추천하는 때에는 각각 전국지역구총수의 100분의 50 이상을 여성으로 추천하도록 노력하여야 한다.
④ 정당이 임기만료에 따른 지역구지방의회의원선거에 후보자를 추천하는 때에는 지역구시·도의원선거 또는 지역구자치구·시·군의원선거 중 어느 하나의 선거에 국회의원지역구(군지역 제외)마다 1명 이상을 여성으로 추천하여야 한다.

📝 **해설**

③ 정당이 임기만료에 따른 지역구국회의원선거 및 지역구지방의회의원선거에 후보자를 추천하는 때에는 각각 전국지역구총수의 100분의 30 이상을 여성으로 추천하도록 노력하여야 한다(공직선거법 제47조 제4항).

PLUS⁺ 정당의 후보자 추천시 여성 추천

비례대표의원	지역구의원
후보자 중 50/100 이상	전국지역구총수의 30/100 이상 여성 추천 노력

② 공직선거법 제47조 제3항
④ 공직선거법 제47조 제5항

🎓 정답 ③

02 정당의 후보자 추천에 관한 기술 중에서 옳지 않은 것은?

① 정당은 선거에 있어 선거구별로 선거할 정수범위 안에서 그 소속당원을 후보자로 추천할 수 있다. 다만, 비례대표자치구·시·군의원의 경우에는 그 정수 범위를 초과하여 추천할 수 있다.
② 정당이 후보자를 추천하는 때에는 민주적인 절차에 따라야 한다.
③ 누구든지 정당이 특정인을 후보자로 추천하는 일과 관련하여 금품이나 그 밖의 재산상의 이익 또는 공사의 직을 제공하거나 그 제공의 의사를 표시하거나 그 제공을 약속하는 행위를 하거나, 그 제공을 받거나 그 제공의 의사표시를 승낙할 수 없다.
④ 정당이 비례대표국회의원선거 및 비례대표지방의회의원선거에 후보자를 추천하는 때에는 그 후보자 명부의 순위의 매 짝수에는 여성을 추천하여야 한다.

✏ 해설

④ 정당이 비례대표국회의원선거 및 비례대표지방의회의원선거에 후보자를 추천하는 때에는 그 후보자 중 100분의 50 이상을 여성으로 추천하되, 그 후보자명부의 순위의 매 홀수에는 여성을 추천하여야 한다(공직선거법 제47조 제3항).
① 공직선거법 제47조 제1항
② 공직선거법 제47조 제2항
③ 누구든지 정당이 특정인을 후보자로 추천하는 일과 관련하여 금품이나 그 밖의 재산상의 이익 또는 공사의 직을 제공하거나 그 제공의 의사를 표시하거나 그 제공을 약속하는 행위를 하거나, 그 제공을 받거나 그 제공의 의사표시를 승낙할 수 없다. 이 경우 후보자(후보자가 되려는 사람을 포함)와 그 배우자(이하 이 항에서 "후보자 등"이라 한다), 후보자 등의 직계존비속과 형제자매가 선거일 전 150일부터 선거일 후 60일까지 「정치자금법」에 따라 후원금을 기부하거나 당비를 납부하는 외에 정당 또는 국회의원[「정당법」 제37조(활동의 자유) 제3항에 따른 국회의원지역구 또는 자치구·시·군의 당원협의회 대표자를 포함하며, 이하 이 항에서 "국회의원 등"이라 한다], 국회의원 등의 배우자, 국회의원 등 또는 그 배우자의 직계존비속과 형제자매에게 채무의 변제, 대여 등 명목여하를 불문하고 금품이나 그 밖의 재산상의 이익을 제공한 때에는 정당이 특정인을 후보자로 추천하는 일과 관련하여 제공한 것으로 본다(공직선거법 제47조의2 제1항).

🎓 정답 ④

03 후보자 추천에 관한 기술 중에서 옳지 않은 것은?

① 누구든지 정당이 특정인을 후보자로 추천하는 일과 관련하여 금품이나 그 밖의 재산상의 이익 또는 공사의 직을 제공하거나 그 제공의 의사를 표시하거나 그 제공을 약속하는 행위를 하거나, 그 제공을 받거나 그 제공의 의사표시를 승낙할 수 없다.
② 후보자(후보자가 되려는 사람 포함)와 그 배우자, 후보자 등의 직계존비속과 형제자매가 선거일 전 150일부터 선거일 후 60일까지 「정치자금법」에 따라 후원금을 기부하거나 당비를 납부하는 외에 정당 또는 국회의원 등, 국회의원 등의 배우자, 국회의원 등 또는 그 배우자의 직계존비속과 형제자매에게 채무의 변제, 대여 등 명목여하를 불문하고 금품이나 그 밖의 재산상의 이익을 제공한 때에는 정당이 특정인을 후보자로 추천하는 일과 관련하여 제공한 것으로 본다.
③ 누구든지 정당의 후보자추천 관련 금품수수행위에 관하여 지시·권유 또는 요구하거나 알선하여서는 아니 된다.
④ 비례대표지방의원과 비례대표국회의원을 제외하고는 관할선거구 안에 주민등록이 된 선거권자는 각 선거별로 정당의 당원이 아닌 자를 당해 선거구의 후보자로 추천할 수 없다.

✏ 해설

④ 비례대표국회의원선거 및 비례대표지방의회의원선거에서 무소속후보자를 추천할 수 없다.
관할선거구 안에 주민등록이 된 선거권자는 각 선거(비례대표국회의원선거 및 비례대표지방의회의원선거를 제외한다)별로 정당의 당원이 아닌 자를 당해 선거구의 후보자(이하 "무소속후보자"라 한다)로 추천할 수 있다(공직선거법 제48조 제1항).
① 누구든지 정당이 특정인을 후보자로 추천하는 일과 관련하여 금품이나 그 밖의 재산상의 이익 또는 공사의 직을 제공하거나 그 제공의 의사를 표시하거나 그 제공을 약속하는 행위를 하거나, 그 제공을 받거나 그 제공의 의사표시를 승낙할 수 없다(공직선거법 제47조의2 제1항).
② 후보자(후보자가 되려는 사람을 포함한다)와 그 배우자(이하 이 항에서 "후보자 등"이라 한다), 후보자 등의 직계존비속과 형제자매가 선거일 전 150일부터 선거일 후 60일까지 「정치자금법」에 따라 후원금을 기부하거나 당비를 납부하는 외에 정당 또는 국회의원[「정당법」 제37조(활동의 자유) 제3항에 따른 국회의원지역구 또는 자치구·시·군의 당원협의회 대표자를 포함하며, 이하 이 항에서 "국회의원 등"이라 한다], 국회의원 등의 배우자, 국회의원 등 또는 그 배우자의 직계존비속과 형제자매에게 채무의 변제, 대여 등 명목여하를 불문하고 금품이나 그 밖의 재산상의 이익을 제공한 때에는 정당이 특정인을 후보자로 추천하는 일과 관련하여 제공한 것으로 본다(공직선거법 제47조의2 제1항).
③ 누구든지 제1항에 규정된 행위에 관하여 지시·권유 또는 요구하거나 알선하여서는 아니 된다(공직선거법 제47조의2 제2항).

🎓 정답 ④

04 대통령선거에서 무소속후보자가 되고자 하는 자의 추천 선거권자의 수는?

① 2천인 이상 6천인 이하
② 2천인 이상 7천인 이하
③ 3천 500인 이상 6천인 이하
④ 4천인 이상 6천인 이하

✎ 해설

대통령선거에서 무소속후보자가 되고자 하는 자의 추천 선거권자는 3천 500인 이상 6천인 이하이다.

PLUS⁺ 무소속후보자의 추천 선거권자 수(공직선거법 제48조 제2항)

대통령선거	5 이상의 시·도에 나누어 하나의 시·도에 주민등록이 되어 있는 선거권자의 수를 700인 이상으로 한 3천 500인 이상 6천인 이하
지역구국회의원선거	300인 이상 500인 이하
지역구시·도의회의원선거	100인 이상 200인 이하
시·도지사선거	당해 시·도안의 3분의 1이상의 자치구·시·군에 나누어 하나의 자치구·시·군을 50인 이상으로 한 1,000인 이상 2,000인 이하
자치구청장·시장·군수선거	300인 이상 500인 이하
자치구·시·군의회의원선거	50인 이상 100인 이하. 단, 인구 1,000인 미만의 선거구에 있어서는 30인 이상 50인 이하

🎓 정답 ③

05 후보자 추천의 취소와 변경에 관한 기술 중에서 옳지 않은 것은?

① 정당은 후보자등록 후에는 등록된 후보자에 대한 추천을 취소 또는 변경할 수 없다.
② 비례대표국회의원후보자명부에 후보자를 추가하거나 그 순위를 변경할 수 없다.
③ 후보자등록기간 중 정당추천후보자가 사퇴·사망하거나, 소속정당의 제명이나 중앙당의 시·도당창당승인취소 외의 사유로 인하여 등록이 무효로 된 때에는 비례대표국회의원후보자명부에 후보자를 추가하거나 그 순위를 변경할 수 있으며, 비례대표국회의원후보자명부에 후보자를 추가할 경우에는 그 순위는 이미 등록된 자의 다음으로 한다.
④ 선거권자는 후보자에 대한 추천을 취소 또는 변경할 수 있다.

✎ 해설

④ 선거권자는 후보자에 대한 추천을 취소 또는 변경할 수 없다(공직선거법 제50조 제2항).
①, ②, ③ 공직선거법 제50조 제1항

🎓 정답 ④

06 후보자 추천 및 등록에 대한 설명으로 옳은 것은?

① 정당이 비례대표국회의원선거 및 비례대표지방의회의원선거에 후보자를 추천하는 때에는 그 후보자 중 100분의 50 이상을 여성으로 추천하되, 그 후보자명부의 순위의 매 홀수에는 여성을 추천하여야 하며, 비례대표국회의원선거 및 비례대표지방의회의원선거에서 이를 위반한 때에는 등록신청을 할 수 없고 등록 후에도 등록을 유효로 한다.

② 지역구국회의원선거의 무소속후보자가 되고자 하는 자는 관할 선거구선거관리위원회가 후보자등록신청개시일 전 5일부터 검인하여 교부하는 추천장을 사용하여 300인 이상 500인 이하의 선거권자의 추천을 받아야 하며, 이 경우 추천선거권자 수의 상한수를 넘어 추천을 받아도 된다.

③ 지역구지방의회의원 및 지방자치단체의 장의 선거에 있어서 정당추천후보자의 등록은 정당추천후보자가 되고자 하는 자가 신청하되, 추천정당의 당인(黨印) 및 그 대표자의 직인이 날인된 추천서와 본인승낙서를 등록신청서에 첨부하여야 한다.

④ 후보자등록 후에 정당추천후보자가 당적을 이탈·변경하거나 2 이상의 당적을 가지고 있는 때, 또는 소속 정당의 해산이나 그 등록의 취소 또는 중앙당의 시·도당창당승인취소가 있는 때에는 그 후보자의 등록은 무효가 된다.

해설

④ 후보자등록후에 정당추천후보자가 당적을 이탈·변경하거나 2 이상의 당적을 가지고 있는 때(후보자등록신청시에 2 이상의 당적을 가진 경우를 포함한다), 소속정당의 해산이나 그 등록의 취소 또는 중앙당의 시·도당창당승인취소가 있는 때에는 그 후보자의 등록은 무효로 한다(공직선거법 제52조 제1항 참조).

① 정당이 비례대표국회의원선거 및 비례대표지방의회의원선거에 후보자를 추천하는 때에는 그 후보자 중 100분의 50 이상을 여성으로 추천하되, 그 후보자명부의 순위의 매 홀수에는 여성을 추천하여야 한다(공직선거법 제47조 제3항). 관할선거구선거관리위원회는 후보자등록신청이 있는 때에는 즉시 이를 수리하여야 하되, 등록신청서·정당의 추천서와 본인승낙서·선거권자의 추천장·기탁금 및 제4항 제2호 내지 제5호의 규정에 의한 서류를 갖추지 아니하거나 제47조 제3항에 따른 여성후보자 추천의 비율과 순위를 위반한 등록신청은 이를 수리할 수 없다(공직선거법 제49조 제8항). (2018.4.6.개정)

② 무소속후보자가 되고자 하는 자는 관할선거구선거관리위원회가 후보자등록신청개시일전 5일(대통령의 임기만료에 의한 선거에 있어서는 후보자등록신청개시일전 30일, 대통령의 궐위로 인한 선거 등에 있어서는 그 사유가 확정된 후 3일)부터 검인하여 교부하는 추천장을 사용하여 다음 각호에 의하여 선거권자의 추천을 받아야 한다. 지역구국회의원선거 및 자치구·시·군의 장 선거는 300인 이상 500인 이하의 추천을 받아야 한다(공직선거법 제48조 제2항 참조). 제2항의 경우 검인되지 아니한 추천장에 의하여 추천을 받는 행위, 추천선거권자수의 상한수를 넘어 추천을 받는 행위, 추천선거권자의 서명이나 인영을 위조·변조하는 등의 방법으로 허위의 추천을 받는 행위의 어느 하나에 해당하는 행위를 하여서는 아니 된다(공직선거법 제48조 제3항). (2018.4.6.개정)

③ 본인승낙서는 지문의 경우 불필요하다. 지역구국회의원선거와 지역구지방의회의원 및 지방자치단체의 장의 선거에 있어서는 정당추천후보자가 되고자 하는 자가 신청하되, 추천정당의 당인(黨印) 및 그 대표자의 직인이 날인된 추천서와 본인승낙서(대통령선거와 비례대표국회의원선거 및 비례대표지방의회의원선거에 한한다)를 등록신청서에 첨부하여야 한다(공직선거법 제49조 제2항). 즉, 대선과 비례대표선거에서만 본인승낙서가 필요하다. 지역구의원선거 및 지자체장의 선거에서는 본인승낙서가 요구되지 않는다.

정답 ④

02 후보자 등록

01 대통령 선거에서 후보자의 등록에 관한 기술 중 옳지 않은 것은?

① 후보자의 등록은 대통령선거에서는 선거일 전 24일, 국회의원선거와 지방자치단체의 의회의원 및 장의 선거에서는 선거일 전 20일부터 2일간 관할선거구선거관리위원회에 서면으로 신청하여야 한다.
② 정당의 당원인 자도 무소속후보자로 등록할 수 있다.
③ 벌금 100만원 이상의 형의 범죄경력에 관한 증명서류를 제출하여야 한다.
④ 후보자등록신청서의 접수는 공휴일에 불구하고 매일 오전 9시부터 오후 6시까지로 한다.

해설

② 정당의 당원인 자는 무소속후보자로 등록할 수 없다(공직선거법 제48조 제1항).
① 공직선거법 제49조 제1항
③ 공직선거법 제49조 제4항 제5호
④ 공직선거법 제49조 제7항

정답 ②

02 후보자 등록신청시 제출해야 하는 서류가 아닌 것은 모두 몇 항목인가?

㉠ 중앙선거관리위원회규칙이 정하는 피선거권에 관한 증명서류
㉡ 「공직자윤리법」 제10조의2(공직선거후보자 등의 재산공개) 제1항의 규정에 의한 등록대상재산에 관한 신고서
㉢ 「공직자 등의 병역사항신고 및 공개에 관한 법률」 제9조(공직선거후보자의 병역사항신고 및 공개) 제1항의 규정에 의한 병역사항에 관한 신고서
㉣ 최근 5년간의 후보자, 그의 배우자와 직계존비속(혼인한 딸과 외조부모 및 외손자녀 제외)의 소득세・재산세・종합부동산세의 납부 및 체납(10만원 이하 또는 3월 이내의 체납 제외)에 관한 신고서. 이 경우 후보자의 직계존속은 자신의 세금납부 및 체납에 관한 신고를 거부할 수 있다.
㉤ 벌금 300만원 이상의 형의 범죄경력(실효된 형 포함)에 관한 증명서류
㉥ 정규학력에 관한 최종학력 증명서와 국내 정규학력에 준하는 외국의 교육기관에서 이수한 학력에 관한 각 증명서(한글번역문 첨부). 이 경우 증명서의 제출이 요구되는 학력은 예비후보자홍보물, 예비후보자공약집, 선거벽보, 선거공보, 선거공약서 및 후보자가 운영하는 인터넷 홈페이지에 게재하였거나 게재하고자 하는 학력에 한한다.
㉦ 대통령선거・국회의원선거・지방의회의원 및 지방자치단체의 장의 선거와 교육의원선거 및 교육감선거에 후보자로 등록한 경력[선거가 실시된 연도, 선거명, 선거구명, 소속 정당명(정당의 후보자 추천이 허용된 선거에 한정한다), 당선 또는 낙선 여부를 말한다]에 관한 신고서

① 1항목
② 2항목
③ 3항목
④ 5항목

해설

틀린 것은 ㉤이다. 벌금 100만원 이상의 형의 전과기록에 관한 증명서류를 제출해야 한다(공직선거법 제49조 제4항 제5호).

공직선거법 제49조(후보자 등록 등) ④ 제1항부터 제3항까지의 규정에 따라 후보자 등록을 신청하는 자는 다음 각 호의 서류를 제출하여야 하며, 제56조 제1항에 따른 기탁금을 납부하여야 한다.
1. 중앙선거관리위원회규칙이 정하는 피선거권에 관한 증명서류
2. 「공직자윤리법」 제10조의2(공직선거후보자 등의 재산공개) 제1항의 규정에 의한 등록대상재산에 관한 신고서
3. 「공직자 등의 병역사항신고 및 공개에 관한 법률」 제9조(공직선거후보자의 병역사항신고 및 공개) 제1항의 규정에 의한 병역사항에 관한 신고서
4. 최근 5년간의 후보자, 그의 배우자와 직계존비속(혼인한 딸과 외조부모 및 외손자녀를 제외한다)의 소득세(「소득세법」 제127조 제1항에 따라 원천징수하는 소득세는 제출하려는 경우에 한정한다)・재산세・종합부동산세의 납부 및 체납(10만원 이하 또는 3월 이내의 체납은 제외한다)에 관한 신고서. 이 경우 후보자의 직계존속은 자신의 세금납부 및 체납에 관한 신고를 거부할 수 있다.
5. 벌금 100만원 이상의 형의 범죄경력(실효된 형을 포함하며, 이하 "전과기록"이라 한다)에 관한 증명서류
6. 「초・중등교육법」 및 「고등교육법」에서 인정하는 정규학력(이하 "정규학력"이라 한다)에 관한 최종학력 증명서와 국내 정규학력에 준하는 외국의 교육기관에서 이수한 학력에 관한 각 증명서(한글번역문을 첨부한다). 이 경우 증명서의 제출이 요구되는 학력은 제60조의3 제1항 제4호의 예비후보자홍보물, 제60조의4의 예비후보자공약집, 제64조의 선거벽보, 제65조의 선거공보(같은 조 제9항의 후보자정보공개자료를 포함한다), 제66조의 선거공약서 및 후보자가 운영하는 인터넷 홈페이지에 게재하였거나 게재하고자 하는 학력에 한한다.
7. 대통령선거・국회의원선거・지방의회의원 및 지방자치단체의 장의 선거와 교육의원선거 및 교육감선거에 후보자로 등록한 경력[선거가 실시된 연도, 선거명, 선거구명, 소속 정당명(정당의 후보자추천이 허용된 선거에 한정한다), 당선 또는 낙선 여부를 말한다]에 관한 신고서

정답 ①

03 후보자가 제출한 등록대상재산, 병역사항, 최근 5년간 세금 납부 및 체납에 관한 신고서, 전과기록을 선거구민에게 공개하되 언제부터 공개가 금지되는가?

① 사전투표기간 시작일
② 선거일 전일
③ 선거 당일
④ 선거일 후

> 📝 해설
>
> 관할선거구선거관리위원회는 제4항 제2호부터 제7호까지와 제10항의 규정에 의하여 제출받거나 회보받은 서류를 선거구민이 알 수 있도록 공개하여야 한다. 다만, 선거일 후에는 이를 공개하여서는 아니된다(공직선거법 제49조 제12항).
>
> 🎓 정답 ④

04 후보자 등록이 무효로 되는 경우만을 모두 고른 것은?

> ㉠ A정당은 비례대표지방의회의원선거에 후보자를 추천하면서 1번에 남성후보자를, 2번에 여성후보자를 추천하였다.
> ㉡ 후보자 甲은 국회의원선거에서 무소속으로 등록한 후 B정당에 당원으로 등록하였다.
> ㉢ C정당은 비례대표국회의원선거에 후보자를 추천하면서 1번에 남성후보자를, 2번에 여성후보자를 추천하였다.
> ㉣ D정당의 당원인 乙은 무소속으로 국회의원선거에 입후보하였다.

① ㉠, ㉡
② ㉠, ㉡, ㉢, ㉣
③ ㉠, ㉢, ㉣
④ ㉡, ㉢, ㉣

> 📝 해설
>
> ㉠ 정당이 비례대표국회의원선거 및 비례대표지방의회의원선거에 후보자를 추천하는 때에는 그 후보자 중 100 50 분의 이상을 여성으로 추천하되 그 후보자 명부의 순위의 매 홀수에는 여성을 추천하여야 한다. 비례대표지방의회의원선거, 비례대표국회의원에 있어 위 여성후보자 추천의 비율과 순위를 위반한 것이 발견된 때에는 그 후보자 등록을 무효로 한다(공직선거법 제52조 제1항 제2호).
> ㉡ 무소속후보자가 정당의 당원이 된 때에는 그 후보자 등록을 무효로 한다(공직선거법 제52조 제1항 제7호).
> ㉣ 정당의 당원인 자는 무소속후보자로 등록할 수 없으며, 이를 위반하여 등록된 것이 발견된 때에는 그 후보자 등록을 무효로 한다(공직선거법 제52조 제1항 제4호).
> ㉢ 비례대표국회의원선거에 있어서는 무효로 한다.
>
> 🎓 정답 ②

05 다음 중 후보자 등록 무효사유에 해당하는 것은 모두 몇 항목인가?

⊙ 공무원 입후보 사퇴규정 위배
ⓒ 무소속 후보자가 정당의 당원이 된 때
ⓒ 후보자의 피선거권이 없는 것이 발견된 때
ⓔ 정당의 당내경선후보자로서 탈락 후 당해 선거의 같은 선거구에 후보자로 등록된 것이 발견된 때

① 1항목
② 2항목
③ 3항목
④ 4항목

해설

모두 등록무효사유에 해당한다.

PLUS 후보자 등록무효사유(공직선거법 제52조)

① 후보자의 피선거권이 없는 것이 발견된 때
② 선거구별로 선거할 정수범위를 넘어 추천하거나, 비례대표지방의회의원선거,비례대표국회의원에 있어 여성후보자 추천의 비율과 순위를 위반하 거나, 선거권자의 후보자 추천인수에 미달한 것이 발견된 때
③ 등록대상재산에 관한 신고서, 병역사항에 관한 신고서, 최근 5년간의 후보자, 그의 배우자와 직계존비속의 소득세·재산세·종합부동산세의 납부 및 체납에 관한 신고서, 전과기록에 관한 증명서류를 제출하지 아니한 것이 발견된 때
④ 정당의 당원이 무소속후보자로 등록된 것이 발견된 때, 후보자등록기간 중 당적을 이탈·변경하거나 2 이상의 당적을 가지고 등록된 것이 발견된 때, 소속정당의 해산이나 그 등록의 취소 또는 중앙당의 시·도당창당승인취소로 인하여 당원자격이 상실되었지만 등록된 것이 발견된 때
⑤ 공무원 등의 입후보시 사퇴규정(제53조 제1항부터 제3항까지 또는 제5항)을 위반하여 등록된 것이 발견된 때
⑥ 정당추천후보자가 당적을 이탈·변경하거나 2 이상의 당적을 가지고 있는 때(후보자등록신청시에 2 이상의 당적을 가진 경우 포함), 소속정당의 해산이나 그 등록의 취소 또는 중앙당의 시·도당창당승인취소가 있는 때
⑦ 무소속후보자가 정당의 당원이 된 때
⑧ 정당의 당내경선후보자로서 탈락후 당해 선거의 같은 선거구에 후보자로 등록된 것이 발견된 때
⑨ 선거비용의 초과지출 또는 선거사무장 등의 선거범죄로 당선무효 된 사람(그 기소 후 확정판결 전에 사직한 사람 포함)이나 당선되지 않은 사람(후보자가 되려던 사람 포함)으로서 선거사무장 등의 죄로 당선무효에 해당하는 형이 확정된 사람이 당선인의 당선무효로 실시사유가 확정된 재선거의 후보자로 등록된 것이 발견된 때
⑩ 다른 공직선거에 입후보하기 위하여 임기 중 그 직을 그만 둔 국회의원·지방의회의원 및 지방자치단체의 장으로서 그 사직으로 인한 보궐선거의 후보자로 등록된 것이 발견된 때
⑪ 정당이 그 소속 당원이 아닌 사람이나 당원이 될 수 없는 사람을 추천한 것이 발견된 때
⑫ 다른 법률에 따라 공무담임이 제한되는 사람이나 후보자가 될 수 없는 사람에 해당하는 것이 발견된 때
⑬ 정당 또는 후보자가 정당한 사유 없이 후보자정보공개자료를 제출하지 아니한 것이 발견된 때
⑭ 정당이 임기만료에 따른 지역구지방의회의원선거에 후보자를 추천하는 때에는 지역구시·도의원선거 또는 지역구자치구·시·군의원선거 중 어느 하나의 선거에 국회의원지역구마다 1명 이상을 여성으로 추천하도록 한 것을 위반하여 등록된 것이 발견된 때에는 그 정당이 추천한 해당 국회의원지역구의 지역구시·도의원후보자 및 지역구자치구·시·군의원후보자의 등록은 모두 무효로 한다. (단, 여성후보자를 추천하여야 하는 지역에서 해당 정당이 추천한 지역구시·도의원후보자의 수와 지역구자치구·시·군의원후보자의 수를 합한 수가 그 지역구시·도의원 정수와 지역구자치구·시·군의원 정수를 합한 수의 100분의 50에 해당하는 수에 미달하는 경우와 그 여성후보자의 등록이 무효로 된 경우 제외)
⑮ 후보자가 같은 선거의 다른 선거구나 다른 선거의 후보자로 등록된 때

🎓 정답 ④

06 후보자 등록신청시 제출해야 하는 서류 중 범죄경력에 관한 증명서류의 제출 기준은?

① 벌금 50만원 이상
② 벌금 100만원 이상
③ 벌금 150만원 이상
④ 벌금 200만원 이상

해설

후보자 등록신청시 벌금 100만원 이상의 형의 범죄경력(실효된 형을 포함)에 관한 증명서류를 제출하여야 한다(공직선거법 제49조 제4항 제5호).

공직선거법 제49조[후보자 등록 등] ④ 제1항부터 제3항까지의 규정에 따라 후보자 등록을 신청하는 자는 다음 각 호의 서류를 제출하여야 하며, 제56조 제1항에 따른 기탁금을 납부하여야 한다.
1. 중앙선거관리위원회규칙이 정하는 피선거권에 관한 증명서류
2. 「공직자윤리법」 제10조의2(공직선거후보자 등의 재산공개) 제1항의 규정에 의한 등록대상재산에 관한 신고서
3. 「공직자 등의 병역사항신고 및 공개에 관한 법률」 제9조(공직선거후보자의 병역사항신고 및 공개) 제1항의 규정에 의한 병역사항에 관한 신고서
4. 최근 5년간의 후보자, 그의 배우자와 직계존비속(혼인한 딸과 외조부모 및 외손자녀를 제외한다)의 소득세(「소득세법」 제127조 제1항에 따라 원천징수하는 소득세는 제출하려는 경우에 한정한다)·재산세·종합부동산세의 납부 및 체납(10만원 이하 또는 3월 이내의 체납은 제외한다)에 관한 신고서. 이 경우 후보자의 직계존속은 자신의 세금납부 및 체납에 관한 신고를 거부할 수 있다.
5. 벌금 100만원 이상의 형의 범죄경력(실효된 형을 포함하며, 이하 "전과기록"이라 한다)에 관한 증명서류
6. 「초·중등교육법」 및 「고등교육법」에서 인정하는 정규학력(이하 "정규학력"이라 한다)에 관한 최종학력 증명서와 국내 정규학력에 준하는 외국의 교육기관에서 이수한 학력에 관한 각 증명서(한글번역문을 첨부한다). 이 경우 증명서의 제출이 요구되는 학력은 제60조의3 제1항 제4호의 예비후보자홍보물, 제60조의4의 예비후보자공약집, 제64조의 선거벽보, 제65조의 선거공보(같은 조 제9항의 후보자정보공개자료를 포함한다), 제66조의 선거공약서 및 후보자가 운영하는 인터넷 홈페이지에 게재하였거나 게재하고자 하는 학력에 한한다.
7. 대통령선거·국회의원선거·지방의회의원 및 지방자치단체의 장의 선거와 교육의원선거 및 교육감선거에 후보자로 등록한 경력[선거가 실시된 연도, 선거명, 선거구명, 소속 정당명(정당의 후보자추천이 허용된 선거에 한정한다), 당선 또는 낙선 여부를 말한다]에 관한 신고서

정답 ②

07 후보자에 대한 설명으로 옳은 것은?

① 국회의원선거에서 정당후보자는 정당의 추천만 받으면 선거에 입후보할 수 있는 데 비하여 무소속후보자는 당해 선거구 선거권자 300인 이상 500인 이하의 추천을 받아야 입후보할 수 있도록 하는 것에 대해 헌법재판소는 위헌이라고 판시하였다.
② 시·도선거관리위원회위원이 국회의원선거에서 후보자가 되려고 하는 경우 후보자등록신청 전까지 그 직을 그만두어야 한다.
③ 헌법재판소는 공무원으로서 공직선거의 후보자가 되고자 하는 자가 선거일 전에 그 직을 그만두도록 하는 것은 헌법에 위배된다고 판시하였다.
④ 정당이 임기만료에 따른 지역구국회의원선거 및 지역구지방의회의원선거에 후보자를 추천하는 때에는 각각 전국지역구총수의 100분의 30 이상을 여성으로 추천하도록 노력하여야 한다.

✏️ 해설

④ 공직선거법 제47조 제4항
① 무소속후보자에게만 선거권자의 추천을 받도록 한 것은 정당후보자와 불합리한 차별을 하는 것이라고 할 수 없다(헌재 1996.8.29, 96헌마99).
② 각급선거관리위원회위원이 후보자가 되려고 하는 경우 선거일 전 90일까지 그 직을 그만두어야 한다(공직선거법 제53조 제1항 제2호).
③ 공무원으로서 공직선거의 후보자가 되고자 하는 자는 선거일 전 90일까지 그 직을 그만 두도록 한 것은 선거의 공정성과 공직의 직무전념성을 보장함과 아울러 이른바 포말후보의 난립을 방지하기 위한 것으로서 그 필요성과 합리성이 인정되며, 그것이 공무담임권의 본질적 내용을 침해하였다거나 과잉금지의 원칙에 위배된다고 볼 수 없다(헌재 1995.3.23, 95헌마53).

🎓 정답 ④

08 후보자에 대한 설명으로 옳은 것은?

① 후보자가 제출한 등록대상재산, 병역사항, 최근 5년 간 세금 납부 및 체납에 관한 신고서와 벌금 100만원 이상의 전과기록에 관한 증명서류는 당선인의 임기 중 선거구민에게 공개한다.
② 여성이나 장애인 등에 대하여 당헌·당규에 따라 가산점 등을 부여하여 실시한 당내경선에서 후보자로 선출되지 아니한 자는 해당 선거의 같은 선거구에서 후보자로 등록될 수 없다.
③ 후보자를 추천하지 아니하기로 한 정당의 당원인 자는 무소속후보자로 등록할 수 있으며, 그 정당의 당원경력을 표시할 수 있다.
④ 대통령선거의 정당추천후보자가 후보자등록기간이 지난 후에 사망한 때에는 추가로 후보자등록을 신청할 수 없다.

✏️ 해설

② 여성이나 장애인 등에 대하여 당헌·당규에 따라 가산점 등을 부여하여 실시한 당내경선에서 후보자로 선출되지 아니한 자는 해당 선거의 같은 선거구에서 후보자로 등록될 수 없다(공직선거법 제57조의2 제2항). (2018.4.6.개정)
① 관할선거구선거관리위원회는 등록대상재산에 관한 신고서, 병역사항에 관한 신고서, 최근 5년간의 후보자·그의 배우자와 직계존비속(혼인한 딸과 외조부모 및 외손자녀를 제외)의 소득세·재산세·종합부동산세의 납부 및 체납(10만원 이하 또는 3월 이내의 체납은 제외)에 관한 신고서, 벌금 100만원 이상의 형의 범죄경력에 관한 증명서류, 정규학력에 관한 최종학력 증명서와 국내 정규학력에 준하는 외국의 교육기관에서 이수한 학력에 관한 각 증명서(한글번역문을 첨부), 대통령선거·국회의원선거·지방의회의원 및 지방자치단체의 장의 선거와 교육의원선거 및 교육감선거에 후보자로 등록한 경력에 관한 신고서를 선거구민이 알 수 있도록 공개하여야 한다. 다만, 선거일 후에는 이를 공개하여서는 아니된다(공직선거법 제49조 제12항).
③ 정당의 당원인 자는 무소속후보자로 등록할 수 없으며, 후보자등록기간 중(후보자등록신청 시를 포함한다) 당적을 이탈·변경하거나 2 이상의 당적을 가지고 있는 때에는 당해 선거에 후보자로 등록될 수 없다. 소속정당의 해산이나 그 등록의 취소 또는 중앙당의 시·도당창당승인취소로 인하여 당원자격이 상실된 경우에도 또한 같다(공직선거법 제49조 제6항).
④ 대통령선거에 있어서 정당추천후보자가 후보자등록기간중 또는 후보자등록기간이 지난 후에 사망한 때에는 후보자등록마감일후 5일까지 제47조(정당의 후보자추천) 및 제49조(후보자등록 등)의 규정에 의하여 후보자등록을 신청할 수 있다(공직선거법 제51조).

🎓 정답 ②

09 후보자등록에 대한 설명으로 옳은 것은?

① 두 정당이 후보 단일화를 위하여 1인의 후보자를 공동으로 등록할 수 있다.
② 비례대표국회의원이 지역구국회의원 보궐선거 등에 입후보하는 경우 및 비례대표지방의회의원이 해당 지방자치단체의 지역구지방의회의원 보궐선거 등에 입후보하는 경우에는, 당해 선거의 선거일 전 90일까지 그 직을 그만두어야 한다.
③ 국회의원이 지방자치단체의 장의 선거에 입후보하는 경우에는 선거일 전 90일까지 그 직을 그만두어야 한다.
④ 정당이 비례대표국회의원선거 및 비례대표지방의회의원선거에 후보자를 추천하는 때에는 그 후보자 중 100분의 50 이상을 여성으로 추천하되, 그 후보자명부의 순위의 매 홀수에는 여성을 추천하여야 한다.

해설

④ 공직선거법 제47조 제3항
① 정당의 당원인 자는 무소속후보자로 등록할 수 없으며, 후보자등록기간 중(후보자등록신청 시를 포함한다) 당적을 이탈·변경하거나 2 이상의 당적을 가지고 있는 때에는 당해 선거에 후보자로 등록될 수 없다. 소속정당의 해산이나 그 등록의 취소 또는 중앙당의 시·도당창당승인취소로 인하여 당원자격이 상실된 경우에도 또한 같다(공직선거법 제49조 제6항).
② 비례대표국회의원이 지역구국회의원 보궐선거 등에 입후보하는 경우 및 비례대표지방의회의원이 해당 지방자치단체의 지역구지방의회의원 보궐선거 등에 입후보하는 경우에는 후보자등록신청 전까지 그 직을 그만두어야 한다(공직선거법 제53조 제3항).
③ 국회의원이 지방자치단체의 장의 선거에 입후보하는 경우에는 선거일 전 30일까지 그 직을 그만두어야 한다(공직선거법 제53조 제2항 제3호).

정답 ④

10 후보자에 대한 설명으로 옳은 것은?

① 후보자의 등록은 대통령선거에서는 선거일 전 23일, 국회의원선거와 지방자치단체의 의회의원 및 장의 선거에서는 선거일 전 14일부터 2일간 관할선거구선거관리위원회에 서면으로 신청하여야 한다.
② 후보자등록신청서의 접수는 매일 오전 9시부터 오후 6시까지로 하는데, 마감일이 공휴일인 경우에는 다음 날까지 연장된다.
③ 기초의회의원선거 후보자로 하여금 특정 정당으로부터의 지지 또는 추천받음을 표방할 수 없도록 하는 규정을 두더라도 지방자치의 안정성을 위한 것이므로 정치적 표현의 자유를 침해한 것으로 보기는 어렵다.
④ 정당은 선거에 있어 선거구별로 선거할 정수범위 안에서 그 소속당원을 후보자로 추천할 수 있다. 다만, 비례대표자치구·시·군의원의 경우에는 그 정수 범위를 초과하여 추천할 수 있다.

해설

④ 공직선거법 제47조 제1항
① 후보자의 등록은 대통령선거에서는 선거일 전 24일, 국회의원선거와 지방자치단체의 의회의원 및 장의 선거에서는 선거일 전 20일부터 2일간 관할선거구선거관리위원회에 서면으로 신청하여야 한다(공직선거법 제49조 제1항).
② 후보자등록신청서의 접수는 공휴일에 불구하고 매일 오전 9시부터 오후 6시까지로 한다(공직선거법 제49조 제7항).
③ 기초의회의원선거 후보자로 하여금 특정 정당으로부터의 지지 또는 추천받음을 표방할 수 없도록 한 것은 정치적 표현의 자유를 과도하게 침해하는 것이다(헌재 2003.1.30, 2001헌가4).

정답 ④

11 후보자에 대한 설명으로 옳은 것은?

① 기초의회의원선거에서는 후보자가 소속 정당의 지지 또는 추천 받음을 표방할 수 없다.
② 울산광역시의 자치구·군의 장의 직무를 대행하고 있는 부구청장과 부군수가 공직선거에 입후보하고자 하는 경우에는, 선거일 전 60일까지 그 직을 그만두어야 한다.
③ 후보자가 등록·사퇴·사망하거나 등록이 무효로 된 때에는 당해 선거구선거관리위원회는 지체없이 이를 공고하고, 상급선거관리위원회에 보고하여야 하며, 하급선거관리위원회에 통지하여야 한다.
④ 지방자치단체의 장은 선거구역이 당해 지방자치단체의 관할구역과 같거나 겹치는 지역구국회의원선거에 입후보하고자 하는 때에는 당해 선거의 선거일 전 180일까지 그 직을 그만두어야 한다.

✎ 해설

③ 공직선거법 제55조
① 기초의회의원선거에서 후보자는 소속 정당의 지지 또는 추천받음을 표방할 수 있다.
② 울산광역시의 자치구·군의 장의 직무를 대행하고 있는 부구청장과 부군수는 공직선거법 제53조 제1항 제1호에 해당하는 자로서 공직선거에 입후보하고자 하는 경우에는 선거일 전 90일까지 그 직을 그만 두어야 한다.
④ 지방자치단체의 장은 선거구역이 당해 지방자치단체의 관할구역과 같거나 겹치는 지역구국회의원선거에 입후보하고자 하는 때에는 당해 선거의 선거일 전 120일까지 그 직을 그만두어야 한다. 다만, 그 지방자치단체의 장이 임기가 만료된 후에 그 임기만료일부터 90일 후에 실시되는 지역구국회의원선거에 입후보하려는 경우에는 그러하지 아니하다(공직선거법 제53조 제5항).

🎓 **정답 ③**

12 후보자에 대한 설명으로 옳은 것은?

① 후보자등록기간 중 정당추천후보자가 사망한 경우에 정당은 후보자에 대한 추천을 변경할 수 있으나, 후보자가 사퇴한 경우에는 변경할 수 없다.
② 예비후보자가 당내경선에서 당해 정당의 후보자로 선출되지 아니하여 후보자로 등록될 수 없는 경우에는 기탁금을 반환받을 수 없다.
③ 정당추천후보자가 사퇴하고자 하는 때에는 정당의 대리인이 당해 선거구선거관리위원회에 가서 서면으로 신고할 수 있다.
④ 후보자의 등록은 대통령선거에서는 선거일 전 24일, 국회의원선거와 지방자치단체의 의회의원 및 장의 선거에서는 선거일 전 20일부터 2일간 관할선거구선거관리위원회에 서면으로 신청하여야 한다.

✎ 해설

④ 공직선거법 제49조 제1항
① 정당은 후보자등록 후에는 등록된 후보자에 대한 추천을 취소 또는 변경할 수 없으며, 비례대표국회의원후보자명부(비례대표지방의회의원후보자명부 포함)에 후보자를 추가하거나 그 순위를 변경할 수 없다. 다만, 후보자등록기간 중 정당추천후보자가 사퇴·사망하거나, 소속정당의 제명이나 중앙당의 시·도당창당승인취소 외의 사유로 인하여 등록이 무효로 된 때에는 예외로 하되, 비례대표국회의원후보자명부(비례대표지방의회의원후보자명부 포함)에 후보자를 추가할 경우에는 그 순위는 이미 등록된 자의 다음으로 한다(공직선거법 제50조 제1항).
② 예비후보자가 당내경선에서 당해 정당의 후보자로 선출되지 아니하여 후보자로 등록될 수 없는 경우에는 납부한 기탁금 전액을 반환한다(공직선거법 제57조 제1항 제1호 다목).
③ 후보자가 사퇴하고자 하는 때에는 자신이 직접 당해 선거구선거관리위원회에 가서 서면으로 신고하되, 정당추천후보자가 사퇴하고자 하는 때에는 추천정당의 사퇴승인서를 첨부하여야 한다(공직선거법 제54조).

🎓 **정답 ④**

13 후보자에 대한 설명으로 옳은 것은?

① 국민의 정치적 참여를 목적으로 하는 자발적 조직으로서 정당에게는 정당활동의 자유가 보장되기 때문에 정당의 후보자추천은 사법심사의 대상이 되지 아니한다.
② 정당이 대통령선거 후보경선에서 여론조사 결과를 반영하는 것은 당원들의 헌법상 기본권을 침해한 경우 헌법소원심판의 대상이 되는 공권력의 행사에 해당한다.
③ 당내경선을 위탁하여 실시하는 경우에 그 경선 및 선출의 효력에 대한 이의제기는 당해 정당이나 당해 선거의 관할선거구선거관리위원회에 한다.
④ 예비후보자등록을 신청하면서 전과기록에 관한 증명서류를 갖추지 아니한 등록신청은 수리할 수 없다.

해설

④ 공직선거법 제60조의2 제3항
① 대법원은 "정당이 당헌·당규에 따라 당내경선을 실시하고 후보자를 선정하였다면, 정당이 민주적 절차에 의하여 공직선거후보자를 추천하여야 한다고 규정한 공직선거법 제47조 제2항의 입법 취지를 형해화하고 일반적인 선거원칙의 본질을 침해할 정도로 후보자선정이 객관적으로 합리성과 타당성을 현저히 잃은 것으로 평가할 수 있는 등의 특별한 사정이 없는 이상 후보자선정과 이에 따른 후보자등록을 무효라고 볼 수 없다(대판 2015.2.12, 2014수39)."라고 판시한 바 있다.
② 정당이 공권력 행사의 주체가 아니고, 정당의 대통령선거 후보선출은 자발적 조직 내부의 의사결정에 지나지 아니하므로, 청구인들 주장과 같이 한나라당이 대통령선거 후보경선과정에서 여론조사 결과를 반영한 것을 일컬어 헌법소원심판의 대상이 되는 공권력의 행사에 해당한다 할 수 없다(헌재 2007.10.30, 2007헌마1128).
③ 정당이 당내경선을 위탁하여 실시하는 경우에는 그 경선 및 선출의 효력에 대한 이의제기는 당해 정당에 하여야 한다(공직선거법 제57조의7).

정답 ④

14 후보자등록에 관한 기술 중에서 옳지 않은 것은?

① 정당의 당원인 자는 무소속후보자로 등록할 수 없으며, 후보자등록기간 중(후보자등록신청시 포함) 당적을 이탈·변경하거나 2 이상의 당적을 가지고 있는 때에는 당해 선거에 후보자로 등록될 수 없다. 소속정당의 해산이나 그 등록의 취소 또는 중앙당의 시·도당창당승인취소로 인하여 당원자격이 상실된 경우에도 또한 같다.
② 후보자등록신청서의 접수는 공휴일에 불구하고 매일 오전 9시부터 오후 6시까지로 한다.
③ 관할선거구선거관리위원회는 후보자등록신청이 있는 때에는 원칙적으로 즉시 이를 수리하여야 한다.
④ 정당은 후보자등록 후에는 등록된 후보자에 대한 추천을 취소 또는 변경할 수 없으며, 비례대표국회의원후보자명부(비례대표지방의회의원후보자명부 제외)에 후보자를 추가하거나 그 순위를 변경할 수 없다.

해설

④ 정당은 후보자등록 후에는 등록된 후보자에 대한 추천을 취소 또는 변경할 수 없으며, 비례대표국회의원후보자명부(비례대표지방의회의원후보자명부를 포함한다. 이하 이 항에서 같다)에 후보자를 추가하거나 그 순위를 변경할 수 없다. 다만, 후보자등록기간 중 정당추천후보자가 사퇴·사망하거나, 소속정당의 제명이나 중앙당의 시·도당창당승인취소 외의 사유로 인하여 등록이 무효로 된 때에는 예외로 하되, 비례대표국회의원후보자명부에 후보자를 추가할 경우에는 그 순위는 이미 등록된 자의 다음으로 한다(공직선거법 제50조 제1항).
① 정당의 당원인 자는 무소속후보자로 등록할 수 없으며, 후보자등록기간 중(후보자등록신청시를 포함한다) 당적을 이탈·변경하거나 2 이상의 당적을 가지고 있는 때에는 당해 선거에 후보자로 등록될 수 없다. 소속정당의 해산이나 그 등록의 취소 또는 중앙당의 시·도당창당승인취소로 인하여 당원자격이 상실된 경우에도 또한 같다(공직선거법 제49조 제6항).
② 후보자등록신청서의 접수는 공휴일에 불구하고 매일 오전 9시부터 오후 6시까지로 한다(공직선거법 제49조 제7항).
③ 관할선거구선거관리위원회는 후보자 등록신청이 있는 때에는 즉시 이를 수리하여야 하되, 등록신청서·정당의 추천서와 본인승낙서·선거권자의 추천장·기탁금 및 제4항 제2호 내지 제5호의 규정에 의한 서류를 갖추지 아니하거나 제47조 제3항의 규정에 따른 여성후보 추천의 비율과 순위(비례대표지방의회의원선거에 한한다)를 위반한 등록신청은 이를 수리할 수 없다. 다만, 후보자의 피선거권에 관한 증명서류가 첨부되지 아니한 경우에는 이를 수리하되, 당해 선거구선거관리위원회가 그 사항을 조사하여야 하며, 그 조사를 의뢰받은 기관 또는 단체는 지체없이 그 사실을 확인하여 당해 선거구선거관리위원회에 회보하여야 한다(공직선거법 제49조 제8항).

정답 ④

03 공무원의 입후보

01 다음 중에서 대통령 선거와 국회의원 선거의 후보자가 되려고 하는 경우 선거일 전 90일까지 그 직을 그만두어야 하는 사람이 아닌 자는?

① 서울특별시 7급 공무원
② 법무부소속 7급 공무원
③ 감사원소속 7급 공무원
④ 국회의원

🖉 해설

대통령선거와 국회의원선거에 있어서 국회의원이 입후보하는 경우에는 그 직을 유지할 수 있다(공직선거법 제53조 제1항).

PLUS⁺ 입후보 제한직(일정기간 이전에 그 직을 그만두어야 하는 자)

㉠ 국가공무원과 지방공무원
㉡ 다른 법령에 의하여 공무원의 신분을 가지는 자
㉢ 공공기관의 운영에 관한 법률 제4조 제1항 제3호에 해당하는 기관 중 정부가 100분의 50 이상의 지분을 가지고 있는 기관(한국은행 포함)의 상근 임원
㉣ 지방공기업법에 의한 지방공사 및 지방공단의 상근 임원
㉤ 농업협동조합법·수산업협동조합법·산림조합법·엽연초생산협동조합법에 의하여 설립된 조합의 상근 임원과 이들 조합의 중앙회장
㉥ 사립학교의 교원
㉦ 「신문 등의 진흥에 관한 법률」 제2조에 따른 신문 및 인터넷신문, 「잡지 등 정기간행물의 진흥에 관한 법률」 제2조에 따른 정기간행물, 「방송법」 제2조에 따른 방송사업을 발행·경영하는 자와 이에 상시 고용되어 편집·제작·취재·집필·보도의 업무에 종사하는 자로서 중앙선거관리위원회규칙으로 정하는 언론인
㉧ 각급 선거관리위원회의 위원 또는 교육위원회의 교육위원
㉨ 특별법에 의하여 설립된 국민운동단체로서 국가 또는 지방자치단체의 출연 또는 보조를 받는 단체(바르게살기운동협의회·새마을운동협의회·한국자유총연맹을 말하며, 시·도조직 및 구·시·군조직 포함)의 대표자

PLUS⁺ 사퇴하지 않고 후보자 등록을 할 수 있는 사람

㉠ 대통령선거와 국회의원선거에 있어서 국회의원
㉡ 지방의회의원선거와 지방자치단체의 장의 선거에 있어서 당해 지방자치단체의 의회의원이나 장
㉢ 국회 부의장의 수석비서관·비서관·비서·행정보조요원
㉣ 국회 상임위원회·예산결산특별위원회·윤리특별위원회 위원장의 행정보조요원
㉤ 국회의원의 보좌관·비서관·비서
㉥ 국회 교섭단체대표의원의 행정비서관
㉦ 국회 교섭단체의 정책연구위원·행정보조요원
㉧ 국공립대학의 총장·학장·교수·부교수·조교수·강사
㉨ 사립대학의 총장·부총장·학장·부학장·교수·부교수·조교수·강사

🎓 정답 ④

02 「공직선거법」상 입후보에 대한 설명으로 옳지 않은 것은?

① 엽연초생산협동조합중앙회 중앙회장이 광주광역시장선거에서 후보자가 되려면 선거일 전 90일까지 그 직을 그만두어야 한다.
② 바르게살기운동협의회 대표자가 서울특별시 송파구 국회의원보궐선거에서 후보자가 되려면 선거일 전 30일까지 그 직을 그만두어야 한다.
③ 비례대표국회의원이 지역구국회의원 보궐선거에 입후보하는 경우에는 그 직을 그만두지 아니하여도 된다.
④ 서울특별시 강남구청장이 자신의 임기 중 실시되는 강남구 국회의원선거에 입후보하는 때에는 당해 선거의 선거일 전 120일까지 그 직을 그만두어야 한다.

해설

③ 비례대표국회의원이 지역구국회의원 보궐선거등에 입후보하는 경우 및 비례대표지방의회의원이 해당 지방자치단체의 지역구지방의회의원 보궐선거등에 입후보하는 경우에는 후보자등록신청 전까지 그 직을 그만두어야 한다(공직선거법 제53조 제3항).
① 「농업협동조합법」・「수산업협동조합법」・「산림조합법」・「엽연초생산협동조합법」에 의하여 설립된 조합의 상근 임원과 이들 조합의 중앙회장으로서 후보자가 되려는 사람은 선거일 전 90일까지 그 직을 그만두어야 한다(공직선거법 제53조 제1항 제5호).
② 제1항 본문에도 불구하고 보궐선거 등에 입후보하는 경우에는 선거일 전 30일까지 그 직을 그만두어야 한다(공직선거법 제53조 제2항 제2호).
④ 지방자치단체의 장은 선거구역이 당해 지방자치단체의 관할구역과 같거나 겹치는 지역구국회의원선거에 입후보하고자 하는 때에는 당해 선거의 선거일전 120일까지 그 직을 그만두어야 한다(공직선거법 제53조 제5항).

정답 ③

03 다음 중 후보자가 되고자 할 경우 선거일 전 90일까지 그 직을 그만두어야 하는 사람이 아닌 것은 모두 몇 항목인가?

> ⊙ 국가공무원과 지방공무원. 다만, 정당의 당원이 될 수 있는 공무원(정무직공무원 제외)은 그러하지 아니하다.
> ⓒ 각급선거관리위원회위원 또는 교육위원회의 교육위원
> ⓒ 다른 법령의 규정에 의하여 공무원의 신분을 가진 자
> ⓔ 「공공기관의 운영에 관한 법률」 제4조 제1항 제3호에 해당하는 기관 중 정부가 100분의 30 이상의 지분을 가지고 있는 기관(한국은행을 포함한다)의 상근 임원
> ⓜ 「농업협동조합법」・「수산업협동조합법」・「산림조합법」・「엽연초생산협동조합법」에 의하여 설립된 조합의 상근 임원과 이들 조합의 중앙회장
> ⓑ 「지방공기업법」 제2조(적용범위)에 규정된 지방공사와 지방공단의 상근 임원
> ⓢ 「정당법」 제22조 제1항 제2호의 규정에 의하여 정당의 당원이 될 수 없는 사립학교교원
> ⓞ 중앙선거관리위원회규칙으로 정하는 언론인
> ⓩ 특별법에 의하여 설립된 국민운동단체로서 국가 또는 지방자치단체의 출연 또는 보조를 받는 단체(바르게살기운동협의회・새마을운동협의회・한국자유총연맹을 말하며, 시・도조직 및 구・시・군조직을 포함한다)의 대표자

① 1항목 ② 2항목
③ 3항목 ④ 4항목

해설

ⓔ 「공공기관의 운영에 관한 법률」 제4조 제1항 제3호에 해당하는 기관 중 정부가 100분의 50 이상의 지분을 가지고 있는 기관(한국은행을 포함한다)의 상근 임원은 선거일 전 90일까지 그 직을 그만두어야 한다(공직선거법 제53조 제1항 제4호).

> **공직선거법 제53조(공무원 등의 입후보)** ① 다음 각 호의 어느 하나에 해당하는 사람으로서 후보자가 되려는 사람은 선거일 전 90일까지 그 직을 그만두어야 한다. 다만, 대통령선거와 국회의원선거에 있어서 국회의원이 그 직을 가지고 입후보하는 경우와 지방의회의원선거와 지방자치단체의 장의 선거에 있어서 당해 지방자치단체의 의회의원이나 장이 그 직을 가지고 입후보하는 경우에는 그러하지 아니하다.
> 1. 「국가공무원법」 제2조(공무원의 구분)에 규정된 국가공무원과 「지방공무원법」 제2조(공무원의 구분)에 규정된 지방공무원. 다만, 「정당법」 제22조(발기인 및 당원의 자격) 제1항 제1호 단서의 규정에 의하여 정당의 당원이 될 수 있는 공무원(정무직공무원을 제외한다)은 그러하지 아니하다.
> 2. 각급선거관리위원회위원 또는 교육위원회의 교육위원
> 3. 다른 법령의 규정에 의하여 공무원의 신분을 가진 자
> 4. 「공공기관의 운영에 관한 법률」 제4조 제1항 제3호에 해당하는 기관 중 정부가 100분의 50 이상의 지분을 가지고 있는 기관(한국은행을 포함한다)의 상근 임원
> 5. 「농업협동조합법」・「수산업협동조합법」・「산림조합법」・「엽연초생산협동조합법」에 의하여 설립된 조합의 상근 임원과 이들 조합의 중앙회장
> 6. 「지방공기업법」 제2조(적용범위)에 규정된 지방공사와 지방공단의 상근 임원
> 7. 「정당법」 제22조 제1항 제2호의 규정에 의하여 정당의 당원이 될 수 없는 사립학교교원
> 8. 「신문 등의 진흥에 관한 법률」 제2조에 따른 신문 및 인터넷신문, 「잡지 등 정기간행물의 진흥에 관한 법률」 제2조에 따른 정기간행물, 「방송법」 제2조에 따른 방송사업을 발행・경영하는 자와 이에 상시 고용되어 편집・제작・취재・집필・보도의 업무에 종사하는 자로서 중앙선거관리위원회규칙으로 정하는 언론인
> 9. 특별법에 의하여 설립된 국민운동단체로서 국가 또는 지방자치단체의 출연 또는 보조를 받는 단체(바르게살기운동협의회・새마을운동협의회・한국자유총연맹을 말하며, 시・도조직 및 구・시・군조직을 포함한다)의 대표자

정답 ①

04 서울특별시장이 서울특별시 관할구 내에서 국회의원 선거에 출마하고자 하는 경우 선거일 며칠 전까지 사퇴해야 하는가?

① 60일
② 90일
③ 120일
④ 180일

해설

지방자치단체의 장은 선거구역이 당해 지방자치단체의 관할구역과 같거나 겹치는 지역구국회의원선거에 입후보하고자 하는 때에는 당해 선거의 선거일 전 120일까지 그 직을 그만두어야 한다. 다만, 그 지방자치단체의 장이 임기가 만료된 후에 그 임기만료일부터 90일 후에 실시되는 지역구국회의원선거에 입후보하려는 경우에는 그러하지 아니하다(공직선거법 제53조 제5항).

PLUS⁺ 입후보 전 공직사퇴

	대통령선거	국회의원선거	지방자치단체장선거	지방의회의원선거
국회의원	그 직을 가지고 입후보	그 직을 가지고 입후보	선거일 전 30일까지 사퇴	선거일 전 90일까지 사퇴
지방자치단체장	선거일 전 90일까지 사퇴	• 같은 관할구역 : 선거일 전 120일까지 사퇴 • 다른 관할구역 : 선거일 전 90일까지 사퇴 • 비례대표의원 : 선거일 전 30일까지 사퇴	• 당해 지방 : 그 직을 가지고 입후보 • 다른 지방 : 선거일 전 90일까지 사퇴	• 당해 지방 : 그 직을 가지고 입후보 • 다른 지방 : 선거일 전 90일까지 사퇴
지방의회의원	선거일 전 90일까지 사퇴	선거일 전 90일까지 사퇴	• 당해 지방 : 그 직을 가지고 입후보 • 다른 지방 : 선거일 전 30일까지 사퇴	• 당해 지방 : 그 직을 가지고 입후보 • 다른 지방 : 선거일 전 30일까지 사퇴

정답 ③

---

05 후보자가 사퇴하고자 하는 때에는 자신이 직접 어디에 신고해야 하는가?

① 당해 선거구선거관리위원회
② 읍·면·동선거관리위원회
③ 시·도선거관리위원회
④ 중앙선거관리위원회

해설

후보자가 사퇴하고자 하는 때에는 자신이 직접 당해 선거구선거관리위원회에 가서 서면으로 신고하되, 정당추천후보자가 사퇴하고자 하는 때에는 추천정당의 사퇴승인서를 첨부하여야 한다(공직선거법 제54조).

정답 ①

04 후보자의 신분보장과 기탁금

01 사형, 무기징역, 7년 이상의 징역이나 금고에 해당하는 죄를 범한 경우를 제외하고는 대통령 선거의 후보자는 후보자의 등록이 끝난 때부터 개표 종료시까지 신분보장을 받는데, 이에 해당하지 않는 것은? (단, 현행범이 아닌 경우)

① 체포
② 구속
③ 병역소집유예
④ 조세징수유예

해설

대통령선거의 후보자는 후보자의 등록이 끝난 때부터 개표종료시까지 사형·무기 또는 장기 7년 이상의 징역이나 금고에 해당하는 죄를 범한 경우를 제외하고는 현행범인이 아니면 체포 또는 구속되지 아니하며, 병역소집의 유예를 받는다(공직선거법 제11조 제1항).

PLUS⁺ 각 선거별 신분보장 내용

구분	신분보장기간	보장내용	예외
대통령선거의 후보자	후보자의 등록이 끝난 때부터 개표 종료시까지	현행범이 아니면 체포·구금되지 아니하며, 병역소집의 유예를 받음	사형·무기 또는 장기 7년 이상의 징역이나 금고에 해당하는 죄를 범한 경우에는 예외임
국회의원선거 및 지방선거의 후보자	후보자의 등록이 끝난 때부터 개표 종료시까지	현행범이 아니면 체포·구금되지 아니하며, 병역소집의 유예를 받음	사형·무기 또는 장기 5년 이상의 징역이나 금고에 해당하는 죄와 선거법에 규정된 선거범죄를 범한 경우에는 예외임
선거사무장·선거연락소장·선거사무원·회계책임자·투표참관인·사전투표참관인과 개표참관인(예비후보자가 선임한 선거사무장·선거사무원 및 회계책임자는 제외)	신분을 취득한 때부터 개표 종료시까지	현행범이 아니면 체포·구금되지 아니하며, 병역소집의 유예를 받음	사형·무기 또는 장기 3년 이상의 징역이나 금고에 해당하는 죄를 범하였거나 제230조~235조, 제237조~259조의 죄를 범한 경우에는 예외임

PLUS⁺ 형사소송법 제211조(현행범인과 준현행범인)

① 범죄의 실행 중이거나 실행의 즉후인 자를 현행범인이라 한다.
② 다음 각 호의 1에 해당하는 자는 현행범인으로 간주한다.
 1. 범인으로 호창되어 도주하고 있는 때
 2. 장물이나 범죄에 사용되었다고 인정함에 충분한 흉기 기타의 물건을 소지하고 있는 때
 3. 신체 또는 의복류에 현저한 증적이 있을 때
 4. 누구임을 물음에 대하여 도망하려 하는 때

🎓 정답 ④

02 「공직선거법」상 기탁금에 대한 설명으로 옳지 않은 것은?

① 납부된 기탁금은 다른 법률에 의한 체납처분이나 강제집행의 대상이 되지 아니한다.
② 자치구·시·군의 장선거에 출마한 후보자가 당선되지 않고 유효투표총수의 100분의 13을 득표한 경우에 반환받는 기탁금은 100만원이다.
③ 대통령선거의 예비후보자가 후보자등록을 신청하는 때에는 예비후보자등록 시 이미 납부한 기탁금을 제외한 2억 4천만원을 기탁금으로 납부하면 된다.
④ 후보자가 「공직선거법」을 위반하여 과태료를 부과받은 경우, 과태료가 반환해야 할 기탁금을 넘지 않는다면 관할 선거구선거관리위원회는 반환해야 할 기탁금에서 과태료를 공제하고 반환한다.

해설

② 자치구·시·군의 장 선거의 기탁금은 1천만원이다(공직선거법 제56조 참조). 관할선거구선거관리위원회는 후보자가 유효투표총수의 100분의 10 이상 100분의 15 미만을 득표한 경우에는 기탁금의 100분의 50에 해당하는 금액을 선거일 후 30일 이내에 기탁자에게 반환한다(공직선거법 제57조 제1항). 따라서 500만원을 반환받게 된다.
① 제1항의 기탁금은 체납처분이나 강제집행의 대상이 되지 아니한다(공직선거법 제56조 제2항).
③ 후보자등록을 신청하는 자는 등록신청 시에 후보자 1명마다 다음 각 호의 기탁(대통령선거는 3억원)을 중앙선거관리위원회규칙으로 정하는 바에 따라 관할선거구선거관리위원회에 납부하여야 한다. 이 경우 예비후보자가 해당 선거의 같은 선거구에 후보자등록을 신청하는 때에는 제60조의2 제2항에 따라 납부한 기탁금을 제외한 나머지 금액을 납부하여야 한다(공직선거법 제56조 제1항). 예비후보자등록을 신청하는 사람은 다음 각 호의 서류를 제출하여야 하며, 제56조 제1항 각 호에 따른 해당 선거 기탁금의 100분의 20에 해당하는 금액을 중앙선거관리위원회규칙으로 정하는 바에 따라 관할선거구선거관리위원회에 기탁금으로 납부하여야 한다(공직선거법 제60조의2 제2항). 대통령선거 기탁금 3억원의 100분의 20에 해당하는 금액은 6천만원이다. 예비후보자등록 시 6천만원을 납부했다면, 후보자등록을 신청하는 때에는 2억 4천만원만 납부하면 된다.
④ 제261조에 따른 과태료 및 제271조에 따른 불법시설물 등에 대한 대집행비용은 제1항의 기탁금(제60조의2 제2항의 기탁금을 포함한다)에서 부담한다(공직선거법 제56조 제3항).

정답 ②

03 ○○지역구 국회의원선거에 甲, 乙, 丙, 丁 네 명의 후보가 출마하였다. 유효투표총수가 100,000표이고, 네 후보가 각각 62,128표, 17,543표, 12,589표, 7,740표를 얻어 甲이 당선인으로 결정되었다. 이때 네 후보가 선거관리위원회에 납부한 기탁금 중에서 반환받는 총 액수는? (단, 선거는 유효하며, 다른 조건은 고려하지 않는다.)

① 2,250만원
② 3,000만원
③ 3,750만원
④ 4,500만원

해설

국회의원선거의 기탁금은 1,500만원이다. 지역구국회의원선거에서 후보자가 당선되거나 사망한 경우와 유효투표총수의 100분의 15 이상을 득표한 경우에는 기탁금 전액을 반환한다. 후보자가 유효투표총수의 100분의 10 이상 100분의 15 미만을 득표한 경우에는 기탁금의 100분의 50에 해당하는 금액을 반환한다(공직선거법 제57조 제1항 제1호). 이 문제 사례의 경우, 甲은 당선인이고, 乙은 15% 이상을 득표하였으므로 전액을 반환받는다(3,000만원). 丙은 15,000표 미만의 득표를 하였는데, 10,000표 이상 득표하였으므로 반액을 반환받을 수 있다(750만원). 따라서 답은 3,750만원이다(3,000+750).

정답 ③

04 다음 중에서 후보자 기탁금이 가장 소액인 자들은 모두 몇 항목인가?

> ㉠ 서울특별시장 후보자　　　㉡ 광주광역시장 후보자
> ㉢ 경기도지사 후보자　　　　㉣ 연천군수 후보자
> ㉤ 파주시장 후보자　　　　　㉥ 국회의원선거 후보자
> ㉦ 강남구의원 후보자

① 1항목　　② 2항목
③ 3항목　　④ 4항목

해설

자치구·시·군의원인 강남구의원 후보자의 기탁금은 200만원이다.

공직선거법 제56조(기탁금) ① 후보자등록을 신청하는 자는 등록신청 시에 후보자 1명마다 다음 각 호의 기탁금(후보자등록을 신청하는 사람이 「장애인복지법」 제32조에 따라 등록한 장애인이거나 선거일 현재 29세 이하인 경우에는 다음 각 호에 따른 기탁금의 100분의 50에 해당하는 금액을 말하고, 30세 이상 39세 이하인 경우에는 다음 각 호에 따른 기탁금의 100분의 70에 해당하는 금액을 말한다)을 중앙선거관리위원회규칙으로 정하는 바에 따라 관할선거구선거관리위원회에 납부하여야 한다. 이 경우 예비후보자가 해당 선거의 같은 선거구에 후보자등록을 신청하는 때에는 제60조의2제2항에 따라 납부한 기탁금을 제외한 나머지 금액을 납부하여야 한다. <개정 1997. 11. 14., 2000. 2. 16., 2001. 10. 8., 2002. 3. 7., 2010. 1. 25., 2012. 1. 17., 2020. 3. 25., 2022. 4. 20.>

1. 대통령선거는 3억원
2. 지역구국회의원선거는 1천500만원
2의2. 비례대표국회의원선거는 500만원
3. 시·도의회의원선거는 300만원
4. 시·도지사선거는 5천만원
5. 자치구·시·군의 장 선거는 1천만원
6. 자치구·시·군의원선거는 200만원

🔍 과거 대통령선거 기탁금이 5억원이었던 조항은 2008.11.27. 헌법재판소의 헌법불합치결정으로 인해 2012.1.17. 3억원으로 개정되었다.

정답 ①

05 다음 중에서 기탁금이 국고에 귀속되는 경우는?

① 후보자의 당선
② 후보자의 사망
③ 후보자의 사퇴
④ 비례대표의원의 경우 후보자 중 당선인이 있는 경우

해설

후보자가 사퇴한 경우 기탁금은 국고에 귀속된다.

정답 ③

06 기탁금 반환과 관련하여 옳은 것으로만 묶은 것은?

㉠ 대통령선거, 지역구국회의원선거, 지역구지방의회의원선거 및 지방자치단체의 장선거에서 후보자가 당선되거나 사망한 경우와 유효투표총수의 100분의 15 이상을 득표한 경우에는 기탁금 전액을 반환한다.
㉡ 비례대표국회의원선거 및 비례대표지방의회의원선거에서는 원칙적으로 당해 후보자명부에 올라 있는 후보자중 당선인이 있는 때에는 기탁금 전액을 반환한다.
㉢ 비례대표 국회의원 선거 기탁금을 지역구 국회의원과 동일하게 규정하는 것은 비례성 원칙에 위배된다.
㉣ 관할선거구선거관리위원회는 부담비용 납부기한까지 해당자가 그 금액을 납부하지 아니한 때에는 관할세무서장에게 징수를 위탁하고, 관할세무서장은 국세 체납처분의 예에 따라 이를 징수하여 국가 또는 해당 지방자치단체에 납입하여야 한다.

① ㉠, ㉡
② ㉠, ㉡, ㉢
③ ㉡, ㉢, ㉣
④ 모두 옳음

해설

모두 옳은 설명이다. ⓒ 헌재 2016.12.29, 2015헌마1160 [개정]

공직선거법 제57조(기탁금의 반환 등) ① 관할선거구선거관리위원회는 다음 각 호의 구분에 따른 금액을 선거일 후 30일 이내에 기탁자에게 반환한다. 이 경우 반환하지 아니하는 기탁금은 국가 또는 지방자치단체에 귀속한다. <개정 2004. 3. 12., 2005. 8. 4., 2010. 1. 25., 2020. 3. 25., 2022. 4. 20.>

1. 대통령선거, 지역구국회의원선거, 지역구지방의회의원선거 및 지방자치단체의 장선거
   가. 후보자가 당선되거나 사망한 경우와 유효투표총수의 100분의 15 이상(후보자가 「장애인복지법」 제32조에 따라 등록한 장애인이거나 선거일 현재 39세 이하인 경우에는 유효투표총수의 100분의 10 이상을 말한다)을 득표한 경우에는 기탁금 전액
   나. 후보자가 유효투표총수의 100분의 10 이상 100분의 15 미만(후보자가 「장애인복지법」 제32조에 따라 등록한 장애인이거나 선거일 현재 39세 이하인 경우에는 유효투표총수의 100분의 5 이상 100분의 10 미만을 말한다)을 득표한 경우에는 기탁금의 100분의 50에 해당하는 금액
   다. 예비후보자가 사망하거나, 당헌·당규에 따라 소속 정당에 후보자로 추천하여 줄 것을 신청하였으나 해당 정당의 추천을 받지 못하여 후보자로 등록하지 않은 경우에는 제60조의2제2항에 따라 납부한 기탁금 전액
2. 비례대표국회의원선거 및 비례대표지방의회의원선거
   당해 후보자명부에 올라 있는 후보자중 당선인이 있는 때에는 기탁금 전액. 다만, 제189조 및 제190조의2에 따른 당선인의 결정 전에 사퇴하거나 등록이 무효로 된 후보자의 기탁금은 제외한다.
② 제56조제3항에 따라 기탁금에서 부담하여야 할 비용은 제1항에 따라 기탁금을 반환하는 때에 공제하되, 그 부담비용이 반환할 기탁금을 넘는 사람은 그 차액을, 기탁금 전액이 국가 또는 지방자치단체에 귀속되는 사람은 그 부담비용 전액을 해당 선거구선거관리위원회의 고지에 따라 그 고지를 받은 날부터 10일 이내에 납부하여야 한다. <개정 2010. 1. 25.>
③ 관할선거구선거관리위원회는 제2항의 납부기한까지 해당자가 그 금액을 납부하지 아니한 때에는 관할세무서장에게 징수를 위탁하고, 관할세무서장은 국세 체납처분의 예에 따라 이를 징수하여 국가 또는 해당 지방자치단체에 납입하여야 한다. 이 경우 제271조에 따른 불법시설물 등에 대한 대집행비용은 우선 해당 선거관리위원회가 지출한 후 관할세무서장에게 그 징수를 위탁할 수 있다. <신설 2010. 1. 25.>
④ 삭제 <2000. 2. 16.>
⑤ 기탁금의 반환 및 귀속 기타 필요한 사항은 중앙선거관리위원회규칙으로 정한다. <개정 2000. 2. 16.>

정답 ④

07 대통령 선거에서 유효투표총수의 얼마 이상을 득표해야 기탁금 전액을 반환해주는가?

① 100분의 10 이상 ② 100분의 12 이상
③ 100분의 13 이상 ④ 100분의 15 이상

해설

대통령 선거에서 유효투표총수의 100분의 15 이상을 득표한 경우 기탁금 전액을 반환한다.

PLUS⁺ 기탁금의 반환 요약정리(공직선거법 제57조)

㉠ 기탁금의 반환 : 선거구선거관리위원회는 다음 각 호의 구분에 따른 해당 금액 중에서 기탁금(제56조) 제3항의 규정에 의하여 기탁금 부담비용(과태료, 대집행비용)을 뺀 나머지 금액을 선거일 후 30일 이내 기탁자에게 반환한다.
㉡ 기탁금 반환요건

🎓 정답 ④

제07장 정당의 후보자 추천을 위한 당내경선

01 당내경선에 관한 기술 중에서 옳지 않은 것은?

① 정당은 공직선거후보자를 추천하기 위하여 경선을 실시할 수 있다.
② 정당이 당내경선을 실시하는 경우 경선후보자로서 당해 정당의 후보자로 선출되지 아니한 자는 당해 선거의 같은 선거구에서는 후보자로 등록될 수 없다.
③ 공무원은 그 지위를 이용하여 당내경선에서 경선운동을 할 수 없다.
④ 당내경선에서 투표 및 개표참관인의 수당은 국가나 지방자치단체가 부담한다.

해설

④ 정치자금법의 규정에 따라 보조금의 배분대상이 되는 정당은 당내경선사무 중 경선운동, 투표 및 개표에 관한 사무의 관리를 당해 선거의 관할선거구선거관리위원회에 위탁할 수 있고, 관할선거구선거관리위원회가 당내경선의 투표 및 개표에 관한 사무를 수탁관리하는 경우에는 그 비용은 국가가 부담한다. 다만, 투표 및 개표참관인의 수당은 당해 정당이 부담한다(공직선거법 제57조의4 제1·2항).
① 공직선거법 제57조의2 제1항
② 공직선거법 제57조의2 제2항
③ 공직선거법 제57조의6 제2항

정답 ④

02 다음 중 공직선거법상 허용되는 당내 경선운동 방법이 아닌 것은?

① 선거사무소를 설치하여 간판·현판 또는 현수막 게시행위
② 정당이 경선후보자가 작성한 1종의 홍보물을 1회에 한하여 발송하는 방법
③ 정당이 합동연설회 또는 합동토론회를 옥내에서 개최하는 방법
④ 합동토론회를 대규모로 옥외에서 개최하는 방법

해설

정당이 합동연설회 또는 합동토론회를 개최할 경우 옥내에서 가능하다.

PLUS⁺ 허용되는 당내경선운동방법(공직선거법 제57조의3)
① 선거사무소를 설치하거나 그 선거사무소에 간판·현판 또는 현수막을 설치·게시하는 행위
② 자신의 성명·사진·전화번호·학력(정규학력과 이에 준하는 외국의 교육과정을 이수한 학력)·경력, 그 밖에 홍보에 필요한 사항을 게재한 길이 9센티미터 너비 5센티미터 이내의 명함을 직접 주거나 지지를 호소하는 행위(단, 지하철역 구내 그 밖에 중앙선거관리위원회규칙으로 정하는 다수인이 왕래하거나 집합하는 공개된 장소에서 주거나 지지를 호소하는 행위는 제외)
③ 정당이 경선후보자가 작성한 1종의 홍보물을 1회에 한하여 발송하는 방법
④ 정당이 합동연설회 또는 합동토론회를 옥내에서 개최하는 방법(경선후보자가 중앙선거관리위원회규칙으로 정하는 바에 따라 그 개최장소에 경선후보자의 홍보에 필요한 현수막 등 시설물을 설치·게시하는 방법 포함)

🎓 정답 ④

---

03 다음 중 당내경선에서 경선운동을 할 수 있는 사람은?

① 서울특별시 7급 공무원
② 경기도 연천군 9급 공무원
③ 백학중학교 영어교사
④ 국민건강보험공단 직원

해설

공직선거법 제57조의6(공무원 등의 당내경선운동 금지) ① 제60조 제1항에 따라 선거운동을 할 수 없는 사람은 당내경선에서 경선운동을 할 수 없다. 다만, 소속 당원만을 대상으로 하는 당내경선에서 당원이 될 수 있는 사람이 경선운동을 하는 경우에는 그러하지 아니하다.
② 공무원은 그 지위를 이용하여 당내경선에서 경선운동을 할 수 없다.

🎓 정답 ④

04 당내경선에 대한 설명으로 옳은 것은?

① 공직선거의 선거운동을 할 수 없는 통·리 또는 반의 장은 당내경선의 선거인이 될 수 없다.
② 「정당법」 제22조의 규정에 따라 당원이 될 수 없는 자는 당내경선의 선거인이 될 수 없다.
③ 당내경선을 위탁하여 실시하는 경우에 그 경선 및 선출의 효력에 대한 이의제기는 관할선거구선거관리위원회에 하여야 한다.
④ 최근에 실시된 임기만료에 의한 국회의원선거에 참여하여 국회의원선거의 득표수 비율이 100분의 2 이상이더라도 현재 의석이 없는 정당은 당내경선사무 중 경선운동, 투표 및 개표에 관한 사무의 관리를 당해 선거의 관할선거구선거관리위원회에 위탁할 수 없다.

해설

② 공직선거법 제57조의2 제3항
① 통·리 또는 반의 장은 정당의 당원이 될 수 있는바, 당내경선의 선거인이 될 수 있다. 정당법 제22조(발기인 및 당원의 자격)의 규정에 따라 당원이 될 수 없는 자는 당내경선의 선거인이 될 수 없다(공직선거법 제57조의2 제3항).
③ 정당이 제57조의4에 따라 당내경선을 위탁하여 실시하는 경우에는 그 경선 및 선출의 효력에 대한 이의제기는 당해 정당에 하여야 공직선거법 제57조의7).
④ 현재 의석이 없더라도 최근에 실시된 임기만료에 의한 국회의원선거에 참여하여 국회의원선거의 득표수 비율이 100분의 2 이상인 정당은 정치자금법 제27조(보조금의 배분)의 규정에 따라 보조금의 배분대상이 되는 정당이므로, 당내경선사무 중 경선운동, 투표 및 개표에 관한 사무의 관리를 당해 선거의 관할선거구선거관리위원회에 위탁할 수 있다(공직선거법 제57조의4 제1항).

🎓 정답 ②

05 정당이 당내경선을 위탁하여 실시한 경우에 그 경선 및 선출의 효력에 대한 이의제기를 어디에 할 수 있는가?

① 중앙선거관리위원회　　② 관할선거구선거관리위원회
③ 시·도선거관리위원회　　④ 당해정당

해설

정당이 제57조의4에 따라 당내경선을 위탁하여 실시하는 경우에는 그 경선 및 선출의 효력에 대한 이의제기는 당해 정당에 하여야 한다(공직선거법 제57조의7).

🎓 정답 ④

06 당내경선 등을 위한 휴대전화 가상번호에 관한 기술 중에서 옳지 않은 것은?

① 휴대전화 가상번호를 제공받은 자는 유효기간이 지난 휴대전화 가상번호를 7일 이내에 폐기하여야 한다.
② 이동통신사업자가 휴대전화 가상번호를 생성하여 제공하는데 소요되는 비용은 휴대전화 가상번호의 제공을 요청한 해당 정당이 부담한다. 이 경우 이동통신사업자는 휴대전화 가상번호 생성·제공에 소요되는 최소한의 비용을 청구하여야 한다.
③ 누구든지 휴대전화 가상번호를 제공한 이동통신사업자에게 당내경선의 결과·효력이나 여론수렴의 결과에 대하여 이의를 제기할 수 없다.
④ 휴대전화 가상번호 제공 요청 방법과 절차, 휴대전화 가상번호의 유효기간 설정, 휴대전화 가상번호 제공 요청서 서식, 관할 선거관리위원회, 그 밖에 필요한 사항은 중앙선거관리위원회규칙으로 정한다.

🖉 해설
① 휴대전화 가상번호를 제공받은 자(그 대표자 및 구성원을 포함한다)는 유효기간이 지난 휴대전화 가상번호를 즉시 폐기하여야 한다(공직선거법 제57조의8 제10항).
② 공직선거법 제57조의8 제11항
③ 공직선거법 제57조의8 제12항
④ 공직선거법 제57조의8 제13항

🎓 정답 ①

07 「공직선거법」상 당내경선 등을 위한 휴대전화 가상번호의 제공에 대한 설명으로 옳지 않은 것은?

① 관할 선거관리위원회는 제출된 휴대전화 가상번호 제공 요청서에 기재사항이 누락되었거나 심사를 위하여 추가로 자료가 필요하다고 판단되는 때에는 해당 정당의 휴대전화 가상번호 제공 요청서의 보완 또는 자료의 제출을 요구할 수 있으며, 그 요구를 받은 정당은 지체 없이 이에 따라야 한다.
② 이동통신사업자는 중앙선거관리위원회규칙으로 정하는 바에 따라 이용자에게 정당의 당내경선이나 여론수렴 등을 위하여 본인의 이동전화번호가 정당에 휴대전화 가상번호로 제공된다는 사실과 그 제공을 거부할 수 있다는 사실을 알려야 한다.
③ 휴대전화 가상번호를 제공받은 자(그 대표자 및 구성원을 포함한다)는 유효기간이 지난 휴대전화 가상번호를 즉시 폐기하여야 한다.
④ 누구든지 휴대전화 가상번호를 제공한 이동통신사업자에게 당내경선의 결과·효력이나 여론수렴의 결과에 대하여 이의를 제기할 수 있다.

해설

④ 누구든지 휴대전화 가상번호를 제공한 이동통신사업자에게 당내경선의 결과·효력이나 여론수렴의 결과에 대하여 이의를 제기할 수 없다(공직선거법 제57조의8 제12항).
① 관할 선거관리위원회는 제출된 휴대전화 가상번호 제공 요청서에 제3항에 따른 기재사항이 누락되었거나 심사를 위하여 추가로 자료가 필요하다고 판단되는 때에는 해당 정당에 휴대전화 가상번호 제공 요청서의 보완 또는 자료의 제출을 요구할 수 있으며, 그 요구를 받은 정당은 지체 없이 이에 따라야 한다(공직선거법 제57조의8 제4항).
② 이동통신사업자는 중앙선거관리위원회규칙으로 정하는 바에 따라 이용자에게 정당의 당내경선이나 여론수렴 등을 위하여 본인의 이동전화번호가 정당에 휴대전화 가상번호로 제공된다는 사실과 그 제공을 거부할 수 있다는 사실을 알려야 한다(공직선거법 제57조의8 제6항).
③ 휴대전화 가상번호를 제공받은 자(그 대표자 및 구성원을 포함한다)는 유효기간이 지난 휴대전화 가상번호를 즉시 폐기하여야 한다(공직선거법 제57조의8 제10항).

🎓 정답 ④

08 다음 중 이동통신사업자가 당내경선 등을 위한 휴대전화 가상번호를 제공할 때에 해서는 아니 되는 행위는 모두 몇 항목인가?

㉠ 휴대전화 가상번호에 유효기간을 설정하지 아니하고 제공하거나 휴대전화 가상번호를 제공하는 날부터 당내경선의 선거일까지의 기간(당내경선을 위한 여론조사를 실시하는 경우에는 그 여론조사기간)이나 여론수렴 기간을 초과하는 유효기간을 설정하여 제공하는 행위
㉡ 요청받은 휴대전화 가상번호 수를 초과하여 휴대전화 가상번호를 제공하는 행위
㉢ 휴대전화 가상번호, 이용자의 성(性)·연령·거주지역 정보 외의 정보를 제공하는 행위
㉣ 휴대전화 가상번호의 제공을 요청한 정당 외의 자에게 휴대전화 가상번호를 제공하는 행위
㉤ 고지를 받고 명시적으로 거부의사를 밝힌 이용자의 휴대전화 가상번호를 제공하는 행위
㉥ 여론조사의 결과에 영향을 미치게 하기 위하여 특정 정당 또는 후보자가 되려는 사람에게 유리 또는 불리하도록 휴대전화 가상번호를 생성하여 제공하는 행위

① 2항목
② 3항목
③ 5항목
④ 6항목

해설

공직선거법 제57조의8 ⑦ 이동통신사업자(그 대표자 및 구성원을 포함한다)가 제5항에 따라 휴대전화 가상번호를 제공할 때에는 다음 각 호의 어느 하나에 해당하는 행위를 하여서는 아니 된다.
1. 휴대전화 가상번호에 유효기간을 설정하지 아니하고 제공하거나 휴대전화 가상번호를 제공하는 날부터 당내경선의 선거일까지의 기간(당내경선을 위한 여론조사를 실시하는 경우에는 그 여론조사기간을 말한다)이나 여론수렴 기간을 초과하는 유효기간을 설정하여 제공하는 행위
2. 요청받은 휴대전화 가상번호 수를 초과하여 휴대전화 가상번호를 제공하는 행위
3. 휴대전화 가상번호, 이용자의 성(性)·연령·거주지역 정보 외의 정보를 제공하는 행위. 이 경우 연령과 거주지역 정보의 범위에 대하여는 중앙선거관리위원회규칙으로 정한다.
4. 휴대전화 가상번호의 제공을 요청한 정당 외의 자에게 휴대전화 가상번호를 제공하는 행위
5. 제6항에 따른 고지를 받고 명시적으로 거부의사를 밝힌 이용자의 휴대전화 가상번호를 제공하는 행위
6. 여론조사의 결과에 영향을 미치게 하기 위하여 특정 정당 또는 후보자가 되려는 사람에게 유리 또는 불리하도록 휴대전화 가상번호를 생성하여 제공하는 행위

🎓 정답 ④

09 당내경선 등을 위한 휴대전화 가상번호의 제공에 관한 기술 중에서 옳은 것(○)과 틀린 것(×)을 바르게 배열한 것은?

> ㉠ 국회에 의석을 가진 정당은 당내경선을 위한 여론조사를 실시하는 경우에 관할 선거관리위원회를 경유하여 이동통신사업자에게 이용자의 이동전화번호가 노출되지 아니하도록 생성한 번호, 이른바 휴대전화 가상번호를 제공하여 줄 것을 서면으로 요청할 수 있다.
> ㉡ 정당은 해당 당내경선 선거일 전 10일까지 관할 선거관리위원회에 휴대전화 가상번호 제공 요청서를 제출하여야 하고, 관할 선거관리위원회는 해당 요청서의 기재사항을 심사한 후 제출받은 날부터 3일 이내에 해당 요청서를 이동통신사업자에게 송부하여야 한다.
> ㉢ 관할 선거관리위원회는 제출된 휴대전화 가상번호 제공 요청서에 기재사항이 누락되었거나 심사를 위하여 추가로 자료가 필요하다고 판단되는 때에는 해당 정당에 휴대전화 가상번호 제공 요청서의 보완 또는 자료의 제출을 요구할 수 있으며, 그 요구를 받은 정당은 지체 없이 이에 따라야 한다.
> ㉣ 이동통신사업자가 휴대전화 가상번호 제공 요청을 받은 때에는 그 요청을 받은 날부터 7일 이내에 휴대전화 가상번호 제공 요청서에 따라 휴대전화 가상번호를 생성하여 유효기간을 설정한 다음 관할 선거관리위원회를 경유하여 해당 정당에 제공하여야 한다. 다만, 이동통신사업자는 이용자 수의 부족 등으로 제공할 수 있는 휴대전화 가상번호 수가 제공하여야 하는 휴대전화 가상번호 수보다 적은 때에는 지체 없이 관할 선거관리위원회에 통보하여야 하고, 관할 선거관리위원회는 중앙선거관리위원회규칙으로 정하는 바에 따라 해당 정당과 협의하여 제공하여야 하는 휴대전화 가상번호 수를 조정할 수 있다.
> ㉤ 이동통신사업자는 중앙선거관리위원회규칙으로 정하는 바에 따라 이용자에게 정당의 당내경선이나 여론수렴 등을 위하여 본인의 이동전화번호가 정당에 휴대전화 가상번호로 제공된다는 사실과 그 제공을 거부할 수 있다는 사실을 알려야 한다.

① ○-×-○-○-○
② ○-○-×-×-×
③ ×-×-○-○-○
④ ×-×-×-○-○

✎ 해설

㉠ (○) 공직선거법 제57조의8 제1항
㉡ (×) 정당은 해당 당내경선 선거일 전 23일까지 관할 선거관리위원회에 휴대전화 가상번호 제공 요청서를 제출하여야 하고, 관할 선거관리위원회는 해당 요청서의 기재사항을 심사한 후 제출받은 날부터 3일 이내에 해당 요청서를 이동통신사업자에게 송부하여야 한다(공직선거법 제57조의8 제1항).
㉢ (○) 공직선거법 제57조의8 제4항
㉣ (○) 공직선거법 제57조의8 제5항
㉤ (○) 공직선거법 제57조의8 제6항

🎓 정답 ①

10 정당의 후보자 추천을 위한 당내경선에 관한 설명 중 옳지 않은 것은 모두 몇 항목인가?

> ㉠ 정당은 공직선거후보자를 추천하기 위하여 경선을 실시할 수 있다.
> ㉡ 정당이 당내경선을 실시하는 경우 경선후보자로서 당해 정당의 후보자로 선출되지 아니한 자는 당해 선거의 같은 선거구에서는 후보자로 등록될 수 없다. 다만, 후보자로 선출된 자가 사퇴·사망·피선거권 상실 또는 당적의 이탈·변경 등으로 그 자격을 상실한 때에는 그러하지 아니하다.
> ㉢ 정당법 규정에 따라 당원이 될 수 없는 자는 당내경선의 선거인이 될 수 없다.
> ㉣ 정당이 경선홍보물을 발송하거나 합동연설회 또는 합동토론회를 개최하는 때에는 당해 선거의 관할선거구선거관리위원회에 신고하여야 한다.
> ㉤ 정치자금법의 규정에 따라 보조금의 배분대상이 되는 정당은 당내경선사무 중 경선운동, 투표 및 개표에 관한 사무의 관리를 당해 선거의 관할선거구선거관리위원회에 위탁할 수 있다.
> ㉥ 관할선거구선거관리위원회가 당내경선의 투표 및 개표에 관한 사무를 수탁관리하는 경우에는 그 비용은 당해 정당이 부담한다.

① 1항목
② 2항목
③ 3항목
④ 4항목

해설

옳지 않은 것은 ㉥이다.
㉠ (O) 정당은 공직선거후보자를 추천하기 위하여 경선(이하 "당내경선"이라 한다)을 실시할 수 있다(공직선거법 제57조의2 제1항).
㉡ (O) 정당이 당내경선[당내경선의 후보자로 등재된 자(이하 "경선후보자"라 한다)를 대상으로 정당의 당헌·당규 또는 경선후보자간의 서면합의에 따라 실시한 당내경선을 대체하는 여론조사를 포함한다]을 실시하는 경우 경선후보자로서 당해 정당의 후보자로 선출되지 아니한 자는 당해 선거의 같은 선거구에서는 후보자로 등록될 수 없다. 다만, 후보자로 선출된 자가 사퇴·사망·피선거권 상실 또는 당적의 이탈·변경 등으로 그 자격을 상실한 때에는 그러하지 아니하다(공직선거법 제57조의2 제2항).
㉢ (O) 「정당법」 제22조(발기인 및 당원의 자격)의 규정에 따라 당원이 될 수 없는 자는 당내경선의 선거인이 될 수 없다(공직선거법 제57조의2 제3항).
㉣ (O) 정당이 경선홍보물을 발송하거나 합동연설회 또는 합동토론회를 개최하는 때에는 당해 선거의 관할선거구선거관리위원회에 신고하여야 한다(공직선거법 제57조의3 제2항).
㉤ (O) 「정치자금법」 제27조(보조금의 배분)의 규정에 따라 보조금의 배분대상이 되는 정당은 당내경선사무 중 경선운동, 투표 및 개표에 관한 사무의 관리를 당해 선거의 관할선거구선거관리위원회에 위탁할 수 있다(공직선거법 제57조의4 제1항).
㉥ (×) 관할선거구선거관리위원회가 당내경선의 투표 및 개표에 관한 사무를 수탁관리하는 경우에는 그 비용은 국가가 부담한다. 다만, 투표 및 개표참관인의 수당은 당해 정당이 부담한다(공직선거법 제57조의4 제2항).

정답 ①

11 정당의 후보자 추천을 위한 당내경선에 관한 기술 중에서 옳지 않은 것은? (다툼시 판례에 따름)

① 공직선거법에 따라 선거운동을 할 수 없는 사람은 당내경선에서 경선운동을 할 수 없다. 다만, 소속 당원만을 대상으로 하는 당내경선에서 당원이 될 수 있는 사람이 경선운동을 하는 경우에는 그러하지 아니하다.

② 공무원은 그 지위를 이용하여 당내경선에서 경선운동을 할 수 없다.

③ 정당이 당내경선을 위탁하여 실시하는 경우에는 그 경선 및 선출의 효력에 대한 이의제기는 당해 정당에 하여야 한다.

④ 정당이 대통령선거 후보경선과정에서 여론조사 결과를 반영한 것은 헌법소원심판의 대상이 되는 공권력의 행사에 해당한다.

해설

④ 정당이 공권력 행사의 주체가 아니고, 정당의 대통령선거 후보선출은 자발적 조직 내부의 의사결정에 지나지 아니하므로, 청구인들 주장과 같이 한나라당이 대통령선거 후보경선과정에서 여론조사 결과를 반영한 것을 일컬어 헌법소원심판의 대상이 되는 공권력의 행사에 해당한다 할 수 없다(헌재 2007.10.30, 2007헌마1128).
① 공직선거법 제57조의6 제1항
② 공직선거법 제57조의6 제2항
③ 공직선거법 제57조의7

정답 ④

제08장 선거운동

01 후보자의 신분보장과 기탁금

01 공직선거법상의 선거운동에 해당하지 않는 것으로만 묶은 것은?

> ㉠ 선거에 관한 단순한 의견개진 및 의사표시
> ㉡ 입후보와 선거운동을 위한 준비행위
> ㉢ 정당의 후보자 추천에 관한 단순한 지지·반대의 의견개진 및 의사표시
> ㉣ 통상적인 정당활동
> ㉤ 호별로 방문하여 특정 정당 또는 후보자를 지지·추천하거나 반대하는 내용 없이 투표참여를 권유하는 행위
> ㉥ 당선되거나 되게 하거나 되지 못하게 하기 위한 행위

① ㉠, ㉡, ㉢
② ㉠, ㉡, ㉢, ㉣
③ ㉠, ㉡, ㉢, ㉣, ㉤
④ ㉡, ㉢, ㉣, ㉤, ㉥

해설

㉠, ㉡, ㉢, ㉣은 선거운동에 해당하지 않는다.

공직선거법 제58조(정의 등) ① 이 법에서 "선거운동"이라 함은 당선되거나 되게 하거나 되지 못하게 하기 위한 행위를 말한다. 다만, 다음 각 호의 어느 하나에 해당하는 행위는 선거운동으로 보지 아니한다. <개정 2000.2.16, 2012.2.29, 2013.8.13, 2020.3.25>
1. 선거에 관한 단순한 의견개진 및 의사표시
2. 입후보와 선거운동을 위한 준비행위
3. 정당의 후보자 추천에 관한 단순한 지지·반대의 의견개진 및 의사표시
4. 통상적인 정당활동
5. 삭제 <2014.5.14>
6. 설날·추석 등 명절 및 석가탄신일·기독탄신일 등에 하는 의례적인 인사말을 문자메시지(그림말·음성·화상·동영상 등을 포함한다. 이하 같다)로 전송하는 행위
② 누구든지 자유롭게 선거운동을 할 수 있다. 그러나 이 법 또는 다른 법률의 규정에 의하여 금지 또는 제한되는 경우에는 그러하지 아니하다.

정답 ②

02 선거운동에 관한 기술 중에서 옳지 않은 것은?

① 당원이 아닌 자에게도 투표권을 부여하여 실시하는 당내경선에서 안성시시설관리공단 상근직원의 경선운동을 일률적으로 금지·처벌하는 것은 헌법에 위배된다.
② 문자메시지를 전송하는 방법으로 선거운동을 하는 것은 선거운동기간이 아니더라도 가능하다. 이 경우 자동 동보통신의 방법으로 전송할 수 있는 자는 후보자와 예비후보자에 한하되, 그 횟수는 8회(후보자의 경우 예비후보자로서 전송한 횟수를 포함)를 넘을 수 없으며, 중앙선거관리위원회규칙에 따라 신고한 1개의 전화번호만을 사용하여야 한다.
③ 인터넷 홈페이지 또는 그 게시판·대화방 등에 글이나 동영상 등을 게시하거나 전자우편을 전송하는 방법으로 선거운동을 하는 것은 선거일에도 가능하다. 이 경우 전자우편 전송대행업체에 위탁하여 전자우편을 전송할 수 있는 사람은 후보자와 예비후보자에 한한다.
④ 누구든지 호별로 방문하여 투표참여를 권유하는 행위를 할 수 있다.

해설

④ 누구든지 투표참여를 권유하는 행위를 할 수 있으나, 호별로 방문하여 하는 경우는 제외된다(공직선거법 제58조의2 제1호).

공직선거법 제58조의2(투표참여 권유활동) 누구든지 투표참여를 권유하는 행위를 할 수 있다. 다만, 다음 각 호의 어느 하나에 해당하는 행위의 경우에는 그러하지 아니하다.
1. 호별로 방문하여 하는 경우
2. 사전투표소 또는 투표소로부터 100미터 안에서 하는 경우
3. 특정 정당 또는 후보자(후보자가 되려는 사람을 포함한다. 이하 이 조에서 같다)를 지지·추천하거나 반대하는 내용을 포함하여 하는 경우
4. 현수막 등 시설물, 인쇄물, 확성장치·녹음기·녹화기(비디오 및 오디오 기기를 포함한다), 어깨띠, 표찰, 그 밖의 표시물을 사용하여 하는 경우(정당의 명칭이나 후보자의 성명·사진 또는 그 명칭·성명을 유추할 수 있는 내용을 나타내어 하는 경우에 한정한다)

① 헌재 2022.12.22, 2021헌가36
②, ③ 옳은 내용이다.

공직선거법 제59조(선거운동기간) 선거운동은 선거기간개시일부터 선거일 전일까지에 한하여 할 수 있다. 다만, 다음 각 호의 어느 하나에 해당하는 경우에는 그러하지 아니하다.
1. 제60조의3(예비후보자 등의 선거운동) 제1항 및 제2항의 규정에 따라 예비후보자 등이 선거운동을 하는 경우
2. 문자메시지를 전송하는 방법으로 선거운동을 하는 경우. 이 경우 자동 동보통신의 방법(동시 수신대상자가 20명을 초과하거나 그 대상자가 20명 이하인 경우에도 프로그램을 이용하여 수신자를 자동으로 선택하여 전송하는 방식을 말한다. 이하 같다)으로 전송할 수 있는 자는 후보자와 예비후보자에 한하되, 그 횟수는 8회(후보자의 경우 예비후보자로서 전송한 횟수를 포함한다)를 넘을 수 없으며, 중앙선거관리위원회규칙에 따라 신고한 1개의 전화번호만을 사용하여야 한다.
3. 인터넷 홈페이지 또는 그 게시판·대화방 등에 글이나 동영상 등을 게시하거나 전자우편(컴퓨터 이용자끼리 네트워크를 통하여 문자·음성·화상 또는 동영상 등의 정보를 주고받는 통신시스템을 말한다. 이하 같다)을 전송하는 방법으로 선거운동을 하는 경우. 이 경우 전자우편 전송대행업체에 위탁하여 전자우편을 전송할 수 있는 사람은 후보자와 예비후보자에 한한다.

정답 ④

03 다음 중 정당이 선거운동기구를 설치할 수 있는 선거로만 묶은 것은?

> ㉠ 대통령선거
> ㉡ 비례대표국회의원 및 비례대표지방의회의원선거
> ㉢ 지역구국회의원선거
> ㉣ 지역구지방의회의원선거
> ㉤ 시·도지사선거
> ㉥ 자치구·시·군의 장 선거

① ㉠, ㉡
② ㉠, ㉡, ㉢
③ ㉡, ㉢, ㉣, ㉤
④ 모든 항목

해설

공직선거법 제61조(선거운동기구의 설치) ① 선거운동 및 그 밖의 선거에 관한 사무를 처리하기 위하여 정당 또는 후보자는 다음 각호에 따라 선거사무소와 선거연락소를, 예비후보자는 선거사무소를, 정당은 중앙당 및 시·도당의 사무소에 선거대책기구 각 1개씩을 설치할 수 있다.

1. 대통령선거
   정당 또는 후보자가 설치하되, 선거사무소 1개소와 시·도 및 구·시·군(하나의 구·시·군이 2 이상의 국회의원지역구로 된 경우에는 국회의원지역구를 말한다. 이하 이 조에서 같다)마다 선거연락소 1개소
2. 지역구국회의원선거
   후보자가 설치하되, 당해 국회의원지역구안에 선거사무소 1개소. 다만, 하나의 국회의원지역구가 2 이상의 구·시·군으로 된 경우에는 선거사무소를 두지 아니하는 구·시·군마다 선거연락소 1개소
3. 비례대표국회의원선거 및 비례대표지방의회의원선거
   정당이 설치하되, 선거사무소 1개소(비례대표시·도의원선거의 경우에는 비례대표시·도의원후보자명부를 제출한 시·도마다, 비례대표자치구·시·군의원선거의 경우에는 비례대표자치구·시·군의원후보자명부를 제출한 자치구·시·군마다 선거사무소 1개소)
4. 지역구지방의회의원선거
   후보자가 설치하되, 당해 선거구안에 선거사무소 1개소
5. 시·도지사선거
   후보자가 설치하되, 당해 시·도안에 선거사무소 1개소와 당해 시·도안의 구·시·군마다 선거연락소 1개소
6. 자치구·시·군의 장 선거
   후보자가 설치하되, 당해 자치구·시·군안에 선거사무소 1개소 다만, 자치구가 아닌 구가 설치된 시에 있어서는 선거사무소를 두지 아니하는 구마다 선거연락소 1개소를 둘 수 있으며, 하나의 구·시·군이 2 이상의 국회의원지역구로 된 경우에는 선거사무소를 두지 아니하는 국회의원지역구마다 선거연락소 1개소를 둘 수 있다.

정답 ①

04 선거운동을 할 수 있는 자는 모두 몇 항목인가?

> ㉠ 19세 미만의 미성년자　　　　㉡ 향토예비군 소대장
> ㉢ 바르게살기운동협의회　　　　㉣ 한국자유총연맹
> ㉤ 선상투표신고를 한 선원이 승선하고 있는 선박의 선장

① 1항목　　　　　　　　　　② 2항목
③ 3항목　　　　　　　　　　④ 4항목

해설

㉡ 향토예비군 소대장은 선거운동이 가능하다.

PLUS 선거운동을 할 수 없는 자(공직선거법 제60조 제1항)

㉠ 대한민국 국민이 아닌 자. 다만, 제15조 제2항 제3호에 따른 외국인이 해당 선거에서 선거운동을 하는 경우 제외
㉡ 미성년자(18세 미만의 자)
㉢ 제18조(선거권이 없는 자) 제1항의 규정에 의하여 선거권이 없는 자
㉣ 국가공무원과 지방공무원. 다만, 정당법 규정에 의하여 정당의 당원이 될 수 있는 공무원(국회의원과 지방의회의원외의 정무직 공무원 제외)은 선거운동 가능.
㉤ 제53조(공무원 등의 입후보) 제1항 제2호 내지 제7호에 해당하는 자(제5호 및 제6호의 경우에는 그 상근직원 포함)
㉥ 향토예비군 중대장급 이상의 간부
㉦ 통·리·반의 장 및 읍·면·동주민자치센터에 설치된 주민자치위원회(주민자치센터의 운영을 위하여 조례에 의하여 읍·면·동사무소의 관할구역별로 두는 위원회)위원
㉧ 특별법에 의하여 설립된 국민운동단체로서 국가 또는 지방자치단체의 출연 또는 보조를 받는 단체(바르게살기운동협의회·새마을운동협의회·한국자유총연맹)의 상근 임·직원 및 이들 단체 등(시·도조직 및 구·시·군조직을 포함)의 대표자
㉨ 선상투표신고를 한 선원이 승선하고 있는 선박의 선장

정답 ①

05 선거에 관한 헌법재판소 판례를 설명한 것으로 옳지 않은 것은?

① 부재자투표의 투표개시시간을 일과시간 이내인 오전 10시부터로 정한 것은 과잉금지원칙에 위배하여 청구인의 선거권과 평등권을 침해하는 것이다.
② 동시계표 투표함 수에 비하여 상대적으로 적은 수의 개표참관인이 선정될 수 있는 경우에도 동시계표 투표함 수를 제한하지 않는 것은 헌법에 위반되지 않는다.
③ 선거일 전 180일부터 선거일까지 선거에 영향을 미치게 하기 위하여 인터넷에 글이나 동영상을 올려 게시하거나 전자우편을 전송하는 방법으로 후보자나 정당에 관한 일정한 내용의 정보를 표현하는 행위를 금지하는 것은 헌법에 위반되지 않는다.
④ 「공직선거법」상 후보자뿐만 아니라 '후보자가 되고자 하는 자'에 대한 비방 행위도 처벌한다고 하더라도 과잉금지원칙에 반하여 선거운동의 자유를 침해하는 것은 아니다.

해설

③ 위헌이다. 선거일전 180일부터 선거일까지 인터넷상 선거와 관련한 정치적 표현 및 선거운동을 금지하고 처벌하는 것은 후보자 간 경제력 차이에 따른 불균형 및 흑색선전을 통한 부당한 경쟁을 막고, 선거의 평온과 공정을 해하는 결과를 방지한다는 입법목적 달성을 위하여 적합한 수단이라고 할 수 없으므로, 선거일전 180일부터 선거일까지 선거에 영향을 미치게 하기 위하여 정당 또는 후보자를 지지·추천하거나 반대하는 내용이 포함되어 있거나 정당의 명칭 또는 후보자의 성명을 나타내는 문서·도화의 배부·게시 등을 금지하고 처벌하는 공직선거법 제93조 제1항 및 제255조 제2항 제5호 중 제93조 제1항의 각 '기타 이와 유사한 것' 부분에 '정보통신망을 이용하여 인터넷 홈페이지 또는 그 게시판·대화방 등에 글이나 동영상 등 정보를 게시하거나 전자우편을 전송하는 방법'이 포함된다고 해석한다면, 과잉금지원칙에 위배하여 정치적 표현의 자유 내지 선거운동의 자유를 침해하는 것이다(헌재 2011.12.29, 2007헌마1001).
① 위헌이다. 부재자투표의 투표개시시간을 일과시간 이내인 오전 10시부터로 정한 것은 수단의 적정성, 법익균형성을 갖추지 못하므로 과잉금지원칙에 위배하여 청구인의 선거권과 평등권을 침해하는 것이다(헌재 2012.2.23, 2010헌마601).
② 합헌이다. 개표부정에 대하여 가장 큰 이해관계를 가진 정당 및 후보자들은 공직선거법이 허용하는 범위 내에서 스스로 개표참관인을 선정·신고함으로써 개표절차를 감시할 수 있고, 그 외에도 개표사무원을 중립적인 자들로 위촉하고, 개표관람을 실시하는 등 개표의 공정성을 확보하기 위해 다양한 조치들이 시행되고 있는 점에 비추어, 동시계표 투표함 수에 대한 제한을 두지 아니한 것은 입법자의 합리적 재량의 범위 안에 있는 것으로 인정되고, 일부 개표소에서 동시계표 투표함 수에 비하여 상대적으로 적은 수의 개표참관인이 선정될 수 있다는 사정만으로 입법자의 선택이 현저히 불합리하거나 불공정하여 청구인들의 선거권이 침해되었다고 볼 수 없다(헌재 2013.8.29, 2012헌마326).
④ 합헌이다. '후보자가 되고자 하는 자'는 비방행위자가 당선되거나 당선되게 하거나 되지 못하게 할 목적을 가지고 있었던 선거를 기준으로, 비방행위 당시 후보자가 되고자 하는 의사를 인정할 수 있는 객관적 징표가 존재하는 자를 의미한다고 할 것인바, 심판대상조항이 규정하는 '후보자가 되고자 하는 자' 부분이 명확성원칙에 위배된다고 단정하기 어렵다. 심판대상조항은 과도한 인신공격을 방지함으로써 후보자가 되고자 하는 자와 그 가족의 명예를 보호하고, 공직선거법상 선거운동기간 제한의 회피를 방지함과 동시에, 유권자들로 하여금 장차 후보자가 될 가능성이 있는 자에 대하여 올바른 판단을 하게 함으로써 선거의 공정성을 보장하고자 하는 것으로 그 목적의 정당성과 수단의 적절성이 인정된다. 그러므로 심판대상조항은 과잉금지원칙에 위배되어 선거운동의 자유나 정치적 표현의 자유를 침해하지 아니한다(헌재 2013.6.27, 2011헌바75).

정답 ③

02 예비후보자

01 예비후보자에 대한 설명으로 옳은 것은?

① 예비후보자의 사망 내지 당내경선 탈락 등 객관적인 사유로 기탁금 반환 요건을 한정하고 질병을 이유로 한 경우에는 기탁금 반환을 허용하지 아니한 것은 재산권을 침해한다.
② 예비후보자 등록신청을 받은 선거관리위원회는 지체없이 이를 수리하되, 기탁금과 전과기록·학력에 관한 증명서류를 갖추지 아니한 등록신청은 수리할 수 없다.
③ 지방의회의원선거의 예비후보자는 선거공약 및 이에 대한 추진계획으로 예비후보자공약집 1종을 발간·배부할 수 있다.
④ 예비후보자가 예비후보자공약집을 발간하여 판매하려는 때에는 발간 즉시 관할 선거구선거관리위원회에 2권을 제출하여야 한다.

해설

④ 공직선거법 제60조의4 제3항
① 예비후보자의 기탁금 반환 사유를 사망 내지 당내경선 탈락 등 객관적인 사유로 한정하고 질병을 이유로 한 경우에는 기탁금 반환을 허용하지 아니한 것은, 예비후보자의 무분별한 난립을 방지하고 예비후보자의 진지성과 책임성을 담보하기 위한 최소한의 제한으로 입법형성권의 범위와 한계 내에서 그 반환 요건을 규정한 것으로서, 과잉금지원칙에 반하여 청구인의 재산권을 침해한다고 볼 수 없다(헌재 2013.11.28, 2012헌마568).
② 예비후보자 등록신청을 받은 선거관리위원회는 지체없이 이를 수리하되, 기탁금과 전과기록에 관한 증명서류를 갖추지 아니한 등록신청은 수리할 수 없다. 이 경우 피선거권에 관한 증명서류가 첨부되지 아니한 경우에는 이를 수리하되, 피선거권에 관하여 확인이 필요하다고 인정되는 예비후보자에 대하여는 관계기관의 장에게 필요한 사항을 조회할 수 있으며, 그 조회를 받은 관계기관의 장은 지체없이 해당 사항을 조사하여 회보하여야 한다(공직선거법 제60조의2 제3항).
③ 대통령선거 및 지방자치단체의 장선거의 예비후보자는 선거공약 및 이에 대한 추진계획으로 예비후보자공약집 1종을 발간·배부할 수 있으며, 이를 배부하려는 때에는 통상적인 방법으로 판매하여야 한다. 다만, 방문판매의 방법으로 판매할 수 없다(공직선거법 제60조의4 제1항).

정답 ④

02 대통령선거의 예비후보자가 되려는 사람은 예비후보자 등록신청을 언제까지 해야 하는가?

① 선거일 전 90일
② 선거일 전 120일
③ 선거일 전 150일
④ 선거일 전 240일

해설

대통령선거에서 예비후보자가 되려는 사람은 선거일 전 240일부터 관할선거구선거관리위원회에 예비후보자 등록을 서면으로 신청하여야 한다(공직선거법 제60조의2 제1항 제1호).

PLUS 예비후보자 등록신청(공직선거법 제60조의2)

비례대표국회의원선거 및 비례대표지방의회의원선거를 제외한 예비후보자가 되고자 하는 자는 다음에서 정하는 날(그날 후에 실시사유가 확정된 보궐선거 등에 있어서는 그 선거의 실시사유가 확정된 때)부터 관할선거구선거관리위원회에 피선거권에 관한 증명서류를 첨부하여 예비후보자등록을 서면으로 신청하여야 한다.

대통령선거	지역구국회의원선거 및 시·도지사선거	지역구시·도의회의원선거, 자치구·시의 지역구의회의원 및 장의 선거	군의 지역구의회의원 및 장의 선거
선거일 전 240일	선거일 전 120일	선거기간개시일 전 90일	선거기간개시일 전 60일

정답 ④

03 다음 중 예비후보자 등록무효사유에 해당하는 것은 모두 몇 항목인가?

> ㉠ 피선거권이 없는 것이 발견된 때
> ㉡ 전과기록에 관한 증명서류를 제출하지 아니한 것이 발견된 때
> ㉢ 그 직을 가지고 입후보할 수 없는 자에 해당하는 것이 발견된 때
> ㉣ 후보자가 될 수 없는 자에 해당하는 것이 발견된 때
> ㉤ 다른 법률에 따라 공무담임이 제한되는 사람이나 후보자가 될 수 없는 사람에 해당하는 것이 발견된 때

① 1항목 ② 2항목
③ 4항목 ④ 5항목

해설

모두 예비후보자 등록무효사유에 해당한다.

PLUS 예비후보자등록후에 등록이 무효되는 사유(공직선거법 제60조의2 제4항)

㉠ 피선거권이 없는 것이 발견된 때
㉡ 전과기록에 관한 증명서류를 제출하지 아니한 것이 발견된 때
㉢ 공직선거법 제53조 제1항부터 제3항까지 또는 제5항에 따라 그 직을 가지고 입후보할 수 없는 자에 해당하는 것이 발견된 때
㉣ 공직선거법 제57조의2 제2항 본문 또는 제266조 제2항·제3항에 따라 후보자가 될 수 없는 자에 해당하는 것이 발견된 때
㉤ 다른 법률에 따라 공무담임이 제한되는 사람이나 후보자가 될 수 없는 사람에 해당하는 것이 발견된 때

정답 ④

04 서울특별시장과 경기도지사 선거의 예비후보자는 얼마의 기탁금을 납부해야 하는가?

① 200만원 ② 400만원
③ 500만원 ④ 1,000만원

해설

시·도지사선거의 예비후보자는 1,000만원의 기탁금을 납부해야 한다.

PLUS 예비후보자등록 기탁금(해당 선거 기탁금의 20%)

㉠ 대통령선거 : 6,000만원
㉡ 국회의원선거 : 300만원
㉢ 시·도의회의원선거 : 60만원
㉣ 시·도지사선거 : 1,000만원
㉤ 자치구·시·군의 장 선거 : 200만원
㉥ 자치구·시·군의원선거 : 40만원

정답 ④

05 「공직선거법」상 예비후보자 제도에 대한 설명으로 옳지 않은 것은? (다툼이 있는 경우 판례에 의함)

① 대통령선거의 예비후보자등록을 신청하는 사람에게 대통령선거 기탁금의 100분의 20에 해당하는 금액을 기탁금으로 납부하도록 하는 것은 과잉금지원칙에 위배되어 경제적 약자의 공무담임권을 침해한다.

② 예비후보자의 기탁금 반환 사유를 예비후보자의 사망, 당내경선 탈락으로 한정하는 것은 지역구국회의원선거 예비후보자의 재산권을 침해하지 않는다.

③ 대통령선거 및 지방자치단체의 장선거의 예비후보자는 선거공약 및 이에 대한 추진계획으로 공약집 1종을 발간·배부할 수 있으며, 이를 배부하려는 때에는 통상적인 방법으로 판매하여야 하지만 방문판매의 방법으로는 판매할 수 없다.

④ 예비후보자의 배우자와 직계존비속은 예비후보자의 선거운동을 위하여「공직선거법」에 따른 예비후보자의 명함을 직접 주거나 예비후보자에 대한 지지를 호소할 수 있다.

해설

① 일정한 범위의 선거운동이 허용된 예비후보자의 기탁금 액수를 해당 선거의 후보자등록 시 납부해야 하는 기탁금의 100분의 20으로 설정한 것은 입법재량의 범위를 벗어난 것으로 볼 수 없다. 예비후보자의 기탁금제도는 공식적인 선거운동기간 이전이라도 일정범위 내에서 선거운동을 할 수 있는 예비후보자의 무분별한 난립에 따른 폐해를 예방하고 그 책임성을 강화하기 위한 것으로서 입법목적이 정당하고, 예비후보자에게 일정액의 기탁금을 납부하게 하고 후보자등록을 하지 않으면 예비후보자가 납부한 기탁금을 반환받지 못하도록 하는 것은 예비후보자의 난립 예방이라는 입법목적을 달성하기 위한 적절한 수단이라 할 것이며 예비후보자가 납부하는 기탁금의 액수와 국고귀속 요건도 입법재량의 범위를 넘은 과도한 것이라고 볼 수 없으므로, 공직선거법 제57조 제1항 제1호 다목 및 제60조의2 제2항은 청구인의 공무담임권, 재산권을 침해하지 아니한다(헌재 2010.12.28, 2010헌마79).

② 예비후보자제도 자체가 선거운동의 자유를 좀 더 보장하고자 도입된 것으로서 본선거의 후보자로 등록할 것을 전제로 한 제도라는 점, 이후 예비후보자가 본선거의 후보자로 등록을 하면 해당 선거의 득표율에 따라 납부한 기탁금의 전부 또는 일부가 반환될 여지가 있는 점 등을 감안하여 보면, 이 사건 법률조항이 사망 내지 당내경선 탈락 등 객관적인 사유로 기탁금 반환 요건을 한정하고 질병을 이유로 한 경우에는 기탁금 반환을 허용하지 아니한 것은, 예비후보자의 무분별한 난립을 방지하고 예비후보자의 진지성과 책임성을 담보하기 위한 최소한의 제한으로 입법형성권의 범위와 한계 내에서 그 반환 요건을 규정한 것으로서, 과잉금지원칙에 반하여 청구인의 재산권을 침해한다고 볼 수 없다(헌재 2013.11.28, 2012헌마568).

③ 대통령선거 및 지방자치단체의 장선거의 예비후보자는 선거공약 및 이에 대한 추진계획으로 각 사업의 목표·우선순위·이행절차·이행기한·재원조달방안을 게재한 공약집(도서의 형태로 발간된 것을 말하며, 이하 "예비후보자공약집"이라 한다) 1종을 발간·배부할 수 있으며, 이를 배부하려는 때에는 통상적인 방법으로 판매하여야 한다. 다만, 방문판매의 방법으로 판매할 수 없다(공직선거법 제60조의4 제1항).

④ 예비후보자의 배우자(배우자가 없는 경우 예비후보자가 지정한 1명)와 직계존비속은 예비후보자의 선거운동을 위하여 제1항 제2호에 따른 예비후보자의 명함을 직접 주거나 예비후보자에 대한 지지를 호소할 수 있다(공직선거법 제60조의3 제2항 참조). (2018.4.6.개정)

정답 ①

06 다음 중 예비후보자에게 허용되는 선거운동이 아닌 것은?

① 선거사무소를 설치하거나 그 선거사무소에 간판·현판 또는 현수막을 설치·게시하는 행위
② 자신의 성명·사진·전화번호·학력(정규학력과 이에 준하는 외국의 교육과정을 이수한 학력)·경력, 그 밖에 홍보에 필요한 사항을 게재한 길이 9센티미터 너비 5센티미터 이내의 명함을 직접 주거나 지지를 호소하는 행위 다만, 선박·정기여객자동차·열차·전동차·항공기의 안과 그 터미널·역·공항의 개찰구 안, 병원·종교시설·극장의 옥내에서 주거나 지지를 호소하는 행위는 제외
③ 선거운동을 위하여 자동차 외부에 현수막을 설치하거나 어깨띠 또는 예비후보자임을 나타내는 표지물을 착용하는 행위
④ 포럼회원들이 정권교체를 설립 목적으로 경선후보자를 지지하면 선거운동에 해당된다.

해설

③ 선거운동을 위하여 어깨띠 또는 예비후보자임을 나타내는 표지물을 착용하는 행위는 가능하나, 자동차 외부에 현수막을 부착하는 행위는 금지된다(공직선거법 제60조의3 제1항 제5호).
① 공직선거법 제60조의3 제1항 제1호
② 공직선거법 제60조의3 제1항 제2호
④ 대법원 2019.7.4, 2019도1441

정답 ③

07 예비후보자에 관한 기술 중에서 옳지 않은 것은?

① 비례대표국회의원선거 및 비례대표지방의회의원선거를 제외하고 예비후보자가 되려는 사람은 공직선거법에서 정하는 날부터 관할선거구선거관리위원회에 예비후보자등록을 서면으로 신청하여야 한다.
② 예비후보자등록을 신청하는 사람은 필요한 서류를 제출하여야 하며, 해당 선거 기탁금의 100분의 20에 해당하는 금액을 중앙선거관리위원회규칙으로 정하는 바에 따라 관할선거구선거관리위원회에 기탁금으로 납부하여야 한다.
③ 예비후보자등록신청을 받은 선거관리위원회는 지체 없이 이를 수리하되, 예비후보자등록 기탁금과 전과기록에 관한 증명서류를 갖추지 아니한 등록신청은 수리할 수 없다.
④ 예비후보자가 사퇴하고자 하는 때에는 직접 당해 선거구선거관리위원회에 구술 또는 서면으로 신고하여야 한다.

해설

④ 예비후보자가 사퇴하고자 하는 때에는 직접 당해 선거구선거관리위원회에 서면으로 신고하여야 한다(공직선거법 제60조의2 제6항).
① 비례대표국회의원선거 및 비례대표지방의회의원선거를 제외하고 예비후보자가 되려는 사람은 공직선거법에서 정하는 날부터 관할선거구선거관리위원회에 예비후보자 등록을 서면으로 신청하여야 한다(공직선거법 제60조의2 제1항).
② 예비후보자등록을 신청하는 사람은 필요한 서류를 제출하여야 하며, 제56조 제1항에 따른 해당 선거 기탁금의 100분의 20에 해당하는 금액을 중앙선거관리위원회규칙으로 정하는 바에 따라 관할선거구선거관리위원회에 기탁금으로 납부하여야 한다(공직선거법 제60조의2 제2항).
③ 예비후보자등록신청을 받은 선거관리위원회는 지체 없이 이를 수리하되, 예비후보자등록 기탁금과 전과기록에 관한 증명서류를 갖추지 아니한 등록신청은 수리할 수 없다. 이 경우 피선거권에 관한 증명서류가 첨부되지 아니한 경우에는 이를 수리하되, 피선거권에 관하여 확인이 필요하다고 인정되는 예비후보자에 대하여는 관계기관의 장에게 필요한 사항을 조회할 수 있으며, 그 조회를 받은 관계기관의 장은 지체 없이 해당 사항을 조사하여 회보하여야 한다(공직선거법 제60조의2 제3항).

정답 ④

08 국회의원선거에서 정당이 정당선거사무소를 설치하는 경우, 선거구 안에 있는 구·시·군(하나의 구·시·군이 2 이상의 국회의원 지역구로 된 경우에는 국회의원지역구)마다 몇 개의 정당선거사무소를 설치할 수 있는가?

① 1개   ② 2개
③ 3개   ④ 제한 없음

해설

선거구 안에 있는 구·시·군(하나의 구·시·군이 2 이상의 국회의원 지역구로 된 경우에는 국회의원지역구)마다 1개소의 정당선거사무소를 설치할 수 있다.

공직선거법 제61조의2(정당선거사무소의 설치) ① 정당은 선거에 있어서 당해 선거에 관한 정당의 사무를 처리하기 위하여 다음 각 호에서 정하는 날(그날 후에 실시사유가 확정된 보궐선거 등에 있어서는 그 선거의 실시사유가 확정된 때)부터 선거일 후 30일까지 선거구 안에 있는 구·시·군(하나의 구·시·군이 2 이상의 국회의원 지역구로 된 경우에는 국회의원지역구)마다 1개소의 정당선거사무소를 설치할 수 있다.

1. 대통령선거
   선거일 전 240일
2. 국회의원선거 및 시·도지사선거
   선거일 전 120일
3. 지방의회의원선거 및 자치구·시·군의 장선거
   선거기간개시일 전 60일

정답 ①

09 예비후보자 공약집에 관한 기술 중에서 옳은 것(○)과 틀린 것(×)을 바르게 나열한 것은?

㉠ 대통령선거 및 지방자치단체의 장선거의 예비후보자는 선거공약 및 이에 대한 추진계획으로 각 사업의 목표·우선순위·이행절차·이행기한·재원조달방안을 게재한 공약집 1종을 발간·배부할 수 있다.
㉡ 예비후보자공약집을 배부하려는 때에는 통상적인 방법으로 판매하여야 한다.
㉢ 예비후보자공약집을 방문판매의 방법으로 판매할 수 없다.
㉣ 대통령선거 및 지방자치단체의 장선거의 예비후보자가 선거공약 및 그 추진계획에 관한 사항 외에 자신의 사진·성명·학력(정규학력과 이에 준하는 외국의 교육과정을 이수한 학력을 말한다)·경력, 그 밖에 홍보에 필요한 사항을 예비후보자공약집에 게재하는 경우 그 게재면수는 표지를 포함한 전체면수의 100분의 10을 넘을 수 없으며, 다른 정당이나 후보자가 되려는 자에 관한 사항은 예비후보자공약집에 게재할 수 없다.
㉤ 예비후보자가 예비후보자공약집을 발간하여 판매하려는 때에는 발간 즉시 관할 선거구선거관리위원회에 2권을 제출하여야 한다.

① ○ - ○ - ○ - ○ - ○
② ○ - ○ - × - × - ×
③ × - × - ○ - ○ - ○
④ × - ○ - × - ○ - ×

해설

모두 옳은 설명이다.

공직선거법 제60조의4[예비후보자공약집] ① 대통령선거 및 지방자치단체의 장선거의 예비후보자는 선거공약 및 이에 대한 추진계획으로 각 사업의 목표·우선순위·이행절차·이행기한·재원조달방안을 게재한 공약집(도서의 형태로 발간된 것을 말하며, 이하 "예비후보자공약집"이라 한다) 1종을 발간·배부할 수 있으며, 이를 배부하려는 때에는 통상적인 방법으로 판매하여야 한다. 다만, 방문판매의 방법으로 판매할 수 없다.
② 제1항의 예비후보자가 선거공약 및 그 추진계획에 관한 사항 외에 자신의 사진·성명·학력(정규학력과 이에 준하는 외국의 교육과정을 이수한 학력을 말한다)·경력, 그 밖에 홍보에 필요한 사항을 예비후보자공약집에 게재하는 경우 그 게재면수는 표지를 포함한 전체면수의 100분의 10을 넘을 수 없으며, 다른 정당이나 후보자가 되려는 자에 관한 사항은 예비후보자공약집에 게재할 수 없다.
③ 예비후보자가 제1항에 따라 예비후보자공약집을 발간하여 판매하려는 때에는 발간 즉시 관할 선거구선거관리위원회에 2권을 제출하여야 한다.
④ 예비후보자공약집의 작성근거 등의 표시와 제출, 그 밖에 필요한 사항은 중앙선거관리위원회규칙으로 정한다.

정답 ①

10 선거운동기구의 설치에 관한 기술 중에서 옳지 않은 것은?

① 대통령선거의 경우에는 정당 또는 후보자가, 선거사무소 1개소와 시·도 및 구·시·군마다 선거연락소 1개소를 설치할 수 있다.
② 지역구국회의원선거의 경우에는 후보자가, 당해 국회의원지역구안에 선거사무소 1개소. 다만, 하나의 국회의원지역구가 2 이상의 구·시·군으로 된 경우에는 선거사무소를 두지 아니하는 구·시·군마다 선거연락소 1개소를 설치할 수 있다.
③ 지역구지방의회의원선거의 경우에는 후보자가 당해 선거구안에 선거사무소 1개소를 설치할 수 있다.
④ 시·도지사선거의 경우에는 정당 또는 후보자가, 당해 시·도안에 선거사무소 1개소와 당해 시·도안의 구·시·군마다 선거연락소 1개소를 설치할 수 있다.

✎ 해설

④ 시·도지사선거의 경우에는 후보자가, 당해 시·도안에 선거사무소 1개소와 당해 시·도안의 구·시·군마다 선거연락소 1개소를 설치할 수 있다(공직선거법 제61조 제1항 제5호).
① 공직선거법 제61조 제1항 제1호
② 공직선거법 제61조 제1항 제2호
③ 공직선거법 제61조 제1항 제4호

🎓 정답 ④

11 선거운동기구에 대한 설명으로 옳지 않은 것은? (다툼이 있는 경우 판례에 의함)

① 지역구국회의원선거에 있어 하나의 국회의원지역구가 2 이상의 구·시·군으로 된 경우에 후보자는 선거사무소를 두지 아니하는 구·시·군마다 선거연락소 1개소를 설치할 수 있다.
② 후보자 또는 예비후보자의 선거사무소에 설치되는 1개의 선거대책기구 및 「정치자금법」에 의한 후원회의 경우를 제외하고는, 누구든지 「공직선거법」에 따라 설치된 선거사무소, 선거연락소 및 선거대책기구 외에는 후보자 또는 후보자가 되려는 사람을 위하여 명칭 여하를 불문하고 유사기관을 새로이 설립 또는 설치할 수 없다.
③ 어떠한 기관·단체·조직 또는 시설이 설치가 금지된 선거운동기구인지 여부는 그것이 선거운동을 목적으로 설치된 것으로서 적법한 선거사무소나 선거연락소와 유사한 활동이나 기능을 하는 것에 해당하는지 여부에 의하여 결정된다.
④ 어떠한 기관·단체·조직 또는 시설이 설치가 금지된 선거운동기구와 유사한 기관에 해당하기 위해서는 반드시 그 유사기관의 '선거운동'이 「공직선거법」상 허용되지 않는 선거운동이어야 한다.

✎ 해설

④ 어떠한 기관·단체·조직 또는 시설이 '선거운동'을 목적으로 설립되었고 그것이 선거사무소 또는 선거연락사무소처럼 이용되는 정도에 이르렀다면 공직선거법 제89조 제1항에서 정한 유사기관이 되는 것이지, 반드시 그 '선거운동'이 공직선거법상 허용되지 않는 선거운동이어야만 하는 것은 아니다(대판 2013.12.26, 2013도10896).
① 지역구국회의원선거에 있어서 후보자는, 당해 국회의원지역구 안에 선거사무소 1개소를, 하나의 국회의원지역구가 2 이상의 구·시·군으로 된 경우에는 선거사무소를 두지 아니하는 구·시·군마다 선거연락소 1개소를 둘 수 있다(공직선거법 제61조 제1항 제2호).

② 누구든지 제61조제1항·제2항에 따른 선거사무소, 선거연락소 및 선거대책기구 외에는 후보자 또는 후보자가 되려는 사람을 위하여 선거추진위원회·후원회·연구소·상담소 또는 휴게소 기타 명칭의 여하를 불문하고 이와 유사한 기관·단체·조직 또는 시설을 새로이 설립 또는 설치하거나 기존의 기관·단체·조직 또는 시설을 이용할 수 없다. 다만, 후보자 또는 예비후보자의 선거사무소에 설치되는 1개의 선거대책기구 및 「정치자금법」에 의한 후원회는 그러하지 아니하다(공직선거법 제89조 제1항).

③ 어떠한 기관·단체·조직 또는 시설이 위 금지규정에 위배되는지 여부는 그것이 선거운동을 목적으로 설치된 것으로서 적법한 선거사무소나 선거연락소와 유사한 활동이나 기능을 하는 것에 해당하는지에 의하여 결정된다(대판 2013.12.26, 2013도10896).

🎓 정답 ④

12 선거운동기구에 대한 설명으로 옳은 것은?

① 지역구국회의원선거에서 정당 또는 후보자는 당해 국회의원지역구 안에 선거사무소 1개소를 설치할 수 있다.

② 대통령선거에서 정당 또는 후보자는 선거사무소 1개소와 시·도 및 구·시·군(하나의 구·시·군이 2 이상의 국회의원지역구로 된 경우에는 국회의원지역구)마다 선거연락소 1개소를 설치할 수 있다.

③ 임기만료에 의한 지방의회의원선거에 있어서, A정당은 선거일 전 60일부터 선거일 후 30일까지 서울특별시의 경우에는 국회의원지역구마다 1개소의 정당선거사무소를 설치할 수 있다.

④ 시·도지사선거에서 정당 또는 후보자는 당해 시·도 안에 선거사무소 1개소와 당해 시·도 안의 구·시·군마다 선거연락소 1개소를 설치할 수 있다.

해설

② 대통령선거에서 정당 또는 후보자는, 선거사무소 1개소와 시·도 및 구·시·군(하나의 구·시·군이 2 이상의 국회의원지역구로 된 경우에는 국회의원지역구를 말한다)마다 선거연락소 1개소를 설치할 수 있다(공직선거법 제61조 제1항 제1호).

① 정당은 지역구국회의원선거에서 선거사무소 설치주체가 아니다. 지역구국회의원선거에서 후보자는 당해 국회의원지역구 안에 선거사무소 1개소를 설치할 수 있다. 다만, 하나의 국회의원지역구가 2 이상의 구·시·군으로 된 경우에는 선거사무소를 두지 아니하는 구·시·군마다 선거연락소 1개소를 설치할 수 있다(공직선거법 제61조 제1항 제2호).

③ 임기만료에 의한 지방의회의원선거에 있어서, A정당은 선거기간개시일 전 60일부터 선거일 후 30일까지 서울특별시의 경우에는 국회의원지역구마다 1개소의 정당선거사무소를 설치할 수 있다(공직선거법 제61조의2 제1항 제3호).

④ 시·도지사선거에서 후보자는 당해 시·도안에 선거사무소 1개소와 당해 시·도안의 구·시·군마다 선거연락소 1개소를 설치할 수 있다(공직선거법 제61조 제1항 제5호).

🎓 정답 ②

03 선거홍보물

01 「공직선거법」상 선거공약서에 대한 설명으로 옳지 않은 것은?

① 선거공약서는 대통령선거에 있어서는 32면 이내로, 시·도지사 선거에 있어서는 16면 이내로, 자치구·시·군의 장선거에 있어서는 12면 이내로 작성한다.

② 선거공약서의 수량은 해당 선거구 안에 있는 세대수의 100분의 10에 해당하는 수 이내로 한다.

③ 후보자와 그 가족, 선거사무장, 선거연락소장, 선거사무원, 회계책임자 및 후보자와 함께 다니는 활동보조인은 선거공약서를 배부할 수 있지만, 우편발송(점자형 선거공약서는 제외한다)·호별방문이나 특정 장소에 비치하는 방법을 포함한 살포의 방법으로 선거공약서를 배부할 수 없다.

④ 관할선거구선거관리위원회는 당선인 결정 후에는 당선인의 선거공약서를 그 임기만료일까지 선거관리위원회의 인터넷 홈페이지 또는 중앙선거관리위원회가 지정하는 인터넷홈페이지에 게시하여야 한다.

> **해설**
>
> ④ "~하여야 한다."가 아니라 "~할 수 있다."로 되어 있다. 관할선거구선거관리위원회는 선거공약서를 선거관리위원회의 인터넷 홈페이지에 게시하는 등 선거구민이 알 수 있도록 이를 공개할 수 있으며, 당선인 결정 후에는 당선인의 선거공약서를 그 임기만료일까지 선거관리위원회의 인터넷홈페이지 또는 중앙선거관리위원회가 지정하는 인터넷홈페이지에 게시할 수 있다. 이 경우 후보자로 하여금 그 전산자료 복사본을 제출하게 하거나 그 내용을 요약하여 제출하게 할 수 있다(공직선거법 제66조 제7항).
>
> ① 선거공약서는 대통령선거에 있어서는 32면 이내로, 시·도지사선거에 있어서는 16면 이내로, 자치구·시·군의 장선거에 있어서는 12면 이내로 작성한다(공직선거법 제66조 제3항).
>
> ② 선거공약서의 수량은 해당 선거구 안에 있는 세대수의 100분의 10에 해당하는 수 이내로 한다(공직선거법 제66조 제4항).
>
> ③ 후보자와 그 가족, 선거사무장, 선거연락소장, 선거사무원, 회계책임자 및 후보자와 함께 다니는 활동보조인은 선거공약서를 배부할 수 있다. 다만, 우편발송(점자형 선거공약서는 제외한다)·호별방문이나 살포(특정 장소에 비치하는 방법을 포함한다)의 방법으로 선거공약서를 배부할 수 없다(공직선거법 제66조 제5항).
>
> 정답 ④

02 선거공약서에 관한 기술 중에서 옳지 않은 것은?

① 대통령선거 및 지방자치단체의 장선거의 후보자는 선거운동을 위하여 선거공약서 1종을 작성할 수 있다.

② 선거공약서에는 선거공약 및 이에 대한 추진계획으로 각 사업의 목표·우선순위·이행절차·이행기한·재원조달방안을 게재하여야 하며, 다른 정당이나 후보자에 관한 사항을 게재할 수 없다.

③ 선거공약서는 대통령선거에 있어서는 32면 이내로, 시·도지사선거에 있어서는 16면 이내로, 자치구·시·군의 장선거에 있어서는 12면 이내로 작성한다.

④ 선거공약서의 수량은 해당 선거구 안에 있는 세대수의 100분의 20에 해당하는 수 이내로 한다.

해설

④ 선거공약서의 수량은 해당 선거구 안에 있는 세대수의 100분의 10에 해당하는 수 이내로 한다(공직선거법 제66조 제4항).
① 대통령선거 및 지방자치단체의 장선거의 후보자(대통령선거에 있어서 정당추천후보자의 경우에는 그 추천정당을 말한다. 이하 제2항 및 제5항을 제외하고 이 조에서 같다)는 선거운동을 위하여 선거공약 및 그 추진계획을 게재한 인쇄물(이하 "선거공약서"라 한다) 1종을 작성할 수 있다(공직선거법 제66조 제1항).
② 선거공약서에는 선거공약 및 이에 대한 추진계획으로 각 사업의 목표·우선순위·이행절차·이행기한·재원조달방안을 게재하여야 하며, 다른 정당이나 후보자에 관한 사항을 게재할 수 없다. 이 경우 후보자의 성명·기호와 선거공약 및 그 추진계획에 관한 사항 외의 후보자의 사진·학력·경력, 그 밖에 홍보에 필요한 사항은 제3항에 따른 면수 중 1면 이내에서 게재할 수 있다(공직선거법 제66조 제2항).
③ 선거공약서는 대통령선거에 있어서는 32면 이내로, 시·도지사선거에 있어서는 16면 이내로, 자치구·시·군의 장선거에 있어서는 12면 이내로 작성한다(공직선거법 제66조 제3항).

정답 ④

03 선거벽보에 게재하는 내용이 아닌 것은 모두 몇 항목인가?

⊙ 후보자의 사진	ⓒ 성명
ⓒ 정당추천후보자의 소속정당명	ⓔ 무소속후보자의 경우 무소속 표시
ⓜ 비정규학력 및 정규학력 게재	ⓗ 정견 및 소속정당의 정강

① 1항목
② 2항목
③ 3항목
④ 4항목

해설

선거벽보에 게재되는 내용이 아닌 것은 ⓜ이다.
ⓜ 학력을 게재하는 경우에는 정규학력과 이에 준하는 외국의 교육과정을 이수한 학력 외에는 게재할 수 없다(공직선거법 제64조 제1항).

PLUS 선전벽보 게재내용

선거벽보란 선거포스터를 말하며, 유권자에게 후보자의 인상과 정견 등을 전달하는 역할을 한다.
⊙ 후보자의 사진 : 후보자만의 사진
ⓒ 성명
ⓒ 기호 : 투표용지에 인쇄할 정당 또는 후보자의 게재순위
ⓔ 정당추천후보자의 소속정당명(무소속후보자는 "무소속"이라 표시)
ⓜ 경력 : 학력을 게재하는 경우에는 정규학력과 이에 준하는 외국의 교육과정을 이수한 학력 외에는 게재할 수 없다. 이 경우 정규학력을 게재하는 경우에는 졸업 또는 수료당시의 학교명(중퇴한 경우에는 수학기간을 함께 기재하여야 한다)을 기재하고, 정규학력에 준하는 외국의 교육과정을 이수한 학력을 게재하는 때에는 그 교육과정명과 수학기간 및 학위를 취득한 때의 취득 학위명을 기재하여야 하며, 정규학력의 최종학력과 외국의 교육과정을 이수한 학력은 학력증명서를 제출한 학력에 한하여 기재할 수 있다.
ⓗ 정견 및 소속정당의 정강
ⓢ 정책 그 밖의 홍보에 필요한 사항 : 지역구국회의원선거에 있어서는 비례대표국회의원후보자명단을, 지역구시·도의원선거에 있어서는 비례대표시·도의원후보자 명단을, 지역구자치구·시·군의원선거에 있어서는 비례대표자치구·시·군의원후보자 명단을 포함하며, 후보자 외의 자의 인물사진을 제외한다.

정답 ①

04 선거벽보에 관한 기술 중에서 옳지 않은 것은?

① 관할선거구선거관리위원회는 후보자가 작성하여 보관 또는 제출할 선거벽보의 수량을 선거기간개시일 전 10일까지 공고하여야 한다. 이 경우 중앙선거관리위원회규칙으로 정하는 바에 따라 일정한 수량을 가산할 수 있다.
② 후보자가 선거벽보 제출마감일까지 선거벽보를 제출하지 아니한 때와 규격을 넘거나 미달하는 선거벽보를 제출한 때에는 그 선거벽보는 첩부하지 아니한다.
③ 누구든지 선거벽보의 내용 중 경력 등에 관한 거짓 사실의 게재를 이유로 이의제기를 하는 때에는 해당 선거구선거관리위원회를 거쳐 직근 상급선거관리위원회에 서면으로 하여야 하고, 이의제기를 받은 상급선거관리위원회는 후보자와 이의제기자에게 그 증명서류의 제출을 요구할 수 있으며, 그 증명서류의 제출이 없거나 거짓 사실임이 판명된 때에는 그 사실을 공고하여야 한다.
④ 선거벽보를 인쇄하는 인쇄업자는 선거벽보의 수량 외에는 이를 인쇄하여 유권자에게 제공할 수 없다.

✎ 해설

④ 선거벽보를 인쇄하는 인쇄업자는 제3항의 선거벽보의 수량 외에는 이를 인쇄하여 누구에게도 제공할 수 없다(공직선거법 제64조 제8항).
① 공직선거법 제64조 제3항
② 공직선거법 제64조 제4항
③ 공직선거법 제64조 제6항

🎓 정답 ④

05 다음 보기 중에서 비례대표국회의원과 비례대표지방의회의원에게 적용되지 않는 것으로만 묶은 것은?

| ㉠ 선거벽보 | ㉡ 거리게시용 현수막 |
| ㉢ 공개장소에서의 연설·대담 | ㉣ 선거공약서 |

① ㉠, ㉡
② ㉠, ㉡, ㉢
③ ㉡, ㉢, ㉣
④ ㉠, ㉡, ㉢, ㉣

✎ 해설

모두 적용되지 않는다.
㉠ 공직선거법 제64조 제2항
㉡ 공직선거법 제67조 제1항
㉢ 공직선거법 제79조 제1항
㉣ 공직선거법 제66조 제1항

🎓 정답 ④

06 대통령선거에서 책자형 선거공보는 몇 면으로 제한하는가?

① 6면 이내
② 12면 이내
③ 16면 이내
④ 18면 이내

해설

대통령선거에 있어서 책자형 선거공보는 16면 이내로 작성한다(공직선거법 제65조 제2항).

PLUS⁺ 선거공보 규격 및 제출수량

구분	책자형 선거공보 (27cm × 19cm 이내)	전단형 선거공보 (38cm × 27cm 또는 54cm × 19cm 이내)
대통령선거	16면 이내	1매(양면 게재 가능)
국회의원선거, 지방자치단체장선거	12면 이내	–
지방의회의원선거	8면 이내	–

책자형 선거공보의 수량은 당해 선거구 안의 세대수와 예상 거소투표신고인수 및 제5항에 따른 예상 신청자수를 합한 수에 상당하는 수 이내로, 전단형 선거공보의 수량은 당해 선거구 안의 세대수에 상당하는 수 이내로 한다(공직선거법 제65조 제3항).

🎓 **정답 ③**

07 대통령선거에서 전단형 선거공보는 후보자등록마감일 후 며칠까지 구·시·군선거관리위원회에 제출해야 하는가?

① 6일
② 7일
③ 10일
④ 14일

해설

후보자가 후보자등록마감일 후 10일까지 배부할 지역을 관할하는 구·시·군선거관리위원회에 제출하고 당해 선거관리위원회가 이를 확인하여 제153조(투표안내문의 발송)의 규정에 따른 투표안내문을 발송하는 때에 이를 동봉하여 발송한다. 이 경우 선거인명부 확정결과 책자형 선거공보를 발송하지 아니한 세대가 있는 때에는 그 세대에 이를 전단형 선거공보와 함께 추가로 발송하여야 한다(공직선거법 제65조 제6항 제1호 나목).

공직선거법 제65조(선거공보) ⑥ 선거공보의 제출과 발송은 다음 각 호에 따른다.
1. 대통령선거
   가. 책자형 선거공보(점자형 선거공보를 포함한다)
      후보자가 후보자등록마감일 후 6일(제51조에 따른 추가등록의 경우에는 추가등록마감일 후 2일)까지 배부할 지역을 관할하는 구·시·군선거관리위원회에 제출하고 당해 선거관리위원회가 이를 확인하여 관할구역 안의 매세대에는 제출마감일 후 3일까지, 제5항에 따른 발송신청자에게는 선거일 전 10일까지 각각 우편으로 발송하고, 거소투표신고인명부에 올라 있는 선거인에게는 제154조에 따라 거소투표용지를 발송하는 때에 동봉하여 발송한다.
   나. 전단형 선거공보
      후보자가 후보자등록마감일 후 10일까지 배부할 지역을 관할하는 구·시·군선거관리위원회에 제출하고 당해 선거관리위원회가 이를 확인하여 제153조(투표안내문의 발송)의 규정에 따른 투표안내문을 발송하는 때에 이를 동봉하여 발송한다. 이 경우 선거인명부 확정결과 책자형 선거공보를 발송하지 아니한 세대가 있는 때에는 그 세대에 이를 전단형 선거공보와 함께 추가로 발송하여야 한다.
2. 국회의원선거, 지방자치단체의 의회의원 및 장의 선거
   후보자가 후보자등록마감일 후 7일까지 배부할 지역을 관할하는 구·시·군선거관리위원회에 제출하고 해당 선거관리위원회가 이를 확인하여 제5항에 따른 발송신청자에게는 선거일 전 10일까지 우편으로 발송하고, 매세대에는 제153조에 따라 투표안내문을 발송하는 때에, 거소투표신고인명부에 올라 있는 선거인에게는 제154조에 따라 거소투표용지를 발송하는 때에 각각 동봉하여 발송한다.

🎓 **정답 ③**

08 공직후보자의 정보공개에 관한 기술 중에서 옳지 않은 것은?

① 대통령선거에 있어서 후보자가 책자형 선거공보를 배부할 지역을 관할하는 구·시·군선거관리위원회에 공고한 제출수량의 전부 또는 일부를 제출하지 아니하는 때에는 후보자정보공개자료를 별도로 작성하여 책자형 선거공보의 제출마감일까지 제출하여야 한다.

② 대통령선거에서 후보자가 책자형 선거공부를 제출하는 경우에는 재산상황, 병역사항, 최근 5년간 소득세·재산세·종합부동산세 납부 및 체납실적, 전과기록, 직업·학력·경력 등 인적사항을 둘째 면에 게재하여야 한다.

③ 대통령선거·지역구국회의원선거·지방자치단체의 장선거 및 지역구지방의회의원선거의 후보자는 점자형 선거공보를 작성·제출하여야 하되, 책자형 선거공보에 그 내용이 음성으로 출력되는 전자적 표시를 하는 것으로 갈음할 수 있다.

④ 점자형 선거공보에 게재하는 후보자정보공개자료의 내용은 책자형 선거공보에 게재하는 내용과 똑같아야 한다.

✎ 해설

③ 후보자는 제1항의 규정에 따른 선거공보 외에 시각장애선거인(선거인으로서 「장애인복지법」 제32조에 따라 등록된 시각장애인을 말한다. 이하 이 조에서 같다)을 위한 선거공보(이하 "점자형 선거공보"라 한다) 1종을 제2항에 따른 책자형 선거공보의 면수 이내에서 작성할 수 있다. 다만, 대통령선거·지역구국회의원선거 및 지방자치단체의 장선거의 후보자는 점자형 선거공보를 작성·제출하여야 하되, 책자형 선거공보에 그 내용이 음성·점자 등으로 출력되는 인쇄물 접근성 바코드를 표시하는 것으로 대신할 수 있다(공직선거법 제65조 제4항). (2018.4.6.개정)
① 공직선거법 제65조 제9항
② 공직선거법 제65조 제8항
④ 공직선거법 제65조 제8항

🎓 정답 ③

---

09 선거운동을 위한 현수막 설치가 제외되는 자는 모두 몇 항목인가?

> ㉠ 대통령선거후보자(정당추천후보자의 경우에는 그 추천정당)
> ㉡ 국회의원선거후보자　　　　　　㉢ 비례대표국회의원후보자
> ㉣ 전남 도지사선거후보자　　　　　㉤ 부산 광역시장선거후보자
> ㉥ 충청남도 도의원선거후보자　　　㉦ 충청남도 비례대표지방의회의원후보자

① 1항목　　　　　　　　　　　② 2항목
③ 3항목　　　　　　　　　　　④ 4항목

✎ 해설

선거운동을 위한 현수막 설치가 금지되는 자는 ㉢, ㉦이다. 비례대표국회의원선거후보자와 비례대표지방의회의원선거후보자는 현수막설치를 하지 못한다(공직선거법 제67조 제1항).

🎓 정답 ②

10 선거운동을 위하여 현수막을 설치하는 경우 당해 선거구안의 읍·면·동 수의 몇 배까지 게시할 수 있는가?

① 2배
② 3배
③ 4배
④ 무제한

해설

후보자(비례대표국회의원후보자 및 비례대표지방의회의원후보자를 제외하며, 대통령선거에 있어서 정당추천후보자의 경우에는 그 추천정당을 말한다)는 선거운동을 위하여 해당 선거구안의 읍·면·동 수의 2배 이내의 현수막을 게시할 수 있다(공직선거법 제67조 제1항). (2018.4.6.개정)

정답 ①

11 다음 중 어깨띠에 관한 설명으로 옳지 않은 것은?

① 후보자와 그 배우자, 선거사무장, 선거연락소장, 선거사무원, 후보자와 함께 다니는 활동보조인 및 회계책임자는 선거운동기간 중 후보자의 사진·성명·기호 및 소속 정당명, 그 밖의 홍보에 필요한 사항을 게재한 어깨띠나 중앙선거관리위원회규칙으로 정하는 규격 또는 금액 범위의 윗옷(상의)·표찰(표찰)·수기(수기)·마스코트, 그 밖의 소품을 붙이거나 입거나 지니고 선거운동을 할 수 있다.
② 선거운동을 할 수 있는 사람은 선거운동기간 중 중앙선거관리위원회규칙으로 정하는 규격 범위의 소형의 소품등을 본인의 부담으로 제작 또는 구입하여 몸에 붙이거나 지니고 선거운동을 할 수 있다.
③ 어깨띠의 규격은 제한할 수 있다.
④ 어깨띠의 규격 또는 그 밖의 필요한 사항은 선거관리위원회규칙으로 정한다.

해설

어깨띠의 규격 또는 그 밖의 필요한 사항은 중앙선거관리위원회규칙으로 정한다.

공직선거법 제68조(어깨띠 등 소품) ① 후보자와 그 배우자(배우자 대신 후보자가 그의 직계존비속 중에서 신고한 1인을 포함한다), 선거사무장, 선거연락소장, 선거사무원, 후보자와 함께 다니는 활동보조인 및 회계책임자는 선거운동기간 중 후보자의 사진·성명·기호 및 소속 정당명, 그 밖의 홍보에 필요한 사항을 게재한 어깨띠나 중앙선거관리위원회규칙으로 정하는 규격 또는 금액 범위의 윗옷(상의)·표찰(표찰)·수기(수기)·마스코트, 그 밖의 소품을 붙이거나 입거나 지니고 선거운동을 할 수 있다.
② 선거운동을 할 수 있는 사람은 선거운동기간 중 중앙선거관리위원회규칙으로 정하는 규격 범위의 소형의 소품등을 본인의 부담으로 제작 또는 구입하여 몸에 붙이거나 지니고 선거운동을 할 수 있다. <개정 2023. 8. 30.>
③ 제1항에 따른 어깨띠의 규격 또는 그 밖의 필요한 사항은 중앙선거관리위원회규칙으로 정한다.

정답 ④

04 언론·광고 등에 의한 선거운동

01 신문광고에 관한 기술 중에서 옳지 않은 것은?

① 신문광고에는 소속정당의 정강·정책이나 후보자의 정견, 정치자금모금(대통령선거에 한한다) 기타 홍보에 필요한 사항을 일간신문에 게재할 수 있다.

② 대통령선거는 총 70회 이내, 비례대표국회의원선거는 총 20회 이내, 시·도지사선거는 총 5회 이내(다만, 인구 300만을 넘는 시·도에 있어서는 300만을 넘는 매 100만까지마다 1회를 더함)에 광고를 할 수 있으며, 이 경우 일간신문에의 광고횟수의 계산에 있어서는 하나의 일간신문에 1회 광고하는 것을 1회로 본다.

③ 광고근거 및 광고주명을 표시한다. 후보자가 광고를 하고자 하는 때에는 광고 전에 선거법에 의한 광고임을 인정하는 관할선거구선거관리위원회의 인증서를 교부받아 광고를 하여야 하고, 일간신문을 경영·관리하는 자 또는 광고업무의 담당자는 인증서가 첨부되지 아니한 후보자의 광고물을 게재해서는 안된다.

④ 선거운동을 위한 신문광고를 게재하는 일간신문을 경영·관리하는 자는 그 광고비용을 산정함에 있어 선거기간 중에 같은 지면에 같은 규격으로 게재하는 상업·문화 기타 각종 광고의 요금 중 최고요금을 초과하여 후보자에게 청구하거나 받을 수 없다.

✎ 해설

④ 선거운동을 위한 신문광고를 게재하는 일간신문을 경영·관리하는 자는 그 광고비용을 산정함에 있어 선거기간 중에 같은 지면에 같은 규격으로 게재하는 상업·문화 기타 각종 광고의 요금 중 최저요금을 초과하여 후보자에게 청구하거나 받을 수 없다(공직선거법 제69조 제8항).
①, ② 공직선거법 제69조 제1항
③ 공직선거법 제69조 제2항

🎓 정답 ④

02 선거운동을 위한 방송광고에 관한 기술 중에서 옳지 않은 것은?

① 선거운동을 위한 방송광고는 후보자(대통령선거에 있어서 정당추천후보자와 비례대표국회의원선거의 경우에는 후보자를 추천한 정당)가 선거운동기간 중 소속정당의 정강·정책이나 후보자의 정견 그 밖의 홍보에 필요한 사항을 텔레비전 및 라디오 방송시설을 이용하여 실시할 수 있다.

② 텔레비전 및 라디오 방송시설이란 「방송법」에 의한 방송사업자가 관리·운영하는 무선국 및 종합유선방송국 종합편성 또는 (보도전문편성의 방송채널사용사업자의 채널 포함)을 말한다.

③ 광고시간은 1회 1분을 초과할 수 없다. 이 경우 광고횟수의 계산에 있어서는 재방송을 포함하되, 하나의 텔레비전 또는 라디오 방송시설을 선정하여 당해 방송망을 동시에 이용하는 것은 1회로 본다.

④ 후보자는 방송광고에 있어서 청각장애선거인을 위한 수화 또는 자막을 방영하여야 한다.

✎ 해설

④ 후보자는 방송광고에 있어서 청각장애선거인을 위한 한국수화언어 또는 자막을 방영할 수 있다(공직선거법 제70조 제6항).
①, ②, ③ 공직선거법 제70조 제1항

🎓 정답 ④

03 서울특별시장선거에서는 지역방송시설을 이용하여 텔레비전 및 라디오 방송별로 각 몇 회이내의 방송광고가 가능한가?

① 3회
② 5회
③ 15회
④ 30회

해설
시·도지사선거에서는 지역방송시설을 이용하여 텔레비전 및 라디오 방송별로 각 5회 이내의 방송광고가 가능하다(공직선거법 제70조 제1항 제3호).

PLUS 선거별 텔레비전 및 라디오 방송광고 횟수
㉠ 대통령선거 : 텔레비전 및 라디오 방송별로 각 30회 이내
㉡ 비례대표국회의원선거 : 텔레비전 및 라디오 방송별로 각 15회 이내
㉢ 시·도지사선거 : 지역방송시설을 이용하여 텔레비전 및 라디오 방송별로 각 5회 이내

정답 ②

04 인터넷 언론사의 인터넷홈페이지에 선거운동의 광고를 할 수 있는 사람은?

① 선거권자
② 투표권자
③ 투표자
④ 후보자

해설
후보자(대통령선거의 정당추천후보자와 비례대표국회의원선거 및 비례대표지방의회의원선거에 있어서는 후보자를 추천한 정당)는 인터넷언론사의 인터넷홈페이지에 선거운동을 위한 광고를 할 수 있으며, 후보자(대통령선거의 정당추천후보자와 비례대표국회의원선거 및 비례대표지방의회의원선거에 있어서는 후보자를 추천한 정당)가 인터넷 광고를 하는 경우를 제외하고 누구든지 선거운동을 위하여 인터넷 광고를 할 수 없다(공직선거법 제82조의7).

정답 ④

05 대통령선거운동 기간 중 후보자와 후보자가 지명한 연설원이 텔레비전 및 라디오 방송시설을 이용한 방송연설을 하는 경우 각각 몇 회 이내에서 가능한가?

① 5회 ② 10회
③ 11회 ④ 20회

✏️ 해설

대통령 선거에서 방송연설은 후보자와 후보자가 지명한 연설원이 각각 1회 20분 이내에서 텔레비전 및 라디오 방송별 각 11회 이내에서 가능하다(공직선거법 제71조 제1항 제1호).

PLUS⁺ 선거별 방송연설 횟수

	연설자	연설횟수	1회 연설시간
대통령선거	후보자	텔레비전 및 라디오 방송별 각11회	20분 이내
	연설원		
비례대표국회의원선거	정당별로 비례대표국회의원후보자 중에서 선임된 대표 2인	텔레비전 및 라디오 방송별 각1회	각각 10분 이내
지역구국회의원선거, 자치구·시·군의 장선거	후보자	지역방송시설을 이용하여 텔레비전 및 라디오 방송별 각 2회 이내	10분 이내
비례대표시·도의원선거	정당별로 비례대표시·도의원선거구마다 당해 선거의 후보자 중에서 선임된 대표 1인	지역방송시설을 이용하여 텔레비전 및 라디오 방송별 각 1회	10분 이내
시·도지사선거	후보자	지역방송시설을 이용하여 텔레비전 및 라디오 방송별 각 5회	10분 이내

🎓 정답 ③

06 경력방송에 관한 기술 중에서 옳지 않은 것은?

① 경력방송은 한국방송공사(KBS)의 텔레비전 및 라디오 방송시설을 이용하여 후보자의 경력에 관하여 방송하는 것을 말하며, 이는 대통령선거와 국회의원선거 및 지방자치단체장선거에 한하여 허용된다.
② 경력방송에서 한국방송공사는 관할 선거관리위원회가 제공하는 후보자의 사진과 성명, 기호, 연령, 정당추천후보자의 소속정당명(무소속후보자인 경우에는 '무소속' 표기), 직업 기타 주요한 경력을 방송한다.
③ 대통령선거가 아닌 경우에는 그 지역방송시설을 이용하여 실시할 수 있다.
④ 경력방송의 비용은 이를 실시하는 후보자가 부담하도록 하고 있다. 따라서 후보자는 최저비용으로 한국방송공사를 통한 경력방송을 할 수 있다.

✏️ 해설

④ 경력방송을 하는 때에는 그 회수와 내용이 선거구 단위로 모든 후보자에게 공평하게 하여야 하며, 그 비용은 한국방송공사가 부담한다(공직선거법 제73조 제3항).
① 공직선거법 제73조 제1항
② 공직선거법 제73조 제2항
③ 공직선거법 제73조 제1항

🎓 정답 ④

07 다음 중 한국방송공사가 경력방송을 실시하는 선거가 아닌 것은 모두 몇 항목인가?

㉠ 대통령선거	㉡ 국회의원선거
㉢ 경기도지사선거	㉣ 수원시장선거
㉤ 강남구청장선거	㉥ 연천군수선거
㉦ 광주광역시장선거	㉧ 부산광역시지방의회의원선거

① 1항목
② 2항목
③ 3항목
④ 7항목

해설
부산광역시지방의회의원선거에 있어서는 경력방송을 실시하지 않는다. 한국방송공사가 경력방송을 실시하는 선거는 대통령선거, 국회의원선거, 지방자치단체장선거이다(공직선거법 제73조 제1항).

PLUS 경력방송횟수 및 방송시간

구분	방송횟수	방송시간
대통령선거	텔레비전 및 라디오 방송별로 각 8회 이상	후보자마다 1회 2분 이내
국회의원선거, 자치구청장·시장·군수선거	텔레비전 및 라디오 방송별로 각 2회 이상	
시·도지사선거	텔레비전 및 라디오 방송별로 각 3회 이상	

정답 ①

08 공개장소에서 연설·대담을 할 수 없는 사람으로만 묶은 것은?

㉠ 지역구국회의원 후보자	㉡ 비례대표국회의원 후보자
㉢ 서울특별시 지방의회의원 후보자	㉣ 서울특별시 비례대표지방의회의원 후보자
㉤ 서울특별시장 후보자	㉥ 강원도지사 후보자
㉦ 세종특별자치시장 후보자	

① ㉠, ㉡
② ㉡, ㉣
③ ㉡, ㉥
④ ㉥, ㉦

해설
② 비례대표국회의원후보자와 비례대표지방의회의원후보자는 공개장소에서 연설이나 대담을 할 수 없다(공직선거법 제79조 제1항).

정답 ②

09 다음 중 선거와 관련하여 공개장소에서의 연설·대담을 할 수 없는 장소는 모두 몇 항목인가?

> ㉠ 국가 또는 지방자치단체가 소유하거나 관리하는 건물·시설
> ㉡ 선박·정기여객자동차·열차·전동차·항공기의 안과 그 터미널 구내 및 지하철역 구내
> ㉢ 병원·진료소
> ㉣ 도서관·연구소 또는 시험소 기타 의료·연구시설
> ㉤ 도로변과 광장
> ㉥ 공원·문화원·시장
> ㉦ 운동장·주민회관·체육관

① 1항목 ② 3항목
③ 4항목 ④ 6항목

✎ 해설

공개장소에서의 연설·대담이 금지된 장소는 ㉠, ㉡, ㉢, ㉣이다.

PLUS⁺ 공개장소에서의 연설·대담이 가능한 장소와 불가능한 장소

<가능한 장소>
- 도로변·광장·공터·주민회관·시장 또는 점포, 그 밖의 중앙선거관리위원회규칙으로 정하는 다수인이 왕래하는 공개장소(공직선거법 제79조 제2항)
- 공원·문화원·시장·운동장·주민회관·체육관·도로변·광장 또는 학교 기타 다수인이 왕래하는 공개된 장소(공직선거법 제80조 제1호 단서)

<불가능한 장소>
- 국가 또는 지방자치단체가 소유하거나 관리하는 건물·시설
- 선박·정기여객자동차·열차·전동차·항공기의 안과 그 터미널 구내 및 지하철역 구내
- 병원·진료소·도서관·연구소 또는 시험소 기타 의료·연구시설

🎓 정답 ③

---

10 단체의 후보자 등 초청 대담·토론회에 관한 설명으로 옳지 않은 것은?

① 대담·토론회를 개최하고자 하는 단체는 주최단체명·대표자성명·사무소 소재지·회원수·설립근거 등 단체에 관한 사항과 초청할 후보자 또는 대담·토론자의 성명, 대담 또는 토론의 주제, 사회자의 성명, 진행방법, 개최일시와 장소 및 참석예정자수 등을 개최일 전 2일까지 관할선거구선거관리위원회 또는 그 개최장소의 소재지를 관할하는 구·시·군선거관리위원회에 서면으로 신고하여야 한다.
② 신고시 초청할 후보자 또는 대담·토론자의 참석승낙서를 첨부하여야 한다.
③ 단체가 대담·토론회를 개최하는 때에는 중앙선거관리위원회규칙이 정하는 바에 따라 후보자 등 초청 대담·토론회임을 표시하는 표지를 게시 또는 첨부하여야 한다.
④ 대담·토론회를 개최하는 단체는 그 비용을 후보자에게 부담시킬 수 있다.

해설

④ 대담·토론회를 개최하는 단체는 그 비용을 후보자에게 부담시킬 수 없다(공직선거법 제81조 제7항).
① 공직선거법 제81조 제1항
② 공직선거법 제81조 제3항
③ 공직선거법 제81조 제6항

정답 ④

11 대통령선거에서 선거방송토론위원회가 주관하는 대담·토론회 개최시 후보자 초청 요건이 아닌 것은 모두 몇 항목인가?

㉠ 국회에 5인 이상의 소속의원을 가진 정당이 추천한 후보자
㉡ 직전 대통령선거, 비례대표국회의원선거, 비례대표시·도의원선거 또는 비례대표자치구·시·군의원선거에서 전국 유효투표총수의 100분의 3 이상을 득표한 정당이 추천한 후보자
㉢ 중앙선거관리위원회규칙이 정하는 바에 따라 언론기관이 선거기간개시일 전 30일부터 선거기간개시일 전일까지의 사이에 실시하여 공표한 여론조사결과를 평균한 지지율이 100분의 5 이상인 후보자
㉣ 국회에 2개 정당으로 하나의 교섭단체를 결성한 정당이 추천한 후보자

① 1항목
② 2항목
③ 3항목
④ 4항목

해설

㉣ 후보자 초청요건에 해당하지 않는다.

PLUS 선거방송토론위원회 주관 대담·토론회 개최시 후보자 초청요건 총정리(공직선거법 제82조의2)

(1) 대통령선거
  ㉠ 국회에 5인 이상의 소속의원을 가진 정당이 추천한 후보자
  ㉡ 직전 대통령선거, 비례대표국회의원선거, 비례대표시·도의원선거 또는 비례대표자치구·시·군의원선거에서 전국 유효투표총수의 3/100 이상을 득표한 정당이 추천한 후보자
  ㉢ 중앙선거관리위원회규칙이 정하는 바에 따라 언론기관이 선거기간개시일 전 30일부터 선거기간개시일 전일까지의 사이에 실시하여 공표한 여론조사결과를 평균한 지지율이 5/100 이상인 후보자

(2) 비례대표국회의원선거 및 비례대표시·도의원선거
  ㉠ 국회에 5인 이상의 소속의원을 가진 정당의 대표자가 지정한 후보자
  ㉡ 직전 대통령선거, 비례대표국회의원선거, 비례대표시·도의원선거 또는 비례대표자치구·시·군의원선거에서 전국 유효투표총수의 100분의 3 이상을 득표한 정당의 대표자가 지정한 후보자
  ㉢ 중앙선거관리위원회규칙이 정하는 바에 따라 언론기관이 선거기간개시일 전 30일부터 선거기간개시일 전일까지의 사이에 실시하여 공표한 여론조사결과를 평균하여 5/100 이상의 지지를 얻은 정당의 대표자가 지정한 후보자

(3) 지역구국회의원선거 및 지방자치단체의 장선거
  ㉠ 국회에 5인 이상의 소속의원을 가진 정당이 추천한 후보자
  ㉡ 직전 대통령선거, 비례대표국회의원선거, 비례대표시·도의원선거 또는 비례대표자치구·시·군의원선거에서 전국 유효투표총수의 3/100 이상을 득표한 정당이 추천한 후보자
  ㉢ 최근 4년 이내에 해당 선거구(선거구의 구역이 변경되어 변경된 구역이 직전 선거의 구역과 겹치는 경우를 포함)에서 실시된 대통령선거, 지역구국회의원선거 또는 지방자치단체의 장선거(그 보궐선거 등을 포함)에 입후보하여 유효투표총수의 10/100 이상을 득표한 후보자
  ㉣ 중앙선거관리위원회규칙이 정하는 바에 따라 언론기관이 선거기간개시일 전 30일부터 선거기간개시일 전일까지의 사이에 실시하여 공표한 여론조사결과를 평균한 지지율이 5/100 이상인 후보자

(4) 초청대상에 포함되지 않는 후보자
각급선거방송토론위원회는 초청대상에 포함되지 아니하는 후보자를 대상으로 대담·토론회를 개최할 수 있다. 이 경우 대담·토론회의 시간이나 횟수는 중앙선거관리위원회규칙이 정하는 바에 따라 초청대상 후보자의 대담·토론회와 다르게 정할 수 있다.

(5) 주관
 ㉠ 중앙선거방송토론위원회 : 대통령선거, 비례대표국회의원
 ㉡ 시·도선거방송토론위원회 : 비례대표시·도의원선거, 시·도지사선거
 ㉢ 구·시·군선거방송토론위원회 : 지역구국회의원선거, 자치구·시·군의 장선거

🎓 정답 ①

12
정당추천에 의해 대통령선거에 출마한 甲, 乙, 丙, 丁의 상황이 다음과 같을 때, 중앙선거방송토론위원회에서 주관하는 대담·토론회의 대상 후보자만을 모두 고른 것은?

> 甲 : 추천정당 A의 국회의석수는 3석이며 직전 비례대표자치구·시·군의원선거에서 전국 유효투표총수의 100분의 3을 득표함
> 乙 : 추천정당 B 소속 국회의원은 없으며 직전 비례대표시·도의원선거에서 전국 유효투표총수의 100분의 4를 득표함
> 丙 : 추천정당 C의 국회의석수는 3석이며 중앙선거관리위원회규칙이 정하는 바에 따라 언론기관이 선거기간개시일 전 30일부터 선거기간개시일 전일까지의 사이에 실시하여 공표한 여론조사결과를 평균한 지지율이 100분의 5임
> 丁 : 추천정당 D의 국회의석수는 5석이며 중앙선거관리위원회규칙이 정하는 바에 따라 언론기관이 선거기간개시일 전 30일부터 선거기간개시일 전일까지의 사이에 실시하여 공표한 여론조사결과를 평균한 지지율이 100분의 3임

① 甲, 乙
② 丙, 丁
③ 甲, 丙, 丁
④ 甲, 乙, 丙, 丁

해설
甲 : 공직선거법 제82조의2 제4항 제1호 나목
乙 : 공직선거법 제82조의2 제4항 제1호 나목
丙 : 공직선거법 제82조의2 제4항 제1호 다목
丁 : 공직선거법 제82조의2 제4항 제1호 가목

> **공직선거법 제82조의2(선거방송토론위원회 주관 대담·토론회)** ④ 각급선거방송토론위원회는 제1항 내지 제3항의 대담·토론회를 개최하는 때에는 다음 각 호의 어느 하나에 해당하는 후보자를 대상으로 개최한다. 이 경우 각급선거방송토론위원회로부터 초청받은 후보자는 정당한 사유가 없는 한 그 대담·토론회에 참석하여야 한다.
> 1. 대통령선거
> 가. 국회에 5인 이상의 소속의원을 가진 정당이 추천한 후보자
> 나. 직전 대통령선거, 비례대표국회의원선거, 비례대표시·도의원선거 또는 비례대표자치구·시·군의원선거에서 전국 유효투표총수의 100분의 3 이상을 득표한 정당이 추천한 후보자
> 다. 중앙선거관리위원회규칙이 정하는 바에 따라 언론기관이 선거기간개시일전 30일부터 선거기간개시일전일까지의 사이에 실시하여 공표한 여론조사결과를 평균한 지지율이 100분의 5 이상인 후보자

🎓 정답 ④

13 선거방송토론위원회 주관 대담·토론회에 대한 설명으로 옳은 것은? (다툼이 있는 경우 판례에 의함)

① 중앙선거방송토론위원회는 대통령선거후보자 중에서 1인 또는 수인을 초청하여 2회 이상 대담·토론회를 개최하여야 한다.

② 선거방송토론위원회 주관 대담·토론회의 방송에 있어서 청각장애 선거인을 위한 자막 또는 수화통역의 방영을 의무사항을 규정하지 아니한 것은 청각장애 선거인들의 참정권 등 헌법상 기본권을 침해하지 않는다.

③ 선거방송토론위원회 주관 대담·토론회의 참가기준으로 여론조사평균지지율 100분의 5를 요구하는 것은 과잉금지원칙에 위배된다.

④ 「방송법」에 의한 방송사업자·중계유선방송사업자 및 인터넷언론사 또는 중계유선방송사업자는 선거방송토론위원회의 부담으로 대담·토론회를 중계방송할 수 있다.

해설

② 합헌이다. 선거운동기간 중의 방송광고, 방송시설주관 후보자연설의 방송, 선거방송토론위원회 주관 대담·토론회의 방송에 있어서 청각장애 선거인을 위한 자막 또는 수화통역의 방영을 의무사항으로 규정하지 아니한 심판대상조항은, 비록 심판대상조항이 수화방송 등을 할 수 없는 예외사유를 보다 제한적으로 구체화하여 규정하는 것이 바람직하다고 볼 수는 있겠지만, 이 사건에서 심판대상조항이 입법자의 입법형성의 범위를 벗어난 것으로서 청구인들의 참정권, 평등권 등 헌법상 기본권을 침해하는 정도의 것이라고 볼 수 없다(헌재 2009.5.28, 2006헌마285).

① 대선후보의 경우 3회 이상이다. 중앙선거방송토론위원회는 대통령선거 및 비례대표국회의원선거에 있어서 선거운동기간중 다음 각호에서 정하는 바에 따라 대담·토론회를 개최하여야 한다. 대통령선거는 후보자 중에서 1인 또는 수인을 초청하여 3회 이상, 비례대표국회의원선거는 해당 정당의 대표자가 비례대표국회의원후보자 또는 선거운동을 할 수 있는 사람(지역구국회의원후보자는 제외한다) 중에서 지정하는 1명 또는 여러 명을 초청하여 2회 이상 한다(공직선거법 제82조의2 제1항).

③ 합헌이다. 방송매체를 이용한 대담·토론회에 참가할 수 있는 후보자를 아무런 제한 없이 할 경우 실질적인 대담이나 토론이 이루어질 수 없어 정견발표회 수준으로 전락할 수 있고, 후보자들 간의 자질과 정치적인 능력의 비교가 불가능해질 개연성이 있고, 전파자원 역시 한정되어 있는바, 이 사건 법률조항이 주된 대담·토론회에 참여할 수 있는 후보자를 일정한 범위로 제한하는 것은 위와 같은 입법자의 합리적 판단에 기인한 것이라고 할 수 있다. 또한, 그 제한기준은 주요 정당의 추천 여부나 후보자의 당선가능성 및 후보자에 대한 국민적 관심도 등을 살펴 일정 수준 이상의 자로 한정하고, 이에 따라 후보자들의 정책에 대한 대담·토론이 효과적이고 실증적인 기능을 발휘 하도록 하여야 할 것인바, 이 사건 법률조항이 국회에 5인 이상의 소속의원을 가진 정당 또는 직전 선거에서 3% 이상을 득표한 정당이 추천한 후보자, 최근 4년 이내 선거에서 10% 이상을 득표하였거나 여론조사결과 5% 이상의 지지율을 보여주는 후보자로 그 초청대상을 한정하고 있는 것을 두고 특별히 자의적인 기준이라거나 지나치게 엄격한 기준이라고 보기 어렵다 할 것이다. 아울러 비초청대상후보자의 경우 이들을 대상으로 한 대담·토론회가 개최될 수 있도록 규정하여 방송토론회를 통해 선거운동을 할수 있는 기회를 제공하고 있는 점 등을 고려한다면, 이 사건 법률조항은 대담·토론회의 기능의 활성화를 위하여 적당한 수의 후보자만을 초청하여야 한다는 요청과 선거운동에서의 기회의 균등보장이라는 서로 대립하는 이익을 적절히 비교 형량한 합리적인 것으로서 이와 같은 취급을 두고 자의적인 차별로서 평등권을 침해하였다고 하기는 어렵다(헌재 2011.5.26, 2010헌마451).

④ 선거방송토론위원회의 부담이 아닌, 방송사가 부담해야 한다. 「방송법」제2조(용어의 정의)의 규정에 의한 방송사업자·중계유선방송사업자 및 인터넷언론사는 그의 부담으로 대담·토론회를 중계방송할 수 있다. 이 경우 편집없이 중계방송하여야 한다(공직선거법 제82조의2 제13항).

정답 ②

14 선거운동 목적의 정보 전송과 관련하여 선거운동정보에 명시할 사항이 아닌 것으로만 묶은 것은?

> ㉠ 선거운동정보에 해당하는 사실
> ㉡ 문자메시지를 전송하는 경우 그의 전화번호
> ㉢ 수신거부의 의사표시를 쉽게 할 수 있는 조치 및 방법에 관한 사항
> ㉣ 전송자의 명칭 및 연락처
> ㉤ 전자우편주소를 수집한 출처

① ㉠, ㉡
② ㉣, ㉤
③ ㉠, ㉡, ㉢
④ ㉡, ㉢, ㉣

해설

㉣, ㉤은 명시하지 않아도 된다.

PLUS 선거운동정보의 전송제한

㉠ 누구든지 정보수신자의 명시적인 수신거부의사에 반하여 선거운동 목적의 정보를 전송하여서는 아니 된다. 예비후보자 또는 후보자가 선거운동 목적의 정보를 자동 동보통신의 방법으로 문자메시지로 전송하거나 전송대행업체에 위탁하여 전자우편으로 전송하는 때에는 다음 사항을 선거운동정보에 명시하여야 한다.

㉡ 선거운동정보에 명시할 사항
 • 선거운동정보에 해당하는 사실
 • 문자메시지를 전송하는 경우 그의 전화번호
 • 수신거부의 의사표시를 쉽게 할 수 있는 조치 및 방법에 관한 사항

㉢ 2005.8.4. 개정법에서는 선거운동정보에 명시할 사항으로서 '전송자의 명칭 및 연락처, 전자우편주소를 수집한 출처(전자우편에 한함)' 내용이 삭제되었다.

정답 ②

15 「공직선거법」상 인터넷언론사 게시판·대화방 등의 실명확인에 대한 설명으로 옳지 않은 것은?

① 정당이나 후보자는 자신의 명의로 개설·운영하는 인터넷홈페이지의 게시판·대화방 등에 정당·후보자에 대한 지지·반대의 정보등을 게시할 수 있도록 하는 경우에는 행정안전부장관 등이 제공하는 실명인증의 방법으로 실명확인을 받도록 하는 기술적 조치를 할 수 있다.

② 인터넷언론사는 선거운동기간 중 당해 인터넷홈페이지의 게시판·대화방 등에 정당·후보자에 대한 지지·반대의 정보를 게시할 수 있도록 하는 경우에는 행정안전부장관 등이 제공하는 실명인증의 방법으로 실명을 확인받도록 하는 기술적 조치를 하여야 하고 규정은 과잉금지원칙에 위배된다.

③ 실명인증의 표시가 없는 후보자에 대한 지지·반대의 정보가 게시된 인터넷언론사에 대하여 삭제요구를 할 수 있는 권한은 각급 선거관리위원회에 있으며, 후보자는 인터넷언론사에 삭제요구를 할 수 있다.

④ 인터넷언론사는 당해 인터넷홈페이지의 게시판·대화방 등에 실명인증의 표시가 없는 정당이나 후보자에 대한 지지·반대의 정보 등이 게시된 경우에는 지체 없이 이를 삭제하여야 한다.

해설

③ 인터넷언론사는 정당·후보자 및 각급선거관리위원회가 제6항의 규정에 따른 정보 등을 삭제하도록 요구한 경우에는 지체 없이 이에 따라야 한다(공직선거법 제82조의6 제7항).

① 정당이나 후보자는 자신의 명의로 개설·운영하는 인터넷홈페이지의 게시판·대화방 등에 정당·후보자에 대한 지지·반대의 정보등을 게시할 수 있도록 하는 경우에는 제1항의 규정에 따른 기술적 조치를 할 수 있다(공직선거법 제82조의6 제2항).

② 인터넷언론사는 선거운동기간 중 당해 인터넷홈페이지의 게시판·대화방 등에 정당·후보자에 대한 지지·반대의 문자·음성·화상 또는 동영상 등의 정보(이하 이 조에서 "정보 등"이라 한다)를 게시할 수 있도록 하는 경우에는 행정안전부장관 또는 「신용정보의 이용 및 보호에 관한 법률」 제2조제4호에 따른 신용정보업자(이하 이 조에서 "신용정보업자"라 한다)가 제공하는 실명인증방법으로 실명을 확인받도록 하는 기술적 조치를 하여야 한다. 규정은 과잉금지원칙에 위배된다(2021.1.28, 2020헌마406).

④ 인터넷언론사는 당해 인터넷홈페이지의 게시판·대화방 등에 "실명인증"의 표시가 없는 정당이나 후보자에 대한 지지·반대의 정보등이 게시된 경우에는 지체 없이 이를 삭제하여야 한다(공직선거법 제82조의6 제6항).

정답 ③

16 선거운동에 대한 설명으로 옳은 것은?

① 비례대표지방의회의원후보자가 선거운동을 위하여 읍·면·동마다 1매의 현수막을 게시하는 것은 허용된다.
② 대통령선거라 하더라도 한국철도공사사장이 선거운동기간 중에 선거운동용으로 계속하여 사용할 수 있는 전국용 무료승차권 50매를 각 후보자에게 발급하는 것은 공무원의 선거관여로서 위법하여 허용되지 아니한다.
③ 선거운동기간 중 인터넷언론사 게시판 등에 정당·후보자에 대한 지지·반대의 정보를 게시하려고 할 경우 실명확인을 받도록 하는 것은 게시판 이용자의 정치적 익명표현의 자유, 개인정보자기결정권 및 인터넷언론사의 언론의 자유를 침해하는 것은 아니다.
④ 지역구국회의원후보자는 선거운동기간 중에 주민회관이나 시장을 방문하여 정당이나 후보자에 대한 지지를 호소하는 연설을 할 수 있다.

해설

④ 후보자(비례대표국회의원후보자 및 비례대표지방의회의원후보자는 제외한다. 이하 이 조에서 같다)는 선거운동기간 중에 소속 정당의 정강·정책이나 후보자의 정견, 그 밖에 필요한 사항을 홍보하기 위하여 공개장소에서의 연설·대담을 할 수 있다. "공개장소에서의 연설·대담"이라 함은 후보자·선거사무장·선거연락소장·선거사무원(이하 이 조에서 "후보자등"이라 한다)과 후보자등이 선거운동을 할 수 있는 사람 중에서 지정한 사람이 도로변·광장·공터·주민회관·시장 또는 점포, 그 밖에 중앙선거관리위원회규칙으로 정하는 다수인이 왕래하는 공개장소를 방문하여 정당이나 후보자에 대한 지지를 호소하는 연설을 하거나 청중의 질문에 대답하는 방식으로 대담하는 것을 말한다(공직선거법 제79조 제1·2항).
① 후보자(비례대표국회의원후보자 및 비례대표지방의회의원후보자를 제외하며, 대통령선거에 있어서 정당추천후보자의 경우에는 그 추천정당을 말한다)는 선거운동을 위하여 당해 선거구 안의 읍·면·동마다 1매의 현수막을 게시할 수 있다(공직선거법 제67조 제1항).
② 대통령선거에 있어서 한국철도공사사장은 중앙선거관리위원회규칙이 정하는 바에 따라 선거운동기간 중에 선거운동용으로 계속하여 사용할 수 있는 전국용 무료승차권 50매를 각 후보자에게 발급하여야 한다(공직선거법 제83조 제1항).
③ 선거 운동기간 중 인터넷 게시판등에 후보자에 대한지지, 반대정보를 게시하려고 할 경우 실명 확인 규정은 헌법에 위배된다(2021.1.28, 2020헌마406).

정답 ④

17 선거운동에 대한 설명으로 옳은 것은?

① 선거운동을 할 수 있는 자는 관혼상제의 의식이 거행되는 장소와 도로·시장·점포·다방·대합실 기타 다수인이 왕래하는 공개된 장소에서 정당 또는 후보자에 대한 지지를 호소할 수 있다.
② 시·도지사선거에서 같은 정당의 추천을 받은 2 이상의 후보자라 하더라도 합동으로 광고를 할 수는 없다.
③ 예비후보자는 열차역에서 공직선거법이 정한 명함을 주거나 지지를 호소할 수 있다.
④ 국민건강보험공단 상근직원의 선거운동을 금지하는 것은 선거운동의 자유에 대한 본질적인 내용을 침해하여 헌법에 위반된다.

해설
① 공직선거법 제106조 제2항
② 시·도지사선거에 있어서 같은 정당의 추천을 받은 2인 이상의 후보자는 합동으로 광고를 할 수 있다. 이 경우 광고회수는 해당 후보자가 각각 1회의 광고를 한 것으로 보며, 그 비용은 해당 후보자 간의 약정에 의하여 분담하되, 그 분담내역을 광고계약서에 명시하여야 한다(공직선거법 제69조 제3항).
③ 예비후보자는 자신의 성명·사진·전화번호·학력(정규학력과 이에 준하는 외국의 교육과정을 이수한 학력을 말한다.)·경력, 그 밖에 홍보에 필요한 사항을 게재한 길이 9센티미터 너비 5센티미터 이내의 명함을 직접 주거나 지지를 호소하는 행위를 할 수 있다. 다만, 선박·정기여객자동차·열차·전동차·항공기의 안과 그 터미널·역·공항의 개찰구 안, 병원·종교시설·극장의 안에서 주거나 지지를 호소하는 행위는 그러하지 아니하다(공직선거법 제60조의3 제1항 제2호).
④ 국민건강보험공단의 직원에 대하여 정치적 활동을 전면적으로 금지하는 것이 아니라 정치적 활동 중에서 당선 또는 낙선을 위한 직접적인 활동(즉, 선거운동)만을 부분적으로 금지하고 있는 것이므로, 선거운동이외의 선거에 관한 의견개진, 입후보와 선거운동을 위한 준비행위, 공천과 관련된 활동, 통상적인 정당활동은 허용되고 있으므로 이러한 틀 안에서 국민건강보험공단의 직원에 대하여 선거운동의 금지를 규정한 것이 선거의 공정성 확보라는 입법목적을 위해 필요한 상당성의 범위를 넘었다고 보기 어려우며 일정 범위 내에서는 자유롭게 자신의 정치적인 의사를 표현할 자유를 누리고 있다고 할 것이므로 선거운동의 자유의 본질적인 내용을 침해하였다고 보기도 어렵다(헌재 2004.4.29, 2002헌마467).

정답 ①

18 선거운동에 대한 설명으로 옳은 것은?

① 선거권자의 연령을 선거일 현재를 기준으로 산정하는 것은 평등권을 침해하는 것이다.
② 선거기간 중에 입당의 권유를 위하여 호별로 방문하는 것은 허용된다.
③ 선거운동기간 중 공개장소에서 비례대표국회의원후보자의 연설·대담을 금지하는 「공직선거법」 제79조 제1항은 선거운동의 자유 및 정당활동의 자유를 침해하지 아니한다.
④ 예비후보자의 배우자가 그와 함께 다니는 사람 중에서 지정한 1명은 예비후보자의 명함을 직접 줄 수 있다.

해설
③ 선거운동기간 중 공개장소에서 비례대표국회의원후보자의 연설·대담을 금지하는 것은 비례대표국회의원후보자의 선거운동의 자유 및 정당활동의 자유를 침해하지 않는다(헌재 2013.10.24, 2012헌마311).
① 선거권자의 연령을 선거일 현재를 기준으로 산정하는 것은 평등권을 침해하는 것이 아니다(헌재 2021.9.30, 2018헌마300).
② 누구든지 선거운동을 위하여 또는 선거기간 중 입당의 권유를 위하여 호별로 방문할 수 없다(공직선거법 제106조 제1항).
④ 예비후보자의 배우자가 함께 다니는 사람 중에서 지정한 1명도 선거운동을 위하여 명함교부 및 지지호소를 할 수 있도록 한 공직선거법 제60조의3 제2항 제3호는 평등권을 침해하여 위헌이라는 헌법재판소의 판결이 있었다(헌재 2013.11.28, 2011헌마267). 현재 '예비후보자가 그와 함께 다니는 사람 중에서 지정한 1명은 예비후보자의 선거운동을 위하여 예비후보자의 명함을 직접 주거나 예비후보자에 대한 지지를 호소할 수 있다.'라고 개정되었다.

정답 ③

19 선거운동에 대한 설명으로 옳은 것은?

① 대통령선거의 예비후보자는 공직선거법의 규정에 따른 공약집 1종을 발간·배부할 수 있으며, 이를 배부하려는 때에는 방문판매의 방법 이외의 통상적인 방법으로 판매 하여야 한다.
② 국회의원선거의 후보자는 선거운동을 위하여 선거공약 및 그 추진계획을 게재한 16면 이내의 인쇄물(선거공약서) 1종을 작성하여 배부할 수 있으나, 다른 정당이나 후보자에 관한 사항을 게재할 수 없다.
③ 예비후보자, 그의 배우자 및 예비후보자와 함께 다니는 선거사무장·선거사무원은 선거운동을 위하여 어깨띠를 착용하여 선거운동을 할 수 있다.
④ 乙 시장은 선거일 전 60일부터 선거일까지 교양강좌, 공청회 및 경로행사 등 일체의 행사를 개최해서는 아니된다.

해설

① 대통령선거 및 지방자치단체의 장선거의 예비후보자는 선거공약 및 이에 대한 추진계획으로 각 사업의 목표·우선순위·이행절차·이행기한·재원조달방안을 게재한 공약집(도서의 형태로 발간된 것을 말하며, 이하 "예비후보자공약집"이라 한다) 1종을 발간·배부할 수 있으며, 이를 배부하려는 때에는 통상적인 방법으로 판매하여야 한다. 다만, 방문판매의 방법으로 판매할 수 없다(공직선거법 제60조의4 제1항).
② 선거공약서는 대통령선거 및 지방자치단체의 장선거의 후보자가 작성할 수 있으며, 국회의원선거의 후보자는 작성할 수 없다(공직선거법 제66조 제1항).
③ 예비후보자만 선거운동을 위하여 어깨띠 또는 예비후보자임을 나타내는 표지물을 착용하는 행위를 할 수 있다(공직선거법 제60조의3 제1항 제5호).
④ 지방자치단체의 장은 선거일전 60일(선거일전 60일후에 실시사유가 확정된 보궐선거등에 있어서는 선거의 실시사유가 확정된 때)부터 선거일까지 예외적인 경우를 제외하고는 교양강좌, 사업설명회, 공청회, 직능단체모임, 체육대회, 경로행사, 민원상담 기타 각종 행사를 개최하거나 후원하는 행위 등을 하여서는 아니된다(공직선거법 제86조 제2항 제4호 참조).

정답 ①

20 선거운동에 대한 설명으로 옳은 것은?

① 무소속후보자는 정당의 당원경력을 표시하는 행위를 할 수 없다.
② 선거운동을 할 수 있는 자는 선거운동기간 중에 상가(喪家)를 방문하여 후보자에 대한 지지를 호소할 수 없다.
③ 대통령선거방송토론위원회가 후보자 중에서 토론의 대상자를 제한하는 결정을 하는 것은 평등원칙에 위배되지도 않고 국민의 알권리와 후보자 선택권을 침해한 것도 아니다.
④ 미성년자라 하더라도 후보자 또는 예비후보자의 직계비속인 경우에는 선거운동을 할 수 있다.

해설

③ 대통령선거방송토론위원회가 공영방송 텔레비전을 이용한 후보자 대담·토론회에 참석할 후보자의 선정기준에 관하여, 원내 교섭단체 보유 정당의 대통령후보자와 여론조사결과 평균지지율 10% 이상인 대통령후보자를 초청하여 3회에 걸쳐 다자간 합동방송토론회를 개최하기로 정한 1997. 11. 24.자 결정 및 그 공표행위는, 비합리적이고 자의적이라 할 수 없으며 국민의 알 권리와 후보자 선택의 자유를 침해한다고도 볼 수 없다(헌재 1998.8.27, 97헌마372).
① 무소속후보자는 정당의 당원경력의 표시를 할 수 있다(공직선거법 제84조).
② 선거운동을 할 수 있는 자는 관혼상제의 의식이 거행되는 장소와 도로·시장·점포·다방·대합실 기타 다수인이 왕래하는 공개된 장소에서 정당 또는 후보자에 대한 지지를 호소할 수 있다(공직선거법 제106조 제2항).
④ 18세 미만 미성년자는 선거운동을 할 수 없다(공직선거법 제60조 제1항 제2호).

정답 ③

21 선거운동에 대한 설명으로 옳은 것은?

① 정당이 선거기간 중에 후보자를 추천한 선거구의 소속당원에게 배부할 수 있는 정강·정책홍보물은 정당의 중앙당이 제작한 책자형 정강·정책홍보물 1종으로 한다.
② 병원·진료소·도서관·연구소 또는 시험소 기타 의료·연구시설이라 하더라도 당해 시설의 소유권자나 법률상 관리인의 허가를 얻은 경우에는 「공직선거법」상의 연설·대담을 할 수 있다.
③ 방송법 규정에 의한 방송사업자·중계유선방송사업자 및 인터넷언론사는 그의 부담으로 대담·토론회를 편집하여 중계방송할 수 있다.
④ 선거운동을 할 수 있는 자라도 선거운동기간 중에는 전화를 이용하여 송·수화자 간 직접 통화하는 방식으로 선거운동을 할 수 없다.

해설

① 정당이 선거기간 중에 후보자를 추천한 선거구의 소속당원에게 배부할 수 있는 정강·정책홍보물은 정당의 중앙당이 제작한 책자형 정강·정책홍보물 1종으로 한다(공직선거법 제138조 제1항).
② 병원·진료소·도서관·연구소 또는 시험소 기타 의료·연구시설에서는 제79조(공개장소에서의 연설·대담)의 연설·대담을 할 수 없다(공직선거법 제80조 제3호).
③ 「방송법」 제2조(용어의 정의)의 규정에 의한 방송사업자·중계유선방송사업자 및 인터넷언론사는 그의 부담으로 대담·토론회를 중계방송할 수 있다. 이 경우 편집 없이 중계방송하여야 한다(공직선거법 제82조의2 제13항).
④ 선거운동을 할 수 있는 자는 선거운동기간 중에 전화를 이용하여 송·수화자 간 직접 통화하는 방식으로 선거운동을 할 수 있다(공직선거법 제82조의4 제1항).

정답 ①

22 선거운동에 대한 설명으로 옳은 것은?

① 인터넷 홈페이지 또는 그 게시판·대화방 등에 글이나 동영상 등을 게시하거나 전자우편을 전송하는 방법으로 선거운동을 하는 경우, 전자우편 전송대행업체에 위탁하여 전자우편을 전송할 수 있는 사람은 후보자와 예비후보자 및 그 배우자에 한한다.
② 후보자가 선거운동기간 중에 선거운동을 위하여 선거구민으로부터 서명이나 날인을 받는 것은 허용된다.
③ 선거운동의 선전벽보에 비정규학력의 게재를 금지하는 구 「공직선거 및 선거부정방지법」 제64조 제1항은 선전벽보에 비정규학력을 게재할 경우 유권자들이 후보자의 학력을 과대평가하여 공정한 판단을 흐릴 수 있음을 방지하는 목적에도 불구하고 피해의 최소성 요건과 법익의 균형성을 갖추고 있다고 볼 수 없으므로 과잉금지원칙에 위반된다.
④ 정책공약집에는 후보자의 기호·성명·사진·학력·경력 등 후보자와 관련된 사항 및 다른 정당에 관한 사항을 게재할 수 없다.

해설

④ 공직선거법 제138조의2 제4항
① 인터넷 홈페이지 또는 그 게시판·대화방 등에 글이나 동영상 등을 게시하거나 전자우편을 전송하는 방법으로 선거운동을 하는 경우. 이 경우 전자우편 전송대행업체에 위탁하여 전자우편을 전송할 수 있는 사람은 후보자와 예비후보자에 한한다(공직선거법 제59조 제3호).
② 누구든지 선거운동을 위하여 선거구민에 대하여 서명이나 날인을 받을 수 없다(공직선거법 제107조).
③ 선거운동의 선전벽보에 비정규학력의 게재를 금지하는 것은 선거운동의 자유를 침해하지 않는다(헌재 1999.9.16, 99헌바5).

정답 ④

23 선거운동에 대한 설명으로 옳은 것은?

① 중앙선거관리위원회에 등록된 정당이 공영방송사를 이용하여 방송연설을 하는 때에는 각 공영방송사마다 텔레비전 및 라디오 방송별로 행하는 월 1회의 방송연설비용(제작비용 제외)은 당해 공영방송사가 이를 부담한다.
② 공직선거법에서 국내 정규학력의 경우와는 달리 정규학력에 준하는 외국의 교육과정을 이수한 학력을 게재하는 때에 그 수학기간을 기재하도록 하면서 이를 위반한 경우 처벌하는 것은 평등권 침해가 아니다.
③ 정당이 정강·정책을 알리기 위해 방송연설을 하는 경우 그 비용은 정당이 부담하되, 국회에 교섭단체를 구성한 정당이 종합유선방송사를 이용하여 방송연설을 하는 때에는 각 방송사마다 텔레비전 및 라디오 방송별로 행하는 월 1회의 방송연설 비용(제작비용 제외)은 당해 종합유선방송사가 이를 부담하여야 한다.
④ 선거운동의 기회균등원칙은 일반적 평등원칙과 마찬가지로 절대적이고도 획일적인 평등 내지 기회균등을 요구하는 것으로 이해하여야 한다.

해설

② 국내의 정규학력의 경우에는 학교명과 학위명 등에 관한 정보와 관련 법령의 내용을 통해 수학기간을 쉽게 파악할 수 있는 반면, 외국의 교육과정에 대해서는 학교명이나 학위명만으로 그 수학기간을 알기 어려울 뿐 아니라 각 나라의 관련 법령을 통해 그것을 확인한다는 것도 쉽지 않으므로, 국내의 정규학력에 대해서는 수학기간의 기재를 요구하지 않으면서 정규학력에 준하는 외국의 교육과정을 이수한 경력에 대해서만 수학기간을 기재하도록 요구하는 것이 불합리한 차별이라고 볼 수 없으며, 국내 정규교육과정이라 하더라도 중퇴의 경우에는 수학기간을 기재하지 않으면 학력의 차이를 비교할 수 없으므로 외국의 정규교육과정을 모두 마친 자를 국내 정규교육과정의 중퇴자와 마찬가지로 수학기간의 기재를 요구하는 것도 불합리한 차별이라고 할 수 없다(헌재 2010.3.25, 2009헌바121).
① 방송연설의 비용은 당해 정당이 부담하되, 국회에 교섭단체를 구성한 정당이 공영방송사를 이용하여 방송연설을 하는 때에는 각 공영방송사마다 텔레비전 및 라디오 방송별로 행하는 월 1회의 방송연설비용(제작비용을 제외한다)은 당해 공영방송사가 이를 부담하여야 한다(공직선거법 제137조의2 제4항).
③ 방송연설의 비용은 당해 정당이 부담하되, 국회에 교섭단체를 구성한 정당이 공영방송사를 이용하여 방송연설을 하는 때에는 각 공영방송사마다 텔레비전 및 라디오 방송별로 행하는 월 1회의 방송연설비용(제작비용 제외)은 당해 공영방송사가 이를 부담하여야 한다(공직선거법 제137조의2 제4항).
④ 선거운동의 기회균등원칙이란 것도 일반적 평등원칙과 마찬가지로 절대적이고도 획일적인 평등 내지 기회균등을 요구하는 것이 아니라 합리적 근거 없는 자의적 차별 내지 차등만을 금지하는 것으로 이해하여야 한다(헌재 1997.10.30, 96헌마94).

정답 ②

24 선거운동에 대한 설명으로 옳은 것은?

① 전자우편을 전송하는 방법으로 선거운동을 하는 경우 전자우편 전송대행업체에 위탁하여 전자우편을 전송할 수 있는 사람은 후보자와 예비후보자에 한한다.
② 전화(송·수화자 간 직접 통화하는 방식)를 이용하거나 말로 하는 선거운동의 방법에 의하여 재외선거권자(재외선거인명부 등에 올라 있거나 오를 자격이 있는 사람)를 대상으로 한 선거운동은 허용되지 아니한다.
③ 인터넷언론사에 대하여 선거운동기간 중 해당 인터넷홈페이지의 게시판에 정당·후보자에 대한 지지·반대의 글을 게시할 수 있도록 하는 경우 실명을 확인받도록 하는 기술적 조치를 할 의무 등을 부과한 것은 헌법상 사전검열금지원칙에 위배된다.
④ 교육위원의 선거에 있어서 선거공보의 발행·배포와 소견발표회의 개최 이외에 일체의 선거운동을 금지하는 것은 과잉금지원칙에 위반된다.

해설

① 인터넷 홈페이지 또는 그 게시판·대화방 등에 글이나 동영상 등을 게시하거나 전자우편(컴퓨터 이용자끼리 네트워크를 통하여 문자·음성·화상 또는 동영상 등의 정보를 주고받는 통신시스템을 말한다. 이하 같다)을 전송하는 방법으로 선거운동을 하는 경우에 전자우편 전송대행업체에 위탁하여 전자우편을 전송할 수 있는 사람은 후보자와 예비후보자에 한한다(공직선거법 제59조 제3호).
② 재외선거권자(재외선거인명부 등에 올라 있거나 오를 자격이 있는 사람)를 대상으로 전화(송·수화자 간 직접 통화하는 방식에 한한다)를 이용하거나 말로 하는 선거운동은 가능하다(공직선거법 제218조의14 제1항 제6호). [개정] 삭제하여 전화 이용 가능함
③ 인터넷언론사에 대하여 선거운동기간 중 당해 인터넷홈페이지의 게시판·대화방 등에 정당·후보자에 대한 지지·반대의 글을 게시할 수 있도록 하는 경우 실명을 확인받도록 하는 기술적 조치를 할 의무, 위와 같은 글이 "실명인증"의 표시가 없이 게시된 경우 이를 삭제할 의무를 부과한 구 공직선거법 조항이 사전검열금지의 원칙에 위배된다고 할 수 없다(헌재 2010.2.25, 2008헌마324).
④ 교육위원의 선거에 있어서 선거공보의 발행·배포와 소견발표회의 개최 이외에 일체의 선거운동을 금지하는 것은, 교육위원의 자주성·전문성을 고려하여 그 선출관련 비리를 원천 봉쇄함으로써 공정성을 제고하려는 데 목적이 있는 것으로서 이를 위하여 채택된 입법수단이 과잉금지의 원칙을 위배하였다고 보기 어렵다(헌재 2000.3.30, 99헌바113).

정답 ①

25 선거운동에 대한 설명으로 옳은 것은?

① 선거운동기간 중 인터넷언론사 게시판 등에 정당·후보자에 대한 지지·반대의 정보를 게시하려고 할 경우 실명확인을 받도록 한 구 「공직선거법」 관련 조항은 게시판 이용자의 개인정보자기결정권을 침해한다.
② 국민건강보험공단 직원의 업무가 일반 보험회사의 직원이 담당하는 보험업무와 내용상 크게 다르지 않다 하더라도 그 신분상의 특수성과 조직의 규모, 개인정보 지득의 정도, 선거개입시 예상되는 부작용 등이 사보험업체 직원이나 다른 공단의 직원의 경우와 현저히 차이가 나는 이상, 국민건강보험공단 직원의 선거운동의 금지는 정당한 차별목적을 위한 합리적인 수단을 강구한 것으로서 평등권을 침해하지 않는다.
③ 선거운동을 할 수 있는 자라 하더라도 관혼상제의 의식이 거행되는 장소에서는 정당 또는 후보자에 대한 지지를 호소할 수 없다.
④ 예비후보자의 배우자가 함께 다니는 사람 중에서 지정한 자도 선거운동을 위하여 명함교부 및 지지호소를 할 수 있도록 하는 것은 배우자가 없는 예비후보자의 평등권을 침해하지 않는다.

해설

② 국민건강보험공단 직원의 업무가 일반 보험회사의 직원이 담당하는 보험업무와 내용상 크게 다르지 않다 하더라도 그 신분상의 특수성과 조직의 규모, 개인정보 지득의 정도, 선거개입시 예상되는 부작용 등이 사보험업체 직원이나 다른 공단의 직원의 경우와 현저히 차이가 나는 이상 위와 같은 선거운동의 금지는 정당한 차별목적을 위한 합리적인 수단을 강구한 것으로서 합헌이다(헌재 2004.4.29, 2002헌마467).
① 인터넷언론사가 선거운동기간 중 당해 홈페이지의 게시판 등에 정당·후보자에 대한 지지·반대의 정보를 게시할 수 있도록 하는 경우 실명을 확인받도록 하는 기술적 조치를 하여야 하고 이를 위반한 때에는 과태료를 부과하는 것은, 게시판 이용자의 정치적 익명표현의 자유, 개인정보자기결정권 및 인터넷언론사의 언론의 자유를 침해한다고 볼 수 없다(헌재 2015.7.30, 2012헌마734).
③ 선거운동을 할 수 있는 자는 관혼상제의 의식이 거행되는 장소와 도로·시장·점포·다방·대합실 기타 다수인이 왕래하는 공개된 장소에서 정당 또는 후보자에 대한 지지를 호소할 수 있다(공직선거법 제106조 제2항).
④ 예비후보자의 배우자가 함께 다니는 사람 중에서 지정한 자도 선거운동을 위하여 명함교부 및 지지호소를 할 수 있도록 한 공직선거법 제60조의3 제2항 제3호는, 명함 본래의 기능에 부합하지 아니할 뿐만 아니라, 선거운동 기회균등의 원칙에 반하고, 예비후보자의 선거운동의 강화에만 치우친 나머지, 배우자의 유무라는 우연적인 사정에 근거하여 합리적 이유 없이 배우자 없는 예비후보자를 차별 취급하는 것이므로 평등권을 침해한다(헌재 2013.11.28, 2011헌마267). 🔍 예비후보자의 선거운동에서 예비후보자 외에 독자적으로 명함을 교부하거나 지지를 호소할 수 있는 주체를 예비후보자의 배우자와 직계존·비속으로 제한한 공직선거법 제60조의3 제2항 제1호는 합헌(헌재 2011.8.30, 2010헌마259)

🎓 정답 ②

26 선거운동에 대한 설명으로 옳은 것은?

① 예비후보자 등의 선거운동을 규정한 「공직선거법」 제60조의3 제2항 제1호가 예비후보자의 배우자와 직계존·비속에게는 독자적으로 예비후보자의 명함을 교부하거나 지지를 호소하는 행위를 허용하고 그 외의 자에 대하여는 이를 제한한 것은, 선거운동을 할 배우자나 직계존·비속이 없는 예외적인 경우를 고려하지 않은 것으로서 평등권을 침해하였다.

② 후보자의 가족은 선거일 후에 당선되지 아니한 데 대하여 일반 선거구민을 모아 낙선에 대한 위로회를 개최할 수 있다.

③ 인터넷언론사가 선거운동기간 중 당해 홈페이지의 게시판 등에 정당·후보자에 대한 지지·반대의 정보를 게시할 수 있도록 하는 경우 실명을 확인받도록 하는 기술적 조치를 하여야 하고 이를 위반한 때에는 과태료를 부과하는 공직선거법(2010. 1. 25. 법률 제9974호로 개정된 것) 제82조의6 제6항, 제7항은 게시판 이용자의 정치적 익명표현의 자유, 개인정보자기결정권 및 인터넷언론사의 언론의 자유를 침해하는 것이다.

④ 누구든지 선거운동을 위하여 또는 선거기간 중 입당의 권유를 위하여 호별로 방문할 수 없으나, 선거기간 중 단순히 공개장소에서의 연설·대담의 통지를 위해서는 호별 방문이 가능하다.

해설

③ 헌재 2021.1.28, 2020헌마406
① 예비후보자의 선거운동에서 예비후보자 외에 독자적으로 명함을 교부하거나 지지를 호소할 수 있는 주체를 예비후보자의 배우자와 직계존·비속으로 제한한 공직선거법 제60조의3 제2항 제1호는 선거운동의 자유를 침해하지 않는다(헌재 2011.8.30, 2010헌마259). 예비후보자의 배우자가 함께 다니는 사람 중에서 지정한 자도 선거운동을 위하여 명함교부 및 지지호소를 할 수 있도록 한 공직선거법 제60조의3 제2항 제3호는 위헌(헌재 2013.11.28, 2011헌마267)
② 후보자와 후보자의 가족 또는 정당의 당직자는 선거일 후에 당선되거나 되지 아니한 데 대하여 일반선거구민을 모이게 하여 당선축하회 또는 낙선에 대한 위로회를 개최하는 행위를 할 수 없다(공직선거법 제118조 제4호).
④ 누구든지 선거운동을 위하여 또는 선거기간 중 입당의 권유를 위하여 호별로 방문할 수 없으며(공직선거법 제106조 제1항), 누구든지 선거기간 중 공개장소에서의 연설·대담의 통지를 위하여 호별로 방문할 수 없다(동법 제106조 제3항).

정답 ③

27 선거운동에 대한 설명으로 옳은 것은?

① 야간(오후 10시부터 다음날 오전 7시까지를 말한다)이라 하더라도 전화를 이용하여 선거에 관한 여론조사를 실시할 수 있다.

② 누구든지 선거일 전 6일부터 선거일의 투표마감시각까지 선거에 관하여 당선인을 예상하게 하는 여론조사의 경위와 그 결과를 공표하거나 인용하여 보도할 수 있다.

③ 구 「공직선거법」이 관련 조항에서 허용하는 수당·실비 기타 이익을 제공하는 행위 이외의 금품 제공행위를 처벌하면서, 선거사무관계자에게 지급이 허용되는 수당과 실비의 종류와 금액을 중앙선거관리위원회가 정하도록 규정하는 것은 그 내용이 예측가능하여 포괄위임금지원칙에 위배되지 아니한다.

④ 관할선거구선거관리위원회는 후보자가 작성하여 보관 또는 제출할 선거벽보의 수량을 선거기간개시일 전 30일까지 공고하여야 한다.

해설

③ 공직선거법 제135조 제2항은 제공이 허용되는 수당과 실비의 종류와 금액을 중앙선거관리위원회 규칙에 위임할 필요성과 예측가능성을 인정할 수 있으므로, 그에 해당하지 않는 선거사무관계자에 대한 수당·실비를 제공하는 행위를 처벌하는 심판대상조항은 범죄의 구성요건을 규율함에 있어 포괄위임입법금지원칙에 위배되지 아니한다(헌재 2015.4.30, 2013헌바55).

① 누구든지 야간(오후 10시부터 다음날 오전 7시까지를 말한다)에는 전화를 이용하여 선거에 관한 여론조사를 실시할 수 없다(공직선거법 제108조 제10항).

② 누구든지 선거일 전 6일부터 선거일의 투표마감시각까지 선거에 관하여 정당에 대한 지지도나 당선인을 예상하게 하는 여론조사(모의투표나 인기투표에 의한 경우를 포함)의 경위와 그 결과를 공표하거나 인용하여 보도할 수 없다(공직선거법 제108조 제1항).

④ 관할선거구선거관리위원회는 후보자가 작성하여 보관 또는 제출할 선거벽보의 수량을 선거기간개시일 전 10일까지 공고하여야 한다. 이 경우 중앙선거관리위원회규칙으로 정하는 바에 따라 일정한 수량을 가산할 수 있다(공직선거법 제64조 제3항).

정답 ③

28 선거운동에 대한 설명으로 옳은 것은?

① 비례대표지방의회의원의 예비후보자가 되려는 사람은 공직선거법에서 정하는 날부터 관할선거구선거관리위원회에 예비후보자등록을 서면으로 신청하여야 한다.

② 국회의원선거·지방의회의원 및 지방자치단체의 장의 선거에 있어서 여론조사결과의 공표를 허용할 것인지 여부에 관하여 대통령선거와 같이 취급하여 일정 기간 동안 여론조사결과의 공표를 금지하는 것은 평등원칙에 위반된다.

③ 선거의 공정을 위하여 선거일을 앞두고 일정 기간 동안 선거에 관한 여론조사결과의 공표를 금지하는 것 자체는 그 금지 기간이 지나치게 길지 않는 한 위헌이라고 할 수 없다.

④ 병역사항에 관한 증명서류를 제출하지 아니한 것이 발견된 경우 예비후보자 등록 무효사유에 해당한다.

해설

③ 선거의 공정을 위하여 선거일을 앞두고 어느 정도의 기간 동안 선거에 관한 여론조사결과의 공표를 금지하는 것 자체는 그 금지기간이 지나치게 길지 않는 한 위헌이라고 할 수 없다(헌재 1999.1.28, 98헌바64).

① 비례대표국회의원선거 및 비례대표지방의회의원선거는 예비후보자등록에서 제외된다(공직선거법 제60조의2 제1항).

② 국회의원선거·지방의회의원 및 지방자치단체의 장의 선거에 있어서 여론조사결과의 공표를 허용할 것인지 여부에 관하여 대통령선거와 달리 취급하여야 할 아무런 합리적인 이유를 찾아볼 수 없다(헌재 1999.1.28, 98헌바64).

④ 병역사항에 관한 증명서류는 예비후보자등록 시에는 필수서류가 아니고, 후보자등록 시에 필수서류이다.

정답 ③

05 선거운동의 제한 및 금지행위

01 다음 중에서 무소속 후보자가 표방할 수 있는 것으로만 묶은 것은?

> ㉠ 특정 정당으로부터의 지지표방
> ㉡ 특정 정당으로부터 추천받음의 표방
> ㉢ 정당의 당원경력을 표시하는 행위
> ㉣ 해당 선거구에 후보자를 추천하지 아니한 정당이 무소속후보자를 지지하거나 지원하는 경우 그 사실을 표방하는 행위

① ㉠, ㉡
② ㉠, ㉢
③ ㉡, ㉢
④ ㉢, ㉣

해설

㉢, ㉣은 표방할 수 있다.

PLUS 무소속후보자의 정당표방금지(공직선거법 제84조)

㉠ 무소속후보자는 특정 정당으로부터의 지지 또는 추천받음을 표방할 수 없다.
㉡ 다만, 정당의 당원경력의 표시나 해당 선거구에 후보자를 추천하지 아니한 정당이 무소속후보자를 지지하거나 지원하는 경우 그 사실을 표방하는 행위는 그러하지 아니하다. 이는 선거권자의 무소속후보자와 정당추천후보자의 구분을 흐리게 하는 것을 방지하는 것이다.
㉢ 중앙선관위는 "선거홍보물에 야권후보 ○○○라고 게재하는 것은 특정 정당으로부터 지지 또는 추천을 받았음을 표방한 것으로 볼 수 있고"라고 하였으나 "무소속으로 출마하려는 후보예정자의 선거홍보물에 과거 정당활동 경력 및 함께 활동하던 동료들과의 활동사진, 악수하는 사진 등을 함께 실을 수 있다"라고 하였다.

정답 ④

02 서울특별시 7급공무원이 국회의원선거에 출마하고자 하는 경우에 선거일 전 며칠까지 그 직을 그만두어야 하는가?

① 30일
② 60일
③ 90일
④ 120일

해설

공무원으로서 후보자가 되려는 사람은 선거일 전 90일까지 그 직을 그만두어야 한다(공직선거법 제53조 제1항 제1호).

정답 ③

03 공무원 등의 선거에 영향을 미치는 행위제한과 관련하여 금지대상 공무원이 아닌 것은 모두 몇 항목인가?

  ㉠ 기획재정부 7급공무원
  ㉡ 서울특별시 9급공무원
  ㉢ 향토예비군 중대장급 이상 간부
  ㉣ 국회의원 보좌관
  ㉤ 선상투표신고를 한 선원이 승선하고 있는 선박의 선장

① 1항목 ② 2항목
③ 3항목 ④ 4항목

✎ 해설

국회의원과 그 보좌관·비서관·비서 및 지방의회의원은 선거에 영향을 미치는 행위 금지대상에서 제외된다(공직선거법 제86조 제1항).

🎓 정답 ①

04 공무원 등의 선거운동에 대한 설명으로 옳은 것은?

① 새마을운동협의회 상근 임·직원은 선거기간 중에라도 휴가기간인 경우에는 그 업무와 관련된 기관이나 시설을 방문할 수 있다.
② 부산광역시장은 부산광역시장 선거일 전 150일이라도 근무시간 이후에는 공공기관이 아닌 단체가 부산광역시 청사에서 주최하는 행사에 참석할 수 있다.
③ 서울특별시 강남구청 공무원은 보궐선거의 실시사유가 확정된 때라 하더라도 직업지원교육을 개최하는 행위를 할 수 없다.
④ 세종특별자치시장은 외국인 근로자들의 국내생활 적응을 장려하는 공익광고에는 출연할 수 있다.

✎ 해설

② 지방자치단체의 장은 당해 지방자치단체의 장의 선거의 선거일전 180일부터 선거일까지 주민자치센터가 개최하는 교양강좌에 참석할 수 없으며, 근무시간 중에 공공기관이 아닌 단체 등이 주최하는 행사(해당 지방자치단체의 청사에서 개최하는 행사를 포함한다)에는 참석할 수 없다(공직선거법 제86조 제6항). 따라서 근무시간 이후에는 참석할 수 있다.
① 새마을운동협의회 상근 임·직원은 선거기간 중 휴가기간에 그 업무와 관련된 기관이나 시설을 방문하는 행위를 하여서는 아니 된다(공직선거법 제86조 제1항 제7호 참조).
③ 지방자치단체의 장(제4호의 경우 소속 공무원을 포함한다)은 선거일전 60일(선거일전 60일후에 실시사유가 확정된 보궐선거 등에 있어서는 선거의 실시사유가 확정된 때)부터 선거일까지 교양강좌, 사업설명회, 공청회, 직능단체모임, 체육대회, 경로행사, 민원상담 기타 각종 행사를 개최하거나 후원하는 행위를 하여서는 아니 된다. 단, 직업지원교육 또는 유상(有償)으로 실시하는 교양강좌를 개최·후원하는 행위 또는 주민자치센터가 개최하는 교양강좌를 후원하는 행위는 할 수 있다. 이러한 예외적인 경우에도 종전의 범위를 넘는 새로운 강좌를 개설하거나 수강생을 증원하거나 장소를 이전하여 실시하는 주민자치센터의 교양강좌를 후원하는 행위는 할 수 없다(공직선거법 제86조 제2항 참조).
④ 지방자치단체의 장은 소관 사무나 그 밖의 명목 여하를 불문하고 방송·신문·잡지나 그 밖의 광고에 출연할 수 없다(공직선거법 제86조 제7항).

🎓 정답 ②

05 공무원 관련 규정에 대한 설명으로 옳지 않은 것은?

① 「공직선거법」 제9조(공무원의 중립의무 등)의 공무원은 모든 공무원을 포함하는 포괄적인 개념이나, 국회의원과 지방의회의원은 이에 포함되지 않는다.
② 지방자치단체 소속 일반직공무원이 그 지위를 이용하지 않고 사적인 지위에서 선거운동의 기획에 참여하는 것은 「공직선거법」상 제한되지 않는다.
③ 국립대학의 교수가 「정치자금법」 제49조(선거비용관련 위반행위에 관한 벌칙)에 규정된 죄를 범하여 100만 원 이상의 벌금형이 확정되면 당연퇴직된다.
④ 시·도지사는 해당 시·도지사선거의 선거일 전 180일의 근무시간 중에 공공기관이 아닌 단체가 주최하는 행사에는 연가를 낸 경우라도 참석할 수 없다.

해설

④ 창당대회·합당대회·개편대회 및 후보자선출대회를 제외하고는 정당이 개최하는 시국강연회, 정견·정책발표회, 당원연수·단합대회 등 일체의 정치행사에 참석하거나 선거대책기구, 선거사무소, 선거연락소를 방문하는 행위, 소속 정당이 당원만을 대상으로 개최하는 정당의 공개행사에 의례적으로 방문하는 경우는 가능하다(공직선거법 제86조 제2·6항).
① 공선법 제9조의 공무원이란 원칙적으로 국가와 지방자치단체의 모든 공무원 즉, 좁은 의미의 직업공무원은 물론이고, 적극적인 정치활동을 통하여 국가에 봉사하는 정치적 공무원을 포함한다. 다만, 국회의원과 지방의회의원은 정당의 대표자이자 선거운동의 주체로서의 지위로 말미암아 선거에서의 정치적 중립성이 요구될 수 없으므로, 공선법 제9조의 '공무원'에 해당하지 않는다(헌재 2004.5.14, 2004헌나1).
② 공직선거법 제86조 제1항 제2호에서 공무원이 지위를 이용하여 선거운동의 기획에 참여하거나 그 기획의 실시에 관여하는 행위를 금지하고 있기 때문에 지위를 이용하지 않고 사적인 지위에서 선거운동의 기획에 참여하는 것은 가능하다.
③ 다른 법률의 규정에도 불구하고 제230조부터 제234조까지, 제237조부터 제255조까지, 제256조 제1항부터 제3항까지, 제257조부터 제259조까지의 죄(당내경선과 관련한 죄는 제외한다) 또는 「정치자금법」 제49조의 죄를 범함으로 인하여 징역형의 선고를 받은 자는 그 집행을 받지 아니하기로 확정된 후 또는 그 형의 집행이 종료되거나 면제된 후 10년간, 형의 집행유예의 선고를 받은 자는 그 형이 확정된 후 10년간, 100만원 이상의 벌금형의 선고를 받은 자는 그 형이 확정된 후 5년간 다음 각 호의 어느 하나에 해당하는 직에 취임하거나 임용될 수 없으며, 이미 취임 또는 임용된 자의 경우에는 그 직에서 퇴직된다(공직선거법 제266조 제1항).

정답 ④

06 「공직선거법」상 공무원 등의 선거에 영향을 미치는 행위로서 금지되는 것만을 모두 고른 것은?

> ㉠ 종전과 동일한 장소, 동일한 수강인원의 범위에서 주민자치센터가 개최하는 종래의 교양강좌를 후원하는 지방자치단체장의 행위
> ㉡ 집단민원 또는 긴급한 민원이 발생하였을 때 이를 해결하기 위한 지방자치단체장의 행위
> ㉢ 소속직원에게 교육 기타 명목여하를 불문하고 특정 정당이나 후보자의 업적을 홍보하는 한국은행 ○○국 총재의 행위
> ㉣ 선거기간 중 국가 또는 지방자치단체의 예산으로 시행하는 사업 중 즉시 공사를 진행하지 아니할 사업의 기공식을 거행하는 주민자치위원회위원의 행위

① ㉠, ㉡   ② ㉠, ㉣
③ ㉡, ㉢   ④ ㉢, ㉣

해설
㉠ 지방자치단체장은 직업지원교육 또는 유상으로 실시하는 교양강좌를 개최·후원하는 행위 또는 주민자치센터가 개최하는 교양강좌를 후원하는 행위는 할 수 있다. 다만, 종전의 범위를 넘는 새로운 강좌를 개설하거나 수강생을 증원하거나 장소를 이전하여 실시하는 주민자치센터의 교양강좌를 후원하는 행위는 할 수 없다(공직선거법 제86조 제2항 참조).
㉡ 지방자치단체장은 집단민원 또는 긴급한 민원이 발생하였을 때 이를 해결하기 위한 행위를 할 수 있다(공직선거법 제86조 제2항 제4호 마목).
㉢ 공무원 등은 소속직원 또는 선거구민에게 교육 기타 명목여하를 불문하고 특정 정당이나 후보자(후보자가 되고자 하는 자를 포함한다.)의 업적을 홍보하는 행위를 하여서는 아니된다(공직선거법 제86조 제1항 제1호).
㉣ 공무원 등은 선거기간중 국가 또는 지방자치단체의 예산으로 시행하는 사업중 즉시 공사를 진행하지 아니할 사업의 기공식을 거행하는 행위를 하여서는 아니된다(공직선거법 제86조 제1항 제5호).

정답 ④

07 다음의 행위 중 선거일 전 180일부터 선거일까지 선거에 영향을 미치게 하기 위한 것으로 보지 않는 것으로만 묶은 것은?

> ㉠ 화환·풍선·간판·현수막·애드벌룬·기구류 또는 선전탑, 그 밖의 광고물이나 광고시설을 설치·진열·게시·배부하는 행위
> ㉡ 표찰이나 그 밖의 표시물을 착용 또는 배부하는 행위
> ㉢ 후보자를 상징하는 인형·마스코트 등 상징물을 제작·판매하는 행위
> ㉣ 선거기간이 아닌 때에 행하는 통상적인 정당활동
> ㉤ 의례적이거나 직무상·업무상의 행위 또는 통상적인 정당활동으로서 중앙선거관리위원회규칙으로 정하는 행위

① ㉠, ㉡   ② ㉡, ㉢
③ ㉢, ㉣   ④ ㉣, ㉤

해설

㉣, ㉥은 선거에 영향을 미치게 하기 위한 행위로 보지 않는다.

공직선거법 제90조(시설물설치 등의 금지) ① 누구든지 선거일 전 120일(보궐선거 등에서는 그 선거의 실시사유가 확정된 때)부터 선거일까지 선거에 영향을 미치게 하기 위하여 이 법의 규정에 의한 것을 제외하고는 다음 각 호의 어느 하나에 해당하는 행위를 할 수 없다. 이 경우 정당(창당준비위원회를 포함한다)의 명칭이나 후보자(후보자가 되려는 사람을 포함한다. 이하 이 조에서 같다)의 성명·사진 또는 그 명칭·성명을 유추할 수 있는 내용을 명시한 것은 선거에 영향을 미치게 하기 위한 것으로 본다. <개정 2023. 8. 30.>
1. 화환·풍선·간판·현수막·애드벌룬·기구류 또는 선전탑, 그 밖의 광고물이나 광고시설을 설치·진열·게시·배부하는 행위 * 그밖에 부문은 헌법에 위배된다(헌재 2022.11.24, 2021헌바301).
2. 표찰이나 그 밖의 표시물을 착용 또는 배부하는 행위
3. 후보자를 상징하는 인형·마스코트 등 상징물을 제작·판매하는 행위

② 제1항에도 불구하고 다음 각 호의 어느 하나에 해당하는 행위는 선거에 영향을 미치게 하기 위한 행위로 보지 아니한다.
1. 선거기간이 아닌 때에 행하는 「정당법」 제37조 제2항에 따른 통상적인 정당활동
2. 의례적이거나 직무상·업무상의 행위 또는 통상적인 정당활동으로서 중앙선거관리위원회규칙으로 정하는 행위

정답 ④

---

08 선거운동이 금지되는 단체는 모두 몇 항목인가?

㉠ 재경여수향우회	㉡ 안동 권 씨 종친회
㉢ 지리산산악회	㉣ 유럽여행계모임
㉤ 영훈외국어중학교 동창회	㉥ 한국노총

① 2항목 ② 3항목
③ 4항목 ④ 5항목

해설

㉠, ㉡, ㉢, ㉣, ㉤은 선거운동이 금지된다(공직선거법 제87조 제1항).

PLUS⁺ 단체의 선거운동금지

다음 어느 하나에 해당하는 기관·단체(그 대표자와 임직원 또는 구성원 포함)는 그 기관·단체의 명의 또는 그 대표의 명의로 선거운동을 할 수 없다.
㉠ 국가·지방자치단체
㉡ 제53조(공무원 등의 입후보) 제1항 제4호 내지 제6호에 규정된 기관·단체
㉢ 향우회·종친회·동창회, 산악회 등 동호인회, 계모임 등 개인 간의 사적모임
㉣ 특별법에 의하여 설립된 국민운동단체로서 국가 또는 지방자치단체의 출연 또는 보조를 받는 단체(바르게살기운동협의회·새마을운동협의회·한국자유총연맹을 말한다)
㉤ 법령에 의하여 정치활동이나 공직선거에의 관여가 금지된 단체
㉥ 후보자 또는 후보자의 가족이 임원으로 있거나, 후보자 등의 재산을 출연하여 설립하거나, 후보자 등이 운영경비를 부담하거나 관계법규나 규약에 의하여 의사결정에 실질적으로 영향력을 행사하는 기관·단체
㉦ 구성원의 과반수가 선거운동을 할 수 없는 자로 이루어진 기관·단체

정답 ④

09 확성장치와 자동차 등의 사용제한에 관한 기술 중에서 옳지 않은 것은?

① 누구든지 공직선거법의 규정에 의한 공개장소에서의 연설·대담장소 또는 대담·토론회장에서 연설·대담·토론용으로 사용하는 경우를 제외하고는 선거운동을 위하여 확성장치를 사용할 수 없다.
② 누구든지 자동차를 사용하여 선거운동을 할 수 없다. 다만, 연설·대담장소에서 자동차에 승차하여 선거운동을 하는 경우와 이때 이용되는 선거벽보 등을 자동차에 부착하여 사용하는 경우에는 가능하다.
③ 정당·후보자·선거사무장 또는 선거연락소장은 위의 자동차를 사용하여 선거운동을 할 수 있는 경우 외에 정해진 수 이내에서 관할선거관리위원회가 교부한 표지를 부착한 자동차와 선박에 선거벽보, 선거공보 및 선거공약서를 부착하여 운행하거나 운행하게 할 수 있다.
④ 대통령선거에서 선거운동에 사용할 자동차 수량은 무제한으로 허용된다.

해설

대통령선거운동시 연설·대담장소에서 자동차에 승차하여 선거운동을 하는 경우와 이때 이용되는 선거벽보 등을 자동차에 부착하여 사용하는 경우 외에 자동차는 선거사무소와 선거연락소마다 각 5대·5척 이내에서 허용된다.

PLUS 선거별 차량과 선박제한(공직선거법 제91조 제4항)
㉠ 대통령선거와 시·도지사선거 : 선거사무소와 선거연락소마다 각 5대·5척 이내
㉡ 지역구국회의원선거와 자치구·시·군의 장 선거 : 후보자마다 각 5대·5척 이내
㉢ 지역구시·도의원선거 : 후보자마다 각 2대·2척 이내
㉣ 지역구자치구·시·군의원선거 : 후보자마다 각 1대·1척

정답 ④

10 다음 설명 중 옳지 않은 것은?

① 당내 경선에서 허용되는 경선운동을 한정하고 위배 시 형사처벌하는 것은 헌법에 위배되지 아니한다.
② 누구든지 공직선거법의 규정에 의한 경우를 제외하고는 선거에 관한 기사를 게재한 신문·통신·잡지 또는 기관·단체·시설의 기관지 기타 간행물을 통상방법 외의 방법으로 배부·살포·게시·첨부하거나 그 기사를 복사하여 배부·살포·게시·첨부할 수 없다.
③ "선거에 관한 기사"라 함은 후보자의 당락이나 특정 정당에 유리 또는 불리한 기사를 말하며, "통상방법에 의한 배부"라 함은 종전의 방법과 범위 안에서 발행·배부하는 것을 말한다.
④ 선거권자는 선거에 관한 여론조사결과를 왜곡하여 공표 또는 보도할 수 없다.

해설

④ 누구든지 선거에 관한 여론조사결과를 왜곡하여 공표 또는 보도할 수 없다(공직선거법 제96조 제4항).
① 헌재 2019.4.11, 2016헌바458
② 누구든지 공직선거법의 규정에 의한 경우를 제외하고는 선거에 관한 기사를 게재한 신문·통신·잡지 또는 기관·단체·시설의 기관지 기타 간행물을 통상방법 외의 방법으로 배부·살포·게시·첨부하거나 그 기사를 복사하여 배부·살포·게시·첨부할 수 없다(공직선거법 제95조 제1항).
③ "선거에 관한 기사"라 함은 후보자의 당락이나 특정 정당에 유리 또는 불리한 기사를 말하며, "통상방법에 의한 배부"라 함은 종전의 방법과 범위안에서 발행·배부하는 것을 말한다(공직선거법 제95조 제2항).

정답 ④

11 정당 또는 후보자의 명의를 나타내는 저술·연예·연극·영화·사진 그 밖의 물품을 공직선거법에 규정되지 아니한 방법으로 광고할 수 없으며, 후보자는 방송·신문·잡지 기타의 광고에 출연할 수 없는 기간은?

① 선거일 전 30일부터 선거일까지
② 선거일 전 60일부터 선거일까지
③ 선거일 전 90일부터 선거일까지
④ 선거일 전 120일부터 선거일까지

해설

누구든지 선거일 전 90일부터 선거일까지는 정당 또는 후보자의 명의를 나타내는 저술·연예·연극·영화·사진 그 밖의 물품을 이 법에 규정되지 아니한 방법으로 광고할 수 없으며, 후보자는 방송·신문·잡지 기타의 광고에 출연할 수 없다. 다만, 선거기간이 아닌 때에 「신문 등의 진흥에 관한 법률」 제2조 제1호에 따른 신문 또는 「잡지 등 정기간행물의 진흥에 관한 법률」 제2조에 따른 정기간행물의 판매를 위하여 통상적인 방법으로 광고하는 경우에는 그러하지 아니하다(공직선거법 제93조 제2항).

정답 ③

12 누구든지 선거운동을 위하여 무리를 지어 연달아 소리지르는 행위는 몇 명을 초과하여 금지하는가?

① 3인
② 4인
③ 5인
④ 10인

해설

누구든지 선거운동을 위하여 5명(후보자와 함께 있는 경우에는 후보자를 포함하여 10명)을 초과하여 무리를 지어 연달아 소리지르는 행위를 할 수 없다. 다만, 제79조(공개장소에서의 연설·대담)의 규정에 의한 공개장소에서의 연설·대담에서 당해 정당 또는 후보자에 대한 지지를 나타내기 위하여 연달아 소리지르는 경우에는 그러하지 아니하다(공직선거법 제105조 제1항 제3호).

정답 ③

13 누구든지 선거운동을 위하여 또는 선거기간 중 입당의 권유를 위하여 호별방문이 금지되나 다음에서 선거운동이 가능한 장소에 해당하는 곳은 모두 몇 항목인가?

㉠ 관혼상제의 의식이 거행되는 장소	㉡ 도로
㉢ 시장·점포	㉣ 다방
㉤ 대합실	㉥ 다수인이 왕래하는 공개장소

① 2항목
② 3항목
③ 4항목
④ 6항목

해설

누구든지 선거운동을 위하여 또는 선거기간중 입당의 권유를 위하여 호별로 방문할 수 없고, 누구든지 선거기간중 공개장소에서의 연설·대담의 통지를 위하여 호별로 방문할 수 없으나, 선거운동을 할 수 있는 자는 관혼상제의 의식이 거행되는 장소와 도로·시장·점포·다방·대합실 기타 다수인이 왕래하는 공개된 장소에서 정당 또는 후보자에 대한 지지를 호소할 수 있다(공직선거법 제106조).

정답 ④

14 누구든지 선거일 전 며칠부터 선거일의 투표마감시각까지 선거에 관한 여론조사결과공표가 금지되는가?

① 6일
② 12일
③ 15일
④ 23일

> **해설**
> 누구든지 선거일 전 6일부터 선거일의 투표마감시각까지 선거에 관하여 정당에 대한 지지도나 당선인을 예상하게 하는 여론조사(모의투표나 인기투표에 의한 경우를 포함)의 경위와 그 결과를 공표하거나 인용하여 보도할 수 없다(공직선거법 제108조 제1항).

🎓 정답 ①

15 선거에 관한 여론조사를 실시하기 위해 중앙선거관리위원회규칙으로 정하는 사항을 여론조사 개시일 전 2일까지 관할 선거관리위원회에 서면으로 신고하여야 하는 곳은?

① 제3자의 여론조사 의뢰 없이 직접 하는 여론조사 기관·단체
② 정당
③ 방송사업자
④ 전년도 말 기준 직전 3개월 간의 일일 평균 이용자 수 10만명 이상인 인터넷언론사

> **해설**
> ① 제3자로부터 여론조사를 의뢰받은 여론조사 기관·단체는 관할 선거관리위원회에 신고하지 않아도 되지만, 제3자의 의뢰 없이 직접 하는 경우 신고해야 한다(공직선거법 제108조 제3항).
>
> **공직선거법 제108조[여론조사의 결과공표금지 등]** ③ 다음 각 호의 어느 하나에 해당하는 자를 제외하고는 누구든지 선거에 관한 여론조사를 실시하려면 여론조사의 목적, 표본의 크기, 조사지역·일시·방법, 전체 설문내용 등 중앙선거관리위원회규칙으로 정하는 사항을 여론조사 개시일 전 2일까지 관할 선거여론조사심의위원회에 서면으로 신고하여야 한다.
> 1. 제3자로부터 여론조사를 의뢰받은 여론조사 기관·단체(제3자의 의뢰 없이 직접 하는 경우는 제외한다)
> 2. 정당[창당준비위원회와 「정당법」 제38조(정책연구소의 설치·운영)에 따른 정책연구소를 포함한다]
> 3. 「방송법」 제2조(용어의 정의)에 따른 방송사업자
> 4. 전국 또는 시·도를 보급지역으로 하는 「신문 등의 진흥에 관한 법률」 제2조(정의)에 따른 신문사업자 및 「잡지 등 정기간행물의 진흥에 관한 법률」 제2조(정의)에 따른 정기간행물사업자
> 5. 「뉴스통신 진흥에 관한 법률」 제2조(정의)에 따른 뉴스통신사업자
> 6. 제3호부터 제5호까지의 사업자가 관리·운영하는 인터넷언론사
> 7. 전년도 말 기준 직전 3개월 간의 일일 평균 이용자 수 10만명 이상인 인터넷언론사

🎓 정답 ①

16 누구든지 전화를 이용하여 선거에 관한 여론조사를 실시할 수 없는 시간은?

① 오후 10시부터 다음날 오전 7시까지
② 오후 10시부터 다음날 오전 8시까지
③ 오후 11시부터 다음날 오전 7시까지
④ 오후 11시부터 다음날 오전 8시까지

해설

누구든지 야간(오후 10시부터 다음 날 오전 7시까지를 말한다)에는 전화를 이용하여 선거에 관한 여론조사를 실시할 수 없다(공직선거법 제108조 제10항).

정답 ①

17 「공직선거법」상 여론조사의 결과공표금지 등에 대한 설명으로 옳은 것은?

① 당내경선을 대체하는 여론조사를 제외하고, 누구든지 선거일 전 90일부터 선거일까지 투표용지와 유사한 모형에 의한 방법을 사용하거나 후보자 또는 정당의 명의로 선거에 관한 여론조사를 할 수 없다.
② 누구든지 선거일 전 6일부터 선거일의 투표마감시각까지 선거에 관하여 정당에 대한 지지도나 당선인을 예상하게 하는 여론조사의 경위와 그 결과를 공표하거나 인용하여 보도할 수 없다.
③ 누구든지 선거에 관한 여론조사를 실시하려면 여론조사의 목적, 표본의 크기, 조사지역·일시·방법, 전체 설문내용 등 중앙선거관리위원회규칙으로 정하는 사항을 여론조사 개시일 전 7일까지 관할 선거여론조사심의위원회에 서면으로 신고하여야 한다.
④ 누구든지 선거에 관한 여론조사의 결과를 공표 또는 보도하는 때에는 선거여론조사기준으로 정한 사항을 함께 공표 또는 보도하여야 하며, 여론조사 실시기관·단체는 조사의 신뢰성과 객관성의 입증에 필요한 자료와 결과분석자료 등을 해당 선거일 후 12개월까지 보관하여야 한다.

해설

② 누구든지 선거일 전 6일부터 선거일의 투표마감시각까지 선거에 관하여 정당에 대한 지지도나 당선인을 예상하게 하는 여론조사(모의투표나 인기투표에 의한 경우를 포함한다)의 경위와 그 결과를 공표하거나 인용하여 보도할 수 없다(공직선거법 제108조 제1항).
① 누구든지 선거일전 60일(선거일전 60일 후에 실시사유가 확정된 보궐선거등에서는 그 선거의 실시사유가 확정된 때)부터 선거일까지 선거에 관한 여론조사를 투표용지와 유사한 모형에 의한 방법을 사용하거나 후보자(후보자가 되고자 하는 자를 포함한다. 이하 이 조에서 같다) 또는 정당(창당준비위원회를 포함한다. 이하 이 조에서 같다)의 명의로 선거에 관한 여론조사를 할 수 없다(공직선거법 제108조 제2항).
③ 제3자로부터 여론조사를 의뢰받은 여론조사 기관·단체, 정당, 방송사업자, 전국 또는 시·도를 보급지역으로 하는 신문사업자 및 정기간행물사업자·뉴스통신사업자 또는 위 사업자가 관리·운영하는 인터넷언론사, 전년도 말 기준 직전 3개월 간의 일일 평균 이용자 수 10만 명 이상인 인터넷언론사를 제외하고는 누구든지 선거에 관한 여론조사를 실시하려면 여론조사의 목적, 표본의 크기, 조사지역·일시·방법, 전체 설문내용 등 중앙선거관리위원회규칙으로 정하는 사항을 여론조사 개시일 전 2일까지 관할 선거여론조사심의위원회에 서면으로 신고하여야 한다(공직선거법 제108조 제3항).
④ 누구든지 선거에 관한 여론조사의 결과를 공표 또는 보도하는 때에는 선거여론조사기준으로 정한 사항을 함께 공표 또는 보도하여야 하며, 선거에 관한 여론조사를 실시한 기관·단체는 조사설계서·피조사자선정·표본추출·질문지작성·결과분석 등 조사의 신뢰성과 객관성의 입증에 필요한 자료와 수집된 설문지 및 결과분석자료 등 해당 여론조사와 관련 있는 자료일체를 해당 선거의 선거일 후 6개월까지 보관하여야 한다(공직선거법 제108조 제6항).

정답 ②

18 다음 중 기부행위에 해당하지 않는 것은 모두 몇 항목인가?

㉠ 통상적인 정당활동과 관련된 행위   ㉡ 의례적인 행위
㉢ 구호적·자선적 행위   ㉣ 직무상 행위
---

① 1항목   ② 2항목
③ 3항목   ④ 4항목

해설

㉠, ㉡, ㉢, ㉣은 기부행위로 보지 않는다(공직선거법 제112조 제2항).

정답 ④

19 「공직선거법」상 기부행위에 대한 설명으로 옳은 것은?

① 정당의 당헌·당규 기타 정당의 내부규약에 의하여 정당의 당원이 부담금을 납부하는 행위는 기부행위에 해당한다.
② 이익제공의 상대방이 선거구민이 아니라면 기부행위는 성립되지 아니한다.
③ 기부행위란 실제 재산상 이익이 제공된 경우에만 성립할 뿐, 이익제공의 의사표시나 그 제공을 약속하는 행위는 기부행위로 보지 아니한다.
④ 후보자가 되고자 하는 자와 그 배우자는 당해 선거구민의 결혼식에서 주례행위를 할 수 없다.

해설

④ 국회의원·지방의회의원·지방자치단체의 장·정당의 대표자·후보자(후보자가 되고자 하는 자를 포함한다)와 그 배우자는 당해 선거구안에 있는 자나 기관·단체·시설 또는 당해 선거구의 밖에 있더라도 그 선거구민과 연고가 있는 자나 기관·단체·시설에 기부행위(결혼식에서의 주례행위를 포함한다)를 할 수 없다(공직선거법 제113조 제1항).
① 정당의 당헌·당규 기타 정당의 내부규약에 의하여 정당의 당원이 당비 기타 부담금을 납부하는 행위는 기부행위로 보지 아니한다(공직선거법 제112조 제2항 참조).
②, ③ 이 법에서 "기부행위"라 함은 당해 선거구안에 있는 자나 기관·단체·시설 및 선거구민의 모임이나 행사 또는 당해 선거구의 밖에 있더라도 그 선거구민과 연고가 있는 자나 기관·단체·시설에 대하여 금전·물품 기타 재산상 이익의 제공, 이익제공의 의사표시 또는 그 제공을 약속하는 행위를 말한다(공직선거법 제112조 제1항 참조).

정답 ④

20 기부행위에 대한 설명으로 옳은 것은?

① 당해 선거구의 밖에 있다면 그 선거구민과 연고가 있는 자나 기관·단체·시설에 대하여 금전·물품 기타 재산상 이익의 제공, 이익제공의 의사표시 또는 그 제공을 약속하는 행위는 기부행위에 해당하지 않는다.
② 근로청소년을 대상으로 무료학교를 운영하거나 그 학교에서 학생들을 가르치는 행위는 기부행위에 해당한다.
③ 기부행위 제한의 적용을 받는 자에 '후보자가 되고자 하는 자'까지 포함하면서 기부행위의 제한기간을 폐지하여 상시 제한하도록 한 것은 과잉금지원칙을 위반하여 선거운동의 자유를 침해하는 것이다.
④ 정당이 각급당부에 당해 당부의 운영경비를 지원하거나 유급사무직원에게 보수를 지급하는 행위는 기부행위로 보지 아니한다.

해설

④ 정당이 각급당부에 당해 당부의 운영경비를 지원하거나 유급사무직원에게 보수를 지급하는 행위는 기부행위로 보지 아니한다(공직선거법 제112조 제2항 제1호 가목).
① 공직선거법에서 "기부행위"라 함은 당해 선거구 안에 있는 자나 기관·단체·시설 및 선거구민의 모임이나 행사 또는 당해 선거구의 밖에 있더라도 그 선거구민과 연고가 있는 자나 기관·단체·시설에 대하여 금전·물품 기타 재산상 이익의 제공, 이익제공의 의사표시 또는 그 제공을 약속하는 행위를 말한다(공직선거법 제112조 제1항).
② 근로청소년을 대상으로 무료학교(야학을 포함한다)를 운영하거나 그 학교에서 학생들을 가르치는 행위는 기부행위로 보지 아니한다(공직선거법 제112조 제2항 제3호 아목).
③ 기부행위 제한의 적용을 받는 자에 '후보자가 되고자 하는 자'까지 포함하면서 기부행위의 제한기간을 폐지하여 상시 제한하도록 한 것은 인격권, 행복추구권, 평등권, 공무담임권을 침해하지 않는다(헌재 2009.4.30, 2007헌바29).

정답 ④

21 기부행위에 관한 헌법재판소 판례에 대한 설명으로 옳은 것은?

① 종교인이 평소 자신이 다니는 교회·성당·사찰 등에 통상의 예에 따라 헌금을 하거나 물품을 제공하는 행위는 기부행위에 해당한다.
② 변호사가 업무활동을 촉진하기 위하여 자신이 개설한 인터넷 홈페이지를 통하여 무료법률상담을 하는 행위는 기부행위로 보지 아니한다.
③ 금전·물품 기타 재산상 이익의 제공이 채무의 이행 등 정당한 대가관계에 기인하여 이루어지는 경우에는 기부행위가 된다.
④ 한국철도공사 상근임직원의 선거운동을 금지하는 것은 헌법에 위배되지 않는다.

해설

② 변호사가 업무활동을 촉진하기 위하여 자신이 개설한 인터넷 홈페이지를 통하여 무료법률상담을 하는 행위는 기부행위로 보지 아니한다(공직선거법 제112조 제2항 제4호 아목).
① 종교인이 평소 자신이 다니는 교회·성당·사찰 등에 통상의 예에 따라 헌금(물품의 제공을 포함한다)하는 행위는 의례적 행위로서 기부행위로 보지 아니한다(공직선거법 제112조 제2항 제2호 바목).
③ 물품구매·공사·역무의 제공 등에 대한 대가의 제공 또는 부담금의 납부 등 채무를 이행하는 행위는 기부행위로 보지 아니한다(공직선거법 제112조 제2항 제4호 차목).
④ 한국철도공사의 상근직원은 공직선거법의 다른 조항에 의하여 직무상 행위를 이용하여 선거운동을 하거나 하도록 하는 행위를 할 수 없고, 선거에 영향을 미치는 전형적인 행위도 할 수 없다. 더욱이 그 직을 유지한 채 공직선거에 입후보할 수 없는 상근임원과 달리, 한국철도공사의 상근직원은 그 직을 유지한 채 공직선거에 입후보하여 자신을 위한 선거운동을 할 수 있음에도 타인을 위한 선거운동을 전면적으로 금지하는 것은 과도한 제한이다. 따라서 심판대상조항은 선거운동의 자유를 침해한다(헌재 2018.2.22, 2015헌바124).

정답 ②

22 기부행위에 대한 설명으로 옳은 것은?

① 「공직선거법」을 위반하여 기부 물품 등을 받은 사람에 대하여 그 기부행위가 이루어진 경위와 방식, 기부행위자와 위반자와의 관계 등을 고려하지 않고 그 기부 물품 등 가액의 50배에 상당하는 과태료를 부과하는 구 「공직선거법」 조항은 구체적 위반행위의 책임 정도에 상응한 제재라고 할 수 없어 과잉금지원칙에 위반된다.
② 정당의 대표자가 개최하는 정당의 정책개발을 위한 토론회에 참석한 토론자에게 자신의 비용으로 식사를 제공하는 행위는 기부행위에 해당하지 아니한다.
③ 정당이 소속 국회의원, 「공직선거법」에 따른 공직선거의 후보자·예비후보자에게 정치자금을 지원하는 행위는 기부행위에 해당한다.
④ 「민법」 제777조의 규정에 의한 친족의 관혼상제의식 기타 경조사에 축의·부의금품을 제공하는 행위는 기부행위에 해당한다.

해설

① 「공직선거법」을 위반하여 기부 물품 등을 받은 사람에 대하여 그 기부행위가 이루어진 경위와 방식, 기부행위자와 위반자와의 관계 등을 고려하지 않고 그 기부 물품 등 가액의 50배에 상당하는 과태료를 부과하는 이 사건 심판대상조항이 적용되는 '기부행위금지규정에 위반하여 물품·음식물·서적·관광 기타 교통편의를 제공받은 행위'의 경우에는 그 위반의 동기 및 태양, 기부행위가 이루어진 경위와 방식, 기부행위자와 위반자와의 관계, 사후의 정황 등에 따라 위법성 정도에 큰 차이가 있을 수밖에 없음에도 이와 같은 구체적, 개별적 사정을 고려하지 않고 오로지 기부받은 물품 등의 가액만을 기준으로 하여 일률적으로 정해진 액수의 과태료를 부과한다는 것은 구체적 위반행위의 책임 정도에 상응한 제재가 되기 어렵다(헌재 2009.3.26, 2007헌가22).
② "자신의 비용으로 식사를 제공하는 행위"는 기부행위에 해당한다. "정당의 경비로" 하는 경우 기부행위로 보지 아니한다. 국회의원·지방의회의원·지방자치단체의 장·정당의 대표자·후보자(후보자가 되고자 하는 자 포함)와 그 배우자는 당해 선거구 안에 있는 자나 기관·단체·시설 또는 당해 선거구의 밖에 있더라도 그 선거구민과 연고가 있는 자나 기관·단체·시설에 기부행위(결혼식에서의 주례행위 포함)를 할 수 없다(공직선거법 제113조 제1항). 정당의 대표자가 개최하는 정당의 정책개발을 위한 간담회·토론회에 참석한 직능·사회단체의 대표자, 주제발표자, 토론자 등에게 정당의 경비로 식사류의 음식물을 제공하는 행위는 기부행위로 보지 아니한다(공직선거법 제112조 제2항 제1호 차목).
③ 정당이 소속 국회의원, 이 법에 따른 공직선거의 후보자·예비후보자에게 정치자금을 지원하는 행위는 기부행위로 보지 아니한다(공직선거법 제112조 제1호 다목).
④ 민법 제777조(친족의 범위)의 규정에 의한 친족의 관혼상제의식 기타 경조사에 축의·부의금품을 제공하는 행위는 기부행위로 보지 아니한다(공직선거법 제112조 제2항 제2호 가목).

🎓 정답 ①

23 통상적인 정당활동과 관련된 행위가 아닌 것은?

① 정당의 사무소를 방문하는 자에게 다과·떡·김밥·음료·주류 등 다과류의 음식물을 제공하는 행위
② 정당이 그 명의로 재해구호·장애인돕기·농촌일손돕기 등 대민 자원봉사활동을 하거나 그 자원봉사활동에 참석한 당원에게 정당의 경비로 교통편의(여비 제외)와 통상적인 범위에서 식사류의 음식물을 제공하는 행위
③ 정당의 대표자가 개최하는 정당의 정책개발을 위한 간담회·토론회에 참석한 직능·사회단체의 대표자, 주제발표자, 토론자 등에게 정당의 경비로 식사류의 음식물을 제공하는 행위
④ 정당의 대표자가 개최하는 정당의 각종 행사에서 모범·우수당원에게 정당의 경비로 상장과 통상적인 부상을 수여하는 행위

해설

① 통상적인 범위안에서 선거사무소·선거연락소 또는 정당의 사무소를 방문하는 자에게 다과·떡·김밥·음료 등 다과류의 음식물을 제공하는 행위는 통상적인 정당활동과 관련되는 행위이나 주류는 제외된다(공직선거법 제112조 제2항 제1호 마).
② 공직선거법 제112조 제2항 제1호 자
③ 공직선거법 제112조 제2항 제1호 차
④ 공직선거법 제112조 제2항 제1호 카

정답 ①

24 선거일 후 답례금지규정에 해당하지 않는 것은 모두 몇 항목인가?

㉠ 금품 또는 향응을 제공하는 행위
㉡ 방송·신문 또는 잡지 기타 간행물에 광고하는 행위
㉢ 자동차에 의한 행렬을 하거나 다수인이 무리를 지어 거리를 행진하거나 거리에서 연달아 소리지르는 행위
㉣ 정당당원을 모이게 하여 당선축하회 또는 낙선에 대한 위로회를 개최하는 행위
㉤ 현수막을 게시하는 행위. 다만, 선거일의 다음 날부터 13일 동안 해당 선거구 안의 읍·면·동마다 1매의 현수막을 게시하는 행위는 제외

① 1항목
② 2항목
③ 3항목
④ 4항목

해설

선거일 후 답례금지규정에 해당하지 않는 것은 ㉣이다. 일반선거구민을 모이게 하여 당선축하회 또는 낙선에 대한 위로회를 개최하는 행위는 금지되며, 정당당원을 대상으로 하는 것은 가능하다(공직선거법 제118조).

정답 ①

25 공직선거법상 의례적인 행위에 해당하는 것이 아닌 것은 모두 몇 항목인가?

> ㉠ 민법 제777조(친족의 범위)의 규정에 의한 친족의 관혼상제의식 기타 경조사에 축의·부의금품을 제공하는 행위
> ㉡ 정당의 대표자가 중앙당 또는 시·도당에서 근무하는 해당 유급사무직원·그 배우자 또는 그 직계존비속이 결혼하거나 사망한 때에 통상적인 범위에서 축의·부의금품을 제공하거나 해당 유급사무직원에게 연말·설·추석·창당기념일 또는 그의 생일에 정당의 경비로 의례적인 선물을 정당의 명의로 제공하는 행위
> ㉢ 국가유공자의 위령제, 국경일의 기념식에 의례적인 화환·화분·기념품을 제공하는 행위
> ㉣ 사익을 목적으로 설립된 재단 또는 기금이 선거일 전 4년 이전부터 그 설립목적에 따라 정기적으로 지급하여 온 금품을 지급하는 행위
> ㉤ 친목회·향우회·종친회·동창회 등 각종 사교·친목단체 및 사회단체의 구성원으로서 당해 단체의 정관·규약 또는 운영관례상의 의무에 기하여 종전의 범위 안에서 회비를 납부하는 행위
> ㉥ 종교인이 평소 자신이 다니는 교회·성당·사찰 등에 통상의 예에 따라 헌금하는 행위
> ㉦ 선거운동을 위하여 후보자와 함께 다니는 자나 국회의원·후보자·예비후보자가 관할구역 안의 지역을 방문하는 때에 함께 다니는 자에게 통상적인 범위에서 식사류의 음식물을 제공하는 행위

① 1항목
② 2항목
③ 3항목
④ 4항목

해설

공직선거법상 의례적인 행위에 해당하지 않는 것은 ㉣이다.
공익을 목적으로 설립된 재단 또는 기금이 선거일 전 4년 이전부터 그 설립목적에 따라 정기적으로 지급하여 온 금품을 지급하는 행위는 의례적 행위에 해당하며, 다만 선거일 전 120일(선거일 전 120일 후에 실시사유가 확정된 보궐선거 등에 있어서는 그 선거의 실시사유가 확정된 때)부터 선거일까지 그 금품의 금액과 지급 대상·방법 등을 확대·변경하거나 후보자(후보자가 되려는 사람 포함)가 직접 주거나 후보자 또는 그 소속 정당의 명의를 추정할 수 있는 방법으로 지급하는 행위는 제외한다(공직선거법 제112조 제2항 제2호 라).

정답 ①

26 결혼식에서 주례행위를 할 수 없는 자는 모두 몇 명인가?

> ㉠ 국회의원   ㉡ 지방의회의원
> ㉢ 지방자치단체장   ㉣ 정당의 대표자
> ㉤ 국회의원의 배우자 ㉥ 지방자치단체장의 배우자

① 3명
② 4명
③ 5명
④ 6명

해설

국회의원·지방의회의원·지방자치단체의 장·정당의 대표자·후보자(후보자가 되고자 하는 자를 포함한다)와 그 배우자는 당해 선거구 안에 있는 자나 기관·단체·시설 또는 당해 선거구의 밖에 있더라도 그 선거구민과 연고가 있는 자나 기관·단체·시설에 기부행위(결혼식에서의 주례행위를 포함한다)를 할 수 없다(공직선거법 제113조 제1항).

정답 ④

제09장 선거비용

01 다음 중 선거비용으로 보지 않는 것은 모두 몇 항목인가?

> ㉠ 선거권자의 추천을 받는 데 소요된 비용 등 선거운동을 위한 준비행위에 소요되는 비용
> ㉡ 정당의 후보자선출대회비용 기타 선거와 관련한 정당활동에 소요되는 정당비용
> ㉢ 선거에 관하여 국가·지방자치단체 또는 선거관리위원회에 납부하거나 지급하는 기탁금과 모든 납부금 및 수수료
> ㉣ 선거사무소와 선거연락소의 전화료·전기료 및 수도료 기타의 유지비로서 선거기간 전부터 정당 또는 후보자가 지출하여 온 경비
> ㉤ 선거사무소와 선거연락소의 설치 및 유지비용
> ㉥ 정당, 후보자, 선거사무장, 선거연락소장, 선거사무원, 회계책임자, 연설원 및 대담·토론자가 승용하는 자동차의 운영비용
> ㉦ 제삼자가 정당·후보자·선거사무장·선거연락소장 또는 회계책임자와 통모함이 없이 특정 후보자의 선거운동을 위하여 지출한 전신료 등의 비용

① 2항목 ② 4항목
③ 5항목 ④ 7항목

해설

모두 선거비용으로 보지 않는다.

PLUS⁺ 선거비용으로 인정되지 않는 비용(공직선거법 제120조)
㉠ 선거권자의 추천을 받는 데 소요된 비용 등 선거운동을 위한 준비행위에 소요되는 비용
㉡ 정당의 후보자선출대회비용 기타 선거와 관련한 정당활동에 소요되는 정당비용
㉢ 선거에 관하여 국가·지방자치단체 또는 선거관리위원회에 납부하거나 지급하는 기탁금과 모든 납부금 및 수수료
㉣ 선거사무소와 선거연락소의 전화료·전기료 및 수도료 기타의 유지비로서 선거기간 전부터 정당 또는 후보자가 지출하여 온 경비
㉤ 선거사무소와 선거연락소의 설치 및 유지비용
㉥ 정당, 후보자, 선거사무장, 선거연락소장, 선거사무원, 회계책임자, 연설원 및 대담·토론자가 승용하는 자동차[제91조(확성장치와 자동차 등의 사용제한) 제4항의 규정에 의한 자동차와 선박 포함]의 운영비용
㉦ 제삼자가 정당·후보자·선거사무장·선거연락소장 또는 회계책임자와 통모함이 없이 특정 후보자의 선거운동을 위하여 지출한 전신료 등의 비용
㉧ 기부행위로 보지 아니하는 행위에 소요되는 비용. 다만, 통상적인 범위 안에서 선거사무소·선거연락소를 방문하는 자에게 다과·떡·김밥·음료(주류제외) 등 다과류의 음식물을 제공하는 행위 및 선거운동을 위하여 후보자와 함께 다니는 자나 후보자·예비후보자가 관할구역 안의 지역을 방문하는 때에 함께 다니는 자에게 통상적인 범위에서 식사류의 음식물을 제공하는 행위에 소요되는 비용은 선거비용으로 본다.
㉨ 선거일 후에 지출원인이 발생한 잔무정리비용

정답 ④

02 선거비용에 대한 설명으로 옳은 것은?

① 후보자가 「공직선거법」에 위반되는 선거운동을 위하여 지출한 비용과 기부행위제한규정을 위반하여 지출한 비용은 「공직선거법」상 선거비용에 해당한다.
② 정당의 후보자선출대회비용 기타 선거와 관련한 정당활동에 소요되는 정당비용은 「공직선거법」상 선거비용에 해당한다.
③ 대통령선거에 있어서는 후보자의 득표수가 유효투표총수의 100분의 10 이상 100분의 15 미만인 경우 후보자가 지출한 선거비용의 100분의 30에 해당하는 금액을 보전한다.
④ 정당의 유급사무직원, 국회의원과 그 보좌관·비서관·비서 또는 지방의회의원이 선거사무장등을 겸한 때에는 수당과 실비를 지급할 수 있다.

해설

① 후보자가 이 법에 위반되는 선거운동을 위하여 지출한 비용과 기부행위제한규정을 위반하여 지출한 비용은 선거비용에 해당한다(공직선거법 제119조 제1항 제1호 참조).
② 정당의 후보자선출대회비용 기타 선거와 관련한 정당활동에 소요되는 정당비용은 이 법에 따른 선거비용으로 보지 아니한다(공직선거법 제120조 제2호).
③ 후보자의 득표수가 유효투표총수의 100분의 10 이상 100분의 15 미만인 경우, 후보자가 지출한 선거비용의 100분의 50에 해당하는 금액을 보전한다(공직선거법 제122조의2 제1항 제1호 참조).
④ 선거사무장·선거연락소장·선거사무원·활동보조인 및 회계책임자(이하 이 조에서 "선거사무장등"이라 한다)에 대하여는 수당과 실비를 지급할 수 있다. 다만, 정당의 유급사무직원, 국회의원과 그 보좌관·비서관·비서 또는 지방의회의원이 선거사무장등을 겸한 때에는 실비만을 보상할 수 있으며, 후보자등록신청개시일부터 선거기간개시일 전일까지는 후보자로서 신고한 선거사무장등에게 수당과 실비를 지급할 수 없다(공직선거법 제135조 제1항).

정답 ①

03 「공직선거법」상 선거비용에 대한 설명으로 옳지 않은 것은?

① 선거권자의 추천을 받는 데 소요된 비용 등 선거운동을 위한 준비행위에 소요되는 비용은 선거비용으로 인정된다.
② 당해 후보자가 「공직선거법」에 위반되는 선거운동을 위하여 지출한 비용과 기부행위제한규정을 위반하여 지출한 비용은 선거비용으로 인정된다.
③ 선거에 관하여 국가·지방자치단체 또는 선거관리위원회에 납부하거나 지급하는 기탁금과 모든 납부금 및 수수료는 선거비용으로 보지 아니한다.
④ 제3자가 정당·후보자·선거사무장·선거연락소장 또는 회계책임자와 통모함이 없이 특정 후보자의 선거운동을 위하여 지출한 전신료는 선거비용으로 보지 아니한다.

해설

① 선거권자의 추천을 받는 데 소요된 비용 등 선거운동을 위한 준비행위에 소요되는 비용은 선거비용으로 보지 아니한다(공직선거법 제120조 제1호).
② 후보자가 공직선거법에 위반되는 선거운동을 위하여 지출한 비용과 기부행위제한규정을 위반하여 지출한 비용은 선거비용으로 인정된다(공직선거법 제119조 제1항 제1호).
③ 선거에 관하여 국가·지방자치단체 또는 선거관리위원회에 납부하거나 지급하는 기탁금과 모든 납부금 및 수수료는 선거비용으로 보지 아니한다(공직선거법 제120조 제3호).
④ 제삼자가 정당·후보자·선거사무장·선거연락소장 또는 회계책임자와 통모함이 없이 특정 후보자의 선거운동을 위하여 지출한 전신료 등의 비용은 선거비용으로 보지 아니한다(공직선거법 제120조 제7호).

정답 ①

04 선거비용에 대한 설명으로 옳지 않은 것은?

① 선거사무소와 선거연락소의 전화료·전기료 및 수도료 기타의 유지비로서 선거기간 전부터 정당 또는 후보자가 지출하여 온 비용은 선거비용이다.
② 선거권자의 추천을 받는데 소요 된 비용은 선거비용이 아니다.
③ 후보자가 공직선거법에 위반되는 선거운동을 위하여 지출한 비용은 선거비용이다.
④ 초등학교 동문인 유권자가 후보자와 통모하여 해당 후보자의 선거운동을 위하여 지출한 비용은 선거비용이다.

해설
① 선거사무소와 선거연락소의 전화료·전기료 및 수도료 기타의 유지비로서 선거기간 전부터 정당 또는 후보자가 지출하여 온 경비는 선거비용으로 보지 않는다(공직선거법 제120조 제4호).
② 공직선거법 제120조 제1호
③ 공직선거법 제119조 제1항 제1호
④ 공직선거법 제119조 제1항 제4호

정답 ①

05 대통령선거에서 선거비용제한액은?

① 인구수 × 900원
② 인구수 × 950원
③ 인구수 × 1,000원
④ 인구수 × 1,050원

해설
대통령선거에서 선거비용제한액은 인구수 × 950원이다(공직선거법 제121조 제1항).

정답 ②

06 선거비용보전시 서울특별시장 후보자는 유효투표총수의 얼마 이상을 얻으면 후보자가 지출한 선거비용의 전액을 보전하는가?

① 100분의 10
② 100분의 15
③ 100분의 20
④ 100분의 25

해설
지방자치단체장의 선거에서 후보자가 당선되거나 사망한 경우 또는 후보자의 득표수가 유효투표총수의 100분의 15 이상인 경우에는 후보자가 지출한 선거비용의 전액을 보전한다(공직선거법 제122조의2 제1항).

PLUS⁺ 선거비용보전사유 및 규모

선거 종류	보전 사유	보전 규모
대통령선거, 지역구국회의원선거, 지역구지방의회의원선거 및 지방자치단체의 장선거	후보자가 당선되거나 사망한 경우 또는 후보자의 득표수가 유효투표총수의 100분의 15 이상인 경우	후보자가 지출한 선거비용의 전액 보전
	후보자의 득표수가 유효투표총수의 100분의 10 이상 100분의 15 미만인 경우	후보자가 지출한 선거비용의 100분의 50에 해당하는 금액 보전
비례대표국회의원선거 및 비례대표지방의회의원선거	후보자명부에 올라 있는 후보자중 당선인이 있는 경우	당해 정당이 지출한 선거비용의 전액 보전

🎓 정답 ②

---

07 선거비용의 보전에 있어서 보전하지 않는 비용에 해당하는 것은 모두 몇 항목인가?

> ㉠ 후보자의 선거비용
> ㉡ 정치자금법 회계보고의 규정에 따라 제출한 회계보고서에 보고되지 아니하거나 허위로 보고된 비용
> ㉢ 공직선거법에 위반되는 선거운동을 위하여 또는 기부행위제한규정을 위반하여 지출된 비용
> ㉣ 선거벽보와 선거공보를 관할 구·시·군선거관리위원회에 제출한 후 그 내용을 정정하거나 삭제하는 데 소요되는 비용
> ㉤ 공직선거법에 따라 제공하는 경우 외에 선거운동과 관련하여 지출된 수당·실비 그 밖의 비용
> ㉥ 정당한 사유 없이 지출을 증빙하는 적법한 영수증 그 밖의 증빙서류가 첨부되지 아니한 비용

① 2항목 ② 3항목
③ 4항목 ④ 5항목

✏️ **해설**

선거비용의 보전에 있어서 보전하지 않는 비용은 ㉡, ㉢, ㉣, ㉤, ㉥이다.

PLUS⁺ 선거비용보전에 있어서 보전하지 않는 비용(공직선거법 제122조의2 제2항)

㉠ 예비후보자의 선거비용
㉡ 정치자금법 제40조(회계보고)의 규정에 따라 제출한 회계보고서에 보고되지 아니하거나 허위로 보고된 비용
㉢ 공직선거법에 위반되는 선거운동을 위하여 또는 기부행위제한규정을 위반하여 지출된 비용
㉣ 선거벽보와 선거공보를 관할 구·시·군선거관리위원회에 제출한 후 그 내용을 정정하거나 삭제하는 데 소요되는 비용
㉤ 공직선거법에 따라 제공하는 경우 외에 선거운동과 관련하여 지출된 수당·실비 그 밖의 비용
㉥ 정당한 사유 없이 지출을 증빙하는 적법한 영수증 그 밖의 증빙서류가 첨부되지 아니한 비용
㉦ 후보자가 자신의 차량·장비·물품 등을 사용하거나 후보자의 가족·소속 정당 또는 제3자의 차량·장비·물품 등을 무상으로 제공 또는 대여받는 등 정당 또는 후보자가 실제로 지출하지 아니한 비용
㉧ 청구금액이 중앙선거관리위원회규칙으로 정하는 기준에 따라 산정한 통상적인 거래가격 또는 임차가격과 비교하여 정당한 사유 없이 현저하게 비싸다고 인정되는 경우 그 초과하는 가액의 비용
㉨ 선거운동에 사용하지 아니한 차량·장비·물품 등의 임차·구입·제작비용
㉩ 휴대전화 통화료와 정보이용요금. 다만, 후보자와 그 배우자, 선거사무장, 선거연락소장 및 회계책임자가 선거운동기간 중 선거운동을 위하여 사용한 휴대전화 통화료 중 후보자가 부담하는 통화료는 보전한다.
㉪ 그 밖에 위 각 호의 어느 하나에 준하는 비용으로서 중앙선거관리위원회규칙으로 정하는 비용

🎓 정답 ④

08 선거비용 보전에 대한 설명으로 옳은 것은?

① 선거비용의 보전에 있어서 기준득표율을 넘은 후보자와 그렇지 않은 후보자를 차별하는 데에는 선거공영제의 취지에 부합하는 합리적인 이유가 없다 할 것이므로, 기준득표율에 따라 선거비용보전에 차등을 두는 법률조항은 입법재량권의 한계를 일탈하여 자의적으로 평등권을 침해한다고 할 수 있다.
② 선거구선거관리위원회는 지역구지방의회의원선거에서 후보자가 유효투표총수의 100분의 14의 득표수로 당선된 경우 그 후보자가 지출한 선거비용의 100분의 50을 보전한다.
③ 예비후보자로부터 기부를 받은 자가 그로 인하여 100만원의 벌금형의 선고를 받은 경우 보전할 비용 중 그 기부행위에 사용된 비용의 5배에 해당하는 금액을 보전하지 아니한다.
④ 후보자와 그 배우자가 선거운동기간 중 선거운동을 위하여 사용한 휴대전화 통화료 중 후보자가 부담하는 통화료는 보전된다.

해설

④ 휴대전화 통화료와 정보이용요금은 선거비용의 보전에 있어서 보전하지 아니한다. 다만, 후보자와 그 배우자, 선거사무장, 선거연락소장 및 회계책임자가 선거운동기간 중 선거운동을 위하여 사용한 휴대전화 통화료 중 후보자가 부담하는 통화료는 보전한다(공직선거법 제122조의2 제2항 제10호).
① 기준득표율에 따라 선거비용보전에 차등을 두는 법률조항은 평등권을 침해하지 않는다(헌재 2010.5.27, 2008헌마491).
② 선거구선거관리위원회는 대통령선거, 지역구국회의원선거, 지역구지방의회의원선거 및 지방자치단체의 장선거에서 후보자가 당선되거나 사망한 경우 또는 후보자의 득표수가 유효투표총수의 100분의 15 이상인 경우에는 후보자가 지출한 선거비용의 전액을, 후보자의 득표수가 유효투표총수의 100분의 10 이상 100분의 15 미만인 경우에는 후보자가 지출한 선거비용의 100분의 50에 해당하는 금액을 대통령선거 및 국회의원선거에 있어서는 국가의 부담으로, 지방자치단체의 의회의원 및 장의 선거에 있어서는 당해 지방자치단체의 부담으로 선거일후 보전한다(공직선거법 제122조의2 제1항 제1호).
③ 선거구선거관리위원회는 정당, 후보자(예비후보자를 포함한다) 및 그 가족, 선거사무장, 선거연락소장, 선거사무원, 회계책임자 또는 연설원으로부터 기부를 받은 자가 제261조 제9항에 따른 과태료를 부과받은 경우 이 법에 따라 보전할 비용 중 그 기부행위에 사용된 비용의 5배에 해당하는 금액을 보전하지 아니한다(공직선거법 제135조의2 제3항).

정답 ④

09 기부행위 및 선거비용 보전에 대한 설명으로 옳지 않은 것은?

① 선거구선거관리위원회는 예비후보자의 선거사무원으로부터 기부를 받은 자가 공직선거법 제261조 제9항에 따른 과태료를 부과받은 경우 공직선거법에 따라 보전할 비용 중 그 기부행위에 사용된 비용의 5배에 해당하는 금액을 보전하지 아니한다.

② 정당의 대표자·후보자와 그 배우자는 당해 선거구 안에 있는 자나 기관·단체·시설 또는 당해 선거구의 밖에 있더라도 그 선거구민과 연고가 있는 자나 기관·단체·시설에 기부행위를 할 수 없다.

③ 선거공영제의 내용은 우리의 선거문화와 풍토, 정치문화 및 국가의 재정상황과 국민의 법감정 등 여러 가지 요소를 종합적으로 고려하여 입법자가 정책적으로 결정할 사항으로서 넓은 입법형성권이 인정되는 영역이다.

④ 금전·물품 기타 재산상 이익의 제공이 채무의 이행 등 정당한 대가관계에 기인하여 이루어지는 경우에는 기부행위가 된다.

해설

④ 물품구매·공사·역무의 제공 등에 대한 대가의 제공 또는 부담금의 납부 등 채무를 이행하는 행위는 기부행위로 보지 아니한다(공직선거법 제112조 제2항 제4호 차목).

① 선거구선거관리위원회는 정당, 후보자(예비후보자를 포함한다) 및 그 가족, 선거사무장, 선거연락소장, 선거사무원, 회계책임자 또는 연설원으로부터 기부를 받은 자가 제261조 제9항에 따른 과태료를 부과받은 경우 이 법에 따라 보전할 비용 중 그 기부행위에 사용된 비용의 5배에 해당하는 금액을 보전하지 아니한다(공직선거법 제135조의2 제3항).

② 정당의 대표자·후보자와 그 배우자는 당해 선거구 안에 있는 자나 기관·단체·시설 또는 당해 선거구의 밖에 있더라도 그 선거구민과 연고가 있는 자나 기관·단체·시설에 기부행위를 할 수 없다(공직선거법 제113조 제1항).

③ 선거공영제의 내용과 선거비용 보전의 요건은 우리의 선거문화와 풍토, 정치문화 및 국가의 재정상황과 국민의 법감정 등 여러 가지 요소를 종합적으로 고려하여 입법자가 정책적으로 결정할 사항이라 할 것이다(헌재 2010.5.27, 2008헌마491).

정답 ④

10 선거비용보전의 제한에 관한 내용으로 옳지 않은 것은?

① 선거구선거관리위원회는 공직선거법의 규정에 의하여 선거비용을 보전함에 있어서 선거사무소의 회계책임자가 정당한 사유없이 「정치자금법」 제40조(회계보고)의 규정에 따른 회계보고서를 그 제출마감일까지 제출하지 아니한 때에는 그 비용을 보전하지 아니한다.

② 선거구선거관리위원회는 후보자·예비후보자·선거사무장 또는 선거사무소의 회계책임자가 당해 선거와 관련하여 「공직선거법」 또는 「정치자금법」 제49조(선거비용관련 위반행위에 관한 벌칙)에 규정된 죄를 범함으로 인하여 유죄의 판결이 확정되거나 선거비용제한액을 초과하여 지출한 경우에는 이 법의 규정에 의하여 보전할 비용중 그 위법행위에 소요된 비용 또는 선거비용제한액을 초과하여 지출한 비용의 2배에 해당하는 금액은 이를 보전하지 아니한다.

③ 선거구선거관리위원회는 정당, 후보자(예비후보자를 포함한다) 및 그 가족, 선거사무장, 선거연락소장, 선거사무원, 회계책임자 또는 연설원으로부터 기부를 받은 자가 제261조 제9항에 따라 벌금 500만원 이상을 부과받은 경우 공직선거법에 따라 보전할 비용 중 그 기부행위에 사용된 비용의 5배에 해당하는 금액을 보전하지 아니한다.

④ 후보자·예비후보자·선거사무장 또는 선거사무소의 회계책임자가 당해 선거와 관련하여 「공직선거법」 또는 「정치자금법」 제49조에 규정된 죄를 범함으로 인하여 기소되거나 선거관리위원회에 의하여 고발된 때에는 판결이 확정될 때까지 그 위법행위에 소요된 비용의 2배에 해당하는 금액의 보전을 유예한다.

🖉 해설

③ 선거구선거관리위원회는 제2항에도 불구하고 정당, 후보자(예비후보자를 포함한다) 및 그 가족, 선거사무장, 선거연락소장, 선거사무원, 회계책임자 또는 연설원으로부터 기부를 받은 자가 제261조 제9항에 따른 과태료를 부과받은 경우 이 법에 따라 보전할 비용 중 그 기부행위에 사용된 비용의 5배에 해당하는 금액을 보전하지 아니한다(공직선거법 제135조의2 제3항).
① 공직선거법 제135조의2 제1항
② 공직선거법 제135조의2 제2항
④ 공직선거법 제135조의2 제4항

🎓 정답 ③

제10장 선거와 관련 있는 정당활동의 규제

01 선거에 있어서 정당활동의 제한으로 옳은 것만을 모두 고른 것은?

> ㉠ 당원협의회를 포함하여 정당은 선거일 전 30일부터 선거일까지 당무에 관한 연락·지시 등을 위하여 일시적으로 이루어지는 당원 간의 면접을 제외하고는, 소속당원의 단합·수련·연수·교육 그 밖에 명목여하를 불문하고 선거가 실시 중인 선거구 안이나 선거구민인 당원을 대상으로 당원수련회 등을 개최할 수 없다.
> ㉡ 정당은 선거기간 중 당원을 모집하거나 입당원서를 배부할 수 없지만, 시·도당의 창당 또는 개편을 위하여 창당대회·개편대회를 개최하는 경우에는 그 집회일까지는 그러하지 아니하다.
> ㉢ 정당이 선거기간 중에 후보자를 추천한 선거구의 소속당원에게 배부할 수 있는 정강·정책홍보물은 정당의 중앙당이 제작한 책자형 정강·정책홍보물 1종으로 한다.
> ㉣ 정당이 자당의 정책과 선거에 있어서 공약을 게재한 도서형태의 정책공약집을 배부하고자 하는 때에는 통상적인 방법으로 판매하여야 하며, 방문판매의 방법으로 정책공약집을 판매할 수는 없다.

① ㉠, ㉢
② ㉠, ㉡, ㉣
③ ㉡, ㉢, ㉣
④ ㉠, ㉡, ㉢, ㉣

해설

㉠ 정당(당원협의회를 포함한다)은 선거일전 30일부터 선거일까지 소속당원의 단합·수련·연수·교육 그 밖에 명목여하를 불문하고 선거가 실시중인 선거구 안이나 선거구민인 당원을 대상으로 당원수련회 등(이하 이 조에서 "당원집회"라 한다)을 개최할 수 없다. 다만, 당무에 관한 연락·지시 등을 위하여 일시적으로 이루어지는 당원간의 면접은 당원집회로 보지 아니한다(공직선거법 제141조 제1항).
㉡ 정당은 선거기간중 당원을 모집하거나 입당원서를 배부할 수 없다. 다만, 시·도당의 창당 또는 개편을 위하여 창당대회·개편대회를 개최하는 경우에는 그 집회일까지는 그러하지 아니하다(공직선거법 제144조 제1항).
㉢ 정당이 선거기간중에 후보자를 추천한 선거구의 소속당원에게 배부할 수 있는 정강·정책홍보물은 정당의 중앙당이 제작한 책자형 정강·정책홍보물 1종으로 한다(공직선거법 제138조 제1항).
㉣ 정당이 자당의 정책과 선거에 있어서 공약을 게재한 정책공약집(도서의 형태로 발간된 것을 말하며, 이하 "정책공약집"이라 한다)을 배부하고자 하는 때에는 통상적인 방법으로 판매하여야 한다. 다만, 방문판매의 방법으로 정책공약집을 판매할 수 없다(공직선거법 제138조의2 제1항).

정답 ④

02 선거가 임박한 시기에 있어서 정당이 행하는 일간신문광고와 관련하여 옳지 않은 것은?

① 일간신문 등의 광고 1회의 규격은 가로 37cm, 세로 17cm 이내로 하여야 하며, 후보자가 되고자 하는 자의 사진·성명 기타 선거운동에 이르는 내용을 게재할 수 있다.
② 광고에는 광고근거와 광고주명을 표시하여야 한다.
③ 정당이 광고를 하고자 하는 때에는 광고 전에 공직선거법에 의한 광고임을 인정하는 관할선거구선거관리위원회의 인증서를 교부받아 광고를 하여야 하며, 일간신문을 경영·관리하는 자 또는 광고업무를 담당하는 자는 인증서가 첨부되지 아니한 정당의 광고를 게재하여서는 안 된다.
④ 신문광고를 게재하는 일간신문을 경영·관리하는 자는 그 광고비용을 산정함에 있어 선거기간 중에 같은 지면에 같은 규격으로 게재하는 상업·문화 기타 각종 광고의 요금 중 최저요금을 초과하여 정당에게 청구하거나 받을 수 없다.

> **해설**
> 일간신문 등의 광고 1회의 규격은 가로 37센티미터 세로 17센티미터 이내로 하여야 하며, 후보자가 되고자 하는 자의 사진·성명(성명을 유추할 수 있는 내용을 포함한다) 기타 선거운동에 이르는 내용을 게재할 수 없다(공직선거법 제137조 제2항).

🎓 **정답 ①**

03 국회에 교섭단체를 구성한 정당이 공영방송사를 이용하여 방송연설을 하는 때에 비용부담의 주체는?

① 당해 정당
② 당해 공영방송사
③ 국가
④ 지방자치단체

> **해설**
> 방송연설의 비용은 당해 정당이 부담하되, 국회에 교섭단체를 구성한 정당이 공영방송사를 이용하여 방송연설을 하는 때에는 각 공영방송사마다 텔레비전 및 라디오 방송별로 행하는 월 1회의 방송연설비용(제작비용을 제외한다)은 당해 공영방송사가 이를 부담하여야 한다(공직선거법 제137조의2 제4항).

🎓 **정답 ②**

04 정당이 선거기간 중에 후보자를 추천한 선거구의 소속당원에게 배부할 수 있는 정강·정책홍보물의 발행주체는?

① 정당의 연락사무소
② 시·도당
③ 당원협의회
④ 중앙당

> **해설**
> 정당이 선거기간 중에 후보자를 추천한 선거구의 소속당원에게 배부할 수 있는 정강·정책홍보물은 정당의 중앙당이 제작한 책자형 정강·정책홍보물 1종으로 한다(공직선거법 제138조 제1항).

🎓 **정답 ④**

05 정당이 정강·정책홍보물을 제작하여 배부하는 경우에 그 표지에 표시하여야 하는 것은?

① 당원용　　　　　　　　　　② 비당원용
③ 배부용　　　　　　　　　　④ 비부배용

해설

정강·정책홍보물을 제작·배부하는 때에는 그 표지에 "당원용"이라 표시하여야 한다(공직선거법 제138조 제3항).

PLUS 정강·정책홍보물의 제한

규제기간	선거기간 중
발행주체	정당의 중앙당
배부대상	후보자를 추천한 선거구의 소속당원
표시의무	표지에 당원용이라고 표시의무
게재금지내용	후보자의 기호·성명·사진·경력 등 외에 후보자와 관련된 사항 게재금지
발행종류·횟수·규격 등의 제한	㉠ 종류 : 책자형 정강·정책홍보물 1종 ㉡ 횟수 : 1회 ㉢ 수량 : 후보자를 추천한 선거구의 소속당원 수 이내 ㉣ 규격 : 27cm×19cm ㉤ 매수 : 대통령선거-16면 이내, 지역구국회의원선거·지역구지방의회의원선거·지방자치단체의 장선거-8면 이내
제출의무	배부 전까지 중앙선거관리위원회에 2부를 제출의무 단, 전자적 파일로 대신 제출 가능

　　　　　　　　　　　　　　　　　　　　　　　　　　　　　　　🎓 정답 ①

06 정당이 당원을 일체 모집할 수 없는 기간은?

① 선거운동기간　　　　　　　② 선거기간
③ 후보자 등록시점　　　　　　④ 후보자 벽보게시기간부터

해설

정당은 선거기간 중 당원을 모집하거나 입당원서를 배부할 수 없다. 다만, 시·도당의 창당 또는 개편을 위하여 창당대회·개편대회를 개최하는 경우에는 그 집회일까지는 그러하지 아니하다(공직선거법 제144조 제1항).

　　　　　　　　　　　　　　　　　　　　　　　　　　　　　　　🎓 정답 ②

07 정당이 선거기간 중 간판·현판 또는 현수막을 당사의 외벽면 또는 옥상에 설치·게시할 경우 해당 정당이 추천한 후보자에 대하여 게재할 수 있는 내용은?

| ㉠ 후보자의 성명 | ㉡ 후보자의 기호 |
| ㉢ 후보자의 사진 | ㉣ 후보자의 경력 |

① ㉠, ㉡
② ㉠, ㉢
③ ㉡, ㉢, ㉣
④ 모든 항목

🖉 해설

후보자의 기호·성명·사진·경력 등에 관한 사항을 게재할 수 있다.

> **공직선거법 제145조(당사게시 선전물 등의 제한)** ① 정당(제61조 제1항에 따라 해당 정당의 사무소에 선거대책기구를 설치한 정당은 제외한다)은 선거기간 중 구호, 그 밖에 정당의 홍보에 필요한 사항과 당해 당부명 및 그 대표자 성명, 해당 정당이 추천한 후보자의 기호·성명·사진·경력 등에 관한 사항을 게재한 간판·현판 또는 현수막을 중앙선거관리위원회규칙으로 정하는 바에 따라 당해 당사의 외벽면 또는 옥상에 설치·게시할 수 있다.
> ② 「정치자금법」에 따른 후원회의 사무소에는 중앙선거관리위원회규칙으로 정하는 바에 따라 간판을 달 수 있다.

🎓 정답 ④

08 정책공약집에 관한 기술 중에서 옳지 않은 것은?

① 정당이 자당의 정책과 선거에 있어서 공약을 게재한 정책공약집을 배부하고자 하는 때에는 통상적인 방법으로 판매하여야 한다. 다만, 방문판매의 방법으로 정책공약집을 판매할 수 없다.
② 정당은 통상적인 방법에 의한 판매 외에 해당 정당의 당사와 소속 정당추천후보자가 개최한 공개장소에서의 연설·대담 장소에서 정책공약집을 판매할 수 있다. 이 경우 정당의 당사에서 판매할 때에는 공개된 장소에 별도의 판매대를 설치하는 등 정책공약집의 판매사실을 공개적으로 확인할 수 있는 방법으로 판매하여야 한다.
③ 정당이 정책공약집을 판매하고자 하는 때에는 발간 즉시 정당법의 규정에 따라 해당 정당의 등록사무를 처리하는 관할선거관리위원회에 2권을 제출하여야 하되, 전자적 파일로 대신 제출할 수 없다.
④ 정책공약집에는 후보자의 기호·성명·사진·학력·경력 등 후보자와 관련된 사항 및 다른 정당에 관한 사항을 게재할 수 없다.

🖉 해설

③ 정당이 정책공약집을 판매하고자 하는 때에는 발간 즉시 「정당법」의 규정에 따라 해당 정당의 등록사무를 처리하는 관할선거관리위원회에 2권을 제출하여야 하되, 전자적 파일로 대신 제출할 수 있다(공직선거법 제138조의2 제3항).
① 정당이 자당의 정책과 선거에 있어서 공약을 게재한 정책공약집(도서의 형태로 발간된 것을 말하며, 이하 "정책공약집"이라 한다)을 배부하고자 하는 때에는 통상적인 방법으로 판매하여야 한다. 다만, 방문판매의 방법으로 정책공약집을 판매할 수 없다(공직선거법 제138조의2 제1항).
② 정당은 통상적인 방법에 의한 판매 외에 해당 정당의 당사와 제79조에 따라 소속 정당추천후보자가 개최한 공개장소에서의 연설·대담 장소에서 정책공약집을 판매할 수 있다. 이 경우 정당의 당사에서 판매할 때에는 공개된 장소에 별도의 판매대를 설치하는 등 정책공약집의 판매사실을 공개적으로 확인할 수 있는 방법으로 판매하여야 한다(공직선거법 제138조의2 제2항).
④ 정책공약집에는 후보자의 기호·성명·사진·학력·경력 등 후보자와 관련된 사항 및 다른 정당에 관한 사항을 게재할 수 없다(공직선거법 제138조의2 제4항).

🎓 정답 ③

09 정강·정책홍보물의 배부제한에 관한 기술 중에서 옳지 않은 것은?

① 정당이 선거기간중에 후보자를 추천한 선거구의 소속당원에게 배부할 수 있는 정강·정책홍보물은 정당의 중앙당이 제작한 책자형 정강·정책홍보물 2종으로 한다.
② 정강·정책홍보물을 배부할 수 있는 수량은 후보자를 추천한 선거구의 소속당원에 상당하는 수를 넘지 못한다.
③ 정강·정책홍보물을 제작·배부하는 때에는 그 표지에 "당원용"이라 표시하여야 한다.
④ 정강·정책홍보물에는 해당 정당이 추천한 후보자의 기호·성명·사진·경력등을 제외하고는 후보자와 관련된 사항을 게재할 수 없다.

해설

① 정당이 선거기간중에 후보자를 추천한 선거구의 소속당원에게 배부할 수 있는 정강·정책홍보물은 정당의 중앙당이 제작한 책자형 정강·정책홍보물 1종으로 한다(공직선거법 제138조 제1항).
② 정강·정책홍보물을 배부할 수 있는 수량은 후보자를 추천한 선거구의 소속당원에 상당하는 수를 넘지 못한다(공직선거법 제138조 제2항).
③ 정강·정책홍보물을 제작·배부하는 때에는 그 표지에 "당원용"이라 표시하여야 한다(공직선거법 제138조 제3항).
④ 정강·정책홍보물에는 해당 정당이 추천한 후보자의 기호·성명·사진·경력 등을 제외하고는 후보자와 관련된 사항을 게재할 수 없다(공직선거법 제138조 제5항).

🎓 정답 ①

제11장 투표

01 투표에 대한 설명으로 옳은 것은?

① 선거인은 법령에서 정하는 언론사가 출구조사를 하는 경우를 제외하고, 투표한 후보자의 성명이나 정당명을 누구에게도 또한 어떠한 경우에도 진술할 의무가 없으며, 누구든지 선거일의 투표마감시각까지 이를 질문하거나 그 진술을 요구할 수 없다.
② 국회에 5명 이상의 소속의원을 가진 정당은 전국적으로 통일된 기호를 우선하여 부여한다.
③ 같은 의석을 가진 정당이 둘 이상인 때의 게재순위는 최근에 실시된 선거에서의 득표수 순에 따른다.
④ 후보자등록마감일 현재 국회에서 의석을 가지고 있지 아니한 정당이나 그 정당의 추천을 받은 후보자 사이의 게재순위는 관할선거구선거관리위원회에서 후보자등록마감 후에 추첨하여 결정한다.

해설

① 선거인은 투표한 후보자의 성명이나 정당명을 누구에게도 또한 어떠한 경우에도 진술할 의무가 없으며, 누구든지 선거일의 투표마감시각까지 이를 질문하거나 그 진술을 요구할 수 없다. 다만, 텔레비전방송국·라디오방송국·「신문 등의 진흥에 관한 법률」 제2조 제1호 가목 및 나목에 따른 일간신문사가 선거의 결과를 예상하기 위하여 선거일에 투표소로부터 50미터 밖에서 투표의 비밀이 침해되지 않는 방법으로 질문하는 경우에는 그러하지 아니하며 이 경우 투표마감시각까지 그 경위와 결과를 공표할 수 없다(공직선거법 제167조 제2항).
② 국회에 5명 이상의 소속 지역구국회의원을 가진 정당은 전국적으로 통일된 기호를 우선하여 부여한다(공직선거법 제150조 제4항 제1호).
③ 같은 의석을 가진 정당이 둘 이상인 때에는 최근에 실시된 비례대표국회의원선거에서의 득표수 순(공직선거법 제150조 제5항 제1호).
④ 후보자등록마감일 현재 국회에서 의석을 가지고 있지 아니한 정당이나 그 정당의 추천을 받은 후보자 사이의 게재순위는 그 정당의 명칭의 가나다순으로 한다(공직선거법 제150조 제5항 제2호).

🎓 정답 ①

02 투표에 관한 기술 중에서 옳은 것은 모두 몇 항목인가?

> ㉠ 선거는 기표방법에 의한 투표로 한다.
> ㉡ 투표는 직접 또는 우편으로 하되, 1인 1표로 한다.
> ㉢ 국회의원선거, 시·도의원선거 및 자치구·시·군의원선거에 있어서는 지역구의원선거 및 비례대표의원선거마다 1인 1표로 한다.
> ㉣ 투표를 함에 있어서는 선거인의 성명 기타 선거인을 추정할 수 있는 표시를 하여서는 아니 된다.

① 1항목
② 2항목
③ 3항목
④ 4항목

해설

모두 옳은 설명이다.

PLUS 선거방법(공직선거법 제146조)

㉠ 선거는 기표방법에 의한 투표로 한다. 투표는 직접 또는 우편으로 하되, 1인 1표로 한다.
㉡ 다만, 국회의원선거 및 시·도의원선거에 있어서는 지역구의원선거 및 비례대표의원선거마다 1인 1표로 한다. 투표를 함에 있어서는 선거인의 성명 기타 선거인을 추정할 수 있는 표시를 하여서는 아니 된다.
㉢ 구 공선법에서는 1인 1표로 지역구국회의원과 비례대표국회의원을 선출하였는바 이에 대하여 헌법재판소는 "공선법 제146조 제2항 중 '1인 1표로 한다' 부분은 국회의원선거에 있어 지역구국회의원선거와 병행하여 정당명부식 비례대표제를 실시하면서도 별도의 정당투표를 허용하지 않는 범위에서 헌법에 위반된다."라고 판시하였다(헌재 2001.7.19, 2000헌마91).
㉣ 현행법은 지역구국회의원 및 비례대표국회의원 선거와 지역구시·도의원 및 비례대표시·도의원 선거시에 1인 2표제를 인정하여 각 선거마다 각 1표씩을 행사하게 하였다.

정답 ④

---

03 구·시·군 선거관리위원회는 투표관리관을 몇 명까지 두는가?

① 1인　　　　　　　　② 2인
③ 3인　　　　　　　　④ 4인

해설

구·시·군선거관리위원회는 투표에 관한 사무를 관리하게 하기 위하여 투표구마다 투표관리관 1명을, 사전투표소마다 사전투표관리관 1명을 각각 둔다(공직선거법 제146조의2 제1항).

정답 ①

---

04 다음 중 투표관리관으로 위촉될 수 있는 사람으로만 묶은 것은?

㉠ 국가공무원	㉡ 지방공무원
㉢ 각급학교의 교직원	㉣ 금융기관 종사자
㉤ 자원봉사자	

① ㉠, ㉡　　　　　　　② ㉠, ㉡, ㉢
③ ㉡, ㉢, ㉣　　　　　④ ㉢, ㉣, ㉤

해설

투표관리관 및 사전투표관리관은 국가 또는 지방자치단체의 소속 공무원 또는 각급학교의 교직원 중에서 위촉하며, 사전투표관리관은 위촉된 투표관리관 중에서 지정할 수 있다(공직선거법 제146조의2 제2항).

정답 ②

05 투표소를 설치해야 하는 선거관리위원회는?

① 읍·면·동선거관리위원회
② 시·군·자치구선거관리위원회
③ 시·도선거관리위원회
④ 중앙선거관리위원회

🖊 해설

읍·면·동선거관리위원회는 선거일 전일까지 관할구역 안의 투표구마다 투표소를 설치하여야 한다(공직선거법 제147조 제1항).

🎓 정답 ①

06 다음 중 투표소를 설치할 수 없는 지역은?

① 명동성당 구내
② 조계사 구내
③ 서울고등학교 구내
④ 논산훈련소 구내

🖊 해설

병영 안에는 어떠한 경우에도 투표소를 설치할 수 없다. 병영 안과 종교시설 안에는 투표소를 설치하지 못한다. 다만, 종교시설의 경우 투표소를 설치할 적합한 장소가 없는 부득이한 경우에는 그러하지 아니하다(공직선거법 제147조 제4항).

🎓 정답 ④

07 다음 중 투표소에 관한 기술로 옳지 않은 것은?

① 투표소는 투표구 안의 학교, 읍·면·동사무소 등 관공서, 공공기관·단체의 사무소, 주민회관 기타 선거인이 투표하기 편리한 곳에 설치한다. 다만, 당해 투표구 안에 투표소를 설치할 적당한 장소가 없는 경우에는 인접한 다른 투표구 안에 설치할 수 있다.
② 학교·관공서 및 공공기관·단체의 장은 선거관리위원회로부터 투표소 설치를 위한 장소사용 협조요구를 받은 때에는 우선적으로 이에 응하여야 한다.
③ 투표소에는 기표소·투표함·참관인의 좌석 그 밖의 투표관리에 필요한 시설을 설비할 수 있다.
④ 투표소의 설비, 고령자·장애인·임산부 등 교통약자와 격리자등의 투표소 접근 편의를 보장하기 위한 제반 시설의 설치 사항은 중앙선거관리위원회규칙으로 정한다.

🖊 해설

③ 투표소에는 기표소·투표함·참관인의 좌석 그 밖의 투표관리에 필요한 시설을 설비하여야 한다(공직선거법 제147조 제5항).
① 공직선거법 제147조 제2항
② 공직선거법 제147조 제3항
④ 공직선거법 제147조 제11항

🎓 정답 ③

08 투표에 대한 설명으로 옳은 것은?

① 투표소를 설치할 적합한 장소가 없는 부득이한 경우에는 병영 안과 종교시설 안에 투표소를 설치할 수 있다.
② 헌법재판소는 투표용지의 후보자 게재순위를 정함에 있어서 정당·의석수를 기준으로 한 기호배정 방법이 위헌이라고 결정하였다.
③ 투표일을 유급의 휴일로 정하는 것은 선거권을 규정한 헌법에 의해 직접 도출되는 의무이므로, 투표일을 유급휴일로 정하지 않은 것은 진정입법부작위로서 위헌이다.
④ 텔레비전방송국이 선거의 결과를 예상하기 위하여 선거일에 투표소로부터 50미터 밖에서 투표의 비밀이 침해되지 않는 방법으로 선거인에게 질문할 수 있으나 투표마감시각까지 그 경위와 결과를 공표할 수 없다.

해설

④ 선거인은 투표한 후보자의 성명이나 정당명을 누구에게도 또한 어떠한 경우에도 진술할 의무가 없으며, 누구든지 선거일의 투표마감시각까지 이를 질문하거나 그 진술을 요구할 수 없다. 다만, 텔레비전방송국·라디오방송국·「신문 등의 진흥에 관한 법률」 제2조 제1호 가목 및 나목에 따른 일간신문사가 선거의 결과를 예상하기 위하여 선거일에 투표소로부터 50미터 밖에서 투표의 비밀이 침해되지 않는 방법으로 질문하는 경우에는 그러하지 아니하며 이 경우 투표마감시각까지 그 경위와 결과를 공표할 수 없다(공직선거법 제167조 제2항).
① 병영 안과 종교시설 안에는 투표소를 설치하지 못한다. 다만, 종교시설의 경우 투표소를 설치할 적합한 장소가 없는 부득이한 경우에는 그러하지 아니하다(공직선거법 제147조 제4항). 즉, 종교시설의 경우 부득이한 경우 투표소를 설치할 수 있으나, 병영 안은 불가하다.
② 투표용지의 후보자 게재순위를 정함에 있어서 정당·의석수를 기준으로 한 기호배정 방법이 무소속후보자 등에게 상대적으로 불리하여 차별을 두었다고 할 수 있으나, 이는 정당제도의 존재의의 등에 비추어 그 목적이 정당할 뿐만 아니라 정당·의석을 우선함에도 당적 유무, 의석순, 정당명 또는 후보자 성명의 가, 나, 다 순 등 합리적 기준에 의하고 있으므로, 공직선거법 제150조 제3항이 청구인의 평등권을 침해한다고 볼 수 없고, 이 규정은 단지 후보자에 대한 투표용지 게재순위를 결정하는 방법에 관한 규정일 뿐, 공무담임권과는 직접 관련이 없다 할 것이므로, 이를 침해하는 것이라고 볼 수 없다(헌재 2011.3.31, 2009헌마286).
③ 헌법 제1조 제2항, 제24조, 제34조 등의 규정만으로는 헌법이 투표일을 유급의 휴일로 하는 규정을 만들어야 할 명시적인 입법의무를 부여하였다고 보기 어렵고, 나아가 선거권 행사를 용이하게 하는 다양한 수단과 방법 중에 어떠한 방법을 채택할 것인지에 관하여는 입법자에게 일정한 형성의 자유가 인정되므로, 투표일을 유급의 휴일로 하는 규정을 만들어야 할 입법의무가 헌법의 해석상 곧바로 도출된다고 보기도 어렵다(헌재 2013.7.25, 2012헌마815).

정답 ④

09 투표 및 사전투표에 대한 설명으로 옳은 것은?

① 부득이한 경우에는 병영 안에도 투표소를 설치할 수 있다.
② 정당은 투표소의 설비에 대하여 그 시정을 요구할 수 있다.
③ 정당의 당원은 투표참관인이 될 수 없다.
④ 사전투표기간은 선거일 전 7일부터 2일간으로 한다.

해설

② 공직선거법 제147조 제7항
① 병영 안과 종교시설 안에는 투표소를 설치하지 못한다. 다만, 종교시설의 경우 투표소를 설치할 적합한 장소가 없는 부득이한 경우에는 그러하지 아니하다(공직선거법 제147조 제4항).
③ 투표참관인은 정당·후보자·선거사무장 또는 선거연락소장이 후보자마다 투표소별로 2인을 선정하여 선거일 전 2일까지 읍·면·동선거관리위원회에 서면으로 신고하여야 한다(공직선거법 제161조 제2항). 대한민국 국민이 아닌 자·미성년자·제18조(선거권이 없는 자) 제1항 각호의 1에 해당하는 자·제53조(공무원 등의 입후보) 제1항 각호의 1에 해당하는 자·후보자 또는 후보자의 배우자는 투표참관인이 될 수 없다(공직선거법 제161조 제7항).
④ 관할 구·시·군선거관리위원회는 선거일 전 5일부터 2일 동안(이하 "사전투표기간"이라 한다) 선거인명부에 올라 있는 선거인이 투표할 수 있도록 사전투표소를 그 관할구역에 설치·운영하여야 한다(공직선거법 제148조 제1항).

정답 ②

10 「공직선거법」상 사전투표소의 설치에 대한 설명으로 옳지 않은 것은?

① 구·시·군선거관리위원회는 선거일 전 5일부터 2일 동안 관할구역의 읍·면·동마다 2개소씩 사전투표소를 설치·운영하여야 한다.
② 구·시·군선거관리위원회는 사전투표소를 설치할 때에는 선거일 전 9일가지 그 명칭·소재지 및 설치·운영기간을 공고하고, 선거사무장 또는 선거연락소장에게 이를 통지하여야 하며, 관할구역 안의 투표구마다 5개소에 공고문을 첨부하여야 한다.
③ 구·시·군선거관리위원회는 설치된 사전투표소의 투표사무를 보조하게 하기 위하여 사전투표사무원을 두어야 한다.
④ 중앙선거관리위원회는 사전투표소에서 통합선거인명부를 사용하기 위한 선거전용통신망을 구축하여야 한다.

해설

① 2개소씩이 아닌, 1개소씩 설치·운영하여야 한다. 구·시·군선거관리위원회는 선거일 전 5일부터 2일 동안(이하 "사전투표기간"이라 한다) 관할구역(선거구가 해당 구·시·군의 관할구역보다 작은 경우에는 해당 선거구를 말한다)의 읍·면·동마다 1개소씩 사전투표소를 설치·운영하여야 한다(공직선거법 제148조 제1항).
② 구·시·군선거관리위원회는 제1항에 따라 사전투표소를 설치할 때에는 선거일 전 9일까지 그 명칭·소재지 및 설치·운영기간을 공고하고, 선거사무장 또는 선거연락소장에게 이를 통지하여야 하며, 관할구역 안의 투표구마다 5개소에 공고문을 첨부하여야 한다. 사전투표소의 설치장소를 변경한 때에도 또한 같다(공직선거법 제148조 제2항).
③ 구·시·군선거관리위원회는 제1항에 따라 설치된 사전투표소의 투표사무를 보조하게 하기 위하여 제147조제9항 각 호의 어느 하나에 해당하는 사람 중에서 사전투표사무원을 두어야 한다(공직선거법 제148조 제3항).
④ 중앙선거관리위원회는 사전투표소에서 통합선거인명부를 사용하기 위한 선거전용통신망을 구축하여야 한다(공직선거법 제148조 제5항).

정답 ①

11 「공직선거법」상 사전투표에 대한 설명으로 옳지 않은 것은?

① 구·시·군선거관리위원회는 제1항에 따라 사전투표소를 설치할 때에는 선거일 전 9일까지 그 명칭·소재지 및 설치·운영기간을 공고하고, 선거사무장 또는 선거연락소장에게 이를 통지하여야 하며, 관할구역 안의 투표구마다 5개소에 공고문을 첩부하여야 한다.

② 읍·면·동 관할구역에 군부대 밀집지역 등이 있는 경우에는 해당 지역에 사전투표소를 추가로 설치·운영할 수 있으며, 이 경우 구·시·군선거관리위원회는 선거일 전 6일부터 2일 동안 사전투표소를 설치·운영하여야 한다.

③ 사전투표를 하려는 선거인은 사전투표소에서 신분증명서를 제시하여 본인임을 확인받은 다음 전자적 방식으로 손도장을 찍거나 서명한 후 투표용지를 받아야 하며, 이 경우 중앙선거관리위원회는 해당 선거인에게 투표용지가 교부된 사실을 확인할 수 있도록 신분증명서의 일부를 전자적 이미지 형태로 저장하여 선거일의 투표마감시각까지 보관하여야 한다.

④ 사전투표함과 우편투표함은 따로 작성하며, 그 수는 예상 사전투표자수 등을 감안하여 당해 구·시·군선거관리위원회가 정한다.

해설

② 구·시·군선거관리위원회는 선거일 전 5일부터 2일 동안(이하 "사전투표기간"이라 한다) 관할구역(선거구가 해당 구·시·군의 관할구역보다 작은 경우에는 해당 선거구를 말한다)의 읍·면·동마다 1개소씩 사전투표소를 설치·운영하여야 한다. 다만, 읍·면·동 관할구역에 군부대 밀집지역 등이 있는 경우에는 해당 지역에 사전투표소를 추가로 설치·운영할 수 있다(공직선거법 제148조 제1항).

① 구·시·군선거관리위원회는 제1항에 따라 사전투표소를 설치할 때에는 선거일 전 9일까지 그 명칭·소재지 및 설치·운영기간을 공고하고, 선거사무장 또는 선거연락소장에게 이를 통지하여야 하며, 관할구역 안의 투표구마다 5개소에 공고문을 첩부하여야 한다(공직선거법 제148조 제2항).

③ 사전투표를 하려는 선거인은 사전투표소에서 신분증명서를 제시하여 본인임을 확인받은 다음 전자적 방식으로 손도장을 찍거나 서명한 후 투표용지를 받아야 한다. 이 경우 중앙선거관리위원회는 해당 선거인에게 투표용지가 교부된 사실을 확인할 수 있도록 신분증명서의 일부를 전자적 이미지 형태로 저장하여 선거일의 투표마감시각까지 보관하여야 한다(공직선거법 제158조 제2항).

④ 사전투표소의 투표함(이하 "사전투표함"이라 한다)과 우편으로 접수한 투표를 보관하는 투표함(이하 "우편투표함"이라 한다)은 따로 작성하되, 그 수는 예상 사전투표자수 및 거소투표신고인수·선상투표신고인수를 감안하여 당해 구·시·군선거관리위원회가 정한다(공직선거법 제151조 제3항).

정답 ②

12 사전투표소의 설치에 관한 기술 중에서 옳지 않은 것은?

① 구·시·군선거관리위원회는 선거일 전 5일부터 2일 동안 관할구역의 읍·면·동마다 1개소씩 사전투표소를 설치·운영하여야 한다. 다만, 읍·면·동 관할구역에 감염병의 예방 및 관리에 관한 법률 제36조 제3항에 따른 감염병관리시설 또는 같은 법 제39조의3의 제1항에 따른 감염병의심자격리시설이 있는 경우에는 해당 지역에 사전투표소를 추가로 설치·운영할 수 있다.

② 구·시·군선거관리위원회는 제1항에 따라 사전투표소를 설치할 때에는 선거일 전 9일까지 그 명칭·소재지 및 설치·운영기간을 공고하고, 선거사무장 또는 선거연락소장에게 이를 통지하여야 하며, 관할구역 안의 투표구마다 5개소에 공고문을 첨부하여야 한다. 사전투표소의 설치장소를 변경한 때에도 또한 같다.

③ 구·시·군선거관리위원회는 설치된 사전투표소의 투표사무를 보조하게 하기 위하여 투표사무원 자격을 가진 사람 중에서 사전투표사무원을 둘 수 있다.

④ 사전투표소 설치 장소의 제한·사용협조, 설비, 사전투표사무원의 추천 협조 등에 관하여는 공직선거법 제147조(투표소의 설치) 제3항부터 제7항까지, 제10항 및 제11항을 준용한다.

해설

③ 구·시·군선거관리위원회는 제1항에 따라 설치된 사전투표소의 투표사무를 보조하게 하기 위하여 제147조 제9항 각 호의 어느 하나에 해당하는 사람 중에서 사전투표사무원을 두어야 한다(공직선거법 제148조 제3항).

① 구·시·군선거관리위원회는 선거일 전 5일부터 2일 동안(이하 "사전투표기간"이라 한다) 관할구역(선거구가 해당 구·시·군의 관할구역보다 작은 경우에는 해당 선거구를 말한다)의 읍·면·동마다 1개소씩 사전투표소를 설치·운영하여야 한다. 다만, 읍·면·동 관할구역에 군부대 밀집지역 등이 있는 경우에는 해당 지역에 사전투표소를 추가로 설치·운영할 수 있다(공직선거법 제148조 제1항).

② 구·시·군선거관리위원회는 제1항에 따라 사전투표소를 설치할 때에는 선거일 전 9일까지 그 명칭·소재지 및 설치·운영기간을 공고하고, 선거사무장 또는 선거연락소장에게 이를 통지하여야 하며, 관할구역 안의 투표구마다 5개소에 공고문을 첨부하여야 한다. 사전투표소의 설치장소를 변경한 때에도 또한 같다(공직선거법 제148조 제2항).

④ 사전투표소 설치 장소의 제한·사용협조, 설비, 사전투표사무원의 추천 협조 등에 관하여는 제147조 제3항부터 제7항까지, 제10항 및 제11항을 준용한다. (2018.4.6.개정)

정답 ③

13 사전투표에 관한 설명으로 옳지 않은 것은?

① 거소투표자와 선상투표자는 누구든지 사전투표기간 중에 사전투표소에 가서 투표할 수 있다.

② 사전투표를 하려는 선거인은 사전투표소에서 신분증명서를 제시하여 본인임을 확인받은 다음 전자적 방식으로 손도장을 찍거나 서명한 후 투표용지를 받아야 한다. 이 경우 중앙선거관리위원회는 해당 선거인에게 투표용지가 교부된 사실을 확인할 수 있도록 신분증명서의 일부를 전자적 이미지 형태로 저장하여 선거일의 투표마감시각까지 보관하여야 한다.

③ 사전투표관리관은 투표용지 발급기로 선거권이 있는 해당 선거의 투표용지를 인쇄하여 "사전투표관리관" 칸에 자신의 도장을 찍은 후 일련번호를 떼지 아니하고 회송용 봉투와 함께 선거인에게 교부한다.

④ 투표용지와 회송용 봉투를 받은 선거인은 기표소에 들어가 투표용지에 1명의 후보자(비례대표국회의원선거 및 비례대표지방의회의원선거에서는 하나의 정당을 말한다)를 선택하여 투표용지의 해당 칸에 기표한 다음 그 자리에서 기표내용이 다른 사람에게 보이지 아니하게 접어 이를 회송용 봉투에 넣어 봉함한 후 사전투표함에 넣어야 한다.

해설

① 선거인(거소투표자와 선상투표자는 제외한다)은 누구든지 사전투표기간 중에 사전투표소에 가서 투표할 수 있다(공직선거법 제158조 제1항).
② 사전투표를 하려는 선거인은 사전투표소에서 신분증명서를 제시하여 본인임을 확인받은 다음 전자적 방식으로 손도장을 찍거나 서명한 후 투표용지를 받아야 한다. 이 경우 중앙선거관리위원회는 해당 선거인에게 투표용지가 교부된 사실을 확인할 수 있도록 신분증명서의 일부를 전자적 이미지 형태로 저장하여 선거일의 투표마감시각까지 보관하여야 한다(공직선거법 제158조 제2항).
③ 사전투표관리관은 투표용지 발급기로 선거권이 있는 해당 선거의 투표용지를 인쇄하여 "사전투표관리관" 칸에 자신의 도장을 찍은 후 일련번호를 떼지 아니하고 회송용 봉투와 함께 선거인에게 교부한다(공직선거법 제158조 제3항).
④ 투표용지와 회송용 봉투를 받은 선거인은 기표소에 들어가 투표용지에 1명의 후보자(비례대표국회의원선거 및 비례대표지방의회의원선거에서는 하나의 정당을 말한다)를 선택하여 투표용지의 해당 칸에 기표한 다음 그 자리에서 기표내용이 다른 사람에게 보이지 아니하게 접어 이를 회송용 봉투에 넣어 봉함한 후 사전투표함에 넣어야 한다(공직선거법 제158조 제4항).

정답 ①

14 투표사무원으로 위촉될 수 없는 자는 모두 몇 항목인가?

㉠ 국무총리실의 7급공무원
㉡ 서울강남구청 소속의 9급공무원
㉢ 노량진 본동초등학교 교직원
㉣ 우리은행 직원
㉤ 김포농협협동조합의 직원
㉥ 서울중앙지방검찰청 소속의 7급 검찰사무직 공무원

① 1항목
② 2항목
③ 3항목
④ 4항목

해설

서울중앙지방검찰청 소속의 7급 검찰사무직 공무원은 투표사무원으로 위촉될 수 없다.

PLUS 투표사무원(공직선거법 제147조 제9·10항)

읍·면·동선거관리위원회는 투표사무를 보조하게 하기 위하여 다음의 어느 하나에 해당하는 자 중에서 투표사무원을 위촉하되, 선거일 전 3일까지 그 성명을 공고하여야 한다. ㉠~㉣까지의 기관·단체의 장이 선거관리위원회로부터 투표사무원의 추천 협조 요구를 받은 때에는 우선적으로 이에 따라야 한다.
㉠ 국가공무원과 지방 공무원. 다만, 일반직공무원의 행정직군 중 교정·보호·검찰사무·마약수사·출입국관리·철도공안 직렬의 공무원과 교육공무원 외의 특정직공무원 및 정무직공무원을 제외한다.
㉡ 각급학교의 교직원
㉢ 은행의 직원
㉣ 정부가 100분의 50 이상의 지분을 가지고 있는 기관(한국은행 포함), 농업협동조합법·수산업협동조합법·산림조합법·엽연초생산협동조합법에 의하여 설립된 조합, 지방공사와 지방공단 등의 직원
㉤ 투표사무를 보조할 능력이 있는 공정하고 중립적인 자

정답 ①

15 구·시·군선거관리위원회가 사전투표소를 설치할 때에는 그 명칭·소재지 및 설치·운영기간을 선거일 전 며칠까지 공고해야 하는가?

① 3일
② 5일
③ 7일
④ 9일

해설

구·시·군선거관리위원회는 사전투표소를 설치할 때에는 선거일 전 9일까지 그 명칭·소재지 및 설치·운영기간을 공고하고, 선거사무장 또는 선거연락소장에게 이를 통지하여야 하며, 관할구역 안의 투표구마다 5개소에 공고문을 첨부하여야 한다. 사전투표소의 설치장소를 변경한 때에도 또한 같다(공직선거법 제148조 제2항).

공직선거법 제148조(사전투표소의 설치) ① 구·시·군선거관리위원회는 선거일 전 5일부터 2일 동안(이하 "사전투표기간"이라 한다) 관할구역(선거구가 해당 구·시·군의 관할구역보다 작은 경우에는 해당 선거구를 말한다)의 읍·면·동마다 1개소씩 사전투표소를 설치·운영하여야 한다. 다만, 다음 각 호의 어느 하나에 해당하는 경우에는 해당 지역에 사전투표소를 추가로 설치·운영할 수 있다. <개정 2015. 12. 24., 2022. 1. 21., 2022. 2. 16.>
  1. 읍·면·동 관할구역에 군부대 밀집지역 등이 있는 경우
  2. 읍·면·동이 설치·폐지·분할·합병되어 관할구역의 총 읍·면·동의 수가 줄어든 경우
  3. 읍·면·동 관할구역에 「감염병의 예방 및 관리에 관한 법률」 제36조제3항에 따른 감염병관리시설 또는 같은 법 제39조의3제1항에 따른 감염병의심자 격리시설이 있는 경우
  4. 천재지변 또는 전쟁·폭동, 그 밖에 부득이한 사유로 인하여 사전투표소를 추가로 설치·운영할 필요가 있다고 관할 구·시·군선거관리위원회가 인정하는 경우
② 구·시·군선거관리위원회는 제1항에 따라 사전투표소를 설치할 때에는 선거일 전 9일까지 그 명칭·소재지 및 설치·운영기간을 공고하고, 선거사무장 또는 선거연락소장에게 이를 통지하여야 하며, 관할구역 안의 투표구마다 5개소에 공고문을 첨부하여야 한다. 사전투표소의 설치장소를 변경한 때에도 또한 같다.
③ 구·시·군선거관리위원회는 제1항에 따라 설치된 사전투표소의 투표사무를 보조하게 하기 위하여 제147조제9항 각 호의 어느 하나에 해당하는 사람 중에서 사전투표사무원을 두어야 한다.
④ 사전투표소 설치 장소의 제한·사용협조, 설비, 사전투표사무원의 추천 협조 등에 관하여는 제147조제3항부터 제7항까지, 제10항 및 제11항을 준용한다. <개정 2014. 2. 13., 2018. 4. 6.>
⑤ 중앙선거관리위원회는 사전투표소에서 통합선거인명부를 사용하기 위한 선거전용통신망을 구축하여야 하며, 정보의 불법 유출·위조·변조·삭제 등을 방지하기 위한 기술적 보호조치를 하여야 한다. <신설 2015. 12. 24., 2021. 3. 26.>
⑥ 사전투표소의 설치·공고·통보 및 사전투표사무원의 위촉, 그 밖에 필요한 사항은 중앙선거관리위원회규칙으로 정한다. <개정 2015. 12. 24.>

정답 ④

16 다음 중에서 투표용지에 표시하지 아니하는 것으로만 묶은 것은?

┌───┐
│ ㉠ 후보자의 기호   ㉡ 정당추천후보자의 소속정당명   │
│ ㉢ 후보자의 성명   ㉣ 후보자의 학력   │
│ ㉤ 후보자의 경력   ㉥ 후보자의 군경력   │
└───┘

① ㉠, ㉡, ㉢
② ㉡, ㉢, ㉣
③ ㉢, ㉣, ㉤
④ ㉣, ㉤, ㉥

해설

㉣, ㉤, ㉥은 투표용지에 표시하지 않는다.
투표용지에는 후보자의 기호·정당추천후보자의 소속정당명·후보자의 성명을 표시하여야 한다. 후보자의 기호는 투표용지에 게재할 정당 또는 후보자의 순위에 의하여 "1, 2, 3" 등으로 표시하고, 정당명과 후보자의 성명은 한글로 기재한다. 다만, 한글로 표시된 성명이 같은 후보자가 있는 경우에는 괄호 속에 한자를 함께 기재한다. 무소속후보자는 소속정당명란에 "무소속"으로 표시하고, 비례대표국회의원선거 및 비례대표지방의회의원선거에 있어서는 후보자를 추천한 정당의 기호와 정당명을 표시한다(공직선거법 제150조 제1항).

정답 ④

17 투표에 관한 기술 중에서 옳지 않은 것은?

① 누구든지 투표소 안에서 투표지를 촬영하여서는 아니 된다.
② 투표관리관 또는 사전투표관리관은 선거인이 기표소 안에서 투표지를 촬영한 경우 해당 선거인으로부터 그 촬영물을 회수하고 투표록에 그 사유를 기록한다.
③ 선거인은 투표한 후보자의 성명이나 정당명을 누구에게도 또한 어떠한 경우에도 진술할 의무가 없으며, 누구든지 선거일의 투표마감시각까지 이를 질문하거나 그 진술을 요구할 수 없다. 다만, 텔레비전방송국·라디오방송국·일간신문사가 선거의 결과를 예상하기 위하여 선거일에 투표소로부터 50미터 밖에서 투표의 비밀이 침해되지 않는 방법으로 질문하는 경우에는 그러하지 아니하며 이 경우 투표마감시각까지 그 경위와 결과를 공표할 수 없다.
④ 선거인은 자신이 기표한 투표지를 공개할 수 없으며, 공개된 투표지는 무효로 한다.

해설

① 누구든지 기표소 안에서 투표지를 촬영하여서는 아니 된다(공직선거법 제166조의2 제1항).
② 투표관리관 또는 사전투표관리관은 선거인이 기표소 안에서 투표지를 촬영한 경우 해당 선거인으로부터 그 촬영물을 회수하고 투표록에 그 사유를 기록한다(공직선거법 제166조의2 제2항).
③ 선거인은 투표한 후보자의 성명이나 정당명을 누구에게도 또한 어떠한 경우에도 진술할 의무가 없으며, 누구든지 선거일의 투표마감시각까지 이를 질문하거나 그 진술을 요구할 수 없다. 다만, 텔레비전방송국·라디오방송국·「신문 등의 진흥에 관한 법률」제2조 제1호 가목 및 나목에 따른 일간신문사가 선거의 결과를 예상하기 위하여 선거일에 투표소로부터 50미터 밖에서 투표의 비밀이 침해되지 않는 방법으로 질문하는 경우에는 그러하지 아니하며 이 경우 투표마감시각까지 그 경위와 결과를 공표할 수 없다(공직선거법 제167조 제2항).
④ 선거인은 자신이 기표한 투표지를 공개할 수 없으며, 공개된 투표지는 무효로 한다(공직선거법 제167조 제3항).

정답 ①

18 다음 중 국회에서 의석을 가지고 있는 정당의 게재순위를 정함에 있어 전국적으로 통일된 기호를 우선 부여하는 정당은?

① 국회에 2명 이상 소속 지역구 국회의원을 가진 정당
② 국회에 3명 이상 소속 지역구 국회의원을 가진 정당
③ 국회에 4명 이상 소속 지역구 국회의원을 가진 정당
④ 국회에 5명 이상 소속 지역구 국회의원을 가진 정당

> **해설**
> 국회에서 의석을 가지고 있는 정당의 게재순위를 정함에 있어 국회에 5명 이상의 소속 지역구국회의원을 가진 정당이나 직전 대통령선거·비례대표국회의원선거 또는 비례대표지방의회의원선거에서 전국 유효투표총수의 3/100 이상을 득표한 정당은 전국적으로 통일된 기호를 우선하여 부여한다(공직선거법 제150조 제4항).

🎓 정답 ④

---

19 투표용지의 정당·후보자의 게재순위에 대한 설명으로 옳은 것은?

① 투표용지에는 후보자의 기호·정당추천후보자의 소속정당명 및 성명을 표시하여야 하되, 무소속후보자는 후보자의 정당추천후보자의 소속정당명의 난에 "무소속"으로 표시하고, 비례대표국회의원선거 및 비례대표지방의회의원선거에 있어서는 후보자를 추천한 정당의 기호와 정당명을 표시하여야 한다.
② 후보자의 게재순위를 정함에 있어서는 무소속후보자, 후보자등록마감일 현재 국회에서 의석을 갖고 있지 아니한 정당의 추천을 받은 후보자, 국회에서 의석을 갖고 있는 정당의 추천을 받은 후보자의 순으로 한다.
③ 후보자등록마감일 현재 국회에서 의석을 가지고 있지 아니한 정당이나 그 정당의 추천을 받은 후보자 사이의 게재순위는 관할선거구선거관리위원회에서 추첨하여 결정한다.
④ 후보자등록기간이 지난 후에 후보자가 사퇴·사망하거나 등록이 무효로 된 때라도 투표용지에서 그 기호·정당명 및 성명을 말소한다.

> **해설**
> ① 투표용지에는 후보자의 기호·정당추천후보자의 소속정당명 및 성명을 표시하여야 한다. 다만, 무소속후보자는 후보자의 정당추천후보자의 소속정당명의 란에 "무소속"으로 표시하고, 비례대표국회의원선거 및 비례대표지방의회의원선거에 있어서는 후보자를 추천한 정당의 기호와 정당명을 표시하여야 한다(공직선거법 제150조 제1항).
> ② 후보자의 게재순위를 정함에 있어서는 후보자등록마감일 현재 국회에서 의석을 갖고 있는 정당의 추천을 받은 후보자, 국회에서 의석을 갖고 있지 아니한 정당의 추천을 받은 후보자, 무소속후보자의 순으로 하고, 정당의 게재순위를 정함에 있어서는 후보자등록마감일 현재 국회에서 의석을 가지고 있는 정당, 국회에서 의석을 가지고 있지 아니한 정당의 순으로 한다(공직선거법 제150조 제3항).
> ③ 후보자등록마감일 현재 국회에서 의석을 가지고 있지 아니한 정당이나 그 정당의 추천을 받은 후보자 사이의 게재순위는 그 정당의 명칭의 가나다순으로 한다. 무소속후보자 사이의 게재순위는 관할선거구선거관리위원회에서 추첨하여 결정하는 순으로 한다(공직선거법 제150조 제5항 참조).
> ④ 후보자등록기간이 지난 후에 후보자가 사퇴·사망하거나 등록이 무효로 된 때라도 투표용지에서 그 기호·정당명 및 성명을 말소하지 아니한다(공직선거법 제150조 제8항).

🎓 정답 ①

20 투표용지의 기호게재와 관련된 기술 중에서 옳지 않은 것은?

① 지역구자치구·시·군의원선거에서 정당이 같은 선거구에 2명 이상의 후보자를 추천한 경우 그 정당이 추천한 후보자 사이의 투표용지 게재순위는 해당 정당이 정한 순위에 따르되, 정당이 정하지 아니한 경우에는 관할선거구선거관리위원회에서 추첨하여 결정한다. 이 경우 그 게재순위는 "1-가, 1-나, 1-다" 등으로 표시한다.

② 같은 게재순위에 해당하는 정당 또는 후보자가 2 이상이 있을 때에는 소속정당의 대표자나 후보자 또는 그 대리인의 참여하에 관할선거구선거관리위원회에서 후보자등록마감후에 추첨하여 결정한다. 다만, 추첨개시시각에 소속정당의 대표자나 후보자 또는 그 대리인이 참여하지 아니하는 경우에는 관할선거구선거관리위원회위원장 또는 그가 지명한 자가 그 정당 또는 후보자를 대리하여 추첨할 수 있다.

③ 후보자등록기간이 지난 후에 후보자가 사퇴·사망하거나 등록이 무효로 된 때에는 투표용지에서 그 기호·정당명 및 성명을 말소한다.

④ 대통령선거에 있어서 추가등록이 있는 경우에 그 정당의 후보자의 게재순위는 이미 결정된 종전의 당해 정당추천후보자의 게재순위로 한다.

해설

③ 후보자등록기간이 지난 후에 후보자가 사퇴·사망하거나 등록이 무효로 된 때라도 투표용지에서 그 기호·정당명 및 성명을 말소하지 아니한다(공직선거법 제150조 제8항).
① 공직선거법 제150조 제7항
② 공직선거법 제150조 제6항
④ 공직선거법 제150조 제9항

정답 ③

21 다음 중 투표안내문을 작성하여 매세대에 발송하여야 하는 기관은?

① 읍·면·동선거관리위원회 ② 구·시·군선거관리위원회
③ 시·도선거관리위원회 ④ 중앙선거관리위원회

해설

구·시·군선거관리위원회는 세대별로 선거인의 성명·선거인명부등재번호·투표소의 위치·투표할 수 있는 시간·투표할 때 가지고 가야 할 지참물 그 밖에 투표참여를 권유하는 내용 등이 기재된 투표안내문을 작성하여 선거인명부확정일 후 2일까지 관할구역 안의 매세대에 발송하여야 한다. 이 경우 제65조 제7항에 따라 통보받은 세대에는 점자형 투표안내문을 동봉하여 발송하여야 한다(공직선거법 제153조 제1항).

정답 ②

22 다음 중 선상투표소를 설치할 때 선상투표자가 투표의 비밀이 보장된 상태에서 투표한 후 팩시밀리로 선상투표용지를 전송할 수 있도록 설비해야 하는 자는?

① 선박의 선주
② 선박의 선장
③ 해운항만청
④ 해양수산부장관

해설

선장은 선상투표소를 설치할 때 선상투표자가 투표의 비밀이 보장된 상태에서 투표한 후 팩시밀리로 선상투표용지를 전송할 수 있도록 설비하여야 한다(공직선거법 제158조의3 제2항).

> 공직선거법 제158조의3(선상투표) ① 선장은 선거일 전 8일부터 선거일 전 5일까지의 기간(이하 "선상투표기간"이라 한다) 중 해당 선박의 선상투표자의 수와 운항사정 등을 고려하여 선상투표를 할 수 있는 일시를 정하고, 해당 선박에 선상투표소를 설치하여야 한다. 이 경우 선장은 지체 없이 선상투표자에게 선상투표를 할 수 있는 일시와 선상투표소가 설치된 장소를 알려야 한다.
> ② 선장은 선상투표소를 설치할 때 선상투표자가 투표의 비밀이 보장된 상태에서 투표한 후 팩시밀리로 선상투표용지를 전송할 수 있도록 설비하여야 한다.
> ③ 선장은 선상투표가 진행되는 동안에는 해당 선박에 승선하고 있는 선원 중 대한민국 국민으로서 공정하고 중립적인 사람 1명 이상을 입회시켜야 한다. 다만, 해당 선박에 승선하고 있는 대한민국 국민이 1명뿐인 경우에는 그러하지 아니하다.

🎓 정답 ②

23 거소투표 및 선상투표에 대한 설명으로 옳은 것은?

① 「장애인복지법」 제32조에 따라 등록된 장애인이 거소투표신고를 하려는 경우에는 해당 통·리 또는 반의 장의 확인을 받아야 한다.
② 선거권이 있는 국내거주 외국인도 선거일에 투표소에서 투표할 수 없는 경우에는 거소투표신고를 하고 거소투표를 할 수 있다.
③ 해상에 장기 기거하는 선원들에 대하여 어떠한 선거권 행사 방법도 규정하지 않고 있는 것은 비밀선거의 원칙을 준수하기 위하여 불가피하다.
④ 선상투표와 관련하여 선박에서 범한 공직선거법에 규정된 죄의 공소시효는 범인이 국내에 들어온 날부터 6개월을 경과함으로써 완성된다.

해설

④ 공직선거법 제268조 제2항
① 「장애인복지법」 제32조에 따라 등록된 장애인이 거소투표신고를 하려는 경우에는 해당 통·리 또는 반의 장의 확인을 받을 필요가 없다(공직선거법 제38조 제3항).
② 출입국관리법 제10조에 따른 영주의 체류자격 취득일 후 3년이 경과한 18세 이상의 외국인으로서 해당 지방자치단체의 외국인등록대장에 올라 있는 사람은 지방자치단체의 의회의원 및 장의 선거권을 갖는데, 거소투표는 할 수 없다(공직선거법 제38조 제1항).
③ 공직선거법이 부재자투표를 할 수 있는 사람과 부재자투표의 방법을 규정하면서, 해상에 장기 기거하는 선원들에 대해서는 부재자투표 대상자로 규정하지 않고 있는 것은 그들의 선거권을 침해하는 것이다(헌재 2007.6.28, 2005헌마772).

🎓 정답 ④

24 거소투표에 대한 설명으로 옳은 것은?

① 구·시·군의 장은 선거인명부작성기준일 전 10일까지 신체에 중대한 장애가 있어 거동할 수 없는 자에게 거소투표신고에 관한 안내문과 거소투표신고서를 발송하여야 한다.
② 사전투표소 및 투표소에 가기 어려운 멀리 떨어진 외딴 섬에 거주하는 자는 해당 구·시·군의 장의 허락을 받아야 거소에서 투표할 수 있다.
③ 거소투표신고와 선상투표신고가 있는 경우 구·시·군의 장은 해당 신고서의 신고사항을 확인하여 정당한 거소투표신고인 때에는 선거인명부에 이를 표시하고 거소투표신고인명부와 선상투표신고인명부를 통합하여 작성하여야 한다.
④ 장애인복지법에 따라 등록된 장애인이 아니라도 신체에 중대한 장애가 있어 거동할 수 없는 사람은 거소에서 투표할 수 있다.

해설

④ 신체에 중대한 장애가 있어 거동할 수 없는 자는 거소에서 투표할 수 있다(공직선거법 제38조 제4항 제3호).
① 구·시·군의 장은 선거인명부작성기준일 전 10일까지 신체에 중대한 장애가 있어 거동할 수 없는 사람 중에서 「장애인복지법」 제32조에 따라 등록된 장애인에게 거소투표신고에 관한 안내문과 거소투표신고서를 발송하여야 한다(공직선거법 제38조 제3항).
② 사전투표소 및 투표소에 가기 어려운 멀리 떨어진 외딴 섬 중 중앙선거관리위원회규칙으로 정하는 섬에 거주하는 자는 거소투표를 신고하고 거소투표할 수 있다(공직선거법 제38조 제4항 제4호). 해당 구·시·군의 장의 허락을 요하지 않는다.
③ 거소투표신고 또는 선상투표신고가 있는 때에는 구·시·군의 장은 해당 신고서의 신고사항을 확인한 후 정당한 거소투표신고 또는 선상투표신고인 때에는 선거인명부에 이를 표시하고 거소투표신고인명부와 선상투표신고인명부를 각각 따로 작성하여야 한다(공직선거법 제38조 제5항).

정답 ④

25 투표시간에 관한 기술 중에서 옳지 않은 것은?

① 투표소는 선거일 오전 6시에 열고 오후 6시에 닫는다. 다만, 마감할 때에 투표소에서 투표하기 위하여 대기하고 있는 선거인에게는 번호표를 부여하여 투표하게 한 후에 닫아야 한다.
② 보궐선거 등의 투표시간은 오전 6시부터 오후 8시까지이다. 다만, 마감할 때에 투표소에서 투표하기 위하여 대기하고 있는 선거인에게는 번호표를 부여하여 투표하게 한 후에 닫아야 한다.
③ 농산어촌 지역에 거주하는 고령자·장애인·임산부 등 교통약자인 격리자등은 관할 보건소로부터 일시적 외출의 필요성을 인정받은 경우 오후 6시 전에도 투표소 또는 사전투표소에서 투표할 수 있다.
④ 사전투표·거소투표 및 선상투표는 선거일 오후 6시(보궐선거 등에 있어서는 오후 8시)까지 관할시·도선거관리위원회에 도착되어야 한다.

해설

④ 사전투표·거소투표 및 선상투표는 선거일 오후 6시(보궐선거 등에 있어서는 오후 8시)까지 관할구·시·군선거관리위원회에 도착되어야 한다(공직선거법 제155조 제5항).
①, ② 공직선거법 제155조 제1항
③ 공직선거법 제155조 제6항

정답 ④

26 다음 중 투표할 수 없는 자는?

> ⊙ 선거인명부에 올라 있더라도 선거일에 선거권이 없는 자
> ⓒ 거소투표용지가 반송되어 거소투표용지를 송부받지 못한 사람
> ⓒ 선거일 현재 만 17세인 자
> ⓔ 거소투표용지를 송부받았으나 거소투표를 하지 못한 사람으로서 선거일에 해당 투표소에서 투표관리관에게 거소투표용지와 회송용 봉투를 반납한 사람

① ⊙, ⓒ
② ⊙, ⓒ
③ ⓒ, ⓒ, ⓔ
④ ⊙, ⓒ, ⓒ, ⓔ

해설

⊙, ⓒ은 투표할 수 없다.

공직선거법 제156조(투표의 제한) ① 선거인명부에 올라 있지 아니한 자는 투표할 수 없다. 다만, 제41조(이의신청과 결정) 제2항·제42조(불복신청과 결정) 제2항 또는 제43조(명부누락자의 구제) 제2항의 이유있다는 결정통지서를 가지고 온 자는 투표할 수 있다.
② 선거인명부에 올라 있더라도 선거일에 선거권이 없는 자는 투표할 수 없다.
③ 거소투표자는 제158조의2에 따라 거소투표를 하여야 한다. 다만, 다음 각 호의 어느 하나에 해당하는 사람은 선거일에 해당 투표소에서 투표할 수 있다.
1. 제154조 제2항에 해당하여 거소투표용지를 송부받지 못한 사람
2. 거소투표용지가 반송되어 거소투표용지를 송부받지 못한 사람
3. 거소투표용지를 송부받았으나 거소투표를 하지 못한 사람으로서 선거일에 해당 투표소에서 투표관리관에게 거소투표용지와 회송용 봉투를 반납한 사람
④ 제3항 단서에 따라 거소투표자가 선거일에 해당 투표소에서 투표하는 경우 투표관리관은 선거인명부 또는 제154조 제3항에 따라 통지받은 거소투표자의 명단과 대조·확인하고 선거인명부 비고란에 그 사실을 적어야 한다.

정답 ②

27 기표에 관한 기술 중에서 옳지 않은 것은?

① 선거인은 투표용지를 받은 후 기표소에 들어가 투표용지에 1인의 후보자를 선택하여 투표용지의 해당 칸에 기표한 후 그 자리에서 기표내용이 다른 사람에게 보이지 아니하게 접어 투표참관인의 앞에서 투표함에 넣어야 한다.
② 투표용지를 교부받은 후 그 선거인에게 책임이 있는 사유로 훼손 또는 오손된 때에는 다시 이를 교부하지 아니한다.
③ 선거인은 투표소의 질서를 해하지 아니하는 범위 안에서 초등학생 이하의 어린이와 함께 투표소안에 출입할 수 있다.
④ 시각 또는 신체의 장애로 인하여 자신이 기표할 수 없는 선거인은 그 가족 또는 본인이 지명한 3인을 동반하여 투표를 보조하게 할 수 있다.

해설
④ 선거인은 투표소의 질서를 해하지 아니하는 범위 안에서 초등학생 이하의 어린이와 함께 투표소(초등학생인 어린이의 경우에는 기표소를 제외한다)안에 출입할 수 있으며, 시각 또는 신체의 장애로 인하여 자신이 기표할 수 없는 선거인은 그 가족 또는 본인이 지명한 2인을 동반하여 투표를 보조하게 할 수 있다(공직선거법 제157조 제6항).
① 공직선거법 제157조 제4항
② 공직선거법 제157조 제5항
③ 공직선거법 제157조 제6항

🎓 정답 ④

28 투표참관인이 될 수 있는 자는 모두 몇 항목인가?

㉠ 대한민국 국민이 아닌 자	㉡ 만 17세의 미성년자
㉢ 선거권이 없는 자	㉣ 후보자
㉤ 후보자의 배우자	

① 1항목 ② 2항목
③ 3항목 ④ 없음

해설
대한민국 국민이 아닌 자·미성년자·선거권이 없는 자·제53조(공무원 등의 입후보) 제1항 각 호의 1에 해당하는 자·후보자 또는 후보자의 배우자는 투표참관인이 될 수 없다(공직선거법 제161조 제7항).

🎓 정답 ④

29 투표참관인에 관한 기술 중에서 옳지 않은 것은?

① 투표참관인은 투표소마다 8명으로 하되, 선정·신고한 인원수가 8명을 넘는 때에는 투표관리관이 추첨에 의하여 지정한 자를 투표참관인으로 한다.
② 정당·후보자·선거사무장 또는 선거연락소장은 그가 선정한 투표참관인에 대하여는 필요한 경우에는 언제든지 읍·면·동선거관리위원회에 신고하고 교체할 수 있으며, 선거일에는 투표소에서 교체신고할 수 있다.
③ 투표관리관은 원활한 투표관리를 위하여 필요하다고 인정하는 경우에는 투표참관인을 교대로 참관하게 할 수 있다. 이 경우 정당·후보자별로 참관인수의 2분의 1씩 교대하여 참관하게 하여야 한다.
④ 투표관리관은 투표용지의 교부상황과 투표상황을 쉽게 볼 수 있는 장소에 투표참관인석을 마련하여야 하며, 투표관리관은 투표참관인이 투표간섭 또는 부정투표 그 밖에 이 법의 규정에 위반되는 사실을 발견하고 그 시정을 요구한 경우에 그 요구가 정당하다고 인정하는 때에는 이를 시정하여야 한다.

해설

① 투표참관인은 투표소마다 8명으로 하되, 제2항의 규정에 의하여 선정·신고한 인원수가 8명을 넘는 때에는 읍·면·동선거관리위원회가 추첨에 의하여 지정한 자를 투표참관인으로 한다. 다만, 투표참관인의 선정이 없거나 선정·신고한 인원수가 4명에 미달하는 때에는 읍·면·동선거관리위원회가 그 투표구를 관할하는 구·시·군의 구역 안에 거주하는 선거권자 중에서 본인의 승낙을 얻어 4명에 달할 때까지 선정한 자를 투표참관인으로 한다(공직선거법 제161조 제3항).
② 공직선거법 제161조 제5항
③ 공직선거법 제161조 제8항
④ 공직선거법 제161조 제9·11항

정답 ①

30 다음 중 투표소에 출입할 수 있는 자는 모두 몇 항목인가?

㉠ 투표하려는 선거인	㉡ 투표참관인
㉢ 투표관리관	㉣ 읍·면·동선거관리위원회위원
㉤ 투표사무원	

① 1항목
② 2항목
③ 4항목
④ 5항목

해설

투표하려는 선거인·투표참관인·투표관리관, 읍·면·동선거관리위원회 및 그 상급선거관리위원회의 위원과 직원 및 투표사무원을 제외하고는 누구든지 투표소에 들어갈 수 없다(공직선거법 제163조 제1항).

정답 ④

31 투표소에 관한 기술 중에서 옳지 않은 것은?

① 투표관리관 또는 투표사무원은 투표소의 질서가 심히 문란하여 공정한 투표가 실시될 수 없다고 인정하는 때에는 투표소의 질서를 유지하기 위하여 정복을 한 경찰공무원 또는 경찰관서장에게 원조를 요구할 수 있다.
② 원조요구를 받은 경찰공무원 또는 경찰관서장은 즉시 이에 따라야 한다.
③ 원조요구를 받고 투표소 안에 들어간 경찰공무원 또는 경찰관서장은 투표관리관 또는 투표사무원의 지시를 받아야 하며, 질서가 회복되거나 투표관리관의 요구가 있는 때에는 즉시 투표소 안에서 퇴거하여야 한다.
④ 원칙적으로 투표하려는 선거인·투표참관인·투표관리관, 읍·면·동선거관리위원회 및 그 상급선거관리위원회의 위원과 직원 및 투표사무원을 제외하고는 누구든지 투표소에 들어갈 수 없다.

해설
③ 원조요구를 받고 투표소 안에 들어간 경찰공무원 또는 경찰관서장은 투표관리관의 지시를 받아야 하며, 질서가 회복되거나 투표관리관의 요구가 있는 때에는 즉시 투표소안에서 퇴거하여야 한다(공직선거법 제164조 제3항).
① 투표관리관 또는 투표사무원은 투표소의 질서가 심히 문란하여 공정한 투표가 실시될 수 없다고 인정하는 때에는 투표소의 질서를 유지하기 위하여 정복을 한 경찰공무원 또는 경찰관서장에게 원조를 요구할 수 있다(공직선거법 제164조 제1항).
② 원조요구를 받은 경찰공무원 또는 경찰관서장은 즉시 이에 따라야 한다(공직선거법 제164조 제2항).
④ 투표하려는 선거인·투표참관인·투표관리관, 읍·면·동선거관리위원회 및 그 상급선거관리위원회의 위원과 직원 및 투표사무원을 제외하고는 누구든지 투표소에 들어갈 수 없다(공직선거법 제163조 제1항).

정답 ③

32 선거권자 중에서 1명을 선정하여 기관·시설의 장이 설치·운영하는 기표소의 투표상황을 참관하게 할 수 있는 자는?

| ㉠ 후보자 | ㉡ 선거사무장 |
| ㉢ 선거연락장 | ㉣ 선거인 |

① ㉠, ㉡
② ㉠, ㉡, ㉢
③ ㉡, ㉢, ㉣
④ ㉠, ㉡, ㉢, ㉣

해설
후보자·선거사무장·선거연락소장은 선거권자 중에서 1명을 선정하여 기관·시설의 장이 설치·운영하는 기표소의 투표상황을 참관하게 할 수 있다(공직선거법 제149조 제6항).

정답 ②

33 선상투표에 관한 설명으로 옳은 것은 모두 몇 항목인가?

> ㉠ 선장은 선거일 전 8일부터 선거일 전 5일까지의 기간 중 해당 선박의 선상투표자의 수와 운항사정 등을 고려하여 선상투표를 할 수 있는 일시를 정하고, 해당 선박에 선상투표소를 설치하여야 한다. 이 경우 선장은 지체 없이 선상투표자에게 선상투표를 할 수 있는 일시와 선상투표소가 설치된 장소를 알려야 한다.
> ㉡ 선장은 선상투표소를 설치할 때 선상투표자가 투표의 비밀이 보장된 상태에서 투표한 후 팩시밀리로 선상투표용지를 전송할 수 있도록 설비하여야 한다.
> ㉢ 선장은 선상투표가 진행되는 동안에는 해당 선박에 승선하고 있는 선원 중 대한민국 국민으로서 공정하고 중립적인 사람 1명 이상을 입회시켜야 하며, 해당 선박에 승선하고 있는 대한민국 국민이 1명뿐인 경우에는 예외이다.
> ㉣ 선장은 해당 선박의 선상투표를 마친 후 입회인의 입회 아래 제출된 선상투표지 봉투와 선상투표자가 선상투표소에서 투표하기 전에 미리 기표하여 와서 회수해 봉함한 선상투표용지 봉투를 구분하여 함께 포장한 다음 자신과 입회인이 각각 봉인한 후 보관하여야 한다.
> ㉤ 선장은 국내에 도착하는 즉시 선상투표관리기록부와 봉인하여 보관 중인 봉투를 팩시밀리로 전송했던 해당 시·도선거관리위원회에 제출하여야 한다.

① 1항목 ② 2항목
③ 3항목 ④ 5항목

해설

모두 옳은 설명이다.
㉠ 공직선거법 제158조의3 제1항   ㉡ 공직선거법 제158조의3 제2항
㉢ 공직선거법 제158조의3 제3항   ㉣ 공직선거법 제158조의3 제7항
㉤ 공직선거법 제158조의3 제8항

정답 ④

---

34 대통령선거와 임기만료에 의한 국회의원선거에서 재외선거관리위원회를 설치하는 기관은?

① 중앙선거관리위원회   ② 시·도선거관리위원회
③ 구·시·군선거관리위원회   ④ 읍·면·동선거관리위원회

해설

중앙선거관리위원회는 대통령선거와 임기만료에 따른 국회의원선거를 실시하는 때마다 선거일 전 180일부터 선거일 후 30일까지 「대한민국재외공관 설치법」 제2조에 따른 공관(공관이 설치되지 아니한 지역에서 영사사무를 수행하는 사무소와 같은 법 제3조에 따른 분관 또는 출장소를 포함하고, 영사사무를 수행하지 아니하거나 영사관할구역이 없는 공관 및 영사관할구역 안에 공관사무소가 설치되지 아니한 공관은 제외)마다 재외선거의 공정한 관리를 위하여 재외선거관리위원회를 설치·운영하여야 한다. 다만, 대통령의 궐위로 인한 선거 또는 재선거는 그 선거의 실시사유가 확정된 날부터 10일 이내에 재외선거관리위원회를 설치하여야 한다(공직선거법 제218조 제1항).

정답 ①

35 재외선거관리위원회위원장의 선출방식은?

① 국회 선출
② 지방의회 선출
③ 국무회의 선출
④ 위원 중에서 호선

해설

재외선거관리위원회에 위원장과 부위원장 각 1명을 두되, 위원 중에서 호선한다. 다만, 공관의 장과 그가 추천하는 공관원은 위원장이 될 수 없다(공직선거법 제218조 제4항).

정답 ④

36 다음 중 재외선거관리위원회 위원이 될 수 없는 자로만 묶은 것은?

㉠ 국회의원의 선거권이 없는 사람
㉡ 정당의 당원인 사람
㉢ 재외투표관리관
㉣ 주미대사관 공관의 7급공무원

① ㉠, ㉡
② ㉡, ㉢
③ ㉠, ㉡, ㉢
④ ㉡, ㉢, ㉣

해설

㉠, ㉡, ㉢은 재외선거관리위원회 위원이 될 수 없다(공직선거법 제218조 제3항).

정답 ③

37 재외선거인 등록신청방법에 해당하는 것으로만 묶은 것은?

> ㉠ 공관방문 서면신청　　　　　　㉡ 중앙선거관리위원회 홈페이지
> ㉢ 가족의 재외선거인 등록신청서 대리제출　　㉣ 전자우편 이용

① ㉠, ㉡
② ㉠, ㉡, ㉢
③ ㉡, ㉢, ㉣
④ ㉠, ㉡, ㉢, ㉣

해설

모두 가능한 방법이다.

PLUS 재외국민의 등록신청(공직선거법 제218조의5 제1항)

① 주민등록이 되어 있지 아니하고 재외선거인명부에 올라 있지 아니한 사람으로서 외국에서 투표하려는 선거권자는 대통령선거와 임기만료에 따른 비례대표국회의원선거를 실시하는 때마다 해당 선거의 선거일 전 60일까지 중앙선거관리위원회에 재외선거인 등록신청을 하여야 한다.

② 재외선거인 등록신청방법
　㉠ 공관을 직접 방문하여 서면으로 신청하는 방법. 이 경우 대한민국 국민은 가족(본인의 배우자와 본인·배우자의 직계존비속을 말한다)의 재외선거인 등록신청서를 대리하여 제출할 수 있다.
　㉡ 관할구역을 순회하는 공관에 근무하는 직원에게 직접 서면으로 신청하는 방법. 이 경우 제1호 후단을 준용한다.
　㉢ 우편 또는 전자우편을 이용하거나 중앙선거관리위원회 홈페이지를 통하여 신청하는 방법. 이 경우 외국에 머물거나 거주하는 사람은 공관을 경유하여 신고하여야 한다.

　　　　　　　　　　　　　　　　　　　　　　　　　　　　　　　　　　　🎓 **정답 ④**

38 재외선거인명부의 열람에 관한 기술 중에서 옳은 것은 모두 몇 항목인가?

> ㉠ 중앙선거관리위원회와 구·시·군의 장은 재외선거인명부 및 국외부재자신고인명부의 작성기간 만료일의 다음 날부터 5일간 장소를 정하여 재외선거인명부 등을 열람할 수 있도록 하여야 한다. 다만, 재외선거인명부는 인터넷 홈페이지에서의 열람에 한한다.
> ㉡ 선거권자는 누구든지 재외선거인명부 등의 열람기간 중 자유로이 재외선거인명부 등을 열람할 수 있다.
> ㉢ 명부작성권자는 재외선거인명부 등의 열람기간 동안 자신이 개설·운영하는 인터넷 홈페이지에서 국외부재자 신고를 한 사람이나 재외선거인등록을 신청한 사람이 자신의 정보에 한하여 재외선거인명부 등을 열람할 수 있도록 하는 기술적 조치를 하여야 한다.
> ㉣ 재외선거인명부 등은 선거일 전 30일에 확정되며, 국외부재자신고인명부는 해당 선거에 한정하여 효력을 가진다.
> ㉤ 누구든지 재외선거인 등이 투표한 후에는 그 재외선거인 등의 해당 선거의 선거권 유무에 대하여 대한민국 국민이 아니라는 이유로 법적·행정적 이의를 제기할 수 없다.

① 2항목
② 3항목
③ 4항목
④ 5항목

해설

모두 옳은 설명이다.
⊙ 공직선거법 제218조의10 제1항
ⓒ 공직선거법 제218조의10 제2항
ⓒ 공직선거법 제218조의10 제3항
② 공직선거법 제218조의13 제1항
⑩ 공직선거법 제218조의13 제4항

🎓 정답 ④

39 재외투표소의 운영시간은?

① 오전 6시 ~ 오후 6시
② 오전 8시 ~ 오후 6시
③ 오전 8시 ~ 오후 5시
④ 오전 9시 ~ 오후 5시

해설

재외투표소는 재외투표기간 중 공휴일에도 불구하고 매일 오전 8시에 열고 오후 5시에 닫는다. 다만, 제2항에 따른 재외투표소의 경우에는 해당 재외선거관리위원회가 예상 투표자 수 등을 고려하여 투표시간을 조정할 수 있다(공직선거법 제218조의17 제7항).

🎓 정답 ③

40 재외투표의 개표를 행하는 기관은?

① 읍·면·동선거관리위원회
② 시·군·자치구선거관리위원회
③ 시·도선거관리위원회
④ 중앙선거관리위원회

해설

재외투표는 구·시·군선거관리위원회가 개표한다(공직선거법 제218조의24 제1항).

🎓 정답 ②

41 재외선거에 관한 기술 중에서 옳은 것은 모두 몇 항목인가?

> ⊙ 중앙선거관리위원회와 재외투표관리관은 재외선거인 등록신청, 재외투표의 방법, 그 밖에 재외선거인의 선거권 행사를 위한 사항을 홍보하는 등 재외선거인의 투표참여와 재외선거의 공정성을 확보하기 위하여 노력하여야 한다.
> ⓒ 중앙선거관리위원회는 재외선거인이 전화 또는 인터넷을 통하여 후보자를 추천한 정당의 명칭, 후보자의 성명, 기호 및 선거공약 등을 알 수 있도록 필요한 조치를 하여야 한다.
> ⓒ 중앙선거관리위원회는 외국의 선거·정당·정치자금제도와 그 운영현황, 정당 발전방안 등에 관한 조사·연구를 추진하여 재외선거제도의 개선과 정치발전을 위하여 필요한 노력을 하여야 한다.
> ⓔ 중앙선거관리위원회, 법무부, 경찰청 등은 재외선거관리위원회 또는 재외투표관리관이 행하는 재외선거사무를 지원하고 위법행위 예방 및 자료수집 등을 위하여 필요한 경우에는 공관에 소속 직원을 파견할 수 있다.

① 1항목 ② 2항목
③ 3항목 ④ 4항목

해설

모두 옳은 설명이다.
⊙ 공직선거법 제218조의27 제1항
ⓒ 공직선거법 제218조의27 제2항
ⓒ 공직선거법 제218조의27 제3항
ⓔ 공직선거법 제218조의28 제1항

정답 ④

42 천재지변 또는 전쟁·폭동, 그 밖에 부득이한 사유로 해당 공관 관할구역에서 재외선거를 실시할 수 없다고 인정하는 때에 해당 공관에 재외선거관리위원회를 설치하지 아니하거나 설치·운영 중인 재외선거관리위원회 및 재외투표관리관의 재외선거사무를 중지할 것을 결정할 수 있는 기관은?

① 읍·면·동선거관리위원회 ② 구·시·군선거관리위원회
③ 시·도선거관리위원회 ④ 중앙선거관리위원회

해설

중앙선거관리위원회는 천재지변 또는 전쟁·폭동, 그 밖의 부득이한 사유로 해당 공관 관할구역에서 재외선거를 실시할 수 없다고 인정하는 때에는 해당 공관에 재외선거관리위원회를 설치하지 아니하거나 설치·운영 중인 재외선거관리위원회 및 재외투표관리관의 재외선거사무를 중지할 것을 결정할 수 있다(공직선거법 제218조의29 제1항).

정답 ④

43 국외선거사범에 대한 선거사범조사를 행하는 사람은 누구인가?

① 영사
② 공사
③ 대리공사
④ 대사

해설

공직선거법 제218조의32 제1항

PLUS⁺ 영사의 선거사범 직무(공직선거법 제218조의32)

㉠ 영사는 법원 또는 검사의 의뢰를 받아 대한민국 재외공관 등에서 공직선거법의 위반행위와 관련된 피의자 또는 피의자 아닌 자의 출석을 요구하여 진술을 들을 수 있다.
㉡ 법원 또는 검사가 영사에게 진술 청취를 의뢰할 때에는 법무부 및 외교부를 경유하여야 한다. 사법경찰관은 검사에게 영사에 대한 진술 청취의 의뢰를 신청할 수 있다.
㉢ 영사는 진술을 들을 경우 그 진술 내용을 기재한 조서를 작성하거나 진술서를 제출받을 수 있고, 그 과정을 영상녹화할 수 있다. 다만, 피의자 아닌 자의 경우에는 동의를 받아야 영상녹화할 수 있다.
㉣ 영사는 작성한 조서, 진술인으로부터 제출받은 진술서 또는 영상녹화물을 즉시 외교부 및 법무부를 경유하여 법원 또는 검사에게 송부하여야 한다.

정답 ①

44 텔레비전방송국·라디오방송국·일간신문사가 선거의 결과를 예상하기 위하여 선거일에 투표소출구조사를 하는 경우에 투표소로부터 몇 미터 밖에서 해야 하는가?

① 30m
② 50m
③ 100m
④ 200m

해설

텔레비전방송국·라디오방송국·일간신문사가 선거의 결과를 예상하기 위하여 선거일에 투표소로부터 50미터 밖에서 투표의 비밀이 침해되지 않는 방법으로 질문하는 것은 가능하며, 이 경우 투표마감시각까지 그 경위와 결과를 공표할 수 없다(공직선거법 제167조 제2항).

정답 ②

45 투표관은 투표관계서류를 투표가 끝난 후 누구에게 인계해야 하는가?

① 읍·면·동선거관리위원회
② 관할구·시·군선거관리위원회
③ 시·도선거관리위원회
④ 중앙선거관리위원회

해설

투표관리관은 투표가 끝난 후 선거인명부 기타 선거에 관한 모든 서류를 관할구·시·군선거관리위원회위원장에게 인계하여야 한다(공직선거법 제171조).

정답 ②

제12장 개표

01 개표에 대한 설명으로 옳은 것은?

① 동시선거에 있어 투표록 및 개표록은 선거별로 각각 구분하여 작성되어야 한다.
② 보궐선거에서 우편투표함은 개표참관인의 참관하에 선거일 오후 6시 후에 개표소로 옮겨서 일반투표함의 투표지와 별도로 먼저 개표할 수 있다.
③ 우편투표함과 사전투표함은 개표참관인의 참관 하에 선거일 오후 6시 후에 개표소로 옮겨서 일반투표함의 투표지와는 별도로 먼저 개표할 수 있다.
④ 개표참관인은 구·시·군선거관리위원회의 관할구역 안에서 실시되는 선거에 후보자를 추천하는 정당은 6인을, 무소속후보자는 3인을 선정하여 선거일 전일까지 당해 구·시·군선거관리위원회에 서면으로 신고하여 참관하게 하되, 신고 후 언제든지 교체할 수 있으나 개표일에는 교체신고를 할 수 없다.

해설

③ 공직선거법 제176조 제3항
① 동시선거에 있어 투표록 및 개표록은 선거의 구분 없이 하나의 투표록 및 개표록으로 각각 작성할 수 있다(공직선거법 제217조).
② 보궐선거의 경우 오후 8시 후에 한다. 우편투표함과 사전투표함은 개표참관인의 참관하에 선거일 오후 6시(보궐선거 등에 있어서는 오후 8시) 후에 개표소로 옮겨서 일반투표함의 투표지와 별도로 먼저 개표할 수 있다(공직선거법 제176조 제3항).
④ 개표참관인은 구·시·군선거관리위원회의 관할구역 안에서 실시되는 선거에 후보자를 추천하는 정당은 6인을, 무소속후보자는 3인을 선정하여 선거일 전일까지 당해 구·시·군선거관리위원회에 서면으로 신고하여 참관하게 하되, 신고 후 언제든지 교체할 수 있으며 개표일에는 개표소에서 교체신고를 할 수 있다(공직선거법 제181조 제2항).

정답 ③

02 투표 및 개표에 대한 설명으로 옳지 않은 것은?

① 투표의 효력에 관하여 이의가 있는 때에는 구·시·군선거관리위원회는 최소한 재적위원 과반수의 의결로 결정한다.
② 부재자투표의 투표종료시간을 오후 4시까지로 한정하는 것은 투표관리의 효율성을 제고하기 위한 것으로서 부재자투표자의 평등권을 침해하지 않는다.
③ 후보자의 게재순위를 정함에 있어서는 후보자등록마감일 현재 국회에서 의석을 갖고 있는 정당의 추천을 받은 후보자, 국회에서 의석을 갖고 있지 아니한 정당의 추천을 받은 후보자, 무소속후보자의 순으로 한다.
④ 후보자는 투표참관인이 될 수 없으나 개표참관인은 될 수 있다.

해설

① 투표의 효력에 관하여 이의가 있는 때에는 구·시·군선거관리위원회는 재적위원 과반수의 출석과 출석위원 과반수의 의결로 결정한다(공직선거법 제180조 제1항).
② 투표종료시간을 오후 4시까지로 정한 것은 투표당일 부재자투표의 인계·발송 절차를 밟을 수 있도록 함으로써 부재자투표의 인계·발송절차가 지연되는 것을 막고 투표관리의 효율성을 제고하고 투표함의 관리위험을 경감하기 위한 것이고, 이 사건 투표시간조항이 투표종료시간을 오후 4시까지로 정한다고 하더라도 투표개시시간을 일과시간 이전으로 변경한다면, 부재자투표의 인계·발송절차가 지연될 위험 등이 발생하지 않으면서도 일과시간에 학업·직장업무를 하여야 하는 부재자투표자가 현실적으로 선거권을 행사하는 데 큰 어려움이 발생하지 않을 것이다. 따라서 이 사건 투표시간조항 중 투표종료시간 부분은 수단의 적정성, 법익균형성을 갖추고 있으므로 청구인의 선거권이나 평등권을 침해하지 않는다(헌재 2012.2.23, 2010헌마601). → 투표개시시간을 10시로 정한 것은 선거권과 평등권 침해
③ 후보자의 게재순위를 정함에 있어서는 후보자등록마감일 현재 국회에서 의석을 갖고 있는 정당의 추천을 받은 후보자, 국회에서 의석을 갖고 있지 아니한 정당의 추천을 받은 후보자, 무소속후보자의 순으로 한다(공직선거법 제150조 제3항).
④ 공직선거법 제161조 제7항, 제181조 제11항

정답 ①

03 투표 및 개표에 대한 설명으로 옳지 않은 것은?

① 개표참관인은 당해 구·시·군선거관리위원회위원장이 개표소 안 또는 일반관람인석에 지정한 장소에 전화·컴퓨터 기타의 통신설비를 설치하여 개표상황을 후보자 또는 정당에 통보할 수 있다.
② 사전투표소에서 투표한 선거인이 선거일의 투표개시 전에 사망한 경우 해당 선거인의 투표는 무효로 한다.
③ 개표참관인은 개표소 안에서 개표상황을 언제든지 순회·감시 또는 촬영할 수 있으며, 당해 구·시·군선거관리위원회위원장이 개표소 안 또는 일반관람인석에 지정한 장소에 전화·컴퓨터 기타의 통신설비를 설치하고, 이를 이용하여 개표상황을 후보자 또는 정당에 통보할 수 있다.
④ 구·시·군선거관리위원회는 원활한 개표관리를 위하여 필요한 경우에는 개표참관인을 교대하여 참관하게 할 수 있으며, 이 경우 정당·후보자별로 참관인수의 2분의 1씩 교대하여 참관하게 하여야 한다.

해설

② 사전투표소에서 투표한 선거인이 선거일의 투표개시 전에 사망한 경우 해당 선거인의 투표는 무효로 하지 않는다(공직선거법 제179조 제4항 제10호).
① 개표참관인은 개표소 안에서 개표상황을 언제든지 순회·감시 또는 촬영할 수 있으며, 당해 구·시·군선거관리위원회위원장이 개표소안 또는 일반관람인석에 지정한 장소에 전화·컴퓨터 기타의 통신설비를 설치하고, 이를 이용하여 개표상황을 후보자 또는 정당에 통보할 수 있다(공직선거법 제181조 제9항).
③ 공직선거법 제181조 제8항
④ 공직선거법 제181조 제10항

정답 ②

04 개표에 관한 기술 중에서 옳지 않은 것은 모두 몇 항목인가?

㉠ 개표는 선거인의 투표에 의하여 표출된 의사를 권한 있는 기관이 유·무효를 가리고 이를 집계하는 확인행위이다.
㉡ 개표는 투표소외의 별도로 마련된 장소 즉, 개표소에서 관할구역 안의 모든 투표함을 모아 놓고 진행한다.
㉢ 개표에 관한 사무는 시·도선거관리위원회가 담당하도록 하고 있다.
㉣ 개표에 관한 사무란 개표소의 설치와 공고, 개표사무원의 위촉과 그 성명의 공고, 투표의 점검·심사·집계, 투표의 효력에 관한 이의의 결정, 개표록 작성사무 등 개표와 관련된 일체의 관리업무를 말한다.
㉤ 2개 이상의 개표소를 설치하는 때에는 당해 구·시·군선거관리위원회위원을 각 개표소에 비등하게 지정·배치하되, 공선법에 의한 개표관리에 관하여 당해 구·시·군선거관리위원회의 의결을 요하는 사항은 당해 개표소에 배치된 위원수의 과반수의 의결로 결정한다.

① 1항목
② 2항목
③ 3항목
④ 4항목

해설

옳지 않은 것은 ㉢이다.
㉢ 개표사무는 구·시·군선거관리위원회가 이를 행한다(공직선거법 제172조 제1항).

정답 ①

05 개표사무원으로 위촉될 수 없는 자는?

① 각급학교의 교직원
② 은행법에 규정된 은행직원
③ 지방공사와 지방공단의 임직원
④ 인천공항에 근무중인 출입국관리 7급공무원

해설

일반직공무원의 행정직군 중 교정·보호·검찰사무·마약수사·출입국관리·철도공안 직렬의 공무원과 교육공무원 외의 특정직공무원 및 정무직공무원은 개표사무원으로 위촉될 수 없다(공직선거법 제174조 제2항).

정답 ④

06 개표에 관한 기술 중에서 옳지 않은 것은?

① 구·시·군선거관리위원회는 개표장소, 선거인수 등을 고려하여 선거권자의 신청을 받아 정당 또는 후보자가 신고할 수 있는 개표참관인 수의 100분의 20 이내에서 개표참관인을 추가로 선정하여 참관하게 할 수 있다.
② 개표참관인은 투표구에서 송부된 투표함의 인계·인수절차를 참관하고 투표함의 봉쇄·봉인을 검사하며 그 관리상황을 참관할 수 있다.
③ 구·시·군선거관리위원회는 제1항에 따른 우편투표함과 제2항에 따른 사전투표함을 「개인정보 보호법」 제2조제7호에 따른 고정형 영상정보처리기기가 설치된 장소에 보관하여야 하고, 영상정보는 해당 선거의 선거일 후 6개월까지 보관하여야 한다.
④ 개표참관인은 개표소 안에서 개표상황을 언제든지 순회·감시 또는 촬영할 수 있으며, 당해 구·시·군선거관리위원회위원장이 개표소 안 또는 일반관람인석에 지정한 장소에 전화·컴퓨터 기타의 통신설비를 설치하고, 이를 이용하여 개표상황을 당해 구·시·군선거관리위원회에 통보할 수 있다.

해설
④ 개표참관인은 개표소 안에서 개표상황을 언제든지 순회·감시 또는 촬영할 수 있으며, 당해 구·시·군선거관리위원회위원장이 개표소 안 또는 일반관람인석에 지정한 장소에 전화·컴퓨터 기타의 통신설비를 설치하고, 이를 이용하여 개표상황을 후보자 또는 정당에 통보할 수 있다(공직선거법 제181조 제9항).
① 공직선거법 제181조 제5항
② 공직선거법 제181조 제6항
③ 공직선거법 제176조 제3항 [개정] 2023. 3. 14. 시행

정답 ④

07 무효투표에 해당하는 것은 모두 몇 항목인가?

> ㉠ 정규의 투표용지를 사용하지 아니한 것
> ㉡ 어느 란에도 표를 하지 아니한 것
> ㉢ 2란에 걸쳐서 표를 한 것
> ㉣ 어느 란에 표를 한 것인지 식별할 수 없는 것
> ㉤ ⓘ표를 하지 아니하고 문자 또는 물형을 기입한 것

① 3항목
② 4항목
③ 5항목
④ 없음

해설

무효투표에 해당하는 것은 ㉠, ㉡, ㉢, ㉣, ㉤이다.

공직선거법 제179조(무효투표) ① 다음 각 호의 어느 하나에 해당하는 투표는 무효로 한다.
1. 정규의 투표용지를 사용하지 아니한 것
2. 어느 란에도 표를 하지 아니한 것
3. 2란에 걸쳐서 표를 하거나 2 이상의 란에 표를 한 것
4. 어느 란에 표를 한 것인지 식별할 수 없는 것
5. ⓘ표를 하지 아니하고 문자 또는 물형을 기입한 것
6. ⓘ표 외에 다른 사항을 기입한 것
7. 선거관리위원회의 기표용구가 아닌 용구로 표를 한 것

② 사전투표 및 거소투표의 경우에는 제1항의 규정에 의하는 외에 다음 각 호의 어느 하나에 해당하는 투표도 이를 무효로 한다.
1. 정규의 회송용 봉투를 사용하지 아니한 것
2. 회송용 봉투가 봉함되지 아니한 것

③ 선상투표의 경우에는 제1항에 따라 무효로 하는 경우 외에 다음 각 호의 어느 하나에 해당하는 경우에도 무효로 한다.
1. 선상투표신고서에 기재된 팩시밀리 번호가 아닌 번호를 이용하여 전송되거나 전송한 팩시밀리 번호를 알 수 없는 것
2. 같은 선거인의 투표지가 2회 이상 수신된 경우 정상적으로 수신된 최초의 투표지 외의 것
3. 선거인이나 선장 또는 입회인의 서명이 누락된 것(제158조의3 제3항 단서에 따라 입회인을 두지 아니한 경우 입회인의 서명이 누락된 것은 제외한다)
4. 표지부분에 후보자의 성명이나 정당의 명칭 또는 그 성명이나 명칭을 유추할 수 있는 내용이 표시된 것

④ 다음 각 호의 어느 하나에 해당하는 투표는 무효로 하지 아니한다.
1. ⓘ표가 일부분 표시되거나 ⓘ표 안이 메워진 것으로서 선거관리위원회의 기표용구를 사용하여 기표를 한 것이 명확한 것
2. 한 후보자(비례대표국회의원선거 및 비례대표지방의회의원선거에 있어서는 정당을 말한다. 이하 이 항에서 같다)란에만 2 이상 기표된 것
3. 후보자란 외에 추가 기표되었으나 추가 기표된 것이 어느 후보자에게도 기표한 것으로 볼 수 없는 것
4. 삭제 <2015.8.13.>
5. 기표한 것이 전사된 것으로서 어느 후보자에게 기표한 것인지가 명확한 것
6. 인주로 오손되거나 훼손되었으나 정규의 투표용지임이 명백하고 어느 후보자에게 기표한 것인지가 명확한 것
7. 거소투표(선상투표를 포함한다)의 경우 이 법에 규정된 방법외의 다른 방법[인장(무인을 제외한다)의 날인·성명기재 등 누가 투표한 것인지 알 수 있는 것을 제외한다]으로 표를 하였으나 어느 후보자에게 기표한 것인지가 명확한 것
8. 회송용 봉투에 성명 또는 거소가 기재되거나 사인이 날인된 것
9. 거소투표자 또는 선상투표자가 투표 후 선거일의 투표개시 전에 사망한 경우 그 거소투표 또는 선상투표
10. 사전투표소에서 투표한 선거인이 선거일의 투표개시 전에 사망한 경우 해당 선거인의 투표

정답 ③

08 무효투표에 해당하는 것을 모두 고른 것은? (다툼이 있는 경우 판례에 의함)

> ㄱ. 거소투표자의 기표 및 봉함이 투표자 본인의 의사에 따라 직접 행하여졌으나 그 회송용 겉봉투의 봉함 부분에 거소투표자의 사인 대신 당해 투표자들이 요양치료중인 정신병원장의 직인이 날인된 경우
> ㄴ. 선상투표신고서에 기재된 팩시밀리 번호가 아닌 번호를 이용하여 전송되거나 전송한 팩시밀리 번호를 알 수 없는 경우
> ㄷ. 기표의 횟수와 관련하여 후보자·정당란 외에 추가 기표되었으나 추가 기표된 것이 어느 후보자·정당에도 기표한 것으로 볼 수 없는 경우
> ㄹ. 사전투표소에서 투표한 선거인이 선거일의 투표개시 전에 사망한 경우 해당 선거인의 투표

① ㄱ, ㄴ
② ㄱ, ㄷ
③ ㄴ, ㄷ
④ ㄷ, ㄹ

해설

이 문제의 경우, ㄱ의 판례가 생소할 수 있었다. 그러나 다른 지문을 정확히 알고 있었다면 충분히 정답을 맞힐 수 있는 문제였다.

ㄱ. (○) 거소투표자의 기표 및 봉함이 투표자 본인의 의사에 따라 직접 행하여졌으나 그 회송용 겉봉투의 봉함 부분에 거소투표자의 사인 대신 당해 투표자들이 요양치료중인 정신병원장의 직인이 날인된 경우, 공직선거및선거부정방지법 제158조 제4항, 제179조 제2항 제3호의 규정은 거소투표자의 경우 기표 및 봉함이 이루어진 실제의 경위가 어떠하였는지를 묻지 아니하고 회송용 겉봉투 봉함 부분의 상·중·하 3개소에 사인날인이 전부 누락된 사실 그 자체만으로 투표를 무효로 한다는 취지이므로, 설사 거소투표자들의 기표 및 봉함이 투표자 본인들의 의사에 따라 그들에 의하여 직접 행해진 것이라고 하더라도 그 회송용 겉봉투의 봉함 부분에 투표자의 사인날인이 전부 누락된 이상 이를 무효로 처리하여야 한다(대판 2000.10.6, 2000수63).
ㄴ. (○) 선상투표신고서에 기재된 팩시밀리 번호가 아닌 번호를 이용하여 전송되거나 전송한 팩시밀리 번호를 알 수 없는 것은 무효로 한다(공직선거법 제179조 제3항 참조).
ㄷ. (×) 후보자란 외에 추가 기표되었으나 추가 기표된 것이 어느 후보자에게도 기표한 것으로 볼 수 없는 것은 무효로 하지 아니한다(공직선거법 제179조 제4항 참조).
ㄹ. (×) 사전투표소에서 투표한 선거인이 선거일의 투표개시 전에 사망한 경우 해당 선거인의 투표는 무효로 하지 아니한다(공직선거법 제179조 제4항 참조).

정답 ①

09 투표의 효력에 관한 설명 중 옳지 않은 것으로만 묶은 것은?

㉠ 기표한 것이 전사된 것으로서 어느 후보자에게 기표한 것인지가 명확한 것은 무효로 하지 않는다.
㉡ 인육으로 오손되거나 훼손되었으나 정규의 투표용지임이 명백하고 어느 후보자에게 기표한 것인지가 명확한 것은 무효로 하지 않는다.
㉢ 거소투표(선상투표를 제외)의 경우 공직선거법에 규정된 방법외의 다른 방법[인장(무인을 제외한다)의 날인·성명기재 등 누가 투표한 것인지 알 수 있는 것을 제외]으로 표를 하였으나 어느 후보자에게 기표한 것인지가 명확한 것은 무효로 하지 않는다.
㉣ 회송용 봉투에 성명 또는 거소가 기재되거나 사인이 날인된 것은 무효로 한다.
㉤ 거소투표자 또는 선상투표자가 투표 후 선거일의 투표개시 전에 사망한 경우 그 거소투표 또는 선상투표는 무효로 하지 않는다.
㉥ 사전투표소에서 투표한 선거인이 선거일의 투표개시 전에 사망한 경우 해당 선거인의 투표는 무효로 한다.
㉦ 투표의 효력에 관하여 이의가 있는 때에는 구·시·군선거관리위원회는 재적위원 과반수의 출석과 출석위원 과반수의 의결로 결정한다.

① ㉠, ㉡, ㉢
② ㉢, ㉣, ㉥
③ ㉤, ㉥, ㉦
④ 없음

해설

옳지 않은 것은 ㉢, ㉣, ㉥이다.
㉢ (×) 거소투표(선상투표를 포함한다)의 경우 이 법에 규정된 방법외의 다른 방법[인장(무인을 제외한다)의 날인·성명기재 등 누가 투표한 것인지 알 수 있는 것을 제외한다]으로 표를 하였으나 어느 후보자에게 기표한 것인지가 명확한 것은 무효로 하지 않는다(공직선거법 제179조 제4항 제7호).
㉣ (×) 회송용 봉투에 성명 또는 거소가 기재되거나 사인이 날인된 것은 무효로 하지 않는다(공직선거법 제179조 제4항 제8호).
㉥ (×) 사전투표소에서 투표한 선거인이 선거일의 투표개시 전에 사망한 경우 해당 선거인의 투표는 무효로 하지 않는다(공직선거법 제179조 제4항 제10호).
㉠ (○) 공직선거법 제179조 제4항 제5호
㉡ (○) 공직선거법 제179조 제4항 제6호
㉤ (○) 공직선거법 제179조 제4항 제9호
㉦ (○) 공직선거법 제180조 제1항

정답 ②

10 개표참관인에 관한 기술 중에서 옳은 것은 모두 몇 항목인가?

> ㉠ 구·시·군선거관리위원회는 개표참관인으로 하여금 개표소 안에서 개표상황을 참관하게 하여야 한다.
> ㉡ 개표참관인은 구·시·군선거관리위원회의 관할구역 안에서 실시되는 선거에 후보자를 추천하는 정당은 6인을, 무소속후보자는 3인을 선정하여 선거일 전 2일까지 당해 구·시·군선거관리위원회에 서면으로 신고하여 참관하게 하되, 신고 후 언제든지 교체할 수 있으며 개표일에는 개표소에서 교체신고를 할 수 있다.
> ㉢ 구·시·군선거관리위원회가 선정한 개표참관인은 정당한 사유 없이 참관을 거부하거나 그 직을 사임할 수 없다.
> ㉣ 구·시·군선거관리위원회는 개표참관인이 개표내용을 식별할 수 있는 가까운 거리(1미터 이상 2미터 이내)에서 참관할 수 있도록 개표참관인석을 마련하여야 한다.
> ㉤ 구·시·군선거관리위원회는 개표참관인이 개표에 관한 위법사항을 발견하여 그 시정을 요구한 경우에 그 요구가 정당하다고 인정되는 때에는 이를 시정하여야 한다.
> ㉥ 개표참관인은 개표소 안에서 개표상황을 언제든지 순회·감시 또는 촬영할 수 있으며, 당해 구·시·군선거관리위원회위원장이 개표소 안 또는 일반관람인석에 지정한 장소에 전화·컴퓨터 기타의 통신설비를 설치하고, 이를 이용하여 개표상황을 후보자 또는 정당에 통보할 수 있다.

① 2항목 ② 3항목
③ 5항목 ④ 6항목

해설

모두 옳은 설명이다.
㉠ 공직선거법 제181조 제1항 ㉡ 공직선거법 제181조 제2항(2018.4.6.개정)
㉢ 공직선거법 제181조 제4항 ㉣ 공직선거법 제181조 제7항
㉤ 공직선거법 제181조 제8항 ㉥ 공직선거법 제181조 제9항

정답 ④

11 대통령선거나 비례대표국회의원선거에서 구·시·군선거관리위원회는 개표록을 작성하여 어느 기관에 송부해야 하는가?

① 시·도선거관리위원회 ② 관할선거구선거관리위원회
③ 중앙선거관리위원회 ④ 투표구선거관리위원회

해설

구·시·군선거관리위원회는 개표결과를 즉시 공표하고 개표록을 작성하여 관할선거구선거관리위원회(대통령선거 및 비례대표국회의원선거에 있어서는 시·도선거관리위원회)에 송부하여야 한다(공직선거법 제185조 제1항).

정답 ①

제13장 당선인의 결정 및 공고

01 대통령 후보자가 1인인 경우에 당선자 결정은?

① 무투표당선
② 선거권자 총수의 1/2 이상 득표
③ 선거권자 총수의 1/3 이상 득표
④ 선거권자 총수의 1/4 이상 득표

해설

대통령선거의 후보자가 1인인 때에는 그 득표수가 선거권자 총수의 3분의 1 이상에 달해야 한다. 선거결과 선거권자 총수의 3분의 1에 미달하는 때에는 재선거사유인 "당선인이 없는 때"에 해당된다고 할 것이다.

PLUS 후보자가 1인인 경우

국회의원	지방의회의원	지방자치단체장
무투표당선	무투표당선	무투표당선

정답 ③

02 대통령당선인의 결정 · 공고 · 통지에 관한 기술 중에서 옳지 않은 것은?

① 대통령선거에 있어서는 중앙선거관리위원회가 유효투표의 다수를 얻은 자를 당선인으로 결정하고, 이를 국회의장에게 통지하여야 한다. 다만, 후보자가 1인인 때에는 그 득표수가 선거권자총수의 3분의 1 이상에 달하여야 당선인으로 결정한다.
② 최고득표자가 2인 이상인 때에는 중앙선거관리위원회의 통지에 의하여 국회는 재적의원 과반수가 출석한 공개회의에서 출석의원 과반수를 득표한 자를 당선인으로 결정한다.
③ 선거에서 당선인이 결정된 때에는 중앙선거관리위원회위원장이, 국회 결선투표로 당선인이 결정된 때에는 국회의장이 이를 공고하고, 지체 없이 당선인에게 당선증을 교부하여야 한다.
④ 천재 · 지변 기타 부득이한 사유로 인하여 개표를 모두 마치지 못하였다 하더라도 개표를 마치지 못한 지역의 투표가 선거의 결과에 영향을 미칠 염려가 없다고 인정되는 때에는 중앙선거관리위원회는 우선 당선인을 결정할 수 있다.

해설

② 최고득표자가 2인 이상인 때에는 중앙선거관리위원회의 통지에 의하여 국회는 재적의원 과반수가 출석한 공개회의에서 다수표를 얻은 자를 당선인으로 결정한다(공직선거법 제187조 제2항).
① 대통령선거에 있어서는 중앙선거관리위원회가 유효투표의 다수를 얻은 자를 당선인으로 결정하고, 이를 국회의장에게 통지하여야 한다. 다만, 후보자가 1인인 때에는 그 득표수가 선거권자총수의 3분의 1 이상에 달하여야 당선인으로 결정한다(공직선거법 제187조 제1항).
③ 제187조 제1항의 규정에 의하여 당선인이 결정된 때에는 중앙선거관리위원회위원장이, 제187조 제2항의 규정에 의하여 당선인이 결정된 때에는 국회의장이 이를 공고하고, 지체 없이 당선인에게 당선증을 교부하여야 한다(공직선거법 제187조 제3항).
④ 천재·지변 기타 부득이한 사유로 인하여 개표를 모두 마치지 못하였다 하더라도 개표를 마치지 못한 지역의 투표가 선거의 결과에 영향을 미칠 염려가 없다고 인정되는 때에는 중앙선거관리위원회는 우선 당선인을 결정할 수 있다(공직선거법 제187조 제4항).

🎓 정답 ②

---

03 당선인에 대한 설명으로 옳은 것은?

① 중앙선거관리위원회는 대통령선거의 후보자가 1인인 때에는 그 득표수가 유효투표총수의 3분의 1 이상에 달하여야 당선인으로 결정한다.
② 대통령선거에서 최고득표자가 2인 이상인 때에는 중앙선거관리위원회의 통지에 의하여 국회는 재적의원 과반수가 출석한 공개회의에서 다수표를 얻은 자를 당선인으로 결정한다.
③ 지방자치단체의 장 선거에서 최고득표자가 2인 이상인 때에 지방의회는 재적의원 과반수가 출석한 공개회의에서 다수표를 얻은 자를 당선인으로 결정한다.
④ 선거구선거관리위원회가 당선인 결정에 명백한 착오가 있어 이를 시정하려는 때에는 후보자를 추천한 정당과 협의하여야 한다.

해설

② 대통령 선거에 있어서 최고득표자가 2인 이상인 때에는 중앙선거관리위원회의 통지에 의하여 국회는 재적의원 과반수가 출석한 공개회의에서 다수표를 얻은 자를 당선인으로 결정한다(공직선거법 제187조 제2항).
① 대통령선거에서 후보자가 1인인 때에는 그 득표수가 선거권자총수의 3분의 1 이상에 달하여야 당선인으로 결정한다(공직선거법 제187조 제1항).
③ 지방자치단체의 장 선거에 있어서는 선거구선거관리위원회가 유효투표의 다수를 얻은 자를 당선인으로 결정하고, 이를 당해 지방의회의장에게 통지하여야 한다. 다만, 최고득표자가 2인 이상인 때에는 연장자를 당선인으로 결정한다(공직선거법 제191조 제1항).
④ 상급 선거관리위원회의 심사를 받아야 한다. 신거구선거관리위원회(중앙선거관리위원회를 제외한다)가 제1항의 규정에 의한 시정을 하는 때에는 지역구국회의원선거, 비례대표시·도의원선거, 지역구세종특별자치시의회의원선거 및 시·도지사선거에 있어서는 중앙선거관리위원회의, 지역구시·도의원선거(지역구세종특별자치시의회의원선거는 제외한다) 및 자치구·시·군의 의회의원과 장의 선거에 있어서는 시·도선거관리위원회의 심사를 받아야 한다(공직선거법 제193조 제2항).

🎓 정답 ②

04 당선인에 대한 설명으로 옳은 것은?

① 지방자치단체의 장 선거에서 후보자등록마감시각에 후보자가 1인이 된 때에는 투표를 실시하여 그 득표수가 투표자총수의 3분의 1 이상에 달하여야 당선인으로 결정한다.
② 대통령선거에서 최고득표자가 2인 이상인 경우에는 국회 재적의원 과반수가 출석한 공개회의에서 다수표를 얻은 자를 당선인으로 결정하고, 중앙선거관리위원회위원장이 이를 공고한다.
③ 비례대표국회의원선거에서 유효투표총수의 100분의 3 이상을 득표하고 지역구국회의원총선거에서 5석 이상의 의석을 차지한 각 정당에 대하여 당해 의석할당정당이 비례대표국회의원 선거에서 얻은 득표비율에 따라 비례대표국회의원의석을 배분한다.
④ 국회의원선거의 당선인이 임기개시 전에 피선거권이 없게 된 때에는 당선의 효력이 상실된다.

해설

④ 당선인이 임기개시 전에 피선거권이 없게 된 때에는 당선의 효력이 상실된다(공직선거법 제192조 제2항).
① 지방자치단체장 선거에서 후보자등록마감시각에 후보자가 1인이거나 후보자등록마감 후 선거일 투표개시시각 전까지 후보자가 사퇴·사망하거나 등록이 무효로 되어 후보자수가 1인이 된 때에는 투표를 실시하지 아니하고, 선거일에 그 후보자를 당선인으로 결정한다(공직선거법 제191조 제3항).
② 대통령선거에 있어서 최고득표자가 2인 이상인 때에는 국회의 재적의원 과반수가 출석한 공개회의에서 다수표를 얻은 자를 당선자로 하며, 국회의장이 이를 공고한다(공직선거법 제187조 제3항).
③ 중앙선거관리위원회는 비례대표국회의원선거에서 유효투표총수의 100분의 3 이상을 득표하였거나 지역구국회의원총선거에서 5석 이상의 의석을 차지한 각 정당에 대하여 당해 의석할당정당이 비례대표국회의원선거에서 얻은 득표비율에 따라 비례대표국회의원의석을 배분한다(공직선거법 제189조 제1항).

정답 ④

05 당선에 대한 설명으로 옳지 않은 것은?

① 정당에 배분된 비례대표국회의원의석수가 그 정당이 추천한 비례대표국회의원후보자수를 넘는 때에는 그 넘는 의석은 공석으로 한다.
② 선거일의 투표마감시각 후 당선인결정 전까지 사망한 지역구국회의원후보자가 유효투표의 다수표를 얻은 경우 그 선거구는 당선인이 없는 것으로 한다.
③ 후보자의 배우자가 범한 선거범죄로 인해 후보자의 당선을 무효로 하는 것은 헌법 제13조 제3항에서 금지하는 연좌제에 해당된다.
④ 대통령후보자의 아버지가 해당 선거에서 기부행위를 한 죄를 범하여 징역형의 선고를 받고 형이 확정된 때에도 그 후보자의 당선은 무효로 되지 아니한다.

해설

③ 배우자가 선거범죄로 300만 원 이상의 벌금형을 선고받은 경우 그 선거구 후보자의 당선을 무효로 하는 공직선거법 제265조는, '친족인 배우자의 행위와 본인 간에 실질적으로 의미 있는 아무런 관련성을 인정할 수 없음에도 불구하고 오로지 배우자라는 사유 그 자체만으로' 불이익한 처우를 가하는 것이 아니라, 후보자와 불가분의 선거운명공동체를 형성하여 활동하게 마련인 배우자의 실질적 지위와 역할을 근거로 후보자에게 연대책임을 부여한 것이므로, 헌법 제13조 제3항에서 금지하고 있는 연좌제에 해당하지 아니하고, 자기책임의 원칙에도 위배되지 아니한다(헌재 2011.9.29, 2010헌마68).
① 공직선거법 제189조 제5항
② 선거일의 투표마감시각 후 당선인결정 전까지 지역구국회의원후보자가 사퇴·사망하거나 등록이 무효로 된 경우에는 개표결과 유효투표의 다수를 얻은 자를 당선인으로 결정하되, 사퇴·사망하거나 등록이 무효로 된 자가 유효투표의 다수를 얻은 때에는 그 국회의원지역구는 당선인이 없는 것으로 한다(공직선거법 제188조 제4항).
④ 대통령후보자, 비례대표국회의원후보자 및 비례대표지방의회의원후보자를 제외한다(공직선거법 제265조).

정답 ③

06 당선인에 대한 설명으로 옳은 것은?

① 비례대표시·도의원선거에 있어서 하나의 정당에 의석정수의 5분의 3 이상의 의석이 배분될 때에는 그 정당에 5분의 3에 해당하는 수의 정수(整數)의 의석을 먼저 배분한다.
② 비례대표지방의회의원선거에 있어서는 유효투표총수의 100분의 3 이상을 득표한 각 정당에 대하여 의석을 배분한다.
③ 후보자등록마감시각에 지역구국회의원후보자가 1인인 경우 당해 지역구국회의원후보자에 대한 투표는 실시하지 아니한다.
④ 선거범죄로 인하여 당선이 무효로 된 때를 비례대표지방의회의원의 의석 승계 제한사유로 규정한 구 「공직선거법」 제200조 제2항 단서 중 '비례대표지방의회의원 당선인이 제264조(당선인의 선거범죄로 인한 당선무효)의 규정에 의하여 당선이 무효로 된 때'의 부분은 대의제 민주주의 원리에 위배되는 것이 아니다.

해설

③ 후보자등록마감시각에 지역구국회의원후보자가 1인이거나 후보자등록마감 후 선거일 투표개시시각 전까지 지역구국회의원후보자가 사퇴·사망하거나 등록이 무효로 되어 지역구국회의원후보자수가 1인이 된 때에는 지역구국회의원후보자에 대한 투표를 실시하지 아니하고, 선거일에 그 후보자를 당선인으로 결정한다(공직선거법 제188조 제2항).
① 비례대표시·도의원선거에 있어서 하나의 정당에 의석정수의 3분의 2 이상의 의석이 배분될 때에는 그 정당에 3분의 2에 해당하는 수의 정수(整數)의 의석을 먼저 배분하고, 잔여의석은 나머지 의석할당정당간의 득표비율에 잔여의석을 곱하여 산출된 수의 정수(整數)의 의석을 각 나머지 의석할당정당에 배분한 다음 잔여의석이 있는 때에는 그 단수가 큰 순위에 따라 각 나머지 의석할당정당에 1석씩 배분한다. 다만, 의석정수의 3분의 2에 해당하는 수의 정수(整數)에 해당하는 의석을 배분받는 정당 외에 의석할당정당이 없는 경우에는 의석할당정당이 아닌 정당간의 득표비율에 잔여의석을 곱하여 산출된 수의 정수(整數)의 의석을 먼저 그 정당에 배분하고 잔여의석이 있을 경우 단수가 큰 순으로 각 정당에 1석씩 배분한다. 이 경우 득표비율의 산출 및 같은 단수가 있는 경우의 의석배분은 제1항의 규정을 준용한다(공직선거법 제190조의2 제2항).
② 비례대표지방의회의원선거에 있어서는 당해 선거구선거관리위원회가 유효투표총수의 100분의 5 이상을 득표한 각 정당에 대하여 당해 선거에서 얻은 득표비율에 비례대표지방의회의원정수를 곱하여 산출된 수의 정수의 의석을 그 정당에 먼저 배분하고 잔여의석은 단수가 큰 순으로 각 의석할당정당에 1석씩 배분하되, 같은 단수가 있는 때에는 그 득표수가 많은 정당에 배분하고 그 득표수가 같은 때에는 당해 정당 사이의 추첨에 의한다. 이 경우 득표비율은 각 의석할당 정당의 득표수를 모든 의석할당정당의 득표수의 합계로 나누고 소수점 이하 제5위를 반올림하여 산출한다(공직선거법 제190조의2 제1항).
④ 선거범죄로 인하여 당선이 무효로 된 때를 비례대표지방의회의원의 의석 승계 제한사유로 규정한 공직선거법 제200조 제2항 단서 중 '비례대표지방의회의원 당선인이 제264조(당선인의 선거범죄로 인한 당선무효)의 규정에 의하여 당선이 무효로 된 때' 부분은 대의제 민주주의 원리에 위배된다(헌재 2009.6.25, 2007헌마40).

정답 ③

07 ㉠ ~ ㉣에 들어갈 숫자를 모두 합한 것은?

> - 정기간행물 등에 의한 정강·정책의 홍보 등의 광고는 임기만료에 의한 선거에서 정당의 중앙당이 선거일 전 90일부터 선거기간 개시일 전일까지 일간신문 등에 총 (㉠)회 이내로 하여야 한다.
> - 지방자치단체 의회의원 선거의 선거기간은 (㉡)일이다.
> - 선거구선거관리위원회가 당선인 결정에 명백한 착오가 있는 것을 발견한 때에는 선거일 후 (㉢)일 이내에 당선인의 결정을 시정하여야 한다.
> - 임기만료에 따른 국회의원선거의 선거일 전 (㉣)개월부터 해당 국회의원선거에 적용되는 국회의원지역구의 명칭과 그 구역이 확정되어 효력을 발생하는 날까지 국회의원선거구획정위원회를 설치·운영한다.

① 86
② 96
③ 112
④ 114

해설

㉠ 정기간행물 등에 의한 정강·정책의 홍보 등의 광고는 임기만료에 의한 선거에서 정당의 중앙당이 선거일 전 90일부터 선거기간 개시일 전일까지 일간신문 등에 총 (70)회 이내로 하여야 한다(공직선거법 제137조 제1항 제1호).
㉡ 지방자치단체 의회의원 선거의 선거기간은 (14)일이다(공직선거법 제33조 제1항).
㉢ 선거구선거관리위원회가 당선인 결정에 명백한 착오가 있는 것을 발견한 때에는 선거일 후 (10)일 이내에 당선인의 결정을 시정하여야 한다(공직선거법 제193조 제1항).
㉣ 임기만료에 따른 국회의원선거의 선거일 전 (18)개월부터 해당 국회의원선거에 적용되는 국회의원지역구의 명칭과 그 구역이 확정되어 효력을 발생하는 날까지 국회의원선거구획정위원회를 설치·운영한다(공직선거법 제24조 제1항).

정답 ③

08 비례대표국회의원선거에서 의석배분을 받을 수 있는 정당은?

① 유효투표총수의 100분의 3 이상을 득표하였거나, 지역구국회의원총선거에서 5석 이상을 차지한 정당
② 유효투표총수의 100분의 4 이상을 득표하였거나, 지역구국회의원총선거에서 5석 이상을 차지한 정당
③ 유효투표총수의 100분의 5 이상을 득표하였거나, 지역구국회의원총선거에서 5석 이상을 차지한 정당
④ 유효투표총수의 100분의 6 이상을 득표하였거나, 지역구국회의원총선거에서 5석 이상을 차지한 정당

해설

① 중앙선거관리위원회는 비례대표국회의원선거에서 유효투표총수의 100분의 3 이상을 득표하였거나 지역구국회의원총선거에서 5석 이상의 의석을 차지한 각 정당(이하 이 조에서 "의석할당정당"이라 한다)에 대하여 당해 의석할당정당이 비례대표국회의원선거에서 얻은 득표비율에 따라 비례대표국회의원의석을 배분한다(공직선거법 제189조 제1항).

정답 ①

09 지역구국회의원당선인의 결정·공고·통지에 관한 기술 중에서 옳지 않은 것은?

① 지역구국회의원선거에 있어서는 선거구선거관리위원회가 당해 국회의원지역구에서 유효투표의 다수를 얻은 자를 당선인으로 결정한다. 다만, 최고득표자가 2인 이상인 때에는 대통령선거의 국회결선투표규정을 준용한다.

② 후보자등록마감시각에 지역구국회의원후보자가 1인이거나 후보자등록마감 후 선거일 투표개시시각 전까지 지역구국회의원후보자가 사퇴·사망하거나 등록이 무효로 되어 지역구국회의원후보자수가 1인이 된 때에는 지역구국회의원후보자에 대한 투표를 실시하지 아니하고, 선거일에 그 후보자를 당선인으로 결정한다.

③ 선거일의 투표개시시각부터 투표마감시각까지 지역구국회의원후보자가 사퇴·사망하거나 등록이 무효로 되어 지역구국회의원후보자수가 1인이 된 때에는 나머지 투표는 실시하지 아니하고 그 후보자를 당선인으로 결정한다.

④ 선거일의 투표마감시각 후 당선인결정전까지 지역구국회의원후보자가 사퇴·사망하거나 등록이 무효로 된 경우에는 개표결과 유효투표의 다수를 얻은 자를 당선인으로 결정하되, 사퇴·사망하거나 등록이 무효로 된 자가 유효투표의 다수를 얻은 때에는 그 국회의원지역구는 당선인이 없는 것으로 한다.

해설

지역구국회의원선거에 있어서는 선거구선거관리위원회가 당해 국회의원지역구에서 유효투표의 다수를 얻은 자를 당선인으로 결정한다. 다만, 최고득표자가 2인 이상인 때에는 연장자를 당선인으로 결정한다(공직선거법 제188조 제1항).

공직선거법 제188조(지역구국회의원당선인의 결정·공고·통지) ① 지역구국회의원선거에 있어서는 선거구선거관리위원회가 당해 국회의원지역구에서 유효투표의 다수를 얻은 자를 당선인으로 결정한다. 다만, 최고득표자가 2인 이상인 때에는 연장자를 당선인으로 결정한다.
② 후보자등록마감시각에 지역구국회의원후보자가 1인이거나 후보자등록마감 후 선거일 투표개시시각 전까지 지역구국회의원후보자가 사퇴·사망하거나 등록이 무효로 되어 지역구국회의원후보자수가 1인이 된 때에는 지역구국회의원후보자에 대한 투표를 실시하지 아니하고, 선거일에 그 후보자를 당선인으로 결정한다.
③ 선거일의 투표개시시각부터 투표마감시각까지 지역구국회의원후보자가 사퇴·사망하거나 등록이 무효로 되어 지역구국회의원후보자수가 1인이 된 때에는 나머지 투표는 실시하지 아니하고 그 후보자를 당선인으로 결정한다.
④ 선거일의 투표마감시각 후 당선인결정전까지 지역구국회의원후보자가 사퇴·사망하거나 등록이 무효로 된 경우에는 개표결과 유효투표의 다수를 얻은 자를 당선인으로 결정하되, 사퇴·사망하거나 등록이 무효로 된 자가 유효투표의 다수를 얻은 때에는 그 국회의원지역구는 당선인이 없는 것으로 한다.
⑤ 제2항 및 제3항의 규정에 의하여 투표를 실시하지 아니하는 때에는 당해 선거구선거관리위원회는 지체 없이 이를 공고하고 상급선거관리위원회에 보고하여야 하며, 하급선거관리위원회에 통지하여야 한다.
⑥ 제1항 내지 제4항의 규정에 의하여 국회의원지역구의 당선인이 결정된 때에는 당해 선거구선거관리위원회위원장은 이를 공고하고 지체 없이 당선인에게 당선증을 교부하여야 하며, 상급선거관리위원회에 보고하여야 한다.
⑦ 제187조(대통령당선인의 결정·공고·통지) 제4항의 규정은 지역구국회의원당선인의 결정에 이를 준용한다.

정답 ①

10 비례대표지방의회의원당선인의 결정·공고·통지에 관한 설명으로 옳지 않은 것은?

① 비례대표지방의회의원선거에 있어서는 당해 선거구선거관리위원회가 유효투표총수의 100분의 5 이상을 득표한 의석할당정당에 대하여 당해 선거에서 얻은 득표비율에 비례대표지방의회의원정수를 곱하여 산출된 수의 정수의 의석을 그 정당에 먼저 배분하고 잔여의석은 단수가 큰 순으로 각 의석할당정당에 1석씩 배분하되, 같은 단수가 있는 때에는 그 득표수가 많은 정당에 배분하고 그 득표수가 같은 때에는 당해 정당 사이의 추첨에 의한다. 이 경우 득표비율은 각 의석할당 정당의 득표수를 모든 의석할당정당의 득표수의 합계로 나누고 소수점 이하 제5위를 반올림하여 산출한다.

② 비례대표시·도의원선거에 있어서 하나의 정당에 의석정수의 3분의 2 이상의 의석이 배분될 때에는 그 정당에 3분의 2에 해당하는 수의 정수(整數)의 의석을 먼저 배분하고, 잔여의석은 나머지 의석할당정당간의 득표비율에 잔여의석을 곱하여 산출된 수의 정수의 의석을 각 나머지 의석할당정당에 배분한 다음 잔여의석이 있는 때에는 그 단수가 큰 순위에 따라 각 나머지 의석할당정당에 1석씩 배분한다. 다만, 의석정수의 3분의 2에 해당하는 수의 정수에 해당하는 의석을 배분받는 정당 외에 의석할당정당이 없는 경우에는 의석할당정당이 아닌 정당 간의 득표비율에 잔여의석을 곱하여 산출된 수의 정수의 의석을 먼저 그 정당에 배분하고 잔여의석이 있을 경우 단수가 큰 순으로 각 정당에 1석씩 배분한다.

③ 관할선거구선거관리위원회는 비례대표지방의회의원선거에 있어서 공직선거법 제198조(천재·지변 등으로 인한 재투표)의 규정에 의한 재투표 사유가 발생한 때에는 그 투표구의 선거인수를 당해 선거구의 선거인수로 나눈 수에 비례대표지방의회의원의석정수를 곱하여 얻은 수의 정수(1 미만의 단수는 1로 본다)를 비례대표지방의회의원의석정수에서 뺀 다음 비례대표지방의회의원의석을 배분하고 당선인을 결정한다.

④ 비례대표지방의회의원의석배분이 배제된 정당 중재투표결과에 따라 의석할당정당이 추가될 것으로 예상되는 때에는 추가가 예상되는 정당마다 비례대표지방의회의원정수의 100분의 4에 해당하는 정수(1 미만의 단수는 1로 본다)의 의석을 별도로 빼야 한다.

해설

④ 비례대표지방의회의원의석배분이 배제된 정당 중재투표결과에 따라 의석할당정당이 추가될 것으로 예상되는 때에는 추가가 예상되는 정당마다 비례대표지방의회의원정수의 100분의 5에 해당하는 정수(1 미만의 단수는 1로 본다)의 의석을 별도로 빼야 한다(공직선거법 제190조의2 제3항).

① 비례대표지방의회의원선거에 있어서는 당해 선거구선거관리위원회가 유효투표총수의 100분의 5 이상을 득표한 각 정당(이하 이 조에서 "의석할당정당"이라 한다)에 대하여 당해 선거에서 얻은 득표비율에 비례대표지방의회의원정수를 곱하여 산출된 수의 정수의 의석을 그 정당에 먼저 배분하고 잔여의석은 단수가 큰 순으로 각 의석할당정당에 1석씩 배분하되, 같은 단수가 있는 때에는 그 득표수가 많은 정당에 배분하고 그 득표수가 같은 때에는 당해 정당 사이의 추첨에 의한다. 이 경우 득표비율은 각 의석할당 정당의 득표수를 모든 의석할당정당의 득표수의 합계로 나누고 소수점 이하 제5위를 반올림하여 산출한다(공직선거법 제190조의2 제1항).

② 비례대표시·도의원선거에 있어서 하나의 정당에 의석정수의 3분의 2 이상의 의석이 배분될 때에는 그 정당에 3분의 2에 해당하는 수의 정수(整數)의 의석을 먼저 배분하고, 잔여의석은 나머지 의석할당정당간의 득표비율에 잔여의석을 곱하여 산출된 수의 정수의 의석을 각 나머지 의석할당정당에 배분한 다음 잔여의석이 있는 때에는 그 단수가 큰 순위에 따라 각 나머지 의석할당정당에 1석씩 배분한다. 다만, 의석정수의 3분의 2에 해당하는 수의 정수에 해당하는 의석을 배분받는 정당 외에 의석할당정당이 없는 경우에는 의석할당정당이 아닌 정당간의 득표비율에 잔여의석을 곱하여 산출된 수의 정수의 의석을 먼저 그 정당에 배분하고 잔여의석이 있을 경우
단수가 큰 순으로 각 정당에 1석씩 배분한다. 이 경우 득표비율의 산출 및 같은 단수가 있는 경우의 의석배분은 제1항의 규정을 준용한다(공직선거법 제190조의2 제2항).

③ 관할선거구선거관리위원회는 비례대표지방의회의원선거에 있어서 제198조(천재·지변 등으로 인한 재투표)의 규정에 의한 재투표 사유가 발생한 때에는 그 투표구의 선거인수를 당해 선거구의 선거인수로 나눈 수에 비례대표지방의회의원의석정수를 곱하여 얻은 수의 정수(1 미만의 단수는 1로 본다)를 비례대표지방의회의원의석정수에서 뺀 다음 제1항 및 제2항의 규정에 따라 비례대표지방의회의원의석을 배분하고 당선인을 결정한다. 다만, 비례대표지방의회의원의석배분이 배제된 정당 중재투표결과에 따라 의석할당정당이 추가될 것으로 예상되는 때에는 추가가 예상되는 정당마다 비례대표지방의회의원정수의 100분의 5에 해당하는 정수(1 미만의 단수는 1로 본다)의 의석을 별도로 빼야 한다(공직선거법 제190조의2 제3항).

정답 ④

11 국회의원의 무투표당선 사유가 아닌 것은?

① 후보자등록마감시각에 지역구국회의원후보자가 1인인 때
② 후보자등록마감 후부터 선거일의 투표개시시각 전까지의 기간 중에 지역구국회의원후보자가 사퇴·사망하여 지역구국회의원후보자의 수가 1인이 된 때
③ 선거일의 투표마감시각 후 당선인결정전까지 지역구국회의원후보자가 사퇴·사망하거나 등록이 무효로 된 때
④ 선거일의 투표개시시각부터 투표마감시각까지의 시간 중에 지역구국회의원후보자가 사퇴·사망하거나 등록이 무효로 되어 지역구국회의원후보자의 수가 1인이 된 때

🖉 해설

선거일의 투표마감시각 후 당선인결정전까지 지역구국회의원후보자가 사퇴·사망하거나 등록이 무효로 된 경우에는 개표결과 유효투표의 다수를 얻은 자를 당선인으로 결정하되, 사퇴·사망하거나 등록이 무효로 된 자가 유효투표의 다수를 얻은 때에는 그 국회의원지역구는 당선인이 없는 것으로 한다(공직선거법 제188조 제4항).

🎓 정답 ③

12 지방자치단체장의 당선인의 결정·공고·통지에 관한 기술로 옳지 않은 것은?

① 지방자치단체의 장 선거에 있어서는 선거구선거관리위원회가 유효투표의 다수를 얻은 자를 당선인으로 결정하고, 이를 당해 지방의회의장에게 통지하여야 한다. 다만, 최고득표자가 2인 이상인 때에는 연장자를 당선인으로 결정한다.
② 당선인이 임기개시 전에 사퇴하려는 때에는 직접 해당 선거구선거관리위원회에 서면으로 신고하여야 하고, 비례대표국회의원선거 또는 비례대표지방의회의원선거의 당선인이 사퇴하려는 때에는 소속정당의 사퇴승인서를 첨부하여야 한다.
③ 선거일에 피선거권이 없는 자는 당선인이 될 수 없다.
④ 당선인이 임기개시전에 피선거권이 없게 되더라도 당선의 효력은 유지한다.

🖉 해설

④ 당선인이 임기개시 전에 피선거권이 없게 된 때에는 당선의 효력이 상실된다(공직선거법 제192조 제2항).
① 지방자치단체의 장 선거에 있어서는 선거구선거관리위원회가 유효투표의 다수를 얻은 자를 당선인으로 결정하고, 이를 당해 지방의회의장에게 통지하여야 한다. 다만, 최고득표자가 2인 이상인 때에는 연장자를 당선인으로 결정한다(공직선거법 제191조 제1항).
② 당선인이 임기개시 전에 사퇴하려는 때에는 직접 해당 선거구선거관리위원회에 서면으로 신고하여야 하고, 비례대표국회의원선거 또는 비례대표지방의회의원선거의 당선인이 사퇴하려는 때에는 소속정당의 사퇴승인서를 첨부하여야 한다(공직선거법 제191조의2).
③ 선거일에 피선거권이 없는 자는 당선인이 될 수 없다(공직선거법 제192조 제1항).

🎓 정답 ④

13 당선인 결정에 관한 기술 중에서 옳지 않은 것은?

① 선거구선거관리위원회(국회에서 대통령당선인을 결정하는 경우에는 국회)는 당선인결정에 명백한 착오가 있는 것을 발견한 때에는 선거일 후 10일 이내에 당선인의 결정을 시정할 수 있다.

② 선거구선거관리위원회(중앙선거관리위원회를 제외한다)가 제1항의 규정에 의한 시정을 하는 때에는 지역구국회의원선거, 비례대표시·도의원선거, 지역구세종특별자치시의회의원선거 및 시·도지사선거에 있어서는 중앙선거관리위원회의, 지역구시·도의원선거(지역구세종특별자치시의회의원선거는 제외한다) 및 자치구·시·군의 의회의원과 장의 선거에 있어서는 시·도선거관리위원회의 심사를 받아야 한다.

③ 선거구선거관리위원회는 비례대표국회의원선거 또는 비례대표지방의회의원선거의 당선인이 그 임기개시 전에 사퇴·사망하게 되면 그 선거 당시의 소속정당이 추천한 후보자를 비례대표국회의원후보자명부 또는 비례대표지방의회의원후보자명부에 기재된 순위에 따라 당선인으로 결정한다.

④ 선거구선거관리위원회는 비례대표국회의원선거 또는 비례대표지방의회의원선거에 있어서 천재·지변 등으로 인한 재투표를 실시한 때에는 당초 선거에서의 득표수와 재투표에서의 득표수를 합하여 득표비율을 산출하고 그 득표비율에 당해 선거구의 의석정수를 곱하여 얻은 수에서 각 정당이 이미 배분받은 의석수를 뺀 수가 큰 순위에 따라 잔여의석을 배분하고 당선인을 결정한다.

해설

① 선거구선거관리위원회[제187조(대통령당선인의 결정·공고·통지) 제2항의 규정에 의하여 국회에서 대통령당선인을 결정하는 경우에는 국회]는 당선인결정에 명백한 착오가 있는 것을 발견한 때에는 선거일 후 10일 이내에 당선인의 결정을 시정하여야 한다(공직선거법 제193조 제1항).

② 선거구선거관리위원회(중앙선거관리위원회를 제외한다)가 제1항의 규정에 의한 시정을 하는 때에는 지역구국회의원선거, 비례대표시·도의원선거, 지역구세종특별자치시의회의원선거 및 시·도지사선거에 있어서는 중앙선거관리위원회의, 지역구시·도의원선거(지역구세종특별자치시의회의원선거는 제외한다) 및 자치구·시·군의 의회의원과 장의 선거에 있어서는 시·도선거관리위원회의 심사를 받아야 한다(공직선거법 제193조 제2항).

③ 선거구선거관리위원회는 비례대표국회의원선거 또는 비례대표지방의회의원선거의 당선인이 그 임기개시 전에 사퇴·사망하거나 제192조(피선거권상실로 인한 당선무효 등) 제2항의 규정에 의하여 당선의 효력이 상실되거나 같은조 제3항의 규정에 의하여 당선이 무효로 된 때에는 그 선거 당시의 소속정당이 추천한 후보자를 비례대표국회의원후보자명부 또는 비례대표지방의회의원후보자명부에 기재된 순위에 따라 당선인으로 결정한다(공직선거법 제194조 제3항).

④ 선거구선거관리위원회는 비례대표국회의원선거 또는 비례대표지방의회의원선거에 있어서 제198조의 사유로 인한 재투표를 실시한 때에는 당초 선거에서의 득표수와 재투표에서의 득표수를 합하여 득표비율을 산출하고 그 득표비율에 당해 선거구의 의석정수를 곱하여 얻은 수에서 각 정당이 이미 배분받은 의석수를 뺀 수가 큰 순위에 따라 잔여의석을 배분하고 당선인을 결정한다. 이 경우 비례대표국회의원선거에 있어서는 제189조 제1항 내지 제5항의 규정을, 비례대표지방의회의원선거에 있어서는 제190조의2의 규정을 준용한다(공직선거법 제194조 제4항).

정답 ①

제14장 재선거와 보궐선거 및 동시선거에 관한 특례

01 다음 중 재선거의 실시사유가 아닌 것은?

① 당선인이 없는 경우
② 임기 중 사망·사퇴 등을 사유로 궐원 또는 궐위가 발생한 경우
③ 선거의 전부무효판결 또는 결정이 있는 경우
④ 선거비용의 초과지출, 당선인·선거사무장 등의 선거범죄 등으로 인하여 당선이 무효가 된 경우

해설

임기 중 사망·사퇴 등을 사유로 궐원 또는 궐위가 발생하여 실시하는 선거는 보궐선거이다(공직선거법 제195조).

선거의 유형	실시사유
총선거	임기만료로 인해 국회의원 전체를 선출하는 선거
재선거	① 당해 선거구의 후보자가 없는 경우 ② 당선인이 없거나 지역자치구·시·군의원선거에서 당선인이 당해 선거구에서 선거할 지방의회의원정수에 미달하는 경우 ③ 선거의 전부무효판결 또는 결정이 있는 경우 ④ 당선인이 임기개시 전에 사퇴·사망한 경우 ⑤ 당선인이 임기개시 전에 피선거권 상실 등으로 인하여 당선이 무효로 된 경우 ⑥ 선거비용의 초과지출, 당선인·선거사무장 등의 선거범죄 등으로 인하여 당선이 무효로 된 경우
연기된 선거	천재·지변 기타 부득이한 사유로 인하여 선거를 실시할 수 없거나 실시하지 못할 때 실시하는 선거
보궐선거	임기 중 사망·사퇴 등을 사유로 궐원 또는 궐위가 발생하여 실시하는 선거

🎓 정답 ②

02 재선거 및 보궐선거에 대한 설명으로 옳은 것은?

① 당선인이 당해 선거에 있어 선거비용의 초과지출로 인하여 공직선거법을 위반한 결과 임기개시 후에 당선이 무효로 된 때에는 보궐선거를 실시한다.
② 선거의 일부무효로 인한 재선거를 실시함에 있어서 판결 또는 결정에 특별한 명시가 없는 한 선거인명부를 다시 작성하여야 한다.
③ 비례대표국회의원에 궐원이 생긴 때라 하더라도 그 궐원된 의원이 그 선거 당시에 소속한 정당이 해산되거나 임기만료일 전 180일에 궐원이 생긴 때에는 궐원된 의석을 승계하지 않는다.
④ 국회의원선거에 있어 천재·지변 기타 부득이한 사유로 인하여 선거를 실시할 수 없거나 실시하지 못할 때에는 대통령이 선거를 연기하여야 한다.

해설

④ 천재·지변 기타 부득이한 사유로 인하여 선거를 실시할 수 없거나 실시하지 못한 때에는 대통령선거와 국회의원선거에 있어서는 대통령이, 지방의회의원 및 지방자치단체의 장의 선거에 있어서는 관할선거구선거관리위원회위원장이 당해 지방자치단체의 장(직무대행자를 포함한다)과 협의하여 선거를 연기하여야 한다(공직선거법 제196조 제1항).
① 제263조(선거비용의 초과지출로 인한 당선무효) 내지 제265조(선거사무장 등의 선거범죄로 인한 당선무효)의 규정에 의하여 당선이 무효로 된 때에는 재선거를 실시한다(공직선거법 제195조 제1항 제6호).
② 선거의 일부무효로 인한 재선거를 실시함에 있어서 판결 또는 결정에 특별한 명시가 없는 한 제44조 제1항에도 불구하고 당초 선거에 사용된 선거인명부를 사용한다(공직선거법 제197조 제2항).
③ 비례대표국회의원 및 비례대표지방의회의원에 궐원이 생긴 때에는 선거구선거관리위원회는 궐원통지를 받은 후 10일 이내에 그 궐원된 의원이 그 선거 당시에 소속한 정당의 비례대표국회의원후보자명부 및 비례대표지방의회의원후보자명부에 기재된 순위에 따라 궐원된 국회의원 및 지방의회의원의 의석을 승계할 자를 결정하여야 한다. 다만, 그 정당이 해산되거나 임기만료일 전 120일 이내에 궐원이 생긴 때에는 그러하지 아니하다(공직선거법 제200조 제2항).

정답 ④

03 재선거 및 보궐선거에 대한 설명으로 옳은 것은?

① 대통령이 궐위된 때에는 국회의장이 중앙선거관리위원회에 지체없이 이를 통보하여야 한다.
② 선거의 일부무효의 판결이 확정되어 재선거를 실시하는 때에는 판결 또는 결정에 특별한 명시가 없는 한 당초 선거에 사용된 선거인명부를 사용한다.
③ 국회의원의 임기만료일 전 180일에 비례대표국회의원 중 궐원이 생긴 때에는 그 궐원된 의석을 승계할 자를 결정하지 아니한다.
④ 지역구국회의원이 궐원되어 실시하는 보궐선거에서는 당초임기만료선거에 사용된 선거인명부를 사용한다.

해설

② 선거의 일부무효의 판결 또는 결정이 확정된 때에는 관할선거구선거관리위원회는 선거가 무효로 된 당해 투표구의 재선거를 실시한 후 다시 당선인을 결정하여야 하며, 이에 따라 재선거를 실시함에 있어서 판결 또는 결정에 특별한 명시가 없는 한 당초 선거에 사용된 선거인명부를 사용한다(공직선거법 제197조 제2항).
① 대통령권한대행자는 대통령이 궐위된 때에는 지체없이 중앙선거관리위원회에 이를 통보하여야 한다(공직선거법 제200조 제3항).
③ 비례대표국회의원 및 비례대표지방의회의원에 궐원이 생긴 때에는 선거구선거관리위원회는 궐원통지를 받은 후 10일 이내에 그 궐원된 의원이 그 선거 당시에 소속한 정당의 비례대표국회의원후보자명부 및 비례대표지방의회의원후보자명부에 기재된 순위에 따라 궐원된 국회의원 및 지방의회의원의 의석을 승계할 자를 결정하여야 한다. 다만, 그 정당이 해산되거나 임기만료일 전 120일 이내에 궐원이 생긴 때에는 그러하지 아니하다(공직선거법 제200조 제2항).
④ 선거인명부는 선거를 실시할 때마다 작성하여야 한다(공직선거법 제37조 제1항).

정답 ②

04 재선거 및 선거의 연기에 관한 설명으로 옳지 않은 것은?

① 천재·지변 기타 부득이한 사유로 인하여 선거를 실시할 수 없거나 실시하지 못한 때에는 대통령선거와 국회의원선거에 있어서는 대통령이, 지방의회의원 및 지방자치단체의 장의 선거에 있어서는 관할선거구선거관리위원회위원장이 당해 지방자치단체의 장(직무대행자를 포함한다)과 협의하여 선거를 연기하여야 한다.
② 선거를 연기한 때에는 처음부터 선거절차를 다시 진행하여야 하고, 선거일만을 다시 정한 때에는 이미 진행된 선거절차에 이어 계속하여야 한다.
③ 선거를 연기하는 때에는 대통령 또는 관할선거구선거관리위원회위원장은 연기할 선거명과 연기사유 등을 공고하고, 지체 없이 대통령은 관할선거구선거관리위원회위원장에게, 관할선거구선거관리위원회위원장은 당해 지방자치단체의 장에게 각각 통보하여야 한다.
④ 하나의 선거의 같은 선거구에 보궐선거의 실시사유가 확정된 후 재선거 실시사유가 확정된 경우로서 그 선거일이 같은 때에는 보궐선거로 본다.

> **해설**
>
> ④ 하나의 선거의 같은 선거구에 제200조(보궐선거)의 규정에 의한 보궐선거의 실시사유가 확정된 후 재선거 실시사유가 확정된 경우로서 그 선거일이 같은 때에는 재선거로 본다(공직선거법 제195조 제2항).
> ① 천재·지변 기타 부득이한 사유로 인하여 선거를 실시할 수 없거나 실시하지 못한 때에는 대통령선거와 국회의원선거에 있어서는 대통령이, 지방의회의원 및 지방자치단체의 장의 선거에 있어서는 관할선거구선거관리위원회위원장이 당해 지방자치단체의 장(직무대행자를 포함한다)과 협의하여 선거를 연기하여야 한다(공직선거법 제196조 제1항).
> ② 제1항의 경우 선거를 연기한 때에는 처음부터 선거절차를 다시 진행하여야 하고, 선거일만을 다시 정한 때에는 이미 진행된 선거절차에 이어 계속하여야 한다(공직선거법 제196조 제2항).
> ③ 제1항의 규정에 의하여 선거를 연기하는 때에는 대통령 또는 관할선거구선거관리위원회위원장은 연기할 선거명과 연기사유 등을 공고하고, 지체없이 대통령은 관할선거구선거관리위원회위원장에게, 관할선거구선거관리위원회위원장은 당해 지방자치단체의 장에게 각각 통보하여야 한다(공직선거법 제196조 제3항).

정답 ④

05 동시선거에 있어서 투·개표에 관한 특례의 설명으로 옳지 않은 것은?

① 동시선거에 있어서 투표용지는 색도 또는 지질 등을 달리하는 등 중앙선거관리위원회규칙이 정하는 바에 따라 선거별로 구분이 되도록 작성·교부할 수 있다.
② 동시선거에 있어서 시·도지사선거 및 비례대표시·도의원선거의 투표용지는 중앙선거관리위원회규칙이 정하는 바에 따라 당해 시·도선거관리위원회가 작성한다.
③ 이 경우 투표용지에는 당해 시·도선거관리위원회의 청인을 날인하되, 인쇄날인으로 갈음할 수 있다.
④ 동시선거에 있어서 투표안내문은 각각 작성하여야 한다.

> **해설**
>
> 동시선거에 있어서 투표안내문은 중앙선거관리위원회규칙이 정하는 바에 의하여 하나의 투표안내문으로 할 수 있다(공직선거법 제211조 제4항).

정답 ④

06 동시선거에 관한 기술 중에서 옳은 것으로만 묶은 것은?

⊙ 동시선거에 있어서 같은 정당의 추천을 받은 2인 이상의 후보자는 책자형 선거공보를 공동으로 작성할 수 있다.
ⓛ 관할구역이 큰 선거구의 후보자가 책자형 선거공보의 일부 지면에 작은 선거구의 후보자에 관한 내용을 선거구에 따라 달리 게재하는 방법으로 공동작성하였을 경우 큰 선거구의 후보자에 관한 내용이 동일한 책자형 선거공보는 1종으로 본다.
ⓒ 책자형 선거공보를 공동으로 작성하는 경우에는 후보자 간의 약정에 의하여 그 비용을 분담할 수 있다.
ⓔ 책자형 선거공보비용을 분담하는 경우 분담내역을 관할구·시·군선거관리위원회에 책자형 선거공보를 제출하는 때에 각각 서면으로 신고하여야 한다.
ⓜ 동시선거에 있어서 같은 정당의 추천을 받은 2인 이상의 후보자는 한 장소에서 공개장소에서의 연설·대담을 공동으로 할 수 없다.

① ㉠, ㉡
② ㉠, ㉡, ㉢
③ ㉠, ㉡, ㉢, ㉣
④ ㉠, ㉡, ㉢, ㉣, ㉤

해설

옳은 것은 ㉠, ㉡, ㉢, ㉣이다.
㉠ 공직선거법 제207조 제1항   ㉡ 공직선거법 제207조 제2항
㉢ 공직선거법 제207조 제3항   ㉣ 공직선거법 제207조 제3항
㉤ 동시선거에 있어서 같은 정당의 추천을 받은 2인 이상의 후보자는 한 장소에서 공개장소에서의 연설·대담을 공동으로 할 수 있다(공직선거법 제209조).

정답 ③

07 선거의 일부무효로 인한 재선거에 관한 기술 중에서 옳지 않은 것은?

① 선거의 일부무효의 판결 또는 결정이 확정된 때에는 관할선거구선거관리위원회는 선거가 무효로 된 당해 투표구의 재선거를 실시한 후 다시 당선인을 결정하여야 한다.

② 재선거를 실시함에 있어서 판결 또는 결정에 특별한 명시가 없는 한 당초 선거에 사용된 선거인명부를 사용한다.

③ 재선거를 실시함에 있어서 정당이 합당한 경우 합당된 정당은 그 재선거의 선거기간개시일부터 그 다음날까지 당해 선거구선거관리위원회에 합당전 후보자 중 1인을 후보자로 추천하고, 비례대표국회의원선거 및 비례대표지방의회의원선거에 있어서는 하나의 후보자명부를 제출하며 합당 전 각 정당이 제출한 후보자명부에 등재되지 아니한 자를 추가할 수 있다.

④ 합당된 정당의 후보자(비례대표국회의원선거 및 비례대표지방의회의원선거에 있어서는 후보자를 추천한 정당을 말한다)의 기호는 당초 선거 당시의 그 후보자의 기호로 한다.

해설

③ 재선거를 실시함에 있어서 정당이 합당한 경우 합당된 정당은 그 재선거의 선거기간개시일부터 그 다음날까지 당해 선거구선거관리위원회에 합당 전 후보자 중 1인을 후보자로 추천하고, 비례대표국회의원선거 및 비례대표지방의회의원선거에 있어서는 하나의 후보자명부를 제출하되 합당전 각 정당이 제출한 후보자명부에 등재되지 아니한 자를 추가할 수 없다(공직선거법 제197조 제3항).

① 선거의 일부무효의 판결 또는 결정이 확정된 때에는 관할선거구선거관리위원회는 선거가 무효로 된 당해 투표구의 재선거를 실시한 후 다시 당선인을 결정하여야 한다(공직선거법 제197조 제1항).

② 재선거를 실시함에 있어서 판결 또는 결정에 특별한 명시가 없는 한 제44조 제1항에도 불구하고 당초 선거에 사용된 선거인명부를 사용한다(공직선거법 제197조 제2항).

④ 합당된 정당의 후보자(비례대표국회의원선거 및 비례대표지방의회의원선거에 있어서는 후보자를 추천한 정당을 말한다)의 기호는 당초 선거 당시의 그 후보자의 기호로 한다(공직선거법 제197조 제5항).

정답 ③

08 보궐선거에 관한 기술 중에서 옳지 않은 것은?

① 지역구국회의원·지역구지방의회의원 및 지방자치단체의 장에 궐원 또는 궐위가 생긴 때에는 보궐선거를 실시한다.
② 비례대표국회의원 및 비례대표지방의회의원에 궐원이 생긴 때에는 선거구선거관리위원회는 궐원통지를 받은 후 10일 이내에 그 궐원된 의원이 그 선거 당시에 소속한 정당의 비례대표국회의원후보자명부 및 비례대표지방의회의원후보자명부에 기재된 순위에 따라 궐원된 국회의원 및 지방의회의원의 의석을 승계할 자를 결정하여야 한다. 다만, 그 정당이 해산되거나 임기만료일 전 120일 이내에 궐원이 생긴 때에는 그러하지 아니하다.
③ 대통령권한대행자는 대통령이 궐위된 때에는 지체 없이 중앙선거관리위원회에 이를 통보하여야 한다.
④ 국회의장은 국회의원에 궐원이 생긴 때에는 국회사무총장 및 중앙선거관리위원회에 이를 통보하여야 한다.

해설

④ 국회의장은 국회의원에 궐원이 생긴 때에는 대통령 및 중앙선거관리위원회에 이를 통보하여야 한다(공직선거법 제200조 제4항).
① 지역구국회의원·지역구지방의회의원 및 지방자치단체의 장에 궐원 또는 궐위가 생긴 때에는 보궐선거를 실시한다(공직선거법 제200조 제1항).
② 비례대표국회의원 및 비례대표지방의회의원에 궐원이 생긴 때에는 선거구선거관리위원회는 궐원통지를 받은 후 10일 이내에 그 궐원된 의원이 그 선거 당시에 소속한 정당의 비례대표국회의원후보자명부 및 비례대표지방의회의원후보자명부에 기재된 순위에 따라 궐원된 국회의원 및 지방의회의원의 의석을 승계할 자를 결정하여야 한다. 다만, 그 정당이 해산되거나 임기만료일 전 120일 이내에 궐원이 생긴 때에는 그러하지 아니하다(공직선거법 제200조 제2항).
③ 대통령권한대행자는 대통령이 궐위된 때에는 지체 없이 중앙선거관리위원회에 이를 통보하여야 한다(공직선거법 제200조 제3항).

정답 ④

09 선거인명부에 관한 특례 및 선거운동기구 설치에 관한 기술 중에서 옳지 않은 것은?

① 동시선거에 있어서 선거인명부와 거소·선상투표신고인명부는 각각 하나의 선거인명부와 거소·선상투표신고인명부로 한다.
② 동시선거에 사용할 선거인명부 및 거소·선상투표신고인명부의 표지서식 기타 필요한 사항은 중앙선거관리위원회규칙으로 정한다.
③ 동시선거에 있어서 같은 정당의 추천을 받은 2인 이상의 후보자는 선거사무소와 선거연락소를 공동으로 설치해야 한다.
④ 동시선거에 있어서 같은 정당의 추천을 받은 2인 이상의 후보자는 선거사무장·선거연락소장 또는 선거사무원을 공동으로 선임할 수 있다.

해설

③ 동시선거에 있어서 같은 정당의 추천을 받은 2인 이상의 후보자(비례대표지방의회의원선거에 있어서는 후보자를 추천한 정당을 포함한다. 이하 이 조에서 같다)는 선거사무소와 선거연락소를 공동으로 설치할 수 있다(공직선거법 제205조 제1항).
① 동시선거에 있어서 선거인명부와 거소·선상투표신고인명부는 제44조 제1항에도 불구하고 각각 하나의 선거인명부와 거소·선상투표신고인명부로 한다(공직선거법 제204조 제1항).
② 동시선거에 사용할 선거인명부 및 거소·선상투표신고인명부의 표지서식 기타 필요한 사항은 중앙선거관리위원회규칙으로 정한다(공직선거법 제204조 제3항).
④ 동시선거에 있어서 같은 정당의 추천을 받은 2인 이상의 후보자는 선거사무장·선거연락소장 또는 선거사무원을 공동으로 선임할 수 있다(공직선거법 제205조 제2항).

정답 ③

10 다음 설명 중 옳지 않은 것은?

① 동시선거에 있어서 같은 정당의 추천을 받은 2인 이상의 후보자는 책자형 선거공보를 공동으로 작성할 수 있으며, 책자형 선거공보는 공동으로 작성한 때에는 후보자마다 각각 1종을 작성한 것으로 본다.
② 관할구역이 큰 선거구의 후보자가 책자형 선거공보의 일부 지면에 작은 선거구의 후보자에 관한 내용을 선거구에 따라 달리 게재하는 방법으로 공동작성하였을 경우 큰 선거구의 후보자에 관한 내용이 동일한 책자형 선거공보는 1종으로 본다.
③ 책자형 선거공보를 공동으로 작성하는 경우에는 후보자 간의 약정에 의하여 그 비용을 분담할 수 있다. 이 경우 그 분담내역을 관할구·시·군선거관리위원회에 책자형 선거공보를 제출하는 때에 각각 서면으로 신고하여야 한다.
④ 동시선거에 있어서 같은 정당의 추천을 받은 2인 이상의 후보자는 한 장소에서 공개장소에서의 연설·대담을 공동으로 할 수 없다.

해설

④ 동시선거에 있어서 같은 정당의 추천을 받은 2인 이상의 후보자는 한 장소에서 제79조에 따른 공개장소에서의 연설·대담을 공동으로 할 수 있다(공직선거법 제209조).
① 동시선거에 있어서 같은 정당의 추천을 받은 2인 이상의 후보자(대통령선거의 정당추천후보자와 비례대표국회의원선거 및 비례대표지방의회의원선거에 있어서는 후보자를 추천한 정당을 말한다. 이하 이 조에서 같다)는 제65조(선거공보)의 규정에 따른 책자형 선거공보를 공동으로 작성할 수 있으며, 책자형 선거공보는 공동으로 작성한 때에는 후보자마다 각각 1종을 작성한 것으로 본다(공직선거법 제207조 제1항).
② 관할구역이 큰 선거구의 후보자가 책자형 선거공보의 일부 지면에 작은 선거구의 후보자에 관한 내용을 선거구에 따라 달리 게재하는 방법으로 공동작성하였을 경우 큰 선거구의 후보자에 관한 내용이 동일한 책자형 선거공보는 1종으로 본다(공직선거법 제207조 제2항).
③ 제1항의 규정에 의하여 책자형 선거공보를 공동으로 작성하는 경우에는 후보자 간의 약정에 의하여 그 비용을 분담할 수 있다. 이 경우 그 분담내역을 관할구·시·군선거관리위원회에 책자형 선거공보를 제출하는 때에 각각 서면으로 신고하여야 한다(공직선거법 제207조 제3항).

🎓 정답 ④

11 동시선거에 있어서 투표록 및 개표록은 선거의 구분 없이 몇 개로 각각 작성할 수 있는가?

① 1개　　　　　　　　　　　② 3개
③ 4개　　　　　　　　　　　④ 제한 없이

해설

동시선거에 있어 투표록 및 개표록은 선거의 구분 없이 하나의 투표록 및 개표록으로 각각 작성할 수 있다(공직선거법 제217조).

🎓 정답 ①

제15장 재외선거에 관한 특례

01 다음 중 주민등록이 되어 있지 아니하고 재외선거인명부에 올라 있지 아니한 사람으로서 외국에서 투표하려는 선거권자가 대통령선거와 임기만료에 따른 비례대표국회의원선거를 실시하는 때마다 해당 선거의 선거일 전 60일까지 중앙선거관리위원회에 재외선거인 등록신청을 하는 방법이 아닌 것은?

① 공관을 직접 방문하여 서면으로 신청하는 방법
② 관할구역을 순회하는 공관에 근무하는 직원에게 직접 구술로서 신청하는 방법
③ 전자우편을 이용하여 신청하는 방법
④ 중앙선거관리위원회 홈페이지를 통하여 신청하는 방법

해설

관할구역을 순회하는 공관에 근무하는 직원에게 직접 서면으로 신청하는 방법이 있다.

공직선거법 제218조의5(재외선거인 등록신청) ① 주민등록이 되어 있지 아니하고 재외선거인명부에 올라 있지 아니한 사람으로서 외국에서 투표하려는 선거권자는 대통령선거와 임기만료에 따른 비례대표국회의원선거를 실시하는 때마다 해당 선거의 선거일 전 60일까지(이하 이 장에서 "재외선거인 등록신청기한"이라 한다) 다음 각 호의 어느 하나에 해당하는 방법으로 중앙선거관리위원회에 재외선거인 등록신청을 하여야 한다.
1. 공관을 직접 방문하여 서면으로 신청하는 방법. 이 경우 대한민국 국민은 가족(본인의 배우자와 본인·배우자의 직계존비속을 말한다)의 재외선거인 등록신청서를 대리하여 제출할 수 있다.
2. 관할구역을 순회하는 공관에 근무하는 직원에게 직접 서면으로 신청하는 방법. 이 경우 제1호 후단을 준용한다.
3. 우편 또는 전자우편을 이용하거나 중앙선거관리위원회 홈페이지를 통하여 신청하는 방법. 이 경우 외국에 머물거나 거주하는 사람은 공관을 경유하여 신고하여야 한다.

🎓 정답 ②

02 재외선거에 대한 설명으로 옳은 것은?

① 재외선거의 투표방법은 국내와 동일하다.
② 재외선거관리위원회는 재외투표소의 투표관리를 행하기 위하여 정당추천위원이 아닌 1명의 위원을 책임위원으로 지정하되, 책임위원으로 지정되지 아니한 위원은 재외투표소의 투표관리에 참여할 수 없다.
③ 후보자가 국외에서 재외선거권자를 대상으로 하는 선거운동을 위하여 지출한 비용은 선거비용으로 본다.
④ 재외선거인명부는 선거일 전 12일에 확정된다.

해설

① 공직선거법 제218조의16 제1항
② 재외선거관리위원회는 정당추천위원이 아닌 1명의 위원을 책임위원으로 지정하여 재외투표소의 투표관리를 행하게 한다. 다만, 책임위원으로 지정되지 아니한 위원도 본인의 의사에 따라 투표관리에 참여할 수 있으며, 재외투표소의 책임위원에게 투표관리에 관하여 의견을 개진할 수 있다(공직선거법 제218조의17 제5항).
③ 제119조 제1항에도 불구하고 재외선거권자를 대상으로 하는 선거운동을 위하여 국외에서 지출한 비용은 선거비용으로 보지 아니한다(공직선거법 제218조의15).
④ 선거인명부는 선거일 전 12일에, 거소·선상투표신고인명부는 선거인명부작성기간만료일의 다음 날에 각각 확정되며 해당 선거에 한하여 효력을 가진다(동법 제44조 제1항). 재외선거인명부 등은 선거일 전 30일에 확정되며, 해당 선거에 한하여 효력을 가진다(동법 제218조의13 제1항).

정답 ①

03 다음 중 재외선거권자를 대상으로 하는 선거운동으로 할 수 있는 방법은 모두 몇 항목인가?

㉠ 위성방송시설을 이용한 방송광고
㉡ 위성방송시설을 이용한 방송연설
㉢ 전화(송·수화자 간 직접 통화하는 방식에 한한다)를 이용하거나 말로 하는 선거운동
㉣ 합동유세

① ㉠, ㉡
② ㉠, ㉡, ㉢
③ ㉡, ㉢, ㉣
④ 모두 가능

해설

재외선거권자를 대상으로 가능한 선거운동은 ㉠, ㉡, ㉢이다.

공직선거법 제218조의14(국외선거운동 방법에 관한 특례) ① 재외선거권자(재외선거인명부 등에 올라 있거나 오를 자격이 있는 사람을 말한다. 이하 같다)를 대상으로 하는 선거운동은 다음 각 호에서 정한 방법으로만 할 수 있다.
1. 제59조 제2호부터 제5호까지 따른 선거운동
2. 위성방송시설(「방송법」에 따른 방송사업자가 관리·운영하는 국외송출이 가능한 국내의 방송시설을 말한다. 이하 이 장에서 같다)을 이용한 제70조에 따른 방송광고
3. 위성방송시설을 이용한 제71조에 따른 방송연설
4. 삭제<2012.2.29.>
5. 제82조의7에 따른 인터넷광고

정답 ②

04 재외선거에 관한 헌법재판소의 결정에 대한 설명으로 옳지 않은 것은?

① 국회의원은 전체 국민의 이익을 위하여 직무를 수행하는 자이므로, 재외선거인에게 임기만료 지역구국회의원선거권을 인정하지 않은 것은 보통선거원칙에 위배된다.
② 재외선거권자로 하여금 선거를 실시할 때마다 재외선거인 등록신청을 하도록 규정한 조항은 재외선거인의 선거권을 침해하지 않는다.
③ 입법자가 재외선거에서 우편투표방법을 채택하지 아니하고 원칙적으로 공관에 설치된 재외투표소에 직접 방문하여 투표하는 방법을 채택한 것은 재외선거인의 선거권을 침해하지 않는다.
④ 재외선거인은 대의기관을 선출할 권리가 있는 국민으로서 대의기관의 의사결정에 대해 승인할 권리가 있으므로, 국민투표권자에는 재외선거인이 포함된다.

해설

① 주민등록과 국내거소신고를 기준으로 지역구국회의원선거권을 인정하는 것은 해당 국민의 지역적 관련성을 확인하는 합리적인 방법이다. 따라서 선거권조항과 재외선거인 등록신청조항이 재외선거인의 임기만료지역구국회의원선거권을 인정하지 않은 것이 재외선거인의 선거권을 침해하거나 보통선거원칙에 위배된다고 볼 수 없다(헌재 2014.7.24, 2009헌마256).
② 재외선거인의 등록신청서에 따라 재외선거인명부를 작성하는 방법은 해당 선거에서 투표할 권리가 있는지 확인함으로써 투표의 혼란을 막고, 선거권이 있는 재외선거인을 재외선거인명부에 등록하기 위한 합리적인 방법이다. 따라서 재외선거인 등록신청조항이 재외선거권자로 하여금 선거를 실시할 때마다 재외선거인 등록신청을 하도록 규정한 것이 재외선거인의 선거권을 침해한다고 볼 수 없다(헌재 2014.7.24, 2009헌마256).
③ 입법자가 선거 공정성 확보의 측면, 투표용지 배송 등 선거기술적인 측면, 비용 대비 효율성의 측면을 종합적으로 고려하여, 인터넷투표방법이나 우편투표방법을 채택하지 아니하고 원칙적으로 공관에 설치된 재외투표소에 직접 방문하여 투표하는 방법을 채택한 것이 현저히 불공정하고 불합리하다고 볼 수는 없으므로, 재외선거 투표절차조항은 재외선거인의 선거권을 침해하지 아니한다(헌재 2014.7.24, 2009헌마256).
④ 헌법 제72조의 중요정책 국민투표와 헌법 제130조의 헌법개정안 국민투표는 대의기관인 국회와 대통령의 의사결정에 대한 국민의 승인절차에 해당한다. 대의기관의 선출주체가 곧 대의기관의 의사결정에 대한 승인주체가 되는 것은 당연한 논리적 귀결이다. 재외선거인은 대의기관을 선출할 권리가 있는 국민으로서 대의기관의 의사결정에 대해 승인할 권리가 있으므로, 국민투표권자에는 재외선거인이 포함된다고 보아야 한다(헌재 2014.7.24, 2009헌마256).

정답 ①

05 「공직선거법」상 주민등록이 되어 있지 아니하고 재외선거인명부에 올라 있지 아니한 사람으로서 외국에서 투표하려는 선거권자에게 요구되는 재외선거인 등록신청 방법으로 옳지 않은 것은?

① 공관을 직접 방문하여 서면으로 신청하는 방법
② 관할구역을 순회하는 공관에 근무하는 직원에게 직접 서면으로 신청하는 방법
③ 공관을 경유하여 전자우편을 이용하여 신청하는 방법
④ 재외선거관리위원회의 홈페이지를 통하여 신청하는 방법

해설

재외선거관리위원회의 홈페이지가 아닌 중앙선거관리위원회 홈페이지를 통하여 신청할 수 있다.

정답 ④

06 대통령선거와 관련한 재외선거에 대한 설명으로 옳은 것은?

① 중앙선거관리위원회는 임기만료로 인한 대통령선거를 실시하는 경우, 선거일 전 150일부터 선거일 후 30일까지 공관마다 재외선거관리위원회를 설치·운영하여야 한다.
② 대통령의 궐위로 인한 대통령선거를 실시하는 경우, 외국에서 투표하려는 선거권자는 선거의 실시사유가 확정된 때부터 선거일 전 60일까지 중앙선거관리위원회에 재외선거인 등록신청을 하여야 한다.
③ 대통령의 궐위로 인한 대통령선거를 실시하는 경우, 후보자는 재외선거권자를 대상으로 위성방송시설을 이용한 방송광고 선거운동을 텔레비전 및 라디오 방송시설별로 각 10회 이내에서 할 수 있다.
④ 임기만료로 인한 대통령선거를 실시하는 경우, 재외투표는 선거일 오후 8시까지 관할 구·시·군선거관리위원회에 도착되어야 한다.

해설

③ 위성방송시설(「방송법」에 따른 방송사업자가 관리·운영하는 국외송출이 가능한 국내의 방송시설을 말한다. 이하 이 장에서 같다)을 이용한 제70조에 따른 방송광고의 횟수는, 대통령선거의 경우 텔레비전 및 라디오 방송시설별로 각 10회 이내로 한다(공직선거법 제218조의14 제2항 제1호).
① 중앙선거관리위원회는 대통령선거와 임기만료에 따른 국회의원선거를 실시하는 때마다 선거일 전 180일부터 선거일 후 30일까지 「대한민국재외공관 설치법」 제2조에 따른 공관(같은 법 제3조에 따른 분관 또는 출장소를 포함하고, 영사사무를 수행하지 아니하거나 영사관할구역이 없는 공관 및 영사관할구역 안에 공관사무소가 설치되지 아니한 공관은 제외한다. 이하 이 장에서 "공관"이라 한다)마다 재외선거의 공정한 관리를 위하여 재외선거관리위원회를 설치·운영하여야 한다. 다만, 대통령의 궐위(闕位)로 인한 선거 또는 재선거는 그 선거의 실시사유가 확정된 날부터 10일 이내에 재외선거관리위원회를 설치하여야 한다(공직선거법 제218조 제1항).
② 대통령의 궐위로 인한 선거 또는 재선거를 실시하는 경우에 재외선거인 등록신청기한은 선거의 실시사유가 확정된 때부터 선거일 전 40일까지이다(공직선거법 제218조의12 제1호).
④ 재외투표는 선거일 오후 6시(대통령의 궐위로 인한 선거 또는 재선거는 오후 8시를 말한다)까지 관할 구·시·군선거관리위원회에 도착되어야 한다(공직선거법 제218호의16 제2항).

정답 ③

07 재외선거의 투표에 관한 기술로 옳지 않은 것은?

① 재외선거에서 재외선거인이 투표용지에 기표를 하는 때에는 "㋑"표가 각인된 기표용구를 사용하여야 한다.
② 재외투표는 선거일 오후 6시(대통령의 궐위로 인한 선거 또는 재선거는 오후 8시를 말한다)까지 관할 구·시·군선거관리위원회에 도착되어야 한다.
③ 재외투표기간 개시일 전에 귀국한 재외선거인등은 재외투표기간 개시일 전에 귀국한 사실을 증명할 수 있는 서류를 첨부하여 주소지 또는 최종 주소지(최종 주소지가 없는 사람은 등록기준지)를 관할하는 구·시·군선거관리위원회에 신고한 후 선거일에 해당 선거관리위원회가 지정하는 투표소에서 투표할 수 있다.
④ 재외선거관리위원회는 선거일 전 14일부터 선거일 전 9일까지의 기간 중 7일 이내의 기간을 정하여 공관에 재외투표소를 설치·운영하여야 한다.

해설

④ 재외선거관리위원회는 선거일 전 14일부터 선거일 전 9일까지의 기간 중 6일 이내의 기간(이하 이 장에서 "재외투표기간"이라 한다)을 정하여 공관에 재외투표소를 설치·운영하여야 한다. 이 경우 공관의 협소 등의 사유로 부득이 공관에 재외투표소를 설치할 수 없는 경우에는 공관의 대체시설에 재외투표소를 설치할 수 있다(공직선거법 제218조의17 제1항).
① 재외선거의 투표는 제159조 본문에 따른 기표에 의한 방법으로 한다(공직선거법 제218조의16 제1항).
② 재외투표는 선거일 오후 6시(대통령의 궐위로 인한 선거 또는 재선거는 오후 8시를 말한다)까지 관할 구·시·군선거관리위원회에 도착되어야 한다(공직선거법 제218조의16 제2항).
③ 제218조의17 제1항에 따른 재외투표기간 개시일 전에 귀국한 재외선거인등은 재외투표기간 개시일 전에 귀국한 사실을 증명할 수 있는 서류를 첨부하여 주소지 또는 최종 주소지(최종 주소지가 없는 사람은 등록기준지를 말한다)를 관할하는 구·시·군선거관리위원회에 신고한 후 선거일에 해당 선거관리위원회가 지정하는 투표소에서 투표할 수 있다(공직선거법 제218조의16 제3항).

정답 ④

08 재외선거에 관한 기술 중에서 옳지 않은 것은?

① 재외선거관리위원회는 공관의 협소 등의 사유로 부득이 공관에 재외투표소를 설치할 수 없는 경우에는 공관의 대체시설에 재외투표소를 설치할 수 있다.
② 재외선거관리위원회는 선거일 전 20일까지 재외투표소의 명칭·소재지와 운영기간 등을 인터넷 홈페이지 등에 공고하여야 한다.
③ 재외선거관리위원회는 공정하고 중립적인 사람 중에서 재외투표소에 투표사무원을 두어야 한다.
④ 재외투표소는 재외투표기간 중 공휴일에도 불구하고 매일 오전 8시에 열고 오후 6시에 닫는다.

해설

④ 재외투표소는 재외투표기간 중 공휴일에도 불구하고 매일 오전 8시에 열고 오후 5시에 닫는다. 다만, 제2항에 따른 재외투표소의 경우에는 해당 재외선거관리위원회가 예상 투표자 수 등을 고려하여 투표시간을 조정할 수 있다(공직선거법 제218조의17 제7항).
① 재외선거관리위원회는 공관의 협소 등의 사유로 부득이 공관에 재외투표소를 설치할 수 없는 경우에는 공관의 대체시설에 재외투표소를 설치할 수 있다(공직선거법 제218조의17 제1항).
② 재외선거관리위원회는 선거일 전 20일까지 재외투표소의 명칭·소재지와 운영기간 등을 인터넷 홈페이지 등에 공고하여야 한다(공직선거법 제218조의17 제3항).
③ 재외선거관리위원회는 공정하고 중립적인 사람 중에서 재외투표소에 투표사무원을 두어야 한다(공직선거법 제218조의17 제4항). (2018.4.6.개정)

정답 ④

09 국외선거사범의 공직선거법상 공소시효는 해당 선거일 후 몇 년인가?

① 1년 ② 3년
③ 5년 ④ 7년

✏️ 해설

국외선거사범의 공소시효는 해당 선거일 후 5년이다.

공직선거법 제218조의26(국외선거범에 대한 공소시효 등) ① 제268조 제1항 본문에도 불구하고 국외에서 범한 이 법에 규정된 죄의 공소시효는 해당 선거일 후 5년을 경과함으로써 완성한다.
② 국외에서 이 법에 규정된 죄를 범한 자로서 「형사소송법」에 따라 법원의 관할을 특정할 수 없는 자의 제1심 재판 관할은 서울중앙지방법원으로 한다.

🎓 정답 ③

10 다음 설명 중 옳지 않은 것은?

① 중앙선거관리위원회와 구·시·군의 장("명부작성권자")은 재외선거인명부 및 국외부재자신고인명부("재외선거인명부 등")의 작성기간 만료일의 다음 날부터 5일간("재외선거인명부 등의 열람기간") 장소를 정하여 재외선거인명부 등을 열람할 수 있도록 하여야 한다. 다만, 재외선거인명부는 인터넷 홈페이지에서의 열람에 한한다.
② 선거권자는 누구든지 재외선거인명부 등의 열람기간 중 자유로이 재외선거인명부 등을 열람할 수 있다.
③ 인사혁신처장은 명부작성권자의 협조를 받아 재외선거인 및 국외부재자신고인이 재외선거인명부 등의 열람기간 동안 행정안전부가 개설·운영하는 인터넷 홈페이지에서 자신이 재외선거인명부 등에 올라 있는지 여부를 확인할 수 있도록 기술적 조치를 하여야 한다.
④ 재외투표관리관은 재외선거인명부 등의 열람기간 동안 중앙선거관리위원회가 전송하는 재외선거인명부 등을 이용하여 재외선거인 등이 재외선거인명부 등에 올라 있는지 여부를 확인할 수 있도록 하여야 한다.

✏️ 해설

③ 행정안전부장관은 명부작성권자의 협조를 받아 재외선거인 및 국외부재자신고인이 재외선거인명부 등의 열람기간 동안 행정안전부가 개설·운영하는 인터넷 홈페이지에서 자신이 재외선거인명부 등에 올라 있는지 여부를 확인할 수 있도록 기술적 조치를 하여야 한다(공직선거법 제218조의10 제4항).
① 공직선거법 제218조의10 제1항
② 공직선거법 제218조의10 제2항
④ 공직선거법 제218조의10 제5항

🎓 정답 ③

11 국외에서 공직선거법을 위반한 외국인의 입국금지에 관한 설명으로 옳지 않은 것은?

① 법무부장관은 국외에서 공직선거법에서 금지하는 행위를 하였다고 인정할 만한 상당한 이유가 있는 외국인에 대하여 입국을 금지할 수 있다. 다만, 수사에 응하기 위하여 입국하려는 때에는 그러하지 아니하다.
② 중앙선거관리위원회는 입국금지대상에 해당하는 외국인을 법무부장관에게 통보할 수 있다.
③ 입국 금지기간은 해당 선거 당선인의 임기만료일까지로 한다.
④ 입국금지 절차 등에 관하여는 「형사소송법」을 준용한다.

해설

④ 입국금지 절차 등에 관하여는 「출입국관리법」을 준용한다(공직선거법 제218조의31 제4항).
① 법무부장관은 국외에서 공직선거법에서 금지하는 행위를 하였다고 인정할 만한 상당한 이유가 있는 외국인에 대하여 입국을 금지할 수 있다. 다만, 수사에 응하기 위하여 입국하려는 때에는 그러하지 아니하다(공직선거법 제218조의31 제1항).
② 중앙선거관리위원회는 입국금지대상에 해당하는 외국인을 법무부장관에게 통보할 수 있다(공직선거법 제218조의31 제2항).
③ 입국 금지기간은 해당 선거 당선인의 임기만료일까지로 한다(공직선거법 제218조의31 제3항).

정답 ④

12 현행 공직선거법상 대통령의 궐위로 인한 선거 또는 재선거를 실시하는 경우 재외선거인명부 등에 대한 열람과 이의신청기간은 언제인가?

① 재외선거인명부 등의 작성기간 만료일의 다음 날부터 3일간
② 재외선거인명부 등의 작성기간 만료일의 다음 날부터 5일간
③ 재외선거인명부 등의 작성기간 만료일의 다음 날부터 7일간
④ 따로 두지 아니한다.

해설

대통령의 궐위로 인한 선거 또는 재선거를 실시하는 경우에 재외선거인명부 등에 대한 열람과 이의신청을 위한 기간은 따로 두지 아니한다.

> **공직선거법 제218조의12[대통령의 궐위선거 및 재선거에서 기한 등의 단축]** 제218조의4부터 제218조의11까지의 규정에도 불구하고 대통령의 궐위로 인한 선거 또는 재선거를 실시하는 경우에 재외선거인 등록신청기한과 국외부재자 신고기간 등은 다음 각 호에 따른다. 이 경우 재외선거인명부 등에 대한 열람과 이의신청을 위한 기간은 따로 두지 아니한다.
> 1. 재외선거인 등록신청기한 및 국외부재자 신고기간
>   선거의 실시사유가 확정된 때부터 선거일 전 40일까지
> 2. 재외선거인명부 등의 작성기간
>   선거일 전 34일부터 선거일 전 30일까지

정답 ④

13 재외선거인명부 등에 관한 기술 중에서 옳지 않은 것은?

① 재외선거인명부 등은 선거일 전 30일에 확정되며, 국외부재자신고인명부는 해당 선거에 한정하여 효력을 가진다.
② 명부작성권자는 재외선거인명부등이 확정되면 즉시 그 전산자료 복사본을 관할 구·시·군선거관리위원회에 보내야 한다. 이 경우 구·시·군의 장은 국외부재자신고서를 함께 보내야 한다.
③ 구·시·군선거관리위원회는 확정된 재외선거인명부 등을 하나로 합하여 재외선거관리위원회에 송부하여야 하며, 그 절차와 방법, 그 밖에 필요한 사항은 중앙선거관리위원회규칙으로 정한다.
④ 누구든지 재외선거인 등이 투표한 후에는 그 재외선거인 등의 해당 선거의 선거권 유무에 대하여 대한민국 국민이 아니라는 이유로 법적·행정적 이의를 제기할 수 없다.

> **해설**
>
> ③ 중앙선거관리위원회는 확정된 재외선거인명부 등을 하나로 합하여 재외선거관리위원회에 송부하여야 하며, 그 절차와 방법, 그 밖에 필요한 사항은 중앙선거관리위원회규칙으로 정한다(공직선거법 제218조의13 제3항).
> ① 공직선거법 제218조의13 제1항
> ② 공직선거법 제218조의13 제2항
> ④ 공직선거법 제218조의13 제4항

🎓 정답 ③

제16장 선거에 관한 쟁송

01 다음 중 선거소청이 인정되는 후보자끼리 묶은 것은?

㉠ 지방의회의원	㉡ 지방자치단체장
㉢ 대통령	㉣ 국회의원

① ㉠, ㉡
② ㉡, ㉢
③ ㉢, ㉣
④ ㉡, ㉢, ㉣

✎ 해설

㉠, ㉡은 선거소청이 인정된다. 선거소청은 선거 종료 후에 당해 선거의 효력 또는 당선의 효력에 관한 법적 분쟁에 대하여 법원의 재판절차의 전심단계로 지방의회의원 및 지방자치단체장의 선거에 있어서 인정된다(공직선거법 제219조 제1·2항).

🎓 정답 ①

02 선거소청에 대한 설명으로 옳지 않은 것은?

① 대통령선거와 지역구국회의원선거 및 지방선거에서 인정된다.
② 당해 선거에 후보자를 추천하지 않은 정당은 소청을 제기할 수 없다.
③ 선거인은 당선의 효력에 관하여 이의가 있는 경우 소청을 제기할 수 없다.
④ 피소청인으로 될 당해 선거구선거관리위원회위원장이 궐위된 때에는 당해 선거구선거관리위원회위원 전원을 피소청인으로 한다.

✎ 해설

① 선거소청은 지방선거에서만 인정된다.
② 지방의회의원 및 지방자치단체의 장의 선거에 있어서 선거의 효력에 관하여 이의가 있는 선거인·정당(후보자를 추천한 정당에 한한다.) 또는 후보자는 선거일부터 14일 이내에 당해 선거구선거관리위원회위원장을 피소청인으로 하여 지역구시·도의원선거(지역구세종특별자치시의회의원선거는 제외한다), 자치구·시·군의원선거 및 자치구·시·군의 장 선거에 있어서는 시·도선거관리위원회에, 비례대표시·도의원선거, 지역구세종특별자치시의회의원선거 및 시·도지사선거에 있어서는 중앙선거관리위원회에 소청할 수 있다(공직선거법 제219조 제1항).
③ 선거인은 선거소청 또는 선거소송만 가능하다.
④ 제2항의 규정에 의하여 피소청인으로 될 당선인이 사퇴 또는 사망하거나 제192조제2항의 규정에 의하여 당선의 효력이 상실되거나 같은 조 제3항의 규정에 의하여 당선이 무효로 된 때에는 당해 선거구선거관리위원회위원장을, 당해 선거구선거관리위원회위원장이 궐위된 때에는 당해 선거구선거관리위원회위원 전원을 피소청인으로 한다(공직선거법 제219조 제4항).

🎓 정답 ①

03 선거쟁송에 대한 설명으로 옳은 것은?

① 선거소청의 결정은 결정의 요지를 공고한 때에 그 효력이 생긴다.
② 선거에 관한 소청에 필요한 경비는 소청인이 부담한다.
③ 국회의원선거의 후보자는 당선의 효력에 이의가 있는 경우 당선인결정일부터 30일 이내에 대법원에 소(訴)를 제기할 수 있다.
④ 비례대표시·도의원선거의 효력에 관한 소청 결정에 불복이 있는 소청인은 결정서를 받은 날부터 10일 이내에 그 선거구를 관할하는 고등법원에 소(訴)를 제기할 수 있다.

해설

③ 대통령선거 및 국회의원선거에 있어서 당선의 효력에 이의가 있는 정당(후보자를 추천한 정당에 한한다) 또는 후보자는 당선인결정일부터 30일 이내에 제52조 제1항·제3항 또는 제192조 제1항부터 제3항까지의 사유에 해당함을 이유로 하는 때에는 당선인을, 제187조(대통령당선인의 결정·공고·통지) 제1항·제2항, 제188조(지역구국회의원당선인의 결정·공고·통지) 제1항 내지 제4항, 제189조(비례대표국회의원의석의 배분과 당선인의 결정·공고·통지) 또는 제194조(당선인의 재결정과 비례대표국회의원의석 및 비례대표지방의회의원의석의 재배분) 제4항의 규정에 의한 결정의 위법을 이유로 하는 때에는 대통령선거에 있어서는 그 당선인을 결정한 중앙선거관리위원회위원장 또는 국회의장을, 국회의원선거에 있어서는 당해 선거구선거관리위원회위원장을 각각 피고로 하여 대법원에 소를 제기할 수 있다(공직선거법 제223조 제1항).
① 소청의 결정은 소청인에게 송달이 있는 때에 그 효력이 생긴다(공직선거법 제220조 제4항).
② 공직선거법 제221조 제1항에 따라 선거소청비용에 관하여는 민사소송법을 준용하기 때문에, 소송비용은 패소한 당사자가 부담하는 것이 원칙이다.
④ 지방의회의원 및 지방자치단체의 장의 선거에 있어서 선거의 효력에 관한 제220조의 결정에 불복이 있는 소청인(당선인을 포함한다)은 해당 소청에 대하여 기각 또는 각하 결정이 있는 경우(제220조 제1항의 기간 내에 결정하지 아니한 때를 포함한다)에는 해당 선거구선거관리위원회 위원장을, 인용결정이 있는 경우에는 그 인용결정을 한 선거관리위원회 위원장을 피고로 하여 그 결정서를 받은 날(제220조 제1항의 기간 내에 결정하지 아니한 때에는 그 기간이 종료된 날)부터 10일 이내에 비례대표시·도의원선거 및 시·도지사선거에 있어서는 대법원에, 지역구시·도의원선거, 자치구·시·군의원선거 및 자치구·시·군의 장 선거에 있어서는 그 선거구를 관할하는 고등법원에 소를 제기할 수 있다(공직선거법 제222조 제2항).

🎓 정답 ③

04 선거쟁송에 대한 설명으로 옳은 것은?

① 선거소청제도는 대통령선거 및 국회의원선거에는 적용되지 않고 지방의회의원 및 지방자치단체의 장의 선거에 적용된다.
② 중앙선거관리위원회에서 심리·결정하는 소청의 경우 당해 선거구선거관리위원회위원장은 의견서를 제출하거나 중앙선거관리위원회에 출석하여 의견을 진술할 수 있다.
③ 대통령선거에서 선거의 효력에 관하여 이의가 있는 선거인·정당 또는 후보자는 선거일부터 30일 이내에 당해 선거구선거관리위원회위원장을 피고로 하여 헌법재판소에 소를 제기할 수 있다.
④ 군의회의원선거에서 선거의 효력에 이의가 있는 선거인은 선거일부터 14일 이내에 중앙선거관리위원회에 소청할 수 있다.

해설

① 지방의회의원 및 지방자치단체의 장의 선거에 있어서 선거의 효력에 관하여 이의가 있는 선거인·정당(후보자를 추천한 정당에 한한다. 이하 이 조에서 같다) 또는 후보자는 선거일부터 14일 이내에 당해 선거구선거관리위원회위원장을 피소청인으로 하여 지역구시·도의원선거(지역구세종특별자치시의회의원선거는 제외한다), 자치구·시·군의원선거 및 자치구·시·군의 장 선거에 있어서는 시·도선거관리위원회에, 비례대표시·도의원선거, 지역구세종특별자치시의회의원선거 및 시·도지사선거에 있어서는 중앙선거관리위원회에 소청할 수 있다(공직선거법 제219조 제1항).
② 행정심판법 제35조 제4항(중앙행정심판위원회에서 심리·재결하는 심판청구의 경우 소관 중앙행정기관의 장은 의견서를 제출하거나 위원회에 출석하여 의견을 진술할 수 있다)은 준용되지 않는다(공직선거법 제221조 제1항).
③ 대통령선거 및 국회의원선거에 있어서 선거의 효력에 관하여 이의가 있는 선거인·정당(후보자를 추천한 정당에 한한다) 또는 후보자는 선거일부터 30일 이내에 당해 선거구선거관리위원회위원장을 피고로 하여 대법원에 소를 제기할 수 있다(동법 제222조 제1항).
④ 자치구·시·군의원선거 및 자치구·시·군의 장 선거에 있어서는 시·도선거관리위원회에 선거소청을 제기한다(공직선거법 제219조 제1항).

정답 ①

05 선거쟁송에 대한 설명으로 옳은 것은?

① 선거소송에서 피고가 될 선거구선거관리위원회위원장이 궐위된 때에는 해당 선거관리위원회 위원 중 최고연장자를 피고로 한다.
② 국회의원선거에서 선거인이 선거소송을 하기 위해서는 우선 중앙선거관리위원회위원장을 피소청인으로 하여 선거소청을 제기하여야 한다.
③ 당선의 효력을 다투는 선거소청의 경우 후보자를 추천한 정당 또는 후보자는 소청인이 되나, 선거인은 소청인이 될 수 없다.
④ 지역구국회의원선거에서 선거인은 중앙선거관리위원회위원장을 피고로 하여 대법원에 선거소송을 제기할 수 있다.

해설

③ 지방의회의원 및 지방자치단체의 장의 선거에 있어서 당선의 효력에 관하여 이의가 있는 정당 또는 후보자는 당선인결정일부터 14일 이내에 제52조 제1항부터 제3항까지 또는 제192조 제1항부터 제3항까지의 사유에 해당함을 이유로 하는 때에는 당선인을, 제190조(지역구지방의회의원당선인의 결정·공고·통지) 내지 제191조(지방자치단체의 장의 당선인의 결정·공고·통지)의 규정에 의한 결정의 위법을 이유로 하는 때에는 당해 선거구선거관리위원회위원장을 각각 피소청인으로 하여 지역구시·도의원선거(지역구세종특별자치시의회의원선거는 제외한다), 자치구·시·군의원선거 및 자치구·시·군의 장 선거에 있어서는 시·도선거관리위원회에, 비례대표시·도의원선거, 지역구세종특별자치시의회의원선거 및 시·도지사선거에 있어서는 중앙선거관리위원회에 소청할 수 있다(공직선거법 제219조 제2항).
① 피고로 될 위원장이 궐위된 때에는 해당 선거관리위원회 위원 전원을 피고로 한다(동법 제222조 제3항).
② 선거소청을 먼저 제기하여야 하는 것은 지방의회의원 및 지방자치단체의 장의 선거이다(공직선거법 제219조 제1항).
④ 대통령선거 및 국회의원선거에 있어서 선거의 효력에 관하여 이의가 있는 선거인·정당(후보자를 추천한 정당에 한한다) 또는 후보자는 선거일부터 30일 이내에 당해 선거구선거관리위원회위원장을 피고로 하여 대법원에 소를 제기할 수 있다(공직선거법 제222조 제1항).

정답 ③

06 선거쟁송에 대한 설명으로 옳지 않은 것은?

① 대법원이나 고등법원은 선거에 관한 규정에 위반된 사실이 있으면 선거의 전부나 일부의 무효 또는 당선의 무효를 판결해야 한다.
② 후보자를 추천한 정당 또는 후보자는 개표완료 후에 선거쟁송을 제기하는 때의 증거를 보전하기 위하여 그 구역을 관할하는 지방법원 또는 그 지원에 투표함·투표지 및 투표록 등의 보전신청을 할 수 있다.
③ 선거범에 대한 제2심 판결의 선고는 제1심 판결의 선고가 있은 날부터 3월 이내에 반드시 하여야 한다.
④ 군사법원이 재판권을 갖는 선거범과 그 공범에 관한 제1심 재판은 보통군사법원의 관할로 한다.

해설

① 소청이나 소장을 접수한 선거관리위원회 또는 대법원이나 고등법원은 선거쟁송에 있어 선거에 관한 규정에 위반된 사실이 있는 때라도 선거의 결과에 영향을 미쳤다고 인정하는 때에 한하여 선거의 전부 또는 일부의 무효 또는 당선의 무효를 결정하거나 판결한다(동법 제224조).
② 정당(후보자를 추천한 정당에 한한다) 또는 후보자는 개표완료 후에 선거쟁송을 제기하는 때의 증거를 보전하기 위하여 그 구역을 관할하는 지방법원 또는 그 지원에 투표함·투표지 및 투표록 등의 보전신청을 할 수 있다(공직선거법 제228조 제1항).
③ 선거범과 그 공범에 관한 재판은 다른 재판에 우선하여 신속히 하여야 하며, 그 판결의 선고는 제1심에서는 공소가 제기된 날부터 6월 이내에, 제2심 및 제3심에서는 전심의 판결의 선고가 있은 날부터 각각 3월 이내에 반드시 하여야 한다(공직선거법 제270조).
④ 선거범과 그 공범에 관한 제1심재판은 「법원조직법」 제32조(합의부의 심판권) 제1항의 규정에 의한 지방법원합의부 또는 그 지원의 합의부의 관할로 한다. 다만, 군사법원이 재판권을 갖는 선거범과 그 공범에 관한 제1심재판은 「군사법원법」 제11조(보통군사법원의 심판사항)의 규정에 의한 보통군사법원의 관할로 한다(공직선거법 제269조).

정답 ①

07 공직선거법상 선거에 관한 쟁송에 대하여 잘못 설명한 것은?

① 현행 대통령선거 및 국회의원선거에 있어서 선거의 효력에 관하여 이의가 있는 선거인·정당 또는 후보자는 선거일로부터 30일 이내에 선거구선거관리위원장을 피고로 하여 대법원에 소를 제기할 수 있다.
② 대통령선거 및 국회의원선거에 있어서 당선의 효력에 관하여 이의가 있는 선거인·정당 또는 후보자는 당선인의 결정일부터 30일 이내에 당선인 또는 중앙선거관리위원회위원장, 국회의장, 당해 선거구선거관리위원회위원장을 각각 피고로 하여 대법원에 당선소송을 제기할 수 있다.
③ 지방의회의원 및 지방자치단체의 장의 선거에 있어서 소청의 결정에 불복이 있는 소청인, 당선인은 당해 선거구선거관리위원회위원장을 피고로 하여 그 결정서를 받은 날부터 10일 이내에 비례대표시·도의원선거 및 시·도지사선거에 있어서는 대법원에, 지역구시·도의원선거, 자치구·시·군의원선거 및 자치구·시·군의 장 선거에 있어서는 그 선거구를 관할하는 고등법원에 소를 제기할 수 있다.
④ 지방의회의원 및 지방자치단체의 장의 선거에 있어서 당선의 효력에 관한 소청의 결정에 불복이 있는 소청인 또는 당선인인 피소청인은 당선인을 피고로 하여 그 결정서를 받은 날부터 10일 이내에 비례대표시·도의원선거 및 시·도지사선거에 있어서는 대법원에, 지역구시·도의원선거, 자치구·시·군의원선거 및 자치구·시·군의 장 선거에 있어서는 그 선거구를 관할하는 고등법원에 소를 제기할 수 있다.

해설

선거인은 당선소송의 원고가 되지 못한다(공직선거법 제223조 제1항).

정답 ②

08 선거쟁송에 관한 설명 중에서 옳은 것(O)과 틀린 것(×)을 바르게 나열한 것은?

㉠ 선거소송에서 피고로 될 해당 선거관리위원회 위원장이 궐위된 때에는 해당 선거관리위원회 위원 중 최고 연장자를 피고로 한다.
㉡ 소청이나 소장을 접수한 선거관리위원회 또는 대법원이나 고등법원은 선거쟁송에 있어 선거에 관한 규정에 위반된 사실이 있는 때에는 선거의 결과에 영향을 미친 여부에 상관없이 선거의 전부나 일부의 무효 또는 당선의 무효를 결정하거나 판결한다.
㉢ 선거에 관한 소청이나 소송은 다른 쟁송에 우선하여 신속히 결정 또는 재판하여야 하며, 소송에 있어서는 수소법원은 소가 제기된 날 부터 180일 이내에 처리하여야 한다.
㉣ 소청이 제기된 때 또는 소청이 계속되지 아니하게 되거나 결정된 때에는 중앙선거관리위원회 또는 시·도선거관리위원회는 당해 지방자치단체와 지방의회 및 관할선거구선거관리위원회에 통지하여야 한다.

① O – O – O – O
② O – × – O – ×
③ × – × – O – O
④ × – O – × – ×

해설

㉠ (×) 선거소송에서 피고로 될 해당 선거관리위원회 위원장이 궐위된 때에는 해당 선거관리위원회 위원 전원을 피고로 한다(공직선거법 제222조 제3항).

공직선거법 제222조(선거소송) ① 대통령선거 및 국회의원선거에 있어서 선거의 효력에 관하여 이의가 있는 선거인·정당(후보자를 추천한 정당에 한한다) 또는 후보자는 선거일부터 30일 이내에 당해 선거구선거관리위원회위원장을 피고로 하여 대법원에 소를 제기할 수 있다.
② 지방의회의원 및 지방자치단체의 장의 선거에 있어서 선거의 효력에 관한 제220조의 결정에 불복이 있는 소청인(당선인을 포함한다)은 해당 소청에 대하여 기각 또는 각하 결정이 있는 경우(제220조 제1항의 기간 내에 결정하지 아니한 때를 포함한다)에는 해당 선거구선거관리위원회 위원장을, 인용결정이 있는 경우에는 그 인용결정을 한 선거관리위원회 위원장을 피고로 하여 그 결정서를 받은 날(제220조 제1항의 기간 내에 결정하지 아니한 때에는 그 기간이 종료된 날)부터 10일 이내에 비례대표시·도의원선거 및 시·도지사선거에 있어서는 대법원에, 지역구시·도의원선거, 자치구·시·군의원선거 및 자치구·시·군의 장 선거에 있어서는 그 선거구를 관할하는 고등법원에 소를 제기할 수 있다.
③ 제1항 또는 제2항에 따라 피고로 될 위원장이 궐위된 때에는 해당 선거관리위원회 위원 전원을 피고로 한다.

㉡ (×) 소청이나 소장을 접수한 선거관리위원회 또는 대법원이나 고등법원은 선거쟁송에 있어 선거에 관한 규정에 위반된 사실이 있는 때라도 선거의 결과에 영향을 미쳤다고 인정하는 때에 한하여 선거의 전부나 일부의 무효 또는 당선의 무효를 결정하거나 판결한다(공직선거법 제224조).
㉢ (O) 선거에 관한 소청이나 소송은 다른 쟁송에 우선하여 신속히 결정 또는 재판하여야 하며, 소송에 있어서는 수소법원은 소가 제기된 날부터 180일 이내에 처리하여야 한다(공직선거법 제225조).
㉣ (O) 이 장의 규정에 의하여 소청이 제기된 때 또는 소청이 계속되지 아니하게 되거나 결정된 때에는 중앙선거관리위원회 또는 시·도선거관리위원회는 당해 지방자치단체와 지방의회 및 관할선거구선거관리위원회에 통지하여야 한다(공직선거법 제226조 제1항).

🎓 정답 ③

09 국회의원선거소송을 제기할 수 있는 자는 모두 몇 항목인가?

㉠ 선거인	㉡ 후보자를 추천한 정당
㉢ 후보자	㉣ 예비후보자

① 1항목 ② 2항목
③ 3항목 ④ 4항목

해설

㉠, ㉡, ㉢은 선거소송을 제기할 수 있다(공직선거법 제222조).

PLUS⁺ 선거소송

	대통령·국회의원선거	지방선거
제소권자	선거인, 정당, 후보자	선거소청의 결정에 불복이 있는 소청인
기한	선거일로부터 30일 이내	소청결정서를 받은 날로부터 10일 이내
피고	당해 선거구 선관위원장	기각, 각하 결정 – 해당 선거구 선관위 위원장 인용결정 – 인용결정을 한 선관위 위원장
제소법원	대법원	① 비례대표시·도의원선거 및 시·도지사선거 – 대법원 ② 그 밖의 지방선거 – 고등법원

정답 ③

10 대통령당선소송을 제기할 수 있는 자로만 묶은 것은?

㉠ 후보자	㉡ 후보자를 추천한 정당
㉢ 선거인	㉣ 예비후보자

① ㉠, ㉡ ② ㉡, ㉢
③ ㉢, ㉣ ④ ㉠, ㉡, ㉢

해설

대통령당선소송은 후보자와 후보자를 추천한 정당이 제기할 수 있다(공직선거법 제223조 제1항).

구분	선거소송	당선소송
원고	① 대통령·국회의원선거 : 후보자, 후보자를 추천한 정당, 선거인 ② 지방의회의원·지방자치단체장선거 : 선거에 관한 소청의 결정에 불복이 있는 소청인(당선인 포함)	① 대통령·국회의원선거 : 후보자, 후보자를 추천한 정당 ② 지방의회의원·지방자치단체장선거 : 선거에 관한 소청의 결정에 불복이 있는 소청인(당선인 포함)
피고	① 대통령·국회의원선거 : 당해 선거구선거관리위원회의 위원장(위원장 궐위시는 위원전원) ② 지방의회의원·지방자치단체장선거 기각, 각하결정: 해당 선거구선관위원장 인용 결정: 인용 결정한 선거구 선관위원장(위원장 궐위시는 위원전원)	① 대통령·국회의원선거 – 후보자등록무효사유(제52조 제1항·제2항) 및 피선거권상실 등으로 인한 등록무효사유(제192조 제1항~제3항)에 해당함을 이유로 하는 때에는 당선인(당선인이 사퇴·사망·당선효력의 상실 또는 등록무효로 된 때에는 대통령선거에 있어서는 법무부장관, 국회의원선거에 있어서는 관할 고등검찰청검사장) – 당선인결정의 위법을 이유로 하는 때에는 대통령선거에 있어서는 중앙선거관리위원회의 위원장(국회에서 당선인을 결정한 때에는 국회의장), 국회의원선거에 있어서는 당해 선거구선거관리위원회의 위원장(위원장 궐위시는 위원전원) ② 지방의회의원·지방자치단체장선거 기각, 각하결정: 당선인 인용 결정: 인용 결정한 선거구 선관위원장(위원장 궐위시는 위원전원)
제기 기간	① 대통령·국회의원선거 : 선거일부터 30일 이내 ② 지방의회의원·지방자치단체장 선거 : 선거에 관한 소청의 결정서를 받은 날부터 10일 이내. 단, 소청접수후 60일 이내에 결정이 없는 때에는 그 기간종료일부터 10일 이내	① 대통령·국회의원선거 : 당선인결정일부터 30일 이내 ② 지방의회의원·지방자치단체장 선거 : 선거에 관한 소청의 결정서를 받은 날부터 10일 이내. 단, 소청접수후 60일 이내에 결정이 없는 때에는 그 기간종료일부터 10일 이내
관할 법원	① 대통령선거·국회의원선거 : 대법원 ② 비례대표시·도의회의원선거, 시·도지사선거 : 대법원 ③ 지역구시·도의회의원선거, 자치구·시·군의회의원선거, 자치구청장·시장·군수선거 : 그 선거구를 관할하는 고등법원	

정답 ①

11 선거에 관한 소청이나 소송은 다른 쟁송에 우선하여 신속히 결정 또는 재판하여야 하는데, 소송에 있어서는 수소법원은 소가 제기된 날부터 며칠 이내에 처리하여야 하는가?

① 60일
② 90일
③ 120일
④ 180일

해설

선거에 관한 소청이나 소송은 다른 쟁송에 우선하여 신속히 결정 또는 재판하여야 하며, 소송에 있어서는 수소법원은 소가 제기된 날부터 180일 이내에 처리하여야 한다(공직선거법 제225조).

정답 ④

12 선거에 관한 소송에 있어서 소송서류에 붙여야 할 인지는 민사소송 등 인지법에 규정된 금액의 몇 배로 하는가?

① 3배
② 5배
③ 10배
④ 50배

/ 해설

선거에 관한 소송에 있어서는 민사소송 등 인지법의 규정에 불구하고 소송서류에 첨부하여야 할 인지는 민사소송 등 인지법에 규정된 금액의 10배로 한다(공직선거법 제229조).

🎓 정답 ③

제17장 보칙

01 공직선거법 보칙에 대한 내용 중 옳은 것은?

① 선거범죄를 고발한 시·도당이 재정신청을 할 수 있다.
② 「공직선거법」상의 재정신청은 고발을 한 후보자와 정당만이 할 수 있다.
③ 각급선거관리위원회(읍·면·동선거관리위원회 제외) 위원은 선거범죄를 조사할 수 있다.
④ 선거범에 관한 재판에서 피고인이 공시송달에 의하지 아니한 적법한 소환을 받고서도 공판기일에 출석하지 아니한 때에는 피고인의 출석 없이 재판을 진행하여야 한다.

해설

③ 읍·면·동선거관리위원회를 제외한 각급선거관리위원회 위원·직원은 선거범죄에 관하여 그 범죄의 혐의가 있다고 인정되거나, 후보자(경선후보자를 포함)·예비후보자·선거사무장·선거연락소장 또는 선거사무원이 제기한 그 범죄의 혐의가 있다는 소명이 이유 있다고 인정되는 경우 또는 현행범의 신고를 받은 경우에는 그 장소에 출입하여 관계인에 대하여 질문·조사를 하거나 관련서류 기타 조사에 필요한 자료의 제출을 요구할 수 있다(공직선거법 제272조의2 제1항).

① 제230조부터 제234조까지, 제237조부터 제239조까지, 제248조부터 제250조까지, 제255조제1항제1호·제2호·제10호·제11호 및 제3항·제5항, 제257조 또는 제258조의 죄에 대하여 고발을 한 후보자와 정당(중앙당에 한한다) 및 해당 선거관리위원회는 그 검사 소속의 지방검찰청 소재지를 관할하는 고등법원에 그 당부에 관한 재정을 신청할 수 있다(공직선거법 제273조 제1항).

② 고발을 한 후보자와 정당(중앙당에 한한다) 및 해당 선거관리위원회는 그 검사 소속의 지방검찰청 소재지를 관할하는 고등법원에 그 당부에 관한 재정을 신청할 수 있다(공직선거법 제273조 제1항).

④ 선거범에 관한 재판에서 피고인이 공시송달에 의하지 아니한 적법한 소환을 받고서도 공판기일에 출석하지 아니한 때에는 다시 기일을 정하여야 한다. 피고인이 정당한 사유 없이 다시 정한 기일 또는 그 후에 열린 공판기일에 출석하지 아니한 때에는 피고인의 출석 없이 공판절차를 진행할 수 있다(공직선거법 제270조의2 제1·2항).

정답 ③

02 공직선거법 보칙에 대한 내용 중 옳은 것은?

① 선거사무장이 당해 선거에 있어 공직선거법에 규정된 죄를 범하여 100만원의 벌금형의 선고를 받은 때에는 그 후보자의 당선은 무효로 한다.
② 「공직선거법」에 특별한 규정이 있는 경우를 제외하고는 선거기간 중 각급행정기관과 각급선거관리위원회에 대하여 행하는 신고·신청·제출·보고 등은 공휴일을 제외하고 매일 오전 9시부터 오후 6시까지 하여야 한다.
③ 각급선거관리위원회(읍·면·동선거관리위원회 제외) 위원은 선거기간 중 후보자에 대하여 선거범죄의 조사를 위하여 선거관리위원회에 동행 또는 출석을 요구할 수 있다.
④ 당선인이 당해 선거에 있어 공직선거법에 규정된 죄를 범하여 100만원의 벌금형의 선고를 받은 때에는 그 당선은 무효로 한다.

해설

④ 당선인이 당해 선거에 있어 이 법에 규정된 죄 또는 정치자금법 제49조의 죄를 범함으로 인하여 징역 또는 100만원 이상의 벌금형의 선고를 받은 때에는 그 당선은 무효로 한다(공직선거법 제264조).
① 선거사무장 등이 당해 선거에 있어 공직선거법에 규정된 죄를 범하여 300만원 이상의 벌금형의 선고를 받은 때에 그 후보자의 당선을 무효로 한다. 선거사무장·선거사무소의 회계책임자(선거사무소의 회계책임자로 선임·신고되지 아니한 자로서 후보자와 통모하여 당해 후보자의 선거비용으로 지출한 금액이 선거비용제한액의 3분의 1 이상에 해당되는 자를 포함) 또는 후보자(후보자가 되려는 사람을 포함한다)의 직계존비속 및 배우자가 해당 선거에 있어서 제230조부터 제234조까지, 제257조 제1항 중 기부행위를 한 죄 또는 정치자금법 제45조 제1항의 정치자금 부정수수죄를 범함으로 인하여 징역형 또는 300만원 이상의 벌금형의 선고를 받은 때(선거사무장, 선거사무소의 회계책임자에 대하여는 선임·신고되기 전의 행위로 인한 경우를 포함한다)에는 그 선거구 후보자(대통령후보자, 비례대표국회의원후보자 및 비례대표지방의회의원후보자를 제외한다)의 당선은 무효로 한다. 다만, 다른 사람의 유도 또는 도발에 의하여 당해 후보자의 당선을 무효로 되게 하기 위하여 죄를 범한 때에는 그러하지 아니하다(공직선거법 제265조).
② 이 법 또는 이 법의 시행을 위한 중앙선거관리위원회규칙에 의하여 후보자등록마감일의 다음날부터 선거일까지 각급행정기관과 각급선거관리위원회에 대하여 행하는 신고·신청·제출·보고 등은 이 법에 특별한 규정이 있는 경우를 제외하고는 공휴일에도 불구하고 매일 오전 9시부터 오후 6시까지 하여야 한다(공직선거법 제274조 제1항).
③ 각급선거관리위원회위원·직원은 선거범죄 조사와 관련하여 관계자에게 질문·조사하기 위하여 필요하다고 인정되는 때에는 선거관리위원회에 동행 또는 출석할 것을 요구할 수 있다. 다만, 선거기간 중 후보자에 대하여는 동행 또는 출석을 요구할 수 없다(공직선거법 제272조의2 제4항).

정답 ④

03 선거비용 초과지출로 인한 당선무효규정은 선거비용 제한액의 얼마 이상을 초과지출한 이유로 선거사무장, 선거사무소의 회계책임자가 징역형 또는 300만원 이상의 벌금형의 선고를 받은 때에 그 후보자의 당선을 무효로 하는가?

① 선거비용제한액의 100분의 1 이상 초과 시
② 선거비용제한액의 200분의 1 이상 초과 시
③ 선거비용제한액의 300분의 1 이상 초과 시
④ 선거비용제한액의 400분의 1 이상 초과 시

해설

제122조(선거비용제한액의 공고)의 규정에 의하여 공고된 선거비용제한액의 200분의 1 이상을 초과지출한 이유로 선거사무장, 선거사무소의 회계책임자가 징역형 또는 300만원 이상의 벌금형의 선고를 받은 때에는 그 후보자의 당선은 무효로 한다. 다만, 다른 사람의 유도 또는 도발에 의하여 당해 후보자의 당선을 무효로 되게 하기 위하여 지출한 때에는 그러하지 아니하다(공직선거법 제263조 제1항).

정답 ②

04 선거사범의 재판시 그 판결의 선고는 몇 개월 이내에 하여야 하는가? (단, 1심은 공소가 제기된 날부터, 2·3심은 전심의 판결의 선고가 있는 날부터)

① 1심 : 6월 이내, 2심 : 6월 이내, 3심 : 6월 이내
② 1심 : 6월 이내, 2심 : 3월 이내, 3심 : 3월 이내
③ 1심 : 6월 이내, 2심 : 2월 이내, 3심 : 2월 이내
④ 1심 : 6월 이내, 2심 : 1월 이내, 3심 : 1월 이내

해설

선거범과 그 공범에 관한 재판은 다른 재판에 우선하여 신속히 하여야 하며, 그 판결의 선고는 제1심에서는 공소가 제기된 날부터 6월 이내에, 제2심 및 제3심에서는 전심의 판결의 선고가 있은 날부터 각각 3월 이내에 반드시 하여야 한다(공직선거법 제270조).

정답 ②

05 선거범죄의 조사권에 관한 기술 중에서 옳지 않은 것은?

① 읍·면·동선거관리위원회를 제외한 각급선거관리위원회 위원·직원은 선거범죄에 관하여 그 범죄의 혐의가 있다고 인정되거나, 후보자(경선후보자 포함)·예비후보자·선거사무장·선거연락소장 또는 선거사무원이 제기한 그 범죄의 혐의가 있다는 소명이 이유있다고 인정되는 경우 또는 현행범의 신고를 받은 경우에는 그 장소에 출입하여 관계인에 대하여 질문·조사를 하거나 관련서류 기타 조사에 필요한 자료의 제출을 요구할 수 있다.

② 읍·면·동선거관리위원회를 제외한 각급선거관리위원회 위원·직원은 선거범죄 현장에서 선거범죄에 사용된 증거물품으로서 증거인멸의 우려가 있다고 인정되는 때에는 조사에 필요한 범위 안에서 현장에서 이를 수거할 수 있다. 이 경우 당해 선거관리위원회위원·직원은 수거한 증거물품을 그 관련된 선거범죄에 대하여 고발 또는 수사의뢰한 때에는 관계수사기관에 송부하고, 그러하지 아니한 때에는 그 소유·점유·관리하는 자에게 지체 없이 반환하여야 한다.

③ 누구든지 선거범죄 조사를 위한 장소의 출입을 방해하여서는 아니되며 질문·조사를 받거나 자료의 제출을 요구받은 자는 이에 응하여야 한다.

④ 읍·면·동선거관리위원회를 제외한 각급선거관리위원회위원·직원은 선거범죄 조사와 관련하여 선거기간 중 후보자에게 질문·조사하기 위하여 필요하다고 인정되는 때에는 선거관리위원회에 동행 또는 출석할 것을 요구할 수 있다.

해설

④ 읍·면·동선거관리위원회를 제외한 각급선거관리위원회위원·직원은 선거범죄 조사와 관련하여 관계자에게 질문·조사하기 위하여 필요하다고 인정되는 때에는 선거관리위원회에 동행 또는 출석할 것을 요구할 수 있다. 다만, 선거기간 중 후보자에 대하여는 동행 또는 출석을 요구할 수 없다(공직선거법 제272조의2 제4항).

① 읍·면·동선거관리위원회를 제외한 각급선거관리위원회 위원·직원은 선거범죄에 관하여 그 범죄의 혐의가 있다고 인정되거나, 후보자(경선후보자 포함)·예비후보자·선거사무장·선거연락소장 또는 선거사무원이 제기한 그 범죄의 혐의가 있다는 소명이 이유있다고 인정되는 경우 또는 현행범의 신고를 받은 경우에는 그 장소에 출입하여 관계인에 대하여 질문·조사를 하거나 관련서류 기타 조사에 필요한 자료의 제출을 요구할 수 있다(공직선거법 제272조의2 제1항).

② 읍·면·동선거관리위원회를 제외한 각급선거관리위원회 위원·직원은 선거범죄 현장에서 선거범죄에 사용된 증거물품으로서 증거인멸의 우려가 있다고 인정되는 때에는 조사에 필요한 범위 안에서 현장에서 이를 수거할 수 있다. 이 경우 당해 선거관리위원회위원·직원은 수거한 증거물품을 그 관련된 선거범죄에 대하여 고발 또는 수사의뢰한 때에는 관계수사기관에 송부하고, 그러하지 아니한 때에는 그 소유·점유·관리하는 자에게 지체 없이 반환하여야 한다(공직선거법 제272조의2 제2항).

③ 누구든지 선거범죄 조사를 위한 장소의 출입을 방해하여서는 아니되며 질문·조사를 받거나 자료의 제출을 요구받은 자는 이에 응하여야 한다(공직선거법 제272조의2 제3항).

정답 ④

06 당선무효된 자의 비용반환에 관한 기술 중에서 옳지 않은 것은?

① 공직선거법 규정에 따라 당선이 무효로 된 사람(그 기소 후 확정판결 전에 사직한 사람 포함)과 당선되지 아니한 사람으로서 자신 또는 선거사무장 등의 죄로 당선무효에 해당하는 형이 확정된 사람은 반환·보전받은 금액을 반환하여야 한다. 이 경우 대통령선거의 정당추천후보자는 그 추천 정당이 반환하며, 비례대표국회의원선거 및 비례대표지방의회의원선거의 경우 후보자의 당선이 모두 무효로 된 때에 그 추천 정당이 반환한다.
② 관할선거구선거관리위원회는 반환사유가 발생한 때에는 지체 없이 당해 정당·후보자에게 반환하여야 할 금액을 고지하여야 하고, 당해 정당·후보자는 그 고지를 받은 날부터 30일 이내에 선거구선거관리위원회에 이를 납부하여야 한다.
③ 관할선거구선거관리위원회는 반환 납부기한까지 당해 정당·후보자가 납부하지 아니한 때에는 당해 후보자의 주소지(정당에 있어서는 중앙당의 사무소 소재지)를 관할하는 세무서장에게 징수를 위탁하고 관할세무서장이 국세체납처분의 예에 따라 이를 징수한다.
④ 납부 또는 징수된 금액은 국가 또는 중앙선거관리위원회에 귀속된다.

해설

④ 납부 또는 징수된 금액은 국가 또는 지방자치단체에 귀속된다(공직선거법 제265조의2 제4항).
① 제263조부터 제265조까지의 규정에 따라 당선이 무효로 된 사람(그 기소 후 확정판결 전에 사직한 사람을 포함한다)과 당선되지 아니한 사람으로서 제263조부터 제265조까지에 규정된 자신 또는 선거사무장 등의 죄로 당선무효에 해당하는 형이 확정된 사람은 제57조와 제122조의2에 따라 반환·보전받은 금액을 반환하여야 한다. 이 경우 대통령선거의 정당추천후보자는 그 추천 정당이 반환하며, 비례대표국회의원선거 및 비례대표지방의회의원선거의 경우 후보자의 당선이 모두 무효로 된 때에 그 추천 정당이 반환한다(공직선거법 제265조의2 제1항).
② 관할선거구선거관리위원회는 제1항의 규정에 의한 반환사유가 발생한 때에는 지체 없이 당해 정당·후보자에게 반환하여야 할 금액을 고지하여야 하고, 당해 정당·후보자는 그 고지를 받은 날부터 30일 이내에 선거구선거관리위원회에 이를 납부하여야 한다(공직선거법 제265조의2 제2항).
③ 관할선거구선거관리위원회는 제2항의 납부기한까지 당해 정당·후보자가 납부하지 아니한 때에는 당해 후보자의 주소지(정당에 있어서는 중앙당의 사무소 소재지를 말한다)를 관할하는 세무서장에게 징수를 위탁하고 관할세무서장이 국세체납처분의 예에 따라 이를 징수한다(공직선거법 제265조의2 제3항).

정답 ④

07 선거기간 중 각급행정기관과 각급선거관리위원회에 대하여 선거에 관한 신고·신청·제출·보고 등을 하는 경우에 그 신고시간은?

① 매일 오전 9시부터 오후 6시까지
② 매일 오전 9시부터 오후 7시까지
③ 매일 오전 9시부터 오후 8시까지
④ 매일 오전 9시부터 오후 9시까지

해설

이 법 또는 이 법의 시행을 위한 중앙선거관리위원회규칙에 의하여 후보자등록마감일의 다음날부터 선거일까지 각급행정기관과 각급선거관리위원회에 대하여 행하는 신고·신청·제출·보고 등은 이 법에 특별한 규정이 있는 경우를 제외하고는 공휴일에도 불구하고 매일 오전 9시부터 오후 6시까지 하여야 한다(공직선거법 제274조 제1항).

정답 ①

08 전산조직에 의한 투표·개표에 관한 기술 중에서 옳지 않은 것은?

① 중앙선거관리위원회는 투표 및 개표 기타 선거사무의 정확하고 신속한 관리를 위하여 사무전산화를 추진하여야 한다.

② 투표사무관리의 전산화에 있어서는 투표의 비밀이 보장되고 선거인의 투표가 용이하여야 하며, 정당 또는 후보자의 참관이 보장되어야 하고, 기표착오의 시정, 무효표의 방지 기타 투표의 정확을 기할 수 있도록 하여야 한다.

③ 개표사무관리의 전산화에 있어서는 정당 또는 후보자별 득표수의 계산이 정확하고, 투표결과를 검증할 수 있어야 하며, 정당 또는 개표참관인의 참관이 보장되어야 한다.

④ 투표 및 개표 기타 선거사무관리의 전산화에 있어서 투표 및 개표절차와 방법, 전산전문가의 투표 및 개표사무원 위촉과 전산조직운영프로그램의 작성·검증 및 보관, 전자선거추진협의회의 구성·기능 및 운영 그 밖에 필요한 사항은 중앙선거관리위원회규칙으로 정한다.

해설

③ 개표사무관리의 전산화에 있어서는 정당 또는 후보자별 득표수의 계산이 정확하고, 투표결과를 검증할 수 있어야 하며, 정당 또는 후보자의 참관이 보장되어야 한다(공직선거법 제278조 제3항).

① 중앙선거관리위원회는 투표 및 개표 기타 선거사무의 정확하고 신속한 관리를 위하여 사무전산화를 추진하여야 한다(공직선거법 제278조 제1항).

② 투표사무관리의 전산화에 있어서는 투표의 비밀이 보장되고 선거인의 투표가 용이하여야 하며, 정당 또는 후보자의 참관이 보장되어야 하고, 기표착오의 시정, 무효표의 방지 기타 투표의 정확을 기할 수 있도록 하여야 한다(공직선거법 제278조 제2항).

④ 투표 및 개표 기타 선거사무관리의 전산화에 있어서 투표 및 개표절차와 방법, 전산전문가의 투표 및 개표사무원 위촉과 전산조직운영프로그램의 작성·검증 및 보관, 전자선거추진협의회의 구성·기능 및 운영 그 밖에 필요한 사항은 중앙선거관리위원회규칙으로 정한다(공직선거법 제278조 제6항).

🎓 정답 ③

09 선거에 관한 재판과 선고에 관한 기술 중에서 옳지 않은 것은?

① 선거법과 그 공범에 관한 제1심재판은 지방법원합의부 또는 그 지원의 합의부의 관할로 한다. 다만, 군사법원이 재판권을 갖는 선거범과 그 공범에 관한 제1심재판은 보통군사법원의 관할로 한다.

② 선거범과 그 공범에 관한 재판은 다른 재판에 우선하여 신속히 하여야 하며, 그 판결의 선고는 제1심에서는 공소가 제기된 날부터 6월 이내에, 제2심 및 제3심에서는 전심의 판결의 선고가 있은 날부터 각각 3월 이내에 반드시 하여야 한다.

③ 공직선거법 또는 공직선거법의 시행을 위한 중앙선거관리위원회규칙에 의하여 후보자등록마감일의 다음 날부터 선거일까지 각급행정기관과 각급선거관리위원회에 대하여 행하는 신고·신청·제출·보고 등은 공직선거법에 특별한 규정이 있는 경우를 제외하고는 공휴일에도 불구하고 매일 오전 9시부터 오후 6시까지 하여야 한다.

④ 공직선거법상 재정신청은 고발을 한 후보자와 정당(중앙당에 한한다) 및 선거인이 할 수 있다.

해설

④ 제230조부터 제234조까지, 제237조부터 제239조까지, 제248조부터 제250조까지, 제255조 제1항 제1호·제2호·제10호·제11호 및 제3항·제5항, 제257조 또는 제258조의 죄에 대하여 고발을 한 후보자와 정당(중앙당에 한한다) 및 해당 선거관리위원회는 그 검사 소속의 지방검찰청 소재지를 관할하는 고등법원에 그 당부에 관한 재정을 신청할 수 있다(공직선거법 제273조 제1항).
① 공직선거법 제269조
② 공직선거법 제270조
③ 공직선거법 제274조 제1항

정답 ④

MEMO

MEMO

MEMO

채한태
명품공직선거법
단원별 객관식 문제집

4판 1쇄	2024년 1월 12일
편저자	채한태
발행인	손성은
발행처	메가스터디교육(주)
디자인/제작	메가스터디DES
주소	서울시 서초구 효령로 321(서초동, 덕원빌딩)
전화	02-3498-4202
팩스	02-3498-4344
등록	제 2020-000118 호
ISBN	979-11-6722-617-4 13360
정가	15,000원

이 책에 실린 모든 내용에 대한 저작권은 메가스터디교육(주)에 있으므로 무단으로 전재하거나 복제, 배포할 수 없습니다.
파본이나 잘못된 책은 구입처에서 바꾸어 드립니다.

채한태
명품공직선거법

탁월한 적중률! 합격의 동반자!